GLOBALIZATION AND CHINA'S ECONOMY

全球化与中国经济

（第二辑）

◎黄立君 岳清唐/主编

☆

制度变迁与中国经济改革

城市化与城乡一体化

宏观经济政策与产业发展

全球化与中国对外经济

他山之石 可以攻玉

首都经济贸易大学出版社

·北 京·

图书在版编目（CIP）数据

全球化与中国经济. 第二辑/黄立君，岳清唐主编. —北京：首都经济贸易大学出版社，2014.10

ISBN 978-7-5638-2289-8

Ⅰ.①全… Ⅱ.①黄… ②岳… Ⅲ.①中国经济—经济发展—研究 Ⅳ.①F124

中国版本图书馆 CIP 数据核字（2014）第 239147 号

全球化与中国经济（第二辑）

黄立君　岳清唐　主编

出版发行　首都经济贸易大学出版社

地　　址　北京市朝阳区红庙（邮编 100026）

电　　话　（010）65976483　65065761　65071505（传真）

网　　址　http：//www.sjmcb.com

E-mail　publish@cueb.edu.cn

经　　销　全国新华书店

照　　排　首都经济贸易大学出版社激光照排服务部

印　　刷　北京京华虎彩印刷有限公司

开　　本　710 毫米×1000 毫米　1/16

字　　数　382 千字

印　　张　21.75

版　　次　2014 年 10 月第 1 版　2014 年 10 月第 1 次印刷

书　　号　ISBN 978-7-5638-2289-8/F·1299

定　　价　45.00 元

前　言

全球化是当今时代的一个基本特征，也是未来人类社会无法阻挡的一种历史发展趋势。自古以来，人类社会就不乏远距离的经济往来和文化交流。有人把古代中国的“丝绸之路”视为东西方跨区域联系的典范；也有人把15和16世纪的“地理大发现”看作是全球化的开端，因为在随后的几个世纪里，全球范围的人员流动、商品贸易以及思想文化的传播都呈现出加速发展的态势；19世纪初期，由于蒸汽机的发明和应用、铁路的修建以及通信技术的进步，大大缩短了全球交往的空间距离；20世纪初期以后，因为汽车和飞机等交通运输工具的使用，世界范围的交往速度大为提高。20世纪80年代以来，随着电子通信技术的广泛应用，特别是移动电话和互联网的普及，数以亿计的芸芸众生以一种全新的方式，被裹挟着进入了全球化的新时代。

无论愿意与否，支持还是反对，全球化都是一个现实的发展状态，已不同程度地渗透到人们日常生活的方方面面，这是任何个人、民族、国家以及经济体都无法回避的现象和问题。因此，无论是从现实还是从理论层面，全球化都是一个正在“进行时”的时代，需要我们全方位地了解和认识。

全球化问题是一个国际性的研究课题，吸引了国内外众多研究者前赴后继地跟踪研究，也吸引了不同国家的政治家和环保人士的关注。1897年，美国学者查理·泰兹·罗素把当时美国的大企业和大型垄断公司看作是全球化的主要载体；1930年，在一本有关新教育的出版物中，“全球化”作为一个名词概念而使用；1951年，在美国的词典中，第一次提及全球化问题；20世纪60年代，全球化的术语开始被经济学家和社会学家所使用。不过，直到80年代中后期，这一概念才被大众主流媒体广泛关注，有关全球化的思想才得到了真正的传播；90年代初期，关于全球化问题的学术研究论著，在美国国会图书馆的分类目录中也不过几十本，但是到了2000年以后，每年出版的相关图书都会超过1 000本。各国的政治学家、历史学家、社会学家以及经济学家等都参与了这一问题的研究和讨论。

美国经济学家米尔顿·弗里德曼认为，全球化的力量是无法抵挡的，因为他无法想象政府除了能够调控货币供应量和保护私有产权之外，还能做什么更有用的事情。而另一个弗里德曼（即美国新闻工作者托马斯·弗里德曼）则通过其畅销书——《世界是平的》（2007）使全球化问题的讨论传播得更广和更远。他后来的新作《世界又平又热又挤》（2008），更是用另一种笔调谈论全球化中的环境和能源问题。美国哈佛大学教授潘卡吉·盖马沃特认为，全球化有三个版本，即世界1.0、2.0和3.0。在世界1.0时期，国家之间是互相孤立的；2.0时期的世界则是全球彻头彻尾的一体化，但是目前的全球化远未达到这样的水平；我们目前的现实是一个“半全球化”的状态，即 3.0 时期，离完全的全球化还有很长一段距离。

“全球化”是一个褒贬不一的用词，拥护者憧憬它为整个世界带来空前的进步和繁荣，批评者断言它为发展中国家带来贫困、战争甚至文化灭绝。事实上，曾被有些经济学家所标榜的经济全球化并没有成为发展中国家崛起的千载良机，似乎只是一个“美丽的谎言”而已。关于全球化对各国的影响，到底是好还是坏，确实没有一致的看法。但是，无论是全球化的支持者还是反对者对“人类基本上已经创造了一个一体化的世界”这样的观点是基本认可的。

在这样一个全球化的世界里，作为最大的发展中国家，中国会有怎样的损益？中国经济将以什么样的方式才能获得可持续发展？发达国家的经验对我们又有怎样的借鉴和启示？……凡此种种问题都是我们所关注的，这也是我们编辑本论文集——《全球化与中国经济》（第二辑）的初衷。

全球化对中国经济发展的影响是不言而喻的。20 世纪 80 年代以后是全球化快速发展的时期，正好也是中国推行改革开放和制度转型的关键时期。中国利用自身的劳动力资源和市场优势，大力发展外向型经济，引进外国的资本和先进技术，积极融入世界经济的发展潮流，取得了经济高速发展的奇迹，初步实现了从计划经济体制向社会主义市场经济体制的结构性变迁。2001 年中国加入世界贸易组织后，以更加积极和理性的态度走向世界，同时也以更为包容的心态迎接“走进来”的人流、物流、商品流和文化流，甚至意识流。

经过 10 多年的发展，“中国制造”开始走向全球各地，但随之而来的问题也是相当突出的。中国的经济发展遭遇了环境、资源与人口的约束和效率与公平不能兼顾的矛盾、城乡之间的差别和地区之间的差距，以及处于低端产业链和缺乏高端制造的困境。诸如此类的发展中问题，是不可能在短时间内解决的。中国政法大学商学院的师生们从不同的角度，对这些问题进行了研究和解读，并提出了相应的政策建议，详细的观点和主张已体现在作者每一篇论文的论证之中。

本论文集包括五个部分：制度变迁与中国经济改革、城市化与城乡一体化、宏观经济政策与产业发展、全球化与中国对外经济、他山之石可以攻玉。这既是本论文集的框架结构，也是改革开放以来中国经济发展的一种历史逻辑。

“全球化与中国经济”是一个长期的动态发展课题，不可能有一个最终的答案，我们的研究观点和成果或是一家之言，或是抛砖引玉。由于知识和理论水平的局限，作者的偏颇之处或陋见在所难免，欢迎各方专家和读者批评指正。

主编

2014 年 9 月

目　录

制度变迁与中国经济改革

城市化与城乡一体化

宏观经济政策与产业发展

全球化与中国对外经济

他山之石　可以攻玉

制度变迁与中国经济改革

最低工资保障制度及其实施效果研究
——以四川省为例

黄立君　贾齐

摘要　最低工资制度是世界各国普遍采用的一项劳动保障制度，其实施效果关系到劳动者能否获得合理的劳动报酬，劳动者自身和家庭的基本生活能否得到保障。本文以四川省最低工资制度为例，结合实地调查结果，从制度经济学视角，研究四川省最低工资制度的制度效率，以及最低工资标准的适度性。四川省最低工资制度存在三个问题：第一，最低工资制度被主体认知和遵循的程度有待提高；第二，最低工资制度的适用范围、调整机制有待改善；第三，最低工资标准有待提高。本文提出相应的三项政策建议：第一，完善最低工资适用范围的规定，加强政策宣传；第二，确定科学适度的最低工资标准和调整机制；第三，加强对最低工资制度执行过程中的监管，完善相关制度保障。

关键词　最低工资；制度效率；适度性

一、引言

最低工资制度是劳动者在法定工作时间内提供正常劳动的前提下，国家以法律形式保障其应该获得的、能够维持其生存及必要的供养其家属的最低费用的制度。最低工资制度也是政府对劳动市场进行调控的重要手段，具有保障劳动力再生产、调节收入分配和引导就业等作用。我国各省市近年来不断提高最低工资标准，一方面是由于劳动者面临不断提高的生活成本而产生的诉求；另一方面也是各地政府为缓解近年来的“用工荒”，吸引劳动者到当地就业的一项措施。

从经济学的角度看，最低工资制度是政府以法令的形式对劳动力市场价格的强制干预，不符合由供求关系自动调节价格、进行资源配置的市场规律。因此，长久以来，学术界对是否应该实施最低工资制度一直存在争议，但在实践中，世界各国却始终没有放弃最低工资制度。最低工资制度作为一项公共政策，有利于缓解劳动力供给市场中的恶性竞争，实现社会公平。根据制度经济学理论，一项制度是否合理关键在于其绩效，即这项制度的实施结果是否达到了政策制定之初的目的；有没有更好的制度设计可以提高制度的实施效率。我国目前的最低工资制度实施情况如何？最低工资标准是否适度？相应的制度安排是否得当？这些问题是关系到最低工资制度能否有效实施的关键，对于保障低收入阶层的生活需要、经济的稳定增长以及缓和日益激烈的社会矛盾都具有重要意义。本文以制度效率的评价标准为框架研究四川省最低工资保障制度，并结合实地调查结果和历年数据，对四川省最低工资标准的适度性进行研究。

二、制度效率的评价标准

制度效率是制度经济学中评价一项制度实施效果的主要指标。经济学对效率的界定一般指投入和产出，或者成本和收益之间的比例关系。而制度效率可以理解为一项制度的实施成本与实施后带来的收益之间的关系。制度成本包括制度制定、执行和维护过程中制度的制定者和制度的遵循者所付出的费用；制度收益指制度的实施为经济带来的增长、减少的交易成本和不确定性等。现实经济社会中，没有一项制度是孤立存在的，其作用效果或多或少受到其他制度的影响，与现实的经济状况也息息相关，实际上几乎不可能清楚地判断一项制度的成本和收益如何，因此要直接评价一项制度的效率是很难的。但是制度效率有以下四个决定因素，可以为我们评价一项制度的效率提供参考。

（一）制度被主体认知和遵循的程度

一项制度能否顺利实施，首先取决于主体对制度接受和遵循的程度。因而，要求制度规定必须是确定的，且易于被主体理解。制度的效率包含两个层次：一是行为的有效率，是指制度规定清晰明确，简单易行，能为制度实施的对象带来有利于他们或者符合其价值观的预期，使其愿意自觉遵守制度的规定，按照制度要求行事；二是惩罚的有效率，是指对于违反制度的惩罚要有明确的表述。对于制度本身认知不够或不认同的主体，为避免违反制度规定而遭到惩罚，也要选择遵守制度。制度的效率应当等于行为的效率与惩罚的效率之和。一项制度被主体认知和遵循的程度越高，这项制度就越有效率。

（二）制度的一般性、稳定性和适应性

制度的一般性也可以称为制度的普遍适用性，它要求在没有合理且确切的理由时，制度不应该对个人和情况实施差别对待。如果一项制度不加解释地给予某一部分主体以特殊待遇，其他主体服从该项制度的意愿就会被削弱，从而降低制度的效率。制度的稳定性是指在一定时期内、一定的环境条件下应当保持相对稳定的状态，让人们能够充分了解并遵循其规则。如果制度总在变化，则很难被人们掌握，其在指引人们行为上的效率也会因此降低。但稳定的制度则可能面临僵化的危险，因此，制度效率还要求制度具有适应性，即能够随着环境的变化及时作出调整，否则其可持续性就可能遭到破坏。制度的适应性要求有效的制度安排必须是动态的、开放的，允许主体通过创新对制度环境的变化作出适当的反应。

（三）制度实施结果与最初目标的一致性

评价任何一项制度的实施效果，归根到底是要判断通过制度的实施是否达到

了制度制定之初的目标。有的制度可能出发点是好的，但由于制度制定时考虑不周全，或是实施过程中落实不到位，抑或是制度环境发生了巨大变化而没有及时进行制度调整，致使制度实施结果与政策目标之间产生偏差，甚至出现相反的情况。为避免此种情况的发生，制度的制定者需要在制度实施之前充分考虑各种因素，论证制度的可行性，并进行小范围的试点；在制度实施过程中实时跟进，针对试点过程中暴露出的不足及时想办法解决，同时关注制度环境的变化，对制度进行修正；事后还应总结经验教训，为将来制度的实施提供参考。

（四）其他相关制度的完善程度

任何一项制度都不是孤立存在的，它是在整套制度结构中运行的，并与其他制度相关联，因此，一项制度的效率还受到其他制度安排的影响。最有效的制度安排可以看作是整个制度体系中其他制度安排的函数。例如，某项制度在某个地区的实施取得了很好的效果，在另一个地区运用完全相同的制度却不能取得同样的效果，很大程度上一个可能的原因就是其他相关机制的缺失，包括人们思想观念、社会文化等方面的不匹配。

三、关于四川省最低工资保障制度的研究

（一）四川省最低工资保障制度相关规定情况

四川省是我国的人口大省，劳动力资源总量很大，劳动力供大于求的情况长期存在，大量农民工为谋求更高的收入，选择远赴“北上广”等经济更为发达的地区打工。这种现象一方面是区域发展不平衡的结果，另一方面也体现出四川省劳动保障体系的不完善。目前四川省最低工资保障制度的实施，主要是根据1995年颁布的《四川省最低工资保障规定》进行的，该文件主要从三方面对四川省最低工资制度作出了规定。

1. 最低工资制度的适用范围

根据《四川省最低工资保障规定》，四川省的最低工资制度适用于全省范围的各类企事业单位和与之形成劳动关系的劳动者。由此可见其最低工资制度是完全覆盖范围模式。

2. 最低工资的组成与决定主体

最低工资是指“劳动者在法定工作时间内提供正常劳动所应该取得的劳动报酬的最低限额”①。其中，不包括非正常工作条件下的补贴，如加班工资就不能包含在内；不包括法律法规等规定的用人单位应为劳动者缴纳的劳动保险，如单位缴纳的养老保险、医疗保险、住房公积金等；还不包括用人单位支付给劳动者的非货币性补贴，如单位不能以提供食宿为由，将这部分费用在工资中扣除。

① 《四川省最低工资保障规定》第六条，四川省人民政府令1995年第60号。

全省最低工资标准，由省劳动行政主管部门进行测算并提出方案，由省人民政府确定并下达执行。通常全省范围内会公布四个档次的最低工资标准，各市（州）政府在其中选择一个或两个适合当地实际的标准。四川省最低工资标准的决定形式是以政府为主导的，最低工资标准是按照地域划分的；对于不同行业、不同工种，劳动者的年龄、职业经验以及企业的经济规模、发展状况等没有区别对待，统一适用相同的标准。

3. 相关主体的责任和违反最低工资制度的处罚

对最低工资制度执行情况的监管主要分为三个层次：各级政府和劳动主管部门是负责组织实施及监督检查的主要责任者；各级工会也有对用人单位进行监督的权利；劳动者和其他组织对于违反最低工资规定的行为可以向有关部门检举、报告。对于违反最低工资规定的用人单位，根据违规情节的不同，在补发工资差额的基础上，县级以上劳动部门有权责令其向劳动者支付相应金额的赔偿金；拒绝接受处罚的，可以给予警告，甚至处以罚款。

（二）对《四川省最低工资保障规定》的分析

运用制度效率评价的几个决定因素，对四川省最低工资保障制度的具体规定进行分析，主要有以下方面的问题需要关注：

第一，从最低工资标准的规定上来看，四川省采用按地域划分不同标准的模式，总体上看全省同一时期共有四档标准，每个市（州）内的各个县（区）之间可能出现不同标准，这种复杂的规定在一定程度上会给实施对象的认知造成困难。从行为的效率上来说，最低工资符合劳动者的切身利益，易于被劳动者接受。而对企业来说，有利的一方面在于最低工资为企业确定工资水平起到了指导作用，有助于企业合理确定工资水平，吸引劳动者就业；不利的一方面在于如果最低工资标准过高，就会推动企业整体劳动成本的增加，加重企业负担。从惩罚的效率上来说，根据四川省的规定，违反最低工资制度不仅需要补发工资差额，还需要支付一定金额的赔偿金，情节严重的还需要缴纳罚款，这为企业遵守最低工资制度提供了保障。

第二，从最低工资的适用范围来看，四川省最低工资规定适用于全省范围内的所有单位和劳动者，符合制度的一般性原则。从制度的稳定性和适应性来看，最低工资标准每年确定或调整一次，具有一定的规律性，也符合经济发展的需要。但具体的调整情况如何，还需要根据数据作进一步研究。

第二，从最低工资的决定机制来看，四川省最低工资标准由省级人民政府决定，规定中虽然提到了最低工资标准确定时应当参考的因素，但没有具体可实施的办法，也没有相关的专门机构进行研究、测算。由于工资水平受到市场环境中各方面因素的影响，处于一种动态均衡的状态，最低工资这种以政府为主导的决定形式，容易造成政策的滞后性或无效性，导致政策目的难以达到。

第四，最低工资规定是劳动者保障体系中的一个组成部分，它的实施效果也依赖于其他制度的完善程度。目前四川省劳动保障体系中已经建立了失业保险、工伤保险、劳动争议仲裁制度等一系列法律法规，但在工会组织建设、集体协商机制等方面，与其他地区的发展水平仍然存在差距。

（三）四川省最低工资实施情况问卷调查报告

为了了解四川省最低工资制度实施的实际情况，我们针对四川省最低工资制度实施过程中的相关问题进行了调查。通过问卷调查，我们对四川省最低工资制度的实施情况有了较为直观的了解，所得结论如下：

第一，大部分劳动者对最低工资制度有所了解，但对最低工资标准等具体规定理解不深。在我们的调查中，83.16%的受访者表示听说过最低工资制度，但表示很了解的只占5.26%，另外有11.58%的人从来没有听说过最低工资制度。当被问及是否知道其所在城市的最低工资标准时，只有64.79%的人表示知道。

第二，部分企业未能严格执行最低工资制度，企业对最低工资制度的宣传力度不够。企业未能严格执行最低工资制度的情况主要表现在没有加班工资、特殊工作环境或条件下没有额外补贴等方面。近60%的被调查者表示其所在单位没有向员工公布过当地的最低工资标准。可见目前最低工资制度的宣传主要还是靠社会媒体和地方政府，企业主动向职工公布最低工资标准的较少。

第三，“无人监管”和“企业在劳动市场中能以低于最低工资的价格雇到工人”是企业不执行最低工资标准的主要原因。问卷中我们针对企业不执行最低工资标准的原因进行了调查，有24.21%的人选择了“企业在劳动市场中能以低于最低工资的价格雇到工人”，38.95%的人选择了“无人监管”；另外有17.19%的人认为企业利润空间太小是其不执行最低工资标准的原因。

第四，企业向员工发放了其他形式福利的情况。最低工资标准规定的是货币形式的工资，除此之外企业还可以以其他形式向职工发放福利，这也是反对者提出的质疑原因之一。他们认为，最低工资标准的提高只是提高了员工的货币工资，企业为降低成本会因此减少其他方面的补贴，员工最终的总福利没有发生变化。我们针对企业提高的其他形式的福利进行了调查，大部分企业为其员工购买了社会保险，而面对最低工资标准的提高，少有企业表示会采取裁减工人、减少职工福利、降低工人食宿或工作条件等方法，大部分企业也不选择执行最低工资。目前大部分企业的最低用工成本均在最低工资标准之上，最低工资标准对企业成本的影响程度不大。

第五，大部分被调查者认为目前的最低工资标准较低。对目前比较常见的三口之家两人工作的情况，我们设计了“为维持家庭的最低生活需要，每位劳动者每月工资应不低于多少”的题目，结果有58.07%的被调查者选择了1 500元以上。以目前四川省最低工资标准的最高档次1 200元划分，有96.14%的人认为每人每月工资应高于1 200元。

根据理论分析和实地问卷调查的结果可以看出：从对制度的认知和遵守程度上看，最低工资制度在四川省的实施效果还是比较好的，大部分受访者对最低工资都有所了解，大部分企业也都执行了最低工资制度。由于最低工资标准的规定较为复杂且几乎每年都进行调整，因此给人们的准确掌握造成了一定的困难。人们对最低工资制度的一些具体规定了解不够深入，也是一些企业不能严格执行最低工资制度的原因。另外，调查中也发现有关部门对最低工资执行的监管不力，这也造成了制度实施的困难。从制度目标与结果的一致性看，目前的最低工资标准是偏低的，难以满足劳动者更高标准的生活需求，同时也普遍低于企业提供的最低工资待遇，没能起到调节市场的作用。最低工资标准是否适度直接决定了最低工资制度能否有效实施，对此我们收集了四川省的相关数据，对其进行量化分析。

四、四川省最低工资标准分析

（一）最低工资标准现状及其调整情况

2013 年 7 月 1 日四川省人民政府发布了《关于调整全省最低工资标准的通知》（以下简称《通知》），最新的最低工资标准按照地区的不同分为四个档次：一档为 1 000 元/月，二档为 1 070 元/月，三档为 1 140 元/月，四档为 1 200 元/月，各市（州）可以根据地区发展情况选择适合本地实际的具体标准。《通知》特别指出，“此标准包含个人应缴纳的社会保险费和住房公积金”[①]，因此，职工实际领取到的最低工资是低于《通知》公布的最低工资标准的。《通知》发布后各地根据本地区的实际情况也先后对当地的最低工资标准进行了调整，具体调整情况如表 1 所示。

表 1　2013 年四川省各市（州）最低工资标准调整情况一览表[②]　　单位：元/月

地区 \ 项目 \ 年份	2013		2012		平均调整幅度（%）
	最高标准	最低标准	最高标准	最低标准	
成都市	1 200	1 070	1 050	960	12.87
自贡市	1 140	—	960	—	18.75
攀枝花市	1 140	—	960	—	18.75
泸州市	1 140	1 070	880	800	31.65
德阳市	1 140	—	960	—	18.75
绵阳市	1 140	1 070	960	880	20.17
广元市	1 070	—	880	—	21.59
遂宁市	1 070	—	880	800	27.67
内江市	1 070	—	880	—	21.59
乐山市	1 140	1 070	960	880	20.17
南充市	1 070	—	880	—	21.59

① 四川省人民政府《关于调整全省最低工资标准的通知》，川府发〔2013〕第 26 号。
② 数据来源：根据 2013 年各地关于上调最低工资标准的相关通知整理得出。

续表

地区＼项目＼年份	2013		2012		平均调整幅度（%）
	最高标准	最低标准	最高标准	最低标准	
眉山地区	1 140	—	880	—	29.55
宜宾地区	1 140	1 070	960	880	20.17
广安地区	1 070	—	880	800	27.67
达州市	1 140	1 070	960	880	20.17
雅安地区	1 070	—	880	—	21.59
巴中地区	1 070	—	880	—	21.59
资阳地区	1 070	—	800	—	33.75
甘孜州	1 070	1 000	880	800	23.30
阿坝州	960	—	960	—	0.00
凉山州	1 070	—	880	—	21.59

结合表1和相关数据统计，在已公布调整方案的各市（州）中，2013年的最低工资标准与2012年相比都有所提高，其中上调幅度最高的地区是资阳地区，平均上调幅度达到33.75%；最低的为成都市，平均上调幅度仅为12.87%；另外有16个地区的平均上调幅度超过了全省平均水平。

在调整最低工资标准时，应当考虑经济增长情况、物价上涨状况以及与社会平均消费支出水平的关系。为了考察四川省最低工资标准及其调整的合理性，我们收集了2001—2012年四川省最低工资标准与职工平均工资、人均消费支出和名义人均GDP的相关数据，其变动趋势如图1所示。

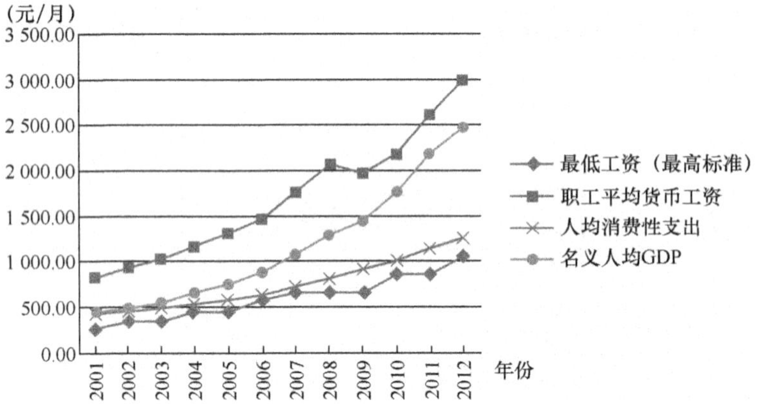

图1　2001—2012年四川省最低工资标准（最高标准）、职工平均货币工资、人均消费性支出、名义人均GDP增长情况①

① 数据来源：最低工资标准采用的是四川省历年公布的最低工资调整方案中最高一档的标准，职工平均工资、人均消费性支出、名义人均GDP根据《四川统计年鉴（2013）》相关数据计算得出。

从图1中可以看出，2006年以前四川省最低工资的上调率与职工平均货币工资、人均GDP的增长率基本保持了相当的水平；2006年以后职工平均货币工资和人均GDP呈现较快速度的增长，而最低工资标准仍然保持了较为平稳的增长，最低工资与职工平均货币工资之间的差距逐渐加大。与人均消费性支出比较，最低工资标准始终略低于人均消费性支出，并且差距有逐年扩大的趋势。这说明，领取最低工资的这部分居民的生活状况并没有随着最低工资标准的数次上调而得到真正的改善。

（二）最低工资标准与其他相关经济指标的比较分析

1. 与职工平均工资比较

职工平均工资水平是确定最低工资标准的一个重要因素，根据《最低工资规定》的相关说法，国际上一般认为，最低工资标准占月平均工资的比例为40%～60%较为适宜。四川省各市（州）最低工资与平均工资的比例实际结果如表2所示。

表2　2012年四川省各市（州）最低工资与职工平均工资比例① 单位：元/月

项目 地区	平均最低工资	职工平均工资	比例（%）	项目 地区	平均最低工资	职工平均工资	比例（%）
全省	925	2 989.44	30.94	南充市	880	2 703.45	32.55
成都市	1 005	3 185.10	31.55	眉山地区	880	2 752.79	31.97
自贡市	960	2 723.41	35.25	宜宾地区	920	2 889.13	31.84
攀枝花市	960	3 403.84	28.20	广安地区	840	2 765.85	30.37
泸州市	840	2 611.63	32.16	达州市	920	2 686.77	34.24
德阳市	960	3 056.97	31.40	雅安地区	880	2 736.45	32.16
绵阳市	920	2 961.99	31.06	巴中地区	880	2 575.71	34.17
广元市	880	2 835.79	31.03	资阳地区	800	2 536.15	31.54
遂宁市	840	2 553.44	32.90	甘孜州	840	3 511.54	23.92
内江市	880	2 637.18	33.37	阿坝州	960	3 607.17	26.61
乐山市	920	2 696.81	34.11	凉山州	880	3 455.29	25.47

根据表2的数据，四川省全省最低工资与平均工资的比例为30.94%，各市（州）中比例最高的是自贡市，为35.25%；比例最低的是甘孜州，仅为23.92%。由此可以看出，四川省最低工资标准与职工平均工资水平相差较大，全省各地均没有达到一般40%～60%的标准。最低工资与社会平均工资之间的较

① 数据来源：平均最低工资根据各市（州）公布的最低工资标准计算得出，职工平均工资数据来自《四川统计年鉴（2013）》。

大差异反映出居民收入层面的贫富差距较大，最低工资标准还有待进一步提高，使低收入的劳动者也能分享经济发展的成果，也使最低工资标准起到维护社会公平的作用。

2. 与居民消费性支出比较

最低工资不应该仅仅保障劳动者的基本生存需要。为了考察最低工资收入能够满足居民消费性支出的哪些方面，我们将居民消费性支出的八类分为三个部分。其中：

生存线 = 食品类 + 衣着类 + 居住类 + 杂项商品及服务支出。

温饱线 = 生存线 + 家庭设备用品及服务类 + 交通通信类支出。

发展线 = 温饱线 + 医疗保健 + 文娱教育文化服务类支出。

在不考虑社会保障费用的前提下，劳动者所需最低工资 = 人均消费性支出 × 人均赡养系数 × 工薪与可支配收入的比①，计算结果见表 3。

表 3　2012 年四川省按消费性支出计算的所需最低工资分析表②　　单位：元/月

支出数据	人均消费性支出	平均赡养人数	工薪与可支配收入比	理论最低工资
生存线	9 644. 71	1. 96	0. 7	1 102. 71
温饱线	12 689. 36	1. 96	0. 7	1 450. 82
发展线	15 049. 54	1. 96	0. 7	1 720. 66

表 3 中显示目前四川省平均最低工资标准为 1 102. 71 元/月，只能满足居民的基本生存所需，而与满足更高生活需要的温饱线和发展线还有一定距离。考虑到 2013 年的相关数据较 2012 年有所上升，我们认为目前的最低工资标准基本合理，但可以有所提高，以满足人们更高标准的生活需求。

五、四川省最低工资保障制度存在的问题及政策建议

（一）四川省最低工资保障制度存在的问题

1. 最低工资制度被主体认知和遵守的程度有待提高

从我们的调查中可见，人们对最低工资制度的了解不深，部分企业违反最低工资制度的情况仍然存在。其原因在于：最低工资标准调整频繁，各地区适用标准不同，给人们清楚掌握自己适用的当下最低工资标准造成了困难；另外，以往的宣传中往往片面重视最低工资标准，且媒体报道的常常是一个地区的最高档次标准，而忽略了最低工资制度在其他方面的规定；对于用人单位违反最低工资规

① 公式推导请参见：韩兆洲．劳动工资与社会保障——广东最低工资调研与统计测算模型研究［M］．经济科学出版社，2006.

② 数据来源：《四川统计年鉴（2013）》。

定，支付报酬不足的，劳动保障部门往往采取被动的监管方式，只有接到举报或是劳资矛盾激化时才介入，这使得企业易产生机会主义倾向，从而使最低工资制度的执行大打折扣。

2. 最低工资制度的适用范围、调整机制有待改善

四川省在最低工资制度覆盖范围上的规定较为笼统。一方面，没有考虑到经济主体之间的差异，对用人单位不区分规模大小、利润率高低，对劳动者不区分行业、年龄，统一适用相同的最低工资标准，这在一定程度上对最低工资的实施效率与经济效应存在不利影响。另一方面，四川省最低工资标准的区域划分十分复杂，调整频繁，使得劳动者和企业很难清楚地掌握自己所在地区现时的最低工资标准，造成了故意或过失违规的增加。制度效率的稳定性要求制度不能总是处于变化当中。对最低工资标准而言，因为要适应经济的发展和人民生活水平的提高而具有一定的特殊性，其调整频率和调整幅度应当具有一定的稳定性，这样才能使制度更好地实施。

3. 最低工资标准偏低

从职工平均工资的比例上看，目前四川省全省最低工资与平均工资的比例都没有达到国际上通用的40% ~60% 的标准。职工平均工资与最低工资之间的巨大差异，反映了经济发展的成果在社会成员之间分配的不公平；社会两极分化和贫富差距的扩大，不利于人民生活水平的整体提高和社会的稳定发展。

从人均消费性支出看，四川省目前的最低工资仅能满足人们食物、衣着、居住和杂项商品服务类支出的需要。而我们认为，基本生活需求还应包括交通、医疗、教育等方面，这样才能使低收入家庭在满足温饱的同时求得自身的发展。

从最低工资标准的调整情况可以看出，最低工资标准的增长率保持在一个较为平稳的水平（见图 1），基本保持了两年一调的频率。但近年来通货膨胀率较高，最低工资水平与职工平均货币工资、名义人均 GDP 之间的差距呈现出扩大的趋势，造成了低收入群体实际工资收入增长缓慢。可见，在调整最低工资标准时没有建立价格指数联动机制，缺乏科学有效的测算机制。

（二）对四川省最低工资保障制度的政策建议

1. 完善最低工资制度适用范围的规定，加强政策宣传

考虑到目前我国劳动力市场上存在各种类型、各种层次的就业者和雇佣者，建议可以结合不同行业、不同劳动者的特点，出台最低工资适用办法细则。例如，针对临时工、试用期用工以及带有学徒性质的实习生等，确定合理的最低工资标准；同时，加强最低工资制度的宣传，提高企业和劳动者在最低工资方面的法律意识。除了通过电视、报刊、网络等社会媒体向民众宣传最低工资制度外，还可以组织企业相关部门负责人进行集中学习，并要求企业向职工披露最低工资标准，明确最低工资标准包含的范围，形成企业自律和职工监督相结合的体系。

2. 建立科学适度的最低工资标准的确定和调整机制

合理的最低工资标准是最低工资制度有效实施的重要保障，是达成最低工资政策目的的关键。因此，确定一个合理的最低工资标准，并及时根据经济环境的变化进行调整是十分重要的。目前四川省最低工资标准偏低，需要进一步提高。我们建议，应当尽快将三方协商机制引入最低工资的制定过程，建立研究最低工资标准的专门机构，使劳动者、企业以及相关学者参与进来，在最低工资确定过程中充当主导者，政府部门只发挥协调作用。每年对最低工资标准进行测算，发现不符合经济发展情况的应及时调整，并提请地方权力机构审议通过，确保最低工资标准的适度性和合理性。另外，考虑到制度效率的稳定性要求，比较理想的模式是最低工资标准的调整应当有一个预计的水平，在此基础上根据当年的实际情况进行微调。

3. 加强对最低工资制度执行过程中的监管，完善相关制度保障

劳动主管部门应不定期组织考察队，对企业实施最低工资制度的情况进行调研，了解劳动者所获得的实际报酬，坚决杜绝企业不执行最低工资标准或以超额劳动、拒付加班费、减少福利等方式违反最低工资制度的行为。有必要加大对违反最低工资规定的处罚力度，在经济处罚之外，对于情节严重的还可以给予停业整顿、吊销营业执照等行政处罚。

此外，还应加强工会组织的建设，形成民间监督力量。在雇佣关系中，员工往往处于弱势地位，个人很难有能力与企业进行谈判，对于企业违反最低工资制度的行为，很多员工往往选择委曲求全。因此，加快工会组织的建设，形成能与企业进行协商谈判的力量，有利于遏制企业在制定工资薪酬时随心所欲，为工人争取自己的利益；同时，工会还可以积极参与最低工资的制定过程，代表工人发表意见，使最低工资制度更加合理有效地实施。

参考文献：

[1] 韩兆洲，吴云凤，魏章进，等．劳动工资与社会保障——广东最低工资调研与统计测算模型研究［M］．北京：经济科学出版社，2006.

[2] 韩兆洲，魏章进．我国最低工资标准实证研究［J］．统计研究，2006（1）.

大陆民营企业发展法律环境与台湾地区民营企业发展“法律”环境比较研究*

——以市场准入和融资为例

黄立君

摘要 在影响民营企业发展的诸多因素中，法律环境及其所提供的投资者保护在鼓励企业家投资、保障企业发展方面起到至关重要的作用。台湾地区的民营企业，无论在市场准入还是在融资等方面都得到强有力的“法律”支持，其发展经验可以为大陆地区民营企业的发展提供经验支持。

关键词 民营企业；法律环境；市场准入；融资

一、前言

法律环境如今已经成为影响企业发展的一个重要因素。斯泰纳（Steiner，1991）曾引述美国某家企业 CEO 所说的一句话：“我们所有的管理技巧（skills）——财务、制造、行销、研究发展等，所有的这些放在一起，对我们命运的影响，还不及法律、政经舞台所发生的事件来得大。”① 这句话，可能有些危言耸听，但如果把它放在当下中国大陆民营企业发展的背景下，的确是合适的。

据全国工商总局的统计，截至 2012 年年底，在全国 1 366.6 万户（含分支机构）企业中，私营企业有 1 085.72 万户。目前，非公有制经济对 GDP 的贡献率超过 60%，税收贡献率超过 50%，就业贡献率超过 80%②。这充分说明，民营企业已经成为重要的微观经济主体，成为中国经济增长的重要引擎。不过，大陆所有制歧视导致的民营企业的不平等法律地位、不公平的法律保护、融资困难及市场

* 本文获“2013 两岸暨国际学人研究奖资助”。该文也是北京市哲学社会科学规划项目“民营经济与国有经济法律保护差异性的制度经济学分析”（12JGB064）、2012 年度教育部人文社会科学研究规划基金项目“体制和规制约束条件下美国金融制度变迁研究”（12YJA790143）的阶段性研究成果。

① Steiner，G. A. and Steiner，J. F.，Business，Government and Society - A Managerial Perspective [M]. New York：McGrawHill，1991.

② 《全国市场主体发展总体情况》，全国工商总局官网：http：//www.saic.gov.cn，浏览日期：2013 年 7 月 16 日。

准入方面存在的“玻璃门”，却阻碍着大陆民营企业的进一步发展。反观台湾地区，政府营造的“法律”环境，带来了民营企业发展的活力和台湾经济的繁荣①。

本文把民营企业发展的法律环境聚焦到民营企业经营者和专家学者们最为看重的市场准入和融资两个方面②，因为市场准入关乎民间资本是否可以与国有资本自由竞争，而融资则是大陆民营企业持续发展所面临的最大难题。有关市场准入我们重点关注在大陆属行政垄断的石油、银行、电信三个行业。关于融资，我们重点关注中小企业融资的法律环境，因为在台湾的133.3345万家企业中，有130.2351万家是中小企业，占比为97.67%③。在大陆，截至2011年年底，全国工商登记实有企业1 253.1万户，个体工商户3 756.5万户。根据新的中小企业划型标准和第二次经济普查数据测算，目前中小企业占全国企业总数的99.7%④。所以，中小企业融资的法律环境基本上可以反映民营企业融资的法律环境。

本课题研究采用文献研究法、深度访谈法及比较分析法，尝试通过对两岸民营企业在市场准入和融资两方面“法律”环境的比较，探寻台湾地区民营企业的发展经验，以期发现优化大陆民营企业发展法律环境的可行途径。

二、文献回顾

在影响民营企业发展的诸多因素中，法律环境及其所提供的投资者保护在鼓励企业家投资、保障企业发展方面起着至关重要的作用。

“法和金融”（Law and Finance）的研究成果表明，一国法律制度对投资者权利保护得越好，企业的价值就越大。法与金融四人研究小组（LLSV，2002）运用49个富裕国家中539家大公司的数据分析了公司价值与法律对投资者保护程度之间的关系，发现在对投资者法律保护程度较高的国家里，公司价值要比保护程度较低的国家更高。贝克等（Beck etc.，2003）发现，在投资者权利缺乏法律保护的国家中，企业将面临更高的外部融资障碍。加诺特、宋利钢、姚洋、王小路（Ross Garnaut，Ligang Song，YangYao and Xiaolu Wang，2000）的研究表明，在中国，金融压抑和低效率的国有银行垄断造成银行业严重的信贷歧视，非国有经济部门深受其害。虽然非国有部门对中国GDP的贡献超过了70%，但是它在过去十几年里获得的银行正式贷款却不足20%，其余的80%以上都流向了国有部门。张建伟（2013）则用“麦克米伦融资缺口”来解释中国中小企业的融资困境。

关于在转型经济体中的民营企业及家族企业的研究表明，当法律环境不佳

① 1950—2000年，台湾经济年均增长8%，经济快速增长期长达50年。

② 在与台湾有关专家学者的访谈中，每一个学者都不约而同地把谈论的重点放在市场准入和融资问题上。

③ “台湾经济部”中小企业处官网：http：//www.moeasmea.gov.tw/mp.asp？mp=2012年年底统计数据，浏览日期：2013年7月16日。

④ 中国中小企业国际合作协会．中国中小企业健康发展报告（2012）摘要［J］．中国中小企业，2012（11）．

时，由于法律或者不存在，或者不具有可实施性，私营企业难以依赖于法律体系来保护其产权和合同的实施（Johnson etc.，2002），于是，私营企业倾向于寻求法律之外的渠道获得支持。欣和皮耶思（Xin and Pearce，1996）发现，私营企业相对于国有企业和集体企业而言具有更强的关系导向，私营企业管理者更加看重商业联系，特别是与政府之间的联系，也更加依赖于从关系中获取资源和寻求保护。法乔（Faccio，2006）认为，建立政治关系可以为家族企业获得税收减免、提供法律或非法律方面的保护等好处。唐建新等（2011）以1990—2008年非金融类民营上市公司为样本，检验银行关系和政治联系是否影响银行贷款，结果发现，在中国基于非正式的关系确实可以为受到融资约束的民营企业带来银行贷款方面的融资便利。何镜清等（2013）以2006—2010年我国民营上市公司为样本，实证检验发现，民营企业家的政治关联可使企业获得更高的银行贷款比率和更长的贷款期限；同时，民营企业家的政治关联程度越高，政治关联在金融危机中的贷款效应越明显，黄新建、王婷（2012），杜颖洁、杜兴强（2013）的研究得出了同样的结论。胡旭阳（2010）、赵峰、高明华和马光明（2011）从政治关联视角研究民营企业的法律问题，冯玉军（2001）、吴伟（2010）安灵、白艺昕和何雪峰（2010）的研究表明，政治关联与法律制度是一种替代关系。

尽管唐纳德·克拉克、彼得·慕雷尔、苏珊·怀特（Donald Clarke，Peter Murrell and Susan Whiting，2006）提出，在中国民营企业的发展进程中，中国的法律体系虽没有提供一个稳固的产权保护体制，但政治结构本身作为正式的法律体制的替代机制在地方层面为民营企业的财产安全提供了一定的合理保护。赵峰、高明华（2012）的研究也表明，政治关联作为一种非正式机制可以缓解落后制度对民企发展的阻碍作用，从而有助于降低权益资本成本。但克雷森和列文（Claessens and Laeven，2003）的研究却表明，只有廉洁的政府、高效的法律和司法体系以及发达的金融体系，才有助于私营企业获得外部融资和扩大投资。沈灿煌（2009）、周林彬和李胜兰（2003）、刘振环（2005）等则从产权保护的角度分析民营企业的法律问题，建议应选择低成本的法律制度保护民营企业产权，并加强民营企业的制度设计。

上述研究成果为后续研究提供了学术指南。但我们也发现，已有研究成果中较少有学者对台湾地区民营企业发展的“法律”环境与大陆民营企业发展的法律环境进行比较研究。从目前可获得的文献来看，有关台湾民营企业发展的主要研究包括：蒋雅芳（1989）、王巍（2000）、田村纪之和刘进庆等（1989）对台湾民营企业的形成、发展与崛起、作用、面临的问题等进行了介绍；于宗宪（1988）、陈剑屏（1998）分析了台湾扶持民营经济发展的“政策”与措施；徐宗玲和李艳华（2004）对台湾中小企业的发展“政策”与成功经验进行了研究；刘珂和邵波（2009）回顾了台湾中小企业官方辅导机制的成长历程，并分析了这一辅导机制的构成；王洛林和翁君弈（1990）就台湾民间资本成长和输出的支配因素，以及成长与输出的变动关系作了探讨；黄德根（2002）对台湾中小企业的融资体制、陈佳贵（1997）对台湾公营企业民营化、云青（2006）对台湾地区民营银行设立的背景、绩效进行了探讨；刘允斌和赵兵（1998）对大陆和台湾地区民营经济的发展状况作了比较，但没有比较其发展的“法律”环境有何不同；朱团钦（2004）、尹晓敏（2004）、李乾贵和邬小丽（2005）、吴伟达（2006）、梁毅雄（2006）等都对大陆民营企业发展的法律环境所面临的困境、对策等进行了研究，但几乎没有论及台湾地区民营企业发展的“法律”环境。基于此，本文尝试通过对台湾民营企业发展“法律”环境的田野调查，借鉴其发展经验，探寻大陆民营企业可持续发展之道。

三、民营企业发展的“法律”环境：台湾经验

台湾民营企业，尤其是中小企业，不仅是台湾经济的中流砥柱，更是就业吸收和平均分配所得的重要部门。据台湾“经济部”《2012 中小企业“白皮书”》[①]资料显示，2011 年，台湾中小企业户数为 127.978 4 万家，占企业总户数的 97.63%，创下近年来最高纪录；就销售值而言，2011 年中小企业的销售值为新台币 11.2 兆亿元（年增加 4.84%），占全部企业销售值的 29.64%；在就业方面，2011 年中小企业的就业人数为 833.7 万人（年增加 1.78%），占全部就业人数的 77.85%。台湾民营企业的活力固然得益于经营者的智慧，但台湾当局为企业创设的“法律”环境乃是这一活力之源。无论是市场准入、融资，还是研发和国际市场的推广，台湾当局都通过“法律”“法规”为企业营造了一个良好的经商环境[②]。可以说，良好的“法律”环境是台湾民营企业持续发展的主要推手。本研究仅以市场准入和融资的“法律”环境为例证明这一观点。

（一）市场准入

据统计，台湾公营企业的产值在 1952 年占总产值的 56.6%，民营企业为 43.4%。至 1984 年，公营企业减少至 16.3%，而民营企业则跃升至 83.7%[③]。数据显示，自 1989 年台当局成立“公营事业移转民营推动小组”，截至 2007 年，公营企业生产总值占全台湾生产总值的比重下降至 5.98%[④]，民营企业已成为经济成长的主力。自 20 世纪 80 年代中、后期开始，台湾当局全面开放“特许业务”，允许更多的民间资本进入当时被冻结近 20 年的银行、保险、证券、电力和电信等行业，从

---

① 台湾“经济部”中小企业处官网：http：//www. moeasmea. gov. tw/mp. asp? mp = 1，浏览日期：2013 年 7 月 18 日。

② 《福布斯》（Forbes）杂志公布 2012 年全球最适合经商环境排行榜，台湾从 2011 年的第 26 名跃升至第 16 名，在亚洲排名前 3 名，超过韩国、日本，仅次于新加坡及香港。

③ 转引自黄德海. 经济：把历史当作序曲讲起 [J]. 大地，2008（10）.

④ “经济部”所属事业民营化专题报道，2009 年 1 月更新。台湾“经济部”官网：http：//www. moeasmea. gov. tw.

而为已有一定规模的民营企业从事多角化经营、实现范围经济拓展了广阔的空间。

在市场准入方面，台湾民营企业同大陆民营企业一样经历了一个从管制到放松的过程。最初，台湾所谓“宪法”（1947 年）第 144 条规定：“公用事业及其他有独占性之企业，以公营为原则，其经‘法律’许可者，得由‘国民’经营之。”第 145 条规定：“‘国家’对于私人财富及私营事业，认为有妨害‘国计民生’之平衡发展者，应以‘法律’限制之。”到 1953 年，台湾当局颁布实施的《公营事业移转民营条例》第 3 条则规定，只有那些“直接涉及‘国防’机密之事业、专卖或独占之事业、大规模公用或有特定目的之事业，以政府经营为原则，不得转让民营”。1991 年 6 月修正后的《公营事业移转民营条例》又将上述原条例适用对象修正为：“公营事业经主管机关审视情势，认已无公营之必要者，得报由‘行政院’核定后，转让民营。”1992 年 2 月 28 日台湾“行政院”发布《公营事业移转民营条例施行细则》，同年 11 月 27 日“经济部”发布《“经济部”所属事业移转民营从业人员优惠优先认购股份办法》及《“经济部”所属事业移转民营从业人员权益补偿办法》，以落实执行。

总体来看，在大陆仍属行政垄断的石油、银行、民航、电信等诸多行业，在台湾地区都已经实现了民营化。以台湾“经济部”所属公营事业移转民营为例，自 1989—2012 年，已完成中石化、中工、中钢、台肥、中兴纸业、台机、农工、台监、唐荣及台船等 10 家公司的民营化。根据“经济部”官网数据，2001 年，其所属公营企业还有 10 家；到 2012 年，已经减少为 5 家。目前所属 5 家企业，除台湾自来水公司先推动委托经营，暂不释股民营化外，其余 4 家也都在民营化的讨论过程中①。

表 1、表 2 和表 3 为台湾地区石油、电信、银行三部门逐渐放宽市场准入、充分引进民间投资的发展历程。

表 1　台湾地区油品产业的发展历程

时间	“法规”或事件	内容
1987－06	施行《加油站管理规则》	开放民营加油站营业
1996	施行《石油及石油产品输入输出生产销售业务经营许可证管理办法》	开放民间设置石油或石油产品蒸馏、精炼及掺配设备与申设炼油厂
1999－01	石油产品自由化时程第一阶段	开放燃料用油、航空燃油及液化石油气进口
2000	第一次双占时期：中油、台塑	台塑石化宣布投入油品生产，终结中油独占时代
2001－10	施行“石油管理法”	促进石油业之健全发展，维护石油市场之产销秩序，为管理石油产业之主要法律依据
2002－01	石油产品自由化时程第二阶段	全面开放油品进口
2002－04	三占时期：中油、台塑、埃索环球	台湾埃索环球石油公司（美台合资）成立，进入油品市场
2003－12	第二次双占时期：中油、台塑	台湾埃索环球石油公司退出，恢复双占

资料来源：许博彬．混合双占下同质性受管制商品之竞争模式［D］．台湾高雄大学经营管理研究所硕士研究生论文，2011.

① 台湾“经济部”官网：http：//www. moeasmea. gov. tw.

表 2　台湾地区电信自由化的发展历程

时间	“法规”或事件	内容
1987－08		用户终端设备自由化
1989－06		电信网络利用自由化；开放电信加值业务
1994－11		开放数位式低功率无线电话业务
1996－01	通过电信“三法”： “电信法” “交通部电信总局组织条例” “中华电信股份有限公司条例”	电信监理与电信营运分开
1996－07	电信总局改制；“中华电信”公司成立	
1997	“中华电信”开始民营化，部分股份释出为民有	开放四项行动通信业务
1999－12		开放卫星通信业务
2001－07		开放固定网络通信业务
2005	“中华电信”官股比例降低至五成	
2006	台湾成立通讯传播委员会	维护通讯传播业公平的竞争以及资源的管理；监管
2007	“交通部”所持“中华电信”股份比例降低至35.41%	
2009	“电信法”将电信事业分为第一类和第二类	第一类电信事业是可设置网络基础设施来提供服务或提供给其他行业的租用者；第二类电信事业则必须向第一类电信事业租用设备来提供服务

资料来源：台湾《电信自由化“白皮书”》。

表 3　台湾地区银行业市场准入的发展历程

时间	“法规”或事件	内容
1989	“银行法”第二次修改稿	允许民间设立商业银行
1990	“商业银行设立标准”要求资本金达到100亿新台币，每个民营银行只能设立1个总行、一个储蓄部和5家分行	开始受理新银行的设立申请。截至1992年，发起设立16家民营银行
1992	“公营事业移转民营条例施行细则”	开始公营银行移转民营
1997－05	台湾地区“议会”解除“政府”所属彰化银行、华南银行、第一银行等3家商业银行公股比例不低于资本额51%的限制	公营银行民营化。截至2002年，纯公营银行仅4家。至2013年5月，台湾地区共有40家本土银行。岛外银行在台湾地区的分行为30家，另外还有24个信用合作社，277个农会信用部和25个渔会信用部

（二）融资

在台湾蹲点调研民营企业发展“法律”环境的过程中，十余位访谈对象一致认为，台湾当局为民营企业构建了一个非常好的融资环境。用财团法人、资讯工业策进会产业情报研究所陈子昂主任的话来说，政府在融资方面为中小企业的服务是全方位的，不仅包括融资，也包括研发、国际市场拓展等各个方面①。

企业初创期，融资主要来自银行。“经济部”中小企业处为其融资创造各种有利条件，积极对中小企业在融资保证、投资保证、投资及辅导等方面提供创新增值服务，包括协助中小企业运用知识产权取得融资、办理信用保证基金的直接信用保证业务、协助妇女创业、开办妇女创业凤凰小额贷款、运用火金姑（相对保证）专案协助产业的上中下游企业取得优惠融资以及提供新台币100亿元加强投资中小企业计划等。台湾有证券市场、风险投资平台为企业提供外部融资的支持。就风险投资而言，台湾有全球第二大风投市场。根据台湾“经济部”2012年发布的《中小企业“白皮书”》，2011年，直接金融比率为21.64%，间接金融比率为78.36%。2011年，本土银行对中小企业的放款（含催收）余额约为4兆739亿元，占企业全部放款余额的46.89%。可见，间接金融乃是中小企业取得资金的主要方式。

台湾中小企业融资渠道的畅通得益于当局为其创设的良好“法律”环境。1991年4月台湾颁布实施的《中小企业发展条例》是有关中小企业发展的专门“法规”。为了让该条例得以落实，台湾“行政院”“经济部”随之颁布实施了《中小企业发展基本收支保管及运用办法》（1991年9月）、《中小企业认定标准》（1991年10月）、《中小企业辅导体系建立及辅导办法》（1991年11月）、《中小企业开发公司设立运营管理办法》（1993年3月）和《中小企业政策审议委员会组织规程》（1994年4月）等规章。台湾当局还设立了各种基金，包括“行政院”“中美”基金、开发基金和“经济部”中小企业发展基金、中小企业信用保证基金等。同时，在财务融通方面，“经济部”中小企业处创设了各种中小企业专项贷款，包括青年创业贷款、青年筑梦创业启动金贷款、企业小头家贷款、创业育成信托投资专户，运用“国发基金”投资中小企业；还有专门为妇女创业提供的凤凰贷款。1996年，“经济部”中小企业处还成立了“马上解决问题中心”，以便及时有效地协助中小企业解决突发问题，尤其是与融资有关的咨询与协助（包括贷款展延、债券协调和增贷等方面）。

在各项制度安排中，“经济部”所辖的中小企业信用保证基金为中小企业融资发挥了巨大作用。我们采访了中小企业信保基金专审科的江宜静女士，她为我们提供的最新资料显示，截至2013年5月，信保基金累计承保了33.6万户中小企业，所扶持的企业上市、上柜数量占台湾证券交易所上市、柜买中心上柜企业

① 根据笔者访谈资料整理。

总数的45%。

可以看出，对中小企业融资，台湾地区不仅有“法规”，并且有各种具体措施作为支撑，因而使得“法规”不仅仅是纸上的“法律”，而且成为行动中的“法规”。

四、民营企业发展的法律环境：大陆探索

（一）市场准入

在市场准入方面，大陆历来存在民间资本进入传统垄断行业之“三重门”（铁门、玻璃门、弹簧门）说。垄断性行业包括石油石化、烟草、电信、电力、武器、铁路、航空和银行8个行业。我国对垄断行业的改革始于20世纪90年代，但从石油、电信、银行3个行业来看，目前民间资本仍然处于游离状态。石油行业被中石油、中石化、中海油3家公司独占；电信行业被中国电信、中国移动和中国联通垄断；银行业则被中国银行、中国农业银行、中国工商银行和中国建设银行4家国有商业银行垄断经营。

2005年，《国务院关于鼓励支持和引导个体私营等非公有制经济发展的若干意见》（即“非公36条”）出台，规定只要是政府没有禁止的领域，民营资本就可以进入。“非公36条”允许非公有制经济进入电力、电信、铁路、民航、石油等垄断行业和领域、公用事业和基础设施领域、社会事业领域、金融服务业、国防科技工业建设领域；鼓励非公有制经济参与国有经济结构调整和国有企业重组、参与西部大开发、东北地区等老工业基地振兴和中部地区崛起。2006年，国资委又出台了《关于推进国有资本调整和国有企业重组的指导意见》，明确规定国有经济仅在军工、电网电力、石油化工、电信、煤炭、民航和航运7个行业保持绝对控制力，而对其他行业则基本开放。

2010年，国务院又制定了《关于鼓励和引导民间投资健康发展的若干意见》（新“非公36条”），进一步拓宽了民间投资的领域和范围，鼓励和引导民间资本进入基础设施、市政、住房、社会事业、金融服务、商贸流通和国防科技工业等领域。与旧“非公36条”“有原则没有细节”不同的是，2012年以来，各大部委如交通部、民航局、铁道部、水利部、工信部、国家能源局、国土资源部、电监会、教育部、银监会和商务部等都各自发布鼓励和引导民间资本投资的规定，共计42条实施意见或细则，涉及医疗卫生、民航、金融、铁路、能源、市政和广电等多个传统垄断领域，同时有18个省（区）市政府出台了当地的实施细则。

尽管“非公经济36条”颁布以来相关的政策措施逐步完善，原有垄断行业（除关系经济安全的行业外）大都在理论上已向民营经济开放，但目前还很难落到实处，很多领域依然存在一道看不见的“玻璃门”，阻挡着民营企业进入，如民营企业就很难进入石油领域。2005年，商务部发布《成品油批发企业管理技术规范》《成品油仓储企业管理技术规范》两个征求意见稿，规定申请设立成品

油批发企业的申请主体注册资本不低于1 000万元，要有两年以上的成品油零售业务的经历，且须拥有30座以上的自有或控股加油站。另外，天然气开采的具体准入政策要求注册资本不低于40亿元。对于民营企业来讲，不可能在短期内具备这样的准入条件。又如，2005年成立的中国第一家民营石油集团——中国长联石油控股有限公司因为没有原油的勘探开采权而被迫致力于"海外找油"。

中国民（私）营经济研究会会长保育钧指出，从私营经济发展的整个历史进程看，"非公经济36条"堪称一份划时代的文件。但是让人失望的是，直到目前，"非公经济36条"落实很难，也可以说基本没有落实，原因是碰到了既得利益集团的强大阻力，为许多业内人士抨击的"玻璃门现象"（看得见、进不去）并没有得到实质性的改变①。全国工商联关于"非公经济36条"落实情况的问卷调查显示，非公有制经济进入面临最大障碍的5个行业是电力、电信、石油、金融服务业和公用事业②，而障碍主要来自技术、资金以及从业经验要求等。

新"非公36条"和42个实施细则意在进一步放宽非公有制经济的投资领域。但我们也发现，各个细则对民间资本以什么方式进入、经营权和收益权如何分配等都没有具体细则。所以，能否打开垄断行业的大门还需拭目以待。

（二）融资

其实，中国也颁布实施了一系列法律法规以改善中小企业的融资环境。2002年颁布的《中华人民共和国中小企业促进法》，最先以法律的位阶形式确立了给予中小企业资金支持的制度，构建了中小企业融资的法律制度框架。近几年颁布和修订的法律中也增加了一些客观上有利于中小企业融资的法律规范和制度，比如，2007年1月银监会颁布的《信托公司管理办法》第19条规定，企业可以作为委托人以信托贷款的方式，将资金交于信托投资公司，由其寻找合适的借款企业。通过信托的法律构造，间接实现企业融资的目的。又如，《物权法》第181条规定了动产浮动抵押制度，使借款人可以通过提供他们现有和未来获得的资产、原材料、产品作为担保物取得借款，拓宽了融资渠道，扩大了质权利范围，明确规定了应收账款、基金份额、股权可以质押，使其成为中小企业融资的新手段。《公司法》第27条规定：股东可以用货币出资，也可以用实物、知识产权、土地使用权等可以用货币估价并可以依法转让的非货币财产作价出资。各省（直辖市）金融办批准设立的小额贷款公司，主营小额贷款业务，加上2009年10月创业板上市，也让中小企业多了一条融资渠道。2011年5月，银监会发布《关于支持商业银行进一步改进中小企业金融服务的通知》，其中第7条和第8条规定，优先支持银行发行专项用于小企业贷款的金融债。

不过，尽管中国颁布了一系列法律法规以期促进中小企业发展，但融资难依

① 张志勇．中国往事30年［M］．北京：经济日报出版社，2009.

② 黄孟复．中国民营经济发展报告（2007—2008）［M］．北京：社会科学文献出版社，2008.

然是民营企业面临的首要问题。据统计，在中国中小企业的融资结构中，企业自有资金等内源性融资占比约为 60%，公司债券和股票发行等外源性融资占比不足 1%，银行贷款等间接融资占比为 21%，其他渠道融资占比约为 18%①。

台湾“经济部”中小企业信用保证基金专审科的江宜静女士认为，大陆相关法律不健全以及缺乏配套措施是民营企业融资难的主要原因②。由于中小企业处于弱势地位，在融资方面需仰赖政府政策支持，中小企业融资时面临最直接的问题便是担保品不足。目前各国普遍采用信用担保的方式解决这个问题。大陆目前虽然亦实行各种政策欲改善中小企业融资问题，但由于无法落实，使得政策效果有限，且由于大陆担保机构尚处于起步阶段，信用担保法律建设尚存在许多问题，如政出多门、法律地位及行业属性不明确、中小企业信用担保制度的专门立法缺位及欠缺明确可行的监管规则等，致担保机构未能获得银行的认可，难以达到保证倍数的放大效果，故对中小企业融资帮助十分有限。台湾政治大学法学院王文杰教授则认为，大陆政府管制过多，不能从管制型政府向服务型政府转变，是影响民营企业融资的最大障碍③。

在本文研究的文献资料搜集过程中我们发现一个非常重要的不同是，当我们对一个国家或地区中小企业的发展状况、发展动向、融资途径、贷款程序、每年银行对中小企业放款量多大、企业融资的成本多大以及如何获得信用保证等相关问题进行了解时，对台湾地区的这些情况，我们只要登录“经济部”官网，查看相关内容和每年发布的年报就可以对这些内容了解得清清楚楚，而且公众想要获得资金，登录其官网就可以知道自己该如何做。比如信保基金，从 2003—2012 年，每一年的年报都清清楚楚告诉公众基金来源、信用保证适用对象及信用保证项目、申请信用保证途径、企业辅导服务、信保薪传学院、“薪传辅导基金”辅助之企业辅导、火金姑（相对保证）专案基金、最近 5 年承保情况以及年度重要业务措施、年度保证业务、财务报告和国际交流活动等。反观大陆，如果同样想要获得相关数据，只能自己通过对每年统计局、银监会等的年度统计资料自行整理，即便如此也很难获得齐全的、最新的统计材料。这一发现让我们充分认识到服务型政府应当提供的服务。

五、结论与建议

新制度经济学家诺思的研究结果表明：政府的存在是经济增长的关键，然而政府又是人为经济衰退的根源④。从市场准入和融资两个方面的台湾经验和大陆探索比较我们发现，民营企业活力如何，“政府”营造的“法律”环境可以发挥

---

① 转引自王婷婷，陆珉峰．基于大陆和台湾商业银行解决中小企业融资问题的研究［J］．金融理论与实践，2011（11）：27－32.

②③ 根据笔者访谈资料整理。

④ 道格拉斯·C. 诺思．经济史上的结构和变革［M］．厉以平，译．北京：商务印书馆，1992.

关键作用，而“法律”环境的营造又取决于一个经济体所拥有的究竟是服务型的政府还是管制型的政府。服务型政府要求政府遵从民意的要求，在政府工作目的、工作内容、工作程序和工作方法上用公开的方式为公民、社会组织和社会提供方便、周到和有效的帮助，为民兴利、促进社会的稳定发展①。2002—2005年，中国曾经大力宣传过服务型政府的建设，但是2006年以后就放慢了建设服务型政府的步伐。不过，要营造一个良好的法律环境，仍然需要重新打造一个服务型政府，唯其如此，一个经济体才能体现其应有的活力。

附录

访谈对象列表

序号	访谈对象	所属单位	访谈时间	访谈内容
1	黄淑娟	“中华电信”木栅服务中心大堂经理	2013－06－26	台湾电信行业发展现状；民营化
2	田士利	台湾师范大学东亚学系助理教授	2013－07－03	台湾公营事业民营化、市场准入、台湾中小企业融资
3	林昌平			
4	陈庭萱	静宜大学财务金融学系助理教授		
5	徐和谦	“台北市政府秘书处”	2013－07－06	台湾电力、电信、民航、银行、医疗等行业的开放度
6	王文杰	政治大学法学院教授、副院长	2013－07－09	市场准入、中小企业融资的“法律”环境
7	陈子昂	财团法人资讯工业策进会产业情报研究所主任、资深总监	2013－07－10	台湾当局对民营企业（尤其是资讯产业）融资的影响；市场开放情况
8	江宜静	中小企业信用保证基金会专案审查部专案审查一科	2013－07－14	台湾中小企业信用保证基金的运作
9	苏永钦	台湾“司法院”副院长、大法官、政治大学法学院讲座教授	2013－07－15	台湾“宪法”在私人财产保护和企业经营方面的影响

参考文献：

[1] La Porta R F, Lopez－de－Silanes A. Schleifer and R. Vishny. Government Ownership of Banks [J]. Journal of Finance, 2002, 57 (1): 265－301.

[2] Donald C. Clarke, Peter Murrell and Susan H. Whiting. The Role of Law in China' s Economic Development [Z]. GWU Law School Public Law Research Paper, No. 18, 2006.

[3] Xin KR, Pearce JL, Guanxi Connections as Substitutes for Formal Institutional Support [J].

① 吴玉宗．服务型政府：概念、内涵与特点［J］．西南民族大学学报，2004（2）．

Academy of Management Journal, 39: 1641 - 1658, 1996.

[4] Faccio M (2006). Politically - Connected Firms [J]. American Economic Review, 2006 (96): 369 - 385.

[5] Claessens S, L Laeven. Financial Development, Property Rights, and Growth [J]. Journal of Finance, 2003, 58 (6): 2401 - 2436.

[6] Johnson S, J Mc Millan, C. Woodruff. Property Rights and Finance [J]. American Economic Review, 2002 (92): 1335 - 1356.

[7] Beck T A Demirguc - Kunt, V Maksimovic (2005). Financial and Legal Constraints to Firm Growth: Does Size Mater? [J]. Journal of Finance, 2005 (60): 125 - 139.

[8] Petersen Mitchell A. and Raghuram G. Rajan (1995). The effect of credit market competition on lending relationships [J]. Quarterly Journal of Economics, 110: 407 - 443.

[9] Ross Garnaut, Ligang Song, YangYao, and Xiaolu Wang. The Emerging Private Enterprise in China [M]. Canberra The National University of Australia Press, 2000.

[10] Meghana Ayyagari, Thorsten Beck and Asli Demirgü ? - Kunt (2005). Small and Medium Enterprises across the Globe [Z]. A New Database, World Bank Working Paper.

[11] Bester, H. (1985). Screening vs. Rationing in Credit Markets with Imperfect Information [J]. American Economic Review, 75: 850 - 885.

[12] Petersen Mitchell A. and Raghuram G. Rajan (1995). The effect of credit market competition on lending relationships [J]. Quarterly Journal of Economics, 110: 407 - 443.

[13] 黄孟复. 中国民营经济发展报告（2008—2009） [M]. 北京：社会科学文献出版社，2009.

[14] 吴伟. 政府管制的法经济学解释：一个文献综述 [J]. 北京航空航天大学学报，2010 (6).

[15] 史晋川. 制度创新与民营经济成长——以浙江台州为例的历史制度分析 [J]. 浙江学刊，2005 (2).

[16] 储小平，李怀祖. 家族企业成长与社会资本的融合 [J]. 经济理论与经济管理，2003 (6).

[17] 张军. 非公有制经济法律变化的变迁及启示 [J]. 中国法学，2007 (4).

[18] 刘国光. "国退民进"争论的实质与发展私营经济的正确道路 [J]. 南京理工大学学报，2008 (6).

[19] 李曙光. 论宪法与私有财产权保护 [J]. 比较法研究，2001 (1).

[20] 吴伟达. 民营企业市场竞争的法律环境研究 [J]. 浙江学刊，2006 (6).

[21] 王洛林. 论台湾民间资本的成长和输出 [J]. 经济研究，1990 (10).

[22] 王巍. 关于台湾民营经济发展的几点思考 [J]. 华东理工大学学报（社会科学版），2000 (3).

[23] 张建伟. 法律、民间金融与麦克米伦"融资缺口"治理——中国经验及其法律与金融含义 [J]. 北京大学学报（哲学社会科学版），2013 (1).

[24] 唐建新. 银行关系、政治联系与民营企业贷款——来自中国民营上市公司的经验证据 [J]. 经济评论，2011 (3).

气煤冲突与产权保护：法经济学视角

黄立君

摘要 煤层气与煤炭企业冲突的本质是产权的不相容使用，这种不相容使用会导致负外部性，也就是侵权。当产权受到侵害时，人们可以通过财产规则、责任规则和不可让与规则对财产进行保护。在监管失灵和法律缺失的情境下，自利的煤炭和煤层气企业可能会选择“丛林法则”进行维权，致使冲突升级。要解决气煤冲突，可以通过与煤层气相关的法律、法规等约束条件的变化，改变煤层气和煤炭企业的激励与约束机制，促使自利的煤层气和煤炭企业从冲突走向合作。

关键词 气煤冲突；产权保护；财产规则；责任规则

一、气煤冲突及其本质

（一）气、煤企业利益冲突及其原因

曾经被视为“煤矿杀手”和温室效应“罪魁祸首”的煤层气（瓦斯），自20世纪70年代石油危机开始，就成为一种极具经济价值的气体资源。在节能、环保、新能源战略等背景下，从1996年起，我国开始将煤层气作为一个新能源产业鼓励其发展。根据1998年2月颁布实施的《矿产资源勘查区块登记管理办法》，煤层气的勘探、开采与石油、天然气一样实行登记制，由此，煤层气与煤炭一样，成为一种独立的矿产资源。

通常认为，得到清晰界定的产权是有利于资源的有效配置的。但是，由于煤层气是一种与煤炭相伴相生的资源，现实存在的“采煤动气”“采气动煤”问题，不可避免地会引发煤层气企业和煤炭企业之间的纠纷。煤层气和煤炭企业之间的这种利益冲突经由《南方周末》（2006）、中央电视台经济频道（2011）等的报道得以凸显。记者肖华对山西晋煤集团与中石油和中联煤层气公司的气煤之争①作了详细报道：晋煤集团要在自己拥有煤炭矿权的沁水煤田采煤，却不能动伴生其间的煤层气，因为后者的勘探、开采权另有所属——中石油和中联煤层气公司。由此，晋煤集团遭遇威尼斯商人“夏洛克式难题——可以割一磅肉，却不

① 煤炭大省山西的煤层气资源量超过10万亿立方米，约占全国总量的1/3，几乎与全美国相当。山西也是我国煤层气商业化开采最为成功的地区，所以山西的气煤之争在全国范围内具有典型意义。

能流一滴血”。如果割肉时流了血，那就意味着侵权。尽管自2007年开始，国土资源部协同有关部门采取了一系列措施[①]试图解决因矿权重叠而导致的冲突问题，但气煤之争问题并没有得到彻底解决。

这种利益冲突的产生被以蔡开东（2006）为代表的众多学者归因为我国的煤炭矿权和煤层气矿权的独立审批登记制[②]。根据《矿产资源勘查区块登记管理办法》（1998）的规定，作为独立矿种，煤层气的勘探、开采属一级管理，只能经由国土资源部登记发证。而根据《中华人民共和国矿产资源法》（1996修订）第7条第1款“国家规划矿区和对国民经济具有重要价值的矿区内的矿产资源”、第2款“前项规定区域以外可供开采的矿产储量规模在大型以上的矿产资源”及“开采第1款、第2款规定以外的矿产资源，其可供开采的矿产的储量规模为中型的，由省、自治区、直辖市人民政府地质矿产主管部门审批和颁发采矿许可证”的规定，煤炭探矿权实施的是国土资源部及所在地省二元管理体制（按照法律规定，年产120万吨以下的煤矿由各省市批准登记发证，年产120万吨以上的由国土资源部批准登记发证）。在信息不对称的情况下，会出现同一勘查区范围内在授予煤层气矿业权之后，又设置煤炭矿业权，且煤层气矿业权与煤炭矿业权分属不同主体（即矿业权重置）的现象。比如，在煤层气储量最大的山西省，煤层气登记面积99.68%的煤层气矿权都属于中石油、中联煤层气等中央企业所有，但煤炭矿权却在地方企业手里。

如何解决气煤之争？很多学者都认为，应将煤炭与煤层气矿业权设置在一个主体之下，而不应该分别设置为不同的主体，“双权合一”是解决气煤冲突的最好途径[③]。但笔者认为“双权合一”可能造成巨大的效率损失，而且，根据不同矿种实行矿业权分置乃是各国矿产资源立法的通例。基于此，笔者认为应该在矿业权分置的前提下寻找解决气煤冲突的方法。

（二）气煤冲突的本质

为了寻求解决气煤冲突的有效途径，需要重新审视气煤冲突的本质。本文把气煤冲突的本质界定为“产权的不相容使用（incompatible uses）”（波斯纳，1997）。

1998年，国家把煤层气作为新能源独立设权，意在通过创设“排他性产权”来促进煤层气产业发展，但煤层气与煤炭的相伴相生决定了只要两种矿业权不属

---

① 2007年，国土资源部为解决矿业权重置问题，专门出台了《关于加强煤炭和煤层气资源综合勘查开采管理的通知》。

② 胡海容．煤炭与煤层气矿业权争议的成因及对策研究［J］．华东经济管理，2008（7）．

③ 参阅王保民．“两权重叠”的法律问题——关于煤炭、煤层气矿业权分置现象的思考［J］．西南政法大学学报，2010（3）；胡居宝，汤道路．我国煤层气开发利用效益分析及发展建议［N］．科技咨询导报，2007（8）；武勇，李兴文，陈中华．“开采权重叠”已成困局，煤层气开发进退两难［N］．经济参考报，2007－02－05（4）；牛彤，晁坤．我国煤层气产业发展中存在的问题与对策［J］．太原理工大学学报（社会科学版），2011（4）．

于同一个主体，就可能产生两种矿产资源的不相容使用。这种不相容使用意味着煤层气企业和煤炭企业在行使各自财产权利时会对对方产生影响，即存在外部性。

就权利的合法性而言，煤炭矿业权与煤层气矿业权均是经国家主管部门依法许可获得，任何一方权利本身在法律上并无可异议之处。这意味着，从理论上说，只要煤炭和煤层气企业不逾越自己“财产的自由处置圈”（罗伯特·考特，托马斯·尤伦，1994），它们就可以自由处置自己的财产。考特和尤伦（Cooter. R. and Vlen. T.）的“自由处置圈”表明，对任何一个法授权利而言，至少有一个“密封领域”——无论大小——是可以让权利人自由行动的。但从实践看来，自1998年煤层气被独立设权开始，煤炭和煤层气企业所拥有的两种矿业权事实上就已经成为有瑕疵的不完备产权。由于煤层气的物理属性，它与煤炭依附于“同一片土地”，煤炭矿业权和煤层气矿业权的实现也均需依赖于这“同一片土地”（王保民，2010）。不管是采煤还是开采气，都必须在同一片土地上进行。所以，只要没有得到对方的同意，无论煤炭矿业权主体或者煤层气矿业权主体，任何一方权利的正常、完全行使均会影响到另一方权利的正常运行。也就是说，对煤炭和煤层气而言，根本不存在所谓的“自由处置圈”或“密封的”（air-tight）权利。一方面，煤炭企业若要采煤，必须先排瓦斯；另一方面，煤层气企业要抽采瓦斯，其勘探选址、钻井、生产的过程往往也都在煤炭企业的规划区域内，因施工而对矿区地质结构施加影响后，往往会损害煤炭企业的合法权益。这样，煤炭企业扮演着“侵权者”角色的同时，煤层气矿权人也有成为“侵权者”的可能。“采煤必然动气，采气必然动煤”的客观事实注定了两项权利的不相容使用，任意一方的擅自行动都会对对方造成负的外部性，用法律语言表述就是侵权。

二、产权保护规则及气、煤企业面临的困境

关于如何解决因外部性导致的侵权问题，罗纳德·科斯（Ronald Coas，1960）向人们展现了一个“依赖私人合作促进外部性内部化”的乐观前景。他告诉我们，产权明晰的财产权制度可以解决外部性问题，因为个人将会通过谈判和协商获得有效率的结果。但霍布斯则为人们阐述了“一个与科斯完全对立的法律理念……这个理念基于这样一种信念，即若是没有第三方胁迫双方，双方相互之间都会运用他们最坏的威胁”（Robert Cooter，1982），或者说，如果没有谁来胁迫各方就价格达成一致，私人议价就不会化解外部性冲突。由此，考特认为，科斯定理和霍布斯定理是相互冲突的。笔者并不赞同这一观点。相反，笔者认为，科斯定理和霍布斯定理在如何保护财产权利问题上是相互补充的。科斯强调界定产权的作用，霍布斯强调保护产权的重要性。就财产权利的实现而言，界定和保护是同等重要的。仅仅设定法授权利（entitlement）而不能让法授权利得到真正保护并不能避免“强权即正确”的问题。一个社会在做出“权利归谁”（界

定产权）的选择后，还必须执行这一选择（保护产权）（Gudio Calabresi 和 Douglas Melamed，1972）。

（一）产权保护的基本规则

圭多·卡拉布雷西和道格拉斯·梅拉默德（Gudio Calabresi and Douglas Melamed，1972）给人们提供了三种基本的产权保护规则：财产规则、责任规则与不可让与规则。当一种产权被“财产规则”保护时，除非产权持有者（holder）自愿转让，否则不得强制转让，也即非产权持有者要想获得产权，必须获得持有者的许可，以买者的身份向产权持有者（卖方）支付双方协商确定的价格，才能获得产权；而当一种产权被“责任规则”保护时，非产权持有者可以不经产权持有者的同意而“使用”其产权（即侵权），但必须向产权的持有者支付法院所规定的价款（即赔偿金）；当一种产权被“不可让与规则”来保护时，即使产权持有者自愿同意，产权也不得转让出售，如人格权。在圭多·卡拉布雷西和道格拉斯·梅拉默德看来，“一般被称为私有财产的东西都可以看成是一个受到财产规则保护的法授权利，除非持有者以其对财产主观估价的价格自愿出售，没有人可以从持有者那里占取该财产的法授权利。但是实际上，在公共效用足以对抗禁令的情况下，只要有侵扰，就有权利通过补偿占取财产。在这种情况下，保护该财产法授权利的仅仅是我们所谓的责任规则：用一个外在的、客观的价值标准，来便利法授权利从持有者向侵扰者的转移”。

可以看出，上述三种产权保护规则中，不可让与规则保护下的产权是保护最严格的权利①，财产规则对产权持有者来说是一种较强的、具有绝对性的保护方式，而责任规则相比之下是一种较弱的保护方式。但是我们也发现，责任规则能够迫使财产权持有人将他本人的成本内在化，可以作为实现私人成本与社会成本达到均衡的手段。在财产“权利”受到侵犯的情况下，责任规则可以保护财产应得的“利益”。

当一个社会选择了一个初始法授权利后，它就必须确定对这一法授权利的保护是依据财产规则还是责任规则或是不可让与规则。究竟选用哪种规则，按法经济学的观点，取决于交易成本的高低。在交易成本缺失的情况下，根据科斯定理，对一项法授权利的保护无论是通过财产权利还是责任规则，或是不可让与规则，也无论是哪一方最初获得了这一法授权利，都不会有任何差别（Ronald Coase，1960）。当交易成本很高时，市场和法院的相对成本决定究竟是用责任规则还是财产规则或是不可让与规则来保护一项法授权利。

（二）气、煤企业产权保护面临的困境

根据法经济学的理论，财产规则和责任规则有助于财产权利的保护。那么，

① 在本文的论述中不涉及不可让与规则，因为矿业权是可以转让的。

在我国煤层气和煤炭资源的开发利用过程中，两类企业是否能够通过这两种规则对各自的权利进行有效保护呢？回答是否定的。它们既不能通过自愿让与的财产规则保护权利，也不能通过法院实施的责任规则实现产权外部性的内部化。

就财产规则而言，在矿业权重置的区域内，如果煤层气企业没有先期对煤层气进行开采（2007年4月17日，国土资源部下发《关于加强煤炭和煤层气资源综合勘查开采管理的通知》确定必须“先采气，后采煤”），煤炭企业若要行使对煤炭资源的权利，就必须首先征得煤层气企业的许可。如果煤层气企业不同意，煤炭企业就会退而求其次，向煤层气企业购买煤层气“矿权转让费”，以便自己能够顺利开采煤炭。我们知道，在财产规则下，自愿自由的交易可以使自己的权利得到保护（让渡所有权，获得对价）。法经济学的谈判理论也证明，当人们对某一资源估价不同时，可以通过讨价还价，让资源从估价低的人手中转移到估价高的人手中。这意味着，如果交易费用不高，那么煤炭企业和煤层气企业将会通过谈判和协商获得有效率的结果。但在现实的煤层气矿业权交易中，交易成本较高以至于自愿自由的交易难以进行。

这里，导致交易成本高主要有三个原因：其一，《中华人民共和国矿产资源法》（1996年修订）第6条对采气权的流转作出了较严格的限制；其二，通过谈判确定一个初始法授权利——煤层气矿业权——的价值，其费用常常非常之大，以至于即使一次法授权利的转让对所有关系人都有益，这一转让也不会发生；其三，一旦煤炭企业提出购买“矿权转让费”，它所面对的就是一个具有垄断地位的卖方，煤炭企业没有任何议价能力。如果铁定要通过合法手段开采煤炭，煤炭企业别无选择，就只能接受垄断高价。据报道，山西潞安矿业集团屯留矿为获得22平方公里的煤炭开采权，不得不向一家中央煤层气企业支付每平方公里高达6万元、总计120多万元的“矿权转让费”；晋城市兰花集团的煤矿井田有约100平方公里的面积与中央一家煤层气权企业重合，考虑到安全生产对瓦斯抽采的必然要求，兰花集团不得不以吨煤15元的标准作为“资源费”交付给气权单位以取得“瓦斯抽采权”。显而易见，卖方垄断下订立的买卖合同只能是一个“不完备合同”，这种“不完备合同”既不能保护煤炭企业的合法权利，也无助于资源的优化配置。

那么，责任规则能否提供足够的保护呢？我们以煤层气企业的产权保护为例。在旷日持久的气煤之争中，面对煤炭企业“未取得采矿许可证擅自采矿”这种“侵权”行为，煤层气企业唯一能做的就是找到相关行政主管部门进行投诉，因为《中华人民共和国矿产资源法》（1996年修订）、《中华人民共和国矿产资源法实施细则》（1994）、《矿产资源开采登记管理办法》（1998）及《矿产资源监督管理暂行办法》（2003）对矿产企业就矿区范围的争议都采用当事人协商和地方政府处理、协商直至国务院处理的办法。比如，《中华人民共和国矿产资源法实施细则》（1994）第23条规定：“探矿权人之间对勘查范围发生争议时，由当事人协商解决；协商不成的，由勘查作业区所在地的省、自治区、直辖市人民政府地质矿产主管部门裁决。跨省、自治区、直辖市的勘查范围争议，当事人协商不成的，由有关省、自治区、直辖市人民政府协商解决；协商不成的，由国务院地质矿产主管部门裁决。特定矿种的勘查范围争议，当事人协商不成的，由国务院授权的有关主管部门裁决。”这样，气煤争议被视为行政争议，从而排除了司法介入的可能（汤道路、杨光远，2007）。这样看来，通过确定最佳侵权赔偿解决煤层气和煤炭冲突的设想目前还只能是一种设想。

三、监管失灵与法律缺失情境下的企业行为选择

（一）监管失灵与法律缺失

从前文论述可知，对煤层气和煤炭两种矿产资源，国家虽界定了产权，但并没有很好地保护这种产权。对这种产权保护的乏力，一方面源于监管失灵，另一方面源于法律缺失。也就是说，国家采取的两种执法策略——事前监管和事后诉讼——都没有发挥应有的作用。

就事前监管而言，根据迪克西特（Avinash K. Dixit，2007）的观点，如果一种市场经济是成功的，它就应该具备某种体制基础，能够防止那些对私人有利、对社会有害的行为发生，并对投资、生产和交换活动提供足够的激励。换句话说，市场经济需要治理机制作为基础。监管，作为经济治理的主要机制之一，要求监管者具备对损害行为进行准确描述并对预期损害进行准确判断的能力，以便对各种活动进行持续监督和调查，并通过禁止损害行为以及对违法者予以行政制裁等方式对损害行为进行事前预防。而且，按格莱泽和施莱弗（Edward Glaser and Andrei Shleifer，2002）的说法，监管者由于比法官有更强烈的动机（可能源于对职业生涯的考虑，监管者会因发现违法现象而得到奖励，抑或源于监管者所受到的更专业化的训练）进行高代价的调查以便证实出现了违法现象，所以，监管应该比诉讼更有效率。但在旷日持久的气煤之争中，地方行政主管单位在处理相关问题时并没有固有的标准、模式可依，随意性非常强；中央相关部门对此类问题的控制力也不足，宏观调控性不强，使得问题只能局限在地方范围内，不利于其最后的解决（汤道路、杨光远，2007）。面对侵权，国家行政部门的通常做法是：一方面裁定煤炭企业侵权采气“违法”；另一方面又对煤炭企业申诉书上所言的“采煤不可能不动气”“他不允许我动气，那我也可以不允许他动煤”等内容批示“言之有理”（郭芳，2011）。这足以表明，目前我国行政机构针对煤炭与煤层气开采的监管已经失灵。

从另一方面看，两种矿产资源的保护乏力也归因于法律缺失。按迪克西特（2007）的理解，法律缺失是指政府不能或不愿通过国家法律机器提供充分的产权保护和合约执行。在气煤冲突中，由于《中华人民共和国矿产资源法》（1996）、《矿产资源开采登记管理办法》（1998）及《矿产资源监督管理暂行办法》（2003）均把此种争议视为行政争议，那么，被侵权企业就没有可能通过责

任规则来保护自己的财产权利。事实上，从目前所能获得的文献及媒体报道来看，确实很少见到有煤炭或煤层气企业因为矿业权被侵犯而提起诉讼。

（二）监管失灵和法律缺失下的企业行为选择

根据迪克西特的观点，在监管失灵和法律缺失的情境下，经济活动主体并不必然走向无序竞争。“经济活动不会因政府不能提供或疏于提供法律基石而缓慢停顿下来……人们试图去发展替代性制度……这些制度包括财产权利的自我保护……如果一种经济治理模式是昂贵的，那么最小成本原则表明，无论是正式法律，还是其他私人治理，都会被挑选出来”。这里，迪克西特所谓的“替代性制度”主要是指长期关系、仲裁等制度安排。迪克西特认为，在以交易者之间的关系或持续交往为基础的执行中，相同的当事人之间不断地相互接触，相互博弈，其对未来收益的估价远远高于当前，那么，这些当事人对长期关系瓦解的预期，能够限制贪图短期收益的行为倾向。仲裁方面，行业仲裁者能够利用他们的专业知识对当事人的行为进行解释并作出实事求是的决策，而且，比起非专业化的法庭来说，这种决策更准确，成本更低。

那么，在政府不能有效监管或法律缺失的情况之下，煤层气和煤炭企业能否通过长期关系、仲裁等替代性制度安排来消解彼此之间的利益冲突呢？

按理，煤层气和煤炭企业唇齿相依，任何一方权利的实现都要依赖于对方，故最有可能建立互惠互利的长期关系。但是，由于煤层气开采初期所需投资多，运行成本高，回收周期长，长期以来，政府对煤层气开采给予的0.2元/m^3的财政补贴并不足以让煤层气企业加快煤层气开采的步伐。而煤炭企业急于开采地下的煤炭，煤层气企业则驻足观望，等待更好的投资机会。时间上的错位，无助于双方长期关系的建成。至于仲裁，从笔者所了解的信息来看，目前似乎并不存在能够很好解决气煤冲突的仲裁机构。

由上述可知，煤层气和煤炭企业既不能通过法律保护自己的权利进而获得秩序，又不能通过长期关系或仲裁之类的私立秩序消解纷争。在替代性制度不可得的情形下，煤层气或煤炭企业就可能选择“丛林法则”解决彼此之间的冲突。加里·贝克尔（Carry. Becker，1995）说过，法律并不必然被遵守。当某人从事违法行为的预期效用超过将时间及另外的资源用于从事其他活动所带来的效用时，此人便会从事违法。在气煤冲突之中，当煤炭企业预期侵权采气的成本低廉时，则会选择侵权，使煤炭企业甚至不惜采取“武力”的方式争夺气权。据国家能源局方面的统计，自2006年以来，在两权重叠区域先后发生煤层气矿权冲突5起，其中地方企业与参加煤层气合作开发的外国公司之间，甚至还发生过两次械斗。

四、气煤冲突的解决途径

（一）现有气煤冲突解决思路的简单评析

迄今，究竟如何解决气煤冲突，业界和学术界大体形成了两种思路：一种是

“双权合一”，由法律直接把煤炭和煤层气矿业权划归同一个主体（王保民，2010；武勇、李兴文、陈中华，2007；胡居宝、汤道路，2007；牛彤、晁坤，2011）；另一种是保留“双权分置”，在煤层气和煤炭矿业权分置的前提下从市场和政府两个层面探讨气煤冲突的解决之道（黄立君、陈焕远，2012；付慧，2010；胡海容，2008）。

运用法律强制“双权合一”的第一种思路，我们曾经证明过它潜在的无效率（黄立君、陈焕远，2012）。但是，如果这种“两权合一”是煤层气和煤炭企业自愿合作形成的，那我们乐观其成。2012 年媒体关于山西晋城煤炭企业和中石油华北油田分公司组建公司进行煤炭和煤层气合作开发的报道，让我们感到市场力量在解决气煤冲突过程中所应发挥的作用。

第二种思路是在煤炭和煤层气矿业权分置的前提下，寻求气煤冲突的解决办法。比如，借鉴美国的经验，为煤层气产业单独立法（陈伟超，2009）；承认矿业权的私法属性和物权本质，运用民事法律解决气煤之争（王志林，2007）；通过改变法律规则，确定最优侵权赔偿和补贴额促进气煤企业的外部性内部化（黄立君、陈焕远，2012）；运用政府强制力，打破气、煤企业的双边垄断，促成双方合作（胡海蓉，2008）；征收煤层气资源闲置税，并对煤层气矿业权实施“招、拍、挂”的市场分配方式（汤道路、杨光远，2007）等。

上述办法，目的都在于促进气、煤企业运用财产规则和责任规则对财产权利进行保护。当事双方通过谈判促成交易，有助于财产规则的实施；通过民事法律对侵权实施归责，则可以实现对财产“利益”的保护。

（二）美国经验——气煤冲突的解决途径

当前的气煤之争，主要焦点在于煤层气企业对煤层气“占而不采”，而在同一区块拥有煤炭矿业权的煤炭企业则急于开采煤炭，却又因为必须遵循国家有关“先采气，后采煤”的规定，只能等待煤层气企业先采完气，才能采煤。采气和采煤之间的时间错位最终导致了气、煤企业之间的冲突。如何缓解这一冲突，笔者建议借鉴美国经验，在现行煤层气和煤炭矿业权分置的前提下，通过调整与煤层气相关的法律、法规改善煤层气和煤炭企业的约束与激励机制，促使自利的煤层气和煤炭企业从冲突走向合作。

在煤层气商业化开采最为成功的美国，产业发展初期也存在着严重的煤层气和煤炭矿权之争。美国著名的钢铁公司 United States Steel Corp 诉 Hoge 案[①]、Sar-

① Hoge 公司在美国钢铁公司拥有煤炭开采权的土地上打井开采煤层气，于是钢铁公司起诉该公司侵权。因为钢铁公司认为煤层气是煤炭的组成部分，Hoge 公司无权开采。初审法院认为，煤层气是一种独立于煤炭的气体资源，煤炭所有权人并不自然拥有伴生于其中的煤层气。但是，宾夕法尼亚州最高法院认为，如果煤炭和煤层气分属不同主体的话，将会导致很多冲突。参阅 Harry Cohen (1984). Developing and Producing Coalbed Gas: Ownership, Regulation, and Environmental Concerns [J]. Pace Environmental Law Review, vol. 2: 1 – 24.

ah Kathryn Farnell （1982），Jeanine Feriancek （1990），Jeff L . Lewin，Hema J. Sirwardane，Samuel J. Ameri and Syd S. Peng （1992），Elizabeth A. Mcclanahan（1995），Jeanine Feriancek （2000），Bobbier Johnson （2004）等学者关于亚拉巴马州、圣胡安盆地、西弗吉尼亚州、弗吉尼亚州和怀俄明州煤层气开发方面产权纠纷案件的研究都表明，气煤企业之间的利益冲突，在煤层气开采过程中不可避免。而且，在煤层气商业化开采之初，美国也缺乏促进煤层气开采的相关法律。萨拉·凯瑟琳·法耐尔（Sarah Kathryn Farnell，1982）研究表明，20 世纪 70 年代末、80 年代初，美国的法律也没有对煤层气的产权争议和冲突使用提供充分的解决方案。当时商业化开采煤层气的最大障碍不是技术上的，而是法律上的。为了解决这一问题，美国参、众两院在 1979 年通过了《原油意外获利法》，并于 1980 年颁布实施。该法案制订的第 29 条税收补贴优惠条款，旨在通过政府财政补贴的方式，使包括煤层气在内的非常规能源具有与常规油气能源相当的竞争力。1992 年 10 月 24 日，布什总统又签署了《国家能源政策法案》（EPACT，1992），该法案建立起了鼓励煤层气发展以及帮助解决煤层气产权冲突的制度安排。同年，美国联邦能源管理委员会还颁布了第 636 号法令，规定煤层气生产商可以自由通过天然气管网系统配送销售煤层气。

从美国的经验可以看出，通过法律进行约束与激励是煤层气产业发展的关键和保证。

从约束方面来看，煤层气产业化发展之初，尽管与煤层气相关的法律不完善，但是学者们关于气煤之争的诉讼案件的研究表明，当时的煤层气和煤炭企业是可以通过民事诉讼的途径来主张自己认定的权利的。而且，随着法律法规的不断健全，当事人的权利得到了很好的保障。反观我国，气煤争议被视为行政争议，这就堵死了被侵害一方通过诉讼方式维护自己权利的通道，同时也大大降低了潜在侵权方的违法成本，降低了法律应有的威慑作用。基于此，我们认为，为煤层气产业单独立法（陈伟超，2009），承认矿业权的私法属性和物权本质，运用民事法律解决气煤之争（王志林，2007）应该是明智的选择。

从激励方面来看，根据国家能源委专家咨询委员会专家孙茂远（2013）的介绍，美国 1980 年《原油意外获利法》出台后的 10 年间，美国黑勇士盆地开采煤层气的税收补贴约 2.7 亿美元，圣胡安盆地约 8.6 亿美元。10 年之后，每生产和销售 1MBtu（百万英热单位）煤层气平均税收补贴为 1.385 美元。税收补贴一般占气价的 45% ~50% 以上，如 1982 年气价为 5.6 美分/立方米，税收补贴为 2.82 美分，约为当时气价的 51%。税收补贴之后，开采煤层气企业的内部收益率平均为 23%。持续一贯的激励，使得自 1983—1995 年的 12 年间，美国煤层气产量从 1.7 亿立方米猛增至 270 亿立方米，煤层气开发利用基本形成了产业化规模。2003 年，美国煤层气产量为 453 亿立方米，2010 年则高达 542 亿立方米，占同期天然气总产量的 8.25%。再看中国，煤层气资源条件远逊于美国，基础设施滞后，煤层气开发成本高。如“十一五”以来，某中央煤层气企业煤层气发现成本为0.6元/立方米，生产成本约为1.3元/立方米，相应地比美国的0.42元/立方米和0.79元/立方米分别高43.79%和66.62%。我国除资源条件较好的山西沁水盆地南部少数区块以外，煤层气开发项目在现行财政补贴情况下，企业内部收益率均低于10%，绝大部分煤层气企业亏损经营，这也正是煤层气企业没有足够动力尽快开采的主要原因。由此看来，只有进一步提高煤层气开发的财政补贴，才可能起到应有的激励作用。前文提及的2012年山西晋城煤炭企业和中石油华北油田分公司通过谈判组建公司进行煤炭和煤层气合作开发，正是因为当时业界普遍预期国家将提高煤层气开采财政补贴（从0.2元/立方米提高至0.6元/立方米）而产生的积极影响。2013年，《国务院办公厅关于进一步加快煤层气（煤矿瓦斯）抽采利用的意见》明确提出加大财政资金支持力度则更是给了煤层气企业一颗“定心丸”。因此，只有提高煤层气开发的财政补贴，才可能促使煤层气企业加快开采步伐，缩短采气和采煤之间的时间差，进而缓解气、煤企业之间的冲突。

参考文献：

[1] 肖华．山西：煤与瓦斯之争［N］．南方周末，2006－10－26（17）（18）．

[2] 中央电视台财经频道《经济半小时》．争执中的煤与气，2011－05－07.

[3] 蔡开东．解决煤炭矿权与煤层气矿权分置的有效途径［J］．煤炭经济研究，2006（10）．

[4] 黄立君，陈焕远．博弈视角下的煤与气矿业权重置、利益冲突与解决办法——最佳侵权赔偿和补贴额的确定［J］．制度经济学研究，2012（3）．

[5] 理查德·波斯纳．法律的经济分析（上）［M］．蒋兆康，译．北京：中国大百科全书出版社，1997.

[6] 罗伯特·考特，托马斯·尤伦．法和经济学［M］．张军，等，译．上海：上海三联书店，上海人民出版社，1994.

[7] 乌戈·马太．比较法律经济学［M］．沈宗灵，译．北京：北京大学出版社，2005.

[8] 王保民．“两权重叠”的法律问题——关于煤炭、煤层气矿业权分置现象的思考［J］．西南政法大学学报，2010（3）．

[9] R. H. Coase. The Problem of Social Cost［J］. Journal of Law and Economics，1960（3）：1－44.

[10] Cooter Robert. The Cost of Coase［J］. Journal of Legal Studies，1982（11）：1－29.

[11] Gudio Calabresi，Douglas Melamed. Property Rules，Liability Rules，and Inalienability：One View of the Cathedral［J］. Harvard Law Review，1972，85：1089－1128.

[12] 武勇，李兴文，陈忠华．“开采权重叠”已成困局，煤层气开发进退两难［N］．经济参考报，2007－02－05（4）．

[13] 汤道路，杨光远．煤层气开采权的法律属性及其相关问题初探［J］．内蒙古煤炭经济，2007（5）．

[14] 爱德华·L. 格莱泽，安德烈·施莱弗．监管型政府的崛起［J］．比较，2002（2）．

[15] 阿维纳什·迪克西特．法律缺失与经济学：可供选择的经济治理方式［M］．郑江淮，译．北京：中国人民大学出版社，2007.

[16] 郭芳．煤层气产业之争已超越产业层面 谁能协调利益格局？［EB/OL］．（2011－05－17）［2014－03－25］．http：//www.chinanews.com/ny/2011/05－17/3045119－5.shtml.

[17] 加里·S．贝克尔．人类行为的经济分析［M］．上海：上海三联书店，上海人民出版社，1995.

[18] 牛彤，晁坤．我国煤层气产业发展中存在的问题与对策［J］．太原理工大学学报（社会科学版），2011（4）.

[19] 付慧．解决煤层气与煤炭矿权分置的对策研究——基于新制度经济学视角［J］．市场经济与价格，2010（10）.

[20] 王乐意．山西煤企与煤层气企业友好牵手［EB/OL］．（2012－11－13）［2014－03－20］．http：//www.nea.gov.cn/2012－11/13/c_131969570.htm.

[21] 陈伟超．中国煤层气产业单独立法可行性研究［J］．中国煤炭，2009（3）.

[22] 王志林．煤、气矿权之争：法律困局的解析与反思［J］．经济问题，2007（12）.

[23] 胡海容．煤炭与煤层气矿业权争议的成因及对策研究［J］．华东经济管理，2008（7）.

[24] Sarah Kathryn Farnell. Methane Gas Ownership a Proposed Solution for Alabama［J］. Alabama Law Review，1982，33（3）：521－543.

[25] Jeanine Feriancek. Coalbed Gas Development in the San Juan Basin：The Ownership Question［J］. Natural Resources & Environment，The Information Explosion，1990，4（3）：59－60.

[26] Jeff L Lewin，Hema J Siriwardane，Samuel J Amerietal. Unlocking The Fire A Proposel For Judicial Or Legislative Determination Of The Ownership Of Coalbed Methane［J］. West Virginia Law Review，Volume 94，Spring 1992（3）：563－691.

[27] Elizabeth A. Mcclanahan. Coalbed Methane Myths，Facts，And Legends Of Its History And The Legislative And Regulatory Climate Into The 21st Century［J］. Oklahoma Law Review，1995（148）：471－561.

[28] Jeanine Feriancek. Coal and Coalbed Methane Development Conflicts：No Easy Solution［J］. Natural Resources & Environment，Vol. 14，Spring 2000（4）：260－262.

[29] Bobbier Johnson. Coalbed Methane Ownership Rights In Wyoming［J］. Great Plains Natural Resources Journal，Vol. 8，Issue 2（Spring 2004），pp. 46－54.

[30] 孙茂远．经济杠杆引导煤层气产业崛起——论我国煤层气产业发展之二［N］．中国能源报，2013－12－30（015）.

两岸剧院法人制度的经济学分析

——以国家大剧院和“台湾两厅院”为例

王一民　姚苏哲

摘要　国家大剧院和“台湾两厅院”无论在规模、机构设置和影响力上都有着极大的相似之处，唯一不同的就是两者的法人制度：国家大剧院是事业单位法人，“台湾两厅院”则引入了一种新的法人制度——行政法人制度。因此，不同性质的法人制度在两所剧院的运营中起着根本的影响作用。本文运用新制度经济学中的产权分割理论，对两种法人制度所产生的治理结构、效益偏好等进行剖析和对比研究。

关键词　事业单位法人；行政法人；国家大剧院；“台湾两厅院”；委托代理

一、研究背景

（一）国家大剧院和“台湾两厅院”

亚洲最大的剧院群建筑，当属位于中国北京市天安门广场西侧、有“水上明珠”之称的国家大剧院。该剧院由国务院批准立项，经10年施工，2007年赶在北京奥运会前正式建成并运营。作为奥运战略中城市建设的组成部分，政府对剧院承担全部投资达31亿元人民币，属于国有国营的公益性事业单位。

国家大剧院由音乐厅、歌剧院、小剧场、戏剧场、花瓣厅、新闻发布厅、艺术资料中心和其他相关配套设施组成。值得一提的是，其音乐厅拥有亚洲最宏大的多达6 500根发声管的管风琴组，被公认为是可营造恢弘殿堂音效的高质量音乐厅的标志。

国家大剧院拥有两个专业的常驻团体：国家大剧院管弦乐团和国家大剧院合唱团。目前管弦乐团首席指挥是著名指挥家吕嘉，陈佐湟先生担任该团的桂冠指挥。管弦乐团每年参演10余部歌剧舞剧，举行交响音乐会30余场，名家马泽尔、捷杰耶夫、埃森巴赫、郑明勋、多明戈、萨宾·梅耶、瓦汀·列宾、吕思清等均曾与之联袂合作。合唱团目前由著名指挥家吴灵芬担任指挥，曾参演《茶花女》《图兰朵》《运河谣》《奥赛罗》和《塞尔维亚理发师》等中外著名歌剧20多部。两团艺术水准在中国堪称一流。

国家大剧院坚持人民性、艺术性和国际性的宗旨，积极推行周末音乐会、经典艺术讲堂、走进唱片里的世界以及周年开放日等演出活动，并推出《国家大剧院院刊》杂志，向大众推广和普及高雅艺术。此外，国家大剧院还成功举办了丰富多彩的主题艺术节：五月音乐节、国家大剧院歌剧节、漫步经典音乐会、国家大剧院国际钢琴系列音乐会、中国交响乐之春、青年作曲家计划和北京国际舞蹈节等。国家大剧院所产生的社会效益有目共睹。

在中国台湾地区，不负展现精致文化艺术殿堂之名的，当属位于台北市中心博爱特区内的“台湾两厅院”。“台湾两厅院”的前身是“中正纪念公园”。1975年，台湾当局以蒋介石之名筹资兴建包括中正纪念堂、戏剧院及音乐厅三大建筑群在内的“中正文化公园”，1987 年建成并开幕。1992 年经当局“教育部”发布后正式成为其“社教机关”管辖下的“中正文化中心”。2002 年当局“教育部”通过行政法人设置条例草案，2004 年设置条例经“立法院”审议通过，同年“中正文化中心”正式改制，成为台湾地区第一个“行政法人机构”。2014年，“中正文化中心”成为当局“文化部”管辖下的国家表演艺术中心的一部分，更名为“台湾两厅院”，故“台湾两厅院”属“行政法人机构”。

“台湾两厅院”拥有中式古典建筑风格的音乐厅和歌剧院，环抱着四座广场和一所艺术资料图书馆，红墙碧瓦，雕梁画栋，典雅壮观，是台北市重要的地标之一。同样值得一提的是，“台湾两厅院”音乐厅的管风琴在当时也是亚洲最大的管风琴。

“台湾两厅院”有一个专业常驻团体：台湾爱乐乐团。其前身为当局建立并下辖的“联合实验管弦乐团”，2005 年成为“中正文化中心”的附设团队，2014年经改制归属“台湾两厅院”。台湾爱乐的桂冠指挥现由知名指挥家根特·赫比希担任，知名指挥家吕绍嘉先生担任该团的常任指挥和音乐总监。

“台湾两厅院”以提升本岛艺术水准为首要目标，世界知名艺术家团队如维也纳爱乐、纽约爱乐、世界三大男高音、中国京剧院、葛兰姆舞团、云门舞集、克拉诺夫斯基、基辛、王健等都曾与之合作赴台出演。“台湾两厅院”在艺术教育方面也不遗余力，无论是推广型音乐会、户外活动和巡演等，还是自 1992 年始创办《PAR 表演艺术》杂志和通过“表演艺术图书馆”建设表演艺术的资料库等，都在不断地发挥着自身典藏、教育和推广艺术的功能。

（二）“阿尔钦之谜”的启示

产权理论创始人阿尔钦（A. A. Alchian）在《产权经济学》中假定，一个拥有 1 000 个居民的小镇，人们以股份制的方式共同拥有一座剧场，同时又以共有的方式共同拥有一座礼堂。如果这两个场所都是以商业经营的方式运营，且其目的都是为了小镇居民的福利增长，那么，众多人共有和公有的区别何在？这就是著名的“阿尔钦之谜”。

显然，这是一个关于产权性质的问题。在阿尔钦看来，资源的稀缺导致了设置于上产权的稀缺，人们共同依赖资源生存的需求必然导致对产权产生分割的愿望，并通过市场化的分割转让达到共享其权益的目的。阿尔钦强调，产权的分割不是截面分割，而是对终极产权层面以下的低级产权束的分割，如使用权、租赁权等。通过利用市场机制对产权完成分割转让和重组，最终形成分割后产权的高效重组以达到社会资源的合理配置。阿尔钦认为，产权的性质决定了产权是否可以进行市场化的分割转让。公有产权的生来获取其中份额、权益不断被稀释和没有退出机制等特点表现为理论上的不可分割性，这是造成其资源配置低效的原因。产权市场的完善能否撼动传统经济性质对产权的束缚，这是问题的症结。

国家大剧院和“台湾两厅院”的产权属性虽不是“阿尔钦之谜”中经典的两极之差，但其经营中表现出来的委托代理关系及其效率，却和“阿尔钦之谜”的相关重要论述有着暗合之处。

二、国家大剧院和“台湾两厅院”的法人制度

（一）国家大剧院——事业单位法人机构

依据1998年国务院正式颁布的《事业单位登记管理暂行条例》，“本条例所称事业单位，是指国家为了实现社会公益目的，由国家机关举办或者其他组织利用国有资产举办的，从事教育、科技、文化、卫生等活动的社会服务组织”①；“事业单位应当具备法人条件”②。2007年，中央机构编制委员会办公室制定的《关于事业单位分类及相关改革的试点方案》（征求意见稿）将现有的事业单位划分为三类：承担行政职能的行政类、从事生产经营活动的生产经营类和从事公益服务的公益类③。

国家大剧院的性质在建院之初曾经历了一番讨论。如果将国家大剧院定义为企业法人，那么企业会本能地追逐场地租金暴利而通过抬高票价向公众转嫁成本，违背建院初衷；如果通过社会招标从事商业经营难免因短期行为造成国有资产的流失。

国家大剧院在建立之初的目的就是向大众普及高雅艺术，提升群众的文化素质和文化生活的质量，社会效益才是其建院的根本所在。因此，为了更好地服务大众，国家大剧院被设定为公益性事业单位。

因此，国家大剧院在事业单位法人制度下，坐拥从建筑规模、装备水平，到地理环境、公众预期等都堪称顶级优良资源的法人财产，却因其公益性不得不大部分依靠政府财政继续拨款维持经营。如何在剧院的社会效益和经济效益之间找到一把平衡的钥匙，创建具有中国特色的文化市场经营模式是值得研究的。

---

① 国务院令1998年10月25日发布，2004年6月27日修订《事业单位登记管理暂行条例》，第一章，第2条。

② 国务院令1998年10月25日发布，2004年6月27日修订《事业单位登记管理暂行条例》，第一章，第3条，第2款。

③ 左然．中国现代事业制度建构纲要［M］．北京：商务印书馆，2009.

（二）“台湾两厅院”——“行政法人机构”

行政法人制度在德国、英国、日本得到了广泛的应用。台湾的“行政法人制度”主要来自于日本的独立行政法人制度。20 世纪 90 年代，随着经济危机的加剧，日本政府为了减轻财政负担，引进了独立行政法人制度。独立行政法人是提供公共服务的机构，关于其事务、事业领域的界定是：政府没有必要直接成为主体加以实施，但完全交由民间又怕难以得到贯彻落实，并且该项事务、事业的停滞将会对社会经济生活的稳定产生重要的影响①。

台湾的“行政法人制度”与日本的独立行政法人制度类似，在《行政法人草案》中的第二条指出：“所谓行政法人，乃指由中央目的事业主管机关为履行特定公共任务，依‘法’设立的具有人事及财务自主性之公法人。特定公共任务乃指不具强制性、适合积极行使企业化管理经营措施而不宜或不需由中央亲自执行者。”②

简单讲，就是某类非强制性的公共事务服务，民间资本没有独立承担投资的积极性，全都交由公共管理当局来做会给当局增加财政负担且缺乏活力，于是就设计了“行政法人制度”。这一制度是公共管理部门瘦身和提升公共服务效率的产物，故行政法人被赋予了独立的公法人资格，拥有更大的人事、财政和专业的自主权限。

“台湾两厅院”在 2004 年改制为“行政法人‘国立’中正文化中心”（当时称“中正文化中心”，后改称为“台湾两厅院”），是台湾第一个“行政法人机构”。具有行政法人属性的“台湾两厅院”依赖独立的法人财产，建立了由艺术家参与管理的企业法人治理结构，依法筹资从事艺术专业化的市场经营，接受来自机构、社会和投资管理方的监督与问询，在平衡社会效益和经济效益的同时，在逐步减轻当局财政负担方面卓有成效。

三、国家大剧院和“台湾两厅院”的治理结构

（一）国家大剧院三种代理关系中的非专业化现状

作为政府全资公益性事业单位，国家大剧院虽不能唯利是图，但长期依赖财政拨款维持运营也不可能实现剧院的良性循环发展，因此，剧院经营理念与方式如何统一的问题始终备受关注。建院伊始，国家相关领导提出了“事业单位企业化管理”的设想。

1. 第一种代理——政府对剧院领导的行政委托

国家大剧院的产权主体一直是个谜。从出资方角度论，国家和北京市政府都是主要出资人。在国家大剧院 31 亿元的投资里，北京市政府占了近 10 亿元，另外还有前期规划付出和土地环境资源投入。国家大剧院属于国有产权或北京市政

① 孙志毅．日本独立行政法人制度与企业制度比较研究［J］．亚太经济，2008（5）．

② 《行政法人草案》第二条，第一项，2011 年 4 月 27 日颁布。

府产权似乎都在情理之中，恰因如此，国家大剧院的产权归属始终模糊不清。

国家大剧院的施工位置曾几经变更，最终以国家大剧院之名搭上了北京奥运战略的快车，这就使福利工程更贴上了形象工程的标签，经济核算让位于政治需求。其结果使所有者和经营者反而没有了固定资本折旧、保值增值等维护出资人资本利益的负担，以及殿堂级别的建筑与一流品质艺术产品相得益彰的追求，代之而来的是所有者对形象政绩和经营者对行政级别的追逐。于是，在“自主管理”的标签下，国家大剧院的业主既是对剧院有产权主张的所有者，又是其经营者和管理者，诸权合一，这反映为剧院代理方的产生少有市场业绩和艺术造诣的考量，而是由各级政府共同任命产生。这就是国家大剧院的第一种委托代理关系。

这样的结果是国家大剧院领导班子中仅有1/3的副职是有研习艺术经历的专家，其余2/3均为专职行政干部。在这种情况下，自然存在第二种委托代理关系。

2. 第二种代理——剧院领导对艺术总监的专业委托

没有艺术总监的剧院其专业水准难以想象，所以聘请知名艺术家出任剧院的艺术总监，可以弥补外行管理的不足。因此，剧院领导与艺术总监之间建立了第二种委托代理关系。

国家大剧院艺术总监的任务可以概括为三项：第一，为剧团排戏、为乐团执棒指挥；第二，为其主管（称为“服务”也许更接近现实）的剧团（乐团）设计剧目（曲目）；第三，聘请客席导演、指挥、设计师和演员，搭建高素质的演出团队和后台技术支持团队。看得出，艺术总监才应该是决定剧院艺术品质的专业领导核心。

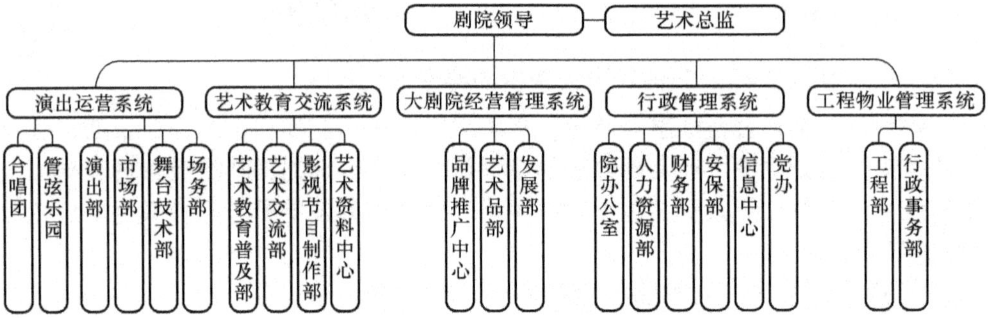

图1　国家大剧院组织结构①

最值得注意的是，在剧院公布的组织结构（见图1）中，艺术总监与剧院领

① 国家大剧院官方网站：http：//www. chncpa. org/jgsz/index. htm.

导虽然在地位上并列设置，但并不直接下辖任何机构。也就是说，艺术总监更像是一位顾问，并无权利参与剧院的管理。在现实中，艺术总监只有通过剧院领导才能与剧院的各个部门联系。更主要的是，艺术总监只有通过剧院领导的同意才能开展某项活动，哪怕是一个创意的实施。这无疑压抑了激发艺术家创作灵感的积极性，人为加大了内部制度运行的交易成本。

3. 第三种代理——剧院领导对下辖机构管理者的管理委托

国家大剧院整个系统庞大复杂，剧院领导和艺术总监的决策和创意是通过各专业艺术团队、后台技术支持团队和行政服务团队的协调工作，才产生出市场所需要的艺术产品与服务，因此必然存在司职管理的第三种委托代理关系。

在国家大剧院各部门中，最值得关注的就是剧院的演出部，它的日常运营和监督等管理工作，由为各演出部设置的总经理一职来完成，由此形成了第三种委托代理关系，也就是剧院领导和艺术总监将国家大剧院常驻艺术团队的管理工作委托给各艺术团队的总经理。

现实中同样的问题又出现在各团队内部。总经理有着极强的管理规划能力，但是对艺术不一定擅长。艺术家只负责艺术作品的良好舞台展现，但是与艺术实现相关的细碎的行政事务，比如艺术家的薪金、艺术家的档期安排、排练场次与时长等问题，都需要由总经理来沟通完成。而总经理对艺术知识和规律等信息的占有不完备，这种状况往往会对判断、措施和评价的正确性增加很多或然因素。于是，需要在总经理身边再设置总经理助理一职，这一职务的担任者须具有专业艺术教育背景、专业艺术院团经历和较高的艺术素养。但是二者结成的并不是委托代理关系，而是上下的层级关系，总经理助理要听从总经理的安排。因此，在一定程度上，总经理助理一职似乎起不到太多“修正”总经理作为的作用。

通过对国家大剧院委托代理关系的梳理，可见其层层嵌套的三种委托代理关系与公益性事业单位法人制度下的管理模式密不可分，其特点就是因权力集中、权利没有落实到位导致责权不清。委托代理关系与风险并存，存在于国家大剧院的三种委托代理关系只会使风险放大。另外，在国家大剧院的组织结构中没有设置监察机构，这更加大了国家大剧院的经营风险。生硬嵌套的委托代理关系无疑是国家大剧院在一定程度上缺乏活力的原因。

（二）“台湾两厅院”的行政法人治理结构

实行行政法人制度后，“台湾两厅院”根据其艺术专业特色设置了其管理机构。“台湾两厅院”内部管理机构由董事会、艺术总监和监察人构成；外部监督由当局方三个相关部门分别派出部门代表共同司职。董事会设董事长 1 位，董事 11 位；艺术总监 1 位，交响乐团艺术总监 1 位；监察人 3 位。值得强调的是，“台湾两厅院”的艺术总监对内总理“两厅院”业务，对外为“两厅院”的发言人。

由此可看出“台湾两厅院”的法人治理结构与公司有着极大的相似之处，这里存在着两层委托代理关系。

1. 第一层委托代理——当局聘任专家组成董事会

作为独立的行政法人，“台湾两厅院”的董事会自然由当局遴选产生。具体程序是由当局“教育部”组成遴选咨询小组，对“台湾两厅院”董事会成员进行遴选，然后报请“行政院”，由“行政院院长”聘任董事会。这样，当局“教育部”和“台湾两厅院”董事会之间就形成了第一层委托代理关系，之后再由董事会产生董事长。董事成员虽然由当局遴选产生，但是“台湾两厅院”的董事成员在艺术上的专业化程度却极高。

表1 “台湾两厅院”董事一览表①

姓名	职务	社会职务
陈国慈	董事长	台北故事馆总监
申学庸	董　事	“总统府”资政、云门舞集文教基金会董事长
吴静吉	董　事	台湾政治大学创造力讲座主持人，台湾政治大学创新与创造力研究中心咨询委员会召集人
刘富美	董　事	高雄市音乐教育学会理事长
平　珩	董　事	皇冠艺文中心小剧场、舞蹈空间舞团创办人
简静惠	董　事	洪建全教育文化基金会董事长
孙大川	董　事	台湾政治大学副教授
陈乐融	董　事	银河网络电台及IC之音电台主持人、音乐著作人权协会（M. U. S. T.）董事长
钟政莹	董　事	诗人、作家、剧场工作者
童子贤	董　事	和硕联合科技董事长
刘金标	董　事	巨大机械工业股份有限公司董事长、财团法人、自行车新文化基金会董事长
姚仁禄	董　事	建筑师、大小创意斋共同创办人兼创意长

表1列出的是时任“台湾两厅院”的全部董事，在由12位成员组成的董事长和董事中，其中6位来自艺术界，3位来自教育界，2位来自科技界，1位来自建筑创意领域。显然，这样的董事分布与“台湾两厅院”对艺术的典藏、教育和推广的社会功能密不可分，更在决策水平上保证了第一层委托代理关系的专业可靠性。同时，还最大限度地降低了有可能来自第二层委托代理关系的两方面的风险：其中一方面是对艺术总监的甄选过程中，因专业信息不对等产生的逆向选择；另一方面是艺术总监因同样原因萌发偷懒动机而产生的道德风险。

特别指出的是，这层委托代理关系随着“台湾两厅院”逐渐脱离“教育部”的管辖而正日趋淡化。

① “台湾两厅院”官方网站：http：//npac－ntch. org/about/show？categoryName＝organization&lang＝zh.

2. 第二层委托代理——董事会任命艺术总监独立经营

“台湾两厅院”的艺术总监类似于“两厅院”总经理，不仅要对“两厅院”的艺术品质负责，而且经董事会授权还要统领“两厅院”的市场经营与内部管理，所以要求出任者艺术造诣高深、谙熟文化市场规律和拥有德高望重的社会声誉。艺术总监由董事长提名，经董事会通过后任命，直接统领“两厅院”的工作，且艺术总监只对董事会负责，受董事会和监察人的监督。就委托代理关系来说，“台湾两厅院”董事会和艺术总监构成了第二层委托代理关系。董事会委托艺术总监经营“两厅院”的日常活动，以及对直属董事会管辖的台湾爱乐乐团独立进行艺术指导与经营。

3. 委托代理关系中的监督制衡机制

“台湾两厅院”的内部管理机构中设置了监察人一职，监察人的职能类似于公司监事会，对董事会和艺术总监进行监督。至于监察人的监督范围只要了解一下监察人的职业构成便可一目了然。

表 2 “台湾两厅院”监事一览表①

姓名	职务	社会职务
黄日璨	监事	众达法律事务所全球大众化业务主持人暨台北所主持律师
张明珠	监事	考试委员
吴建国	监事	“文化部”主计处处长

表 2 列出的 3 位时任监察人分别来自不同的部门，按其所在部门职能对“两厅院”的不同业务活动进行监督。来自法律事务所的律师对剧院的“法务”进行监察，以保证其依“法”经营；考试委员对演职人员的招聘选拔过程和结果进行监督，以期公正公平；“文化部”主计处处长主要针对剧院的日常账目进行监察，使之符合财务准则。

由此，“台湾两厅院”在内部结构上有董事会和监察人对艺术总监进行监督，监察人同时也对董事会进行监督。董事会、艺术总监和监察人共同形成了一个强有力的三角制衡机制，维持“两厅院”的运营。

值得一提的是，“台湾两厅院”作为“行政法人机构”虽有企业的管理模式，但仍有别于市场融资形成的企业。“台湾两厅院”在组织机构外部还设立了 3 位当局方代表，由分别来自当局“外交部”“文化部”“教育部”的代表对“两厅院”的活动和经营进行外部监督。当局方代表的主要职能是代表自己所在的部门与“两厅院”进行沟通和提供必要的帮助，在一定程度上也对“两厅院”起到督导的作用。

在“行政法人制度”的安排下，“台湾两厅院”通过建立内部治理结构将经营权授权委托给艺术家和专家独立经营，通过内外双重保障监督机制力求将风险

---

① “台湾两厅院”官方网站：http：//npac－ntch. org/about/show？categoryName＝organization&lang＝zh.

降至最低。这种既适应市场、又有较高自主经营权的“行政法人制度”为“台湾两厅院”带来了极强的生机和活力。

四、国家大剧院和“台湾两厅院”的效益现状

（一）国家大剧院公益性与经济效益

国家大剧院院长陈平说：“我希望国家大剧院可以营造更加浓郁的艺术氛围，让更多公众在大剧院感受一流的艺术熏陶，分享高雅的公共艺术资源。”① 国家大剧院提供给公众的是“公共艺术资源”的产品定位，与国家大剧院作为公益性事业单位的建立初衷并无矛盾，故国家大剧院不应以市场利润水平为经营标准，而应以社会效益为其首要目标。但国家大剧院自建院以来的运营现实揭示了两个客观现象：其一是国家大剧院在实现社会效益目标方面成绩斐然；其二是国家大剧院的庞大机体的运营需要持续获得强大的资金支持，这一点单靠财政拨款是不现实的，故国家大剧院必须在社会效益和经济效益之间有一个适合市场生态环境的均衡选择。

1. 国家大剧院的社会效益成就

国家大剧院自开业以来，在实现社会效益目标方面颇有口碑，特别是在开展公众艺术普及教育方面，6 年来精心策划举办艺术普及教育演出共 3 224 场，活动 2 910 场，累计受教育观众超过 288. 7 万人次。国家大剧院创立了 5 个在观众中很有影响的品牌活动：以低廉的票价（40 元，会员价 10 元）和轻松的曲目吸引观众走进艺术的“周末音乐会”；由知名艺术家解读经典和典故的“经典艺术讲堂”；由艺术家和学者推介经典唱片及其收藏保养方法的“走进唱片里的世界”；建立方便公众近距离接触艺术和大师的“艺术资料中心”；创办通过文字和图片沟通剧院与公众的《国家大剧院院刊》等。除此之外，每逢院庆还邀请观众走进剧院观摩浏览；夏日公益演出将艺术的清新送给地铁站、社区、医院、学校、图书馆和教堂的人们等。

在国家文化艺术交流方面，国家大剧院与世界上 99 家艺术机构、110 个驻华使馆建立了工作联系，为中外优秀文化提供了一个相互了解和借鉴的平台。最值得一提的是，在促进两岸文化交流方面，国家大剧院也发挥了极为重要的作用。国家大剧院自创话剧《王府井》2013 年赴“台湾两厅院”进行巡演，2014 年 6 月国家大剧院管弦乐团首次赴台进行艺术交流。

2. 国家大剧院的经济效益现状

与社会效益的成就相比，国家大剧院的经济效益面临的是窘境。迄今为止，国家大剧院共组织策划了 16 个演出季（周），商业演出约 4 000 场；共有世界各地 543 个演出团体约 14. 8 万人次的艺术家在国家大剧院演出；同时，国家大剧院自创剧目 35 部，共演出 585 场。丰富多彩的艺术产品、日益扩大的公众需求和庞大的

① 刘墨非. 国家大剧院打造北京文化新名牌 [J]. 北京观察，2010 (1).

资金投入，使国家大剧院和我国文化管理体制改制一同面对来自市场机制的冲击。

国家大剧院的核算面对约31亿元的固定资产折旧，每年以千万元计算的硬件维护成本，占总数70%的低价惠民票和扩大演出效果的赠票成本，以及随行就市的艺术作品投入等。估算可知，如自负盈亏必入不敷出。

目前国家大剧院的资金来自三个方面：财政拨款、经营收入和社会筹资。财政拨款来自中央财政和北京市财政两个部分；经营收入来自票价和场租等；社会筹资来自目前的四个赞助商：梅赛德斯奔驰、劳力士、中国银行和海南航空。

学者们在进行论证时，经常用巴黎歌剧院做对比，巴黎歌剧院每年的政府拨款占剧院预算的60%。有学者建议，初期由于国内演出市场不稳定等因素，政府为国家大剧院的拨款应占其预算的60%~70%；在剧院的发展期（5年后），随着剧院的经营逐步走向正轨，剧院的收入期望逐步增加，政府拨款可以逐年减少，最后维持在40%左右①。然而，学者们忽视的是欧洲传统的文化消费理念所决定的精神需求良性增长的市场环境，以及欧洲社会对维护、传承和提升城市文化价值的市场化社会成本意识，与我国意识形态管理、艺术消费理念和文化体制改制之间的差别。

现实中，通过国家大剧院在2008年发布的《李长春同志在国家大剧院调研时的讲话》我们发现，国家给予的财政拨款占大剧院预算的30%左右。国家给出的预算相比较国外和“台湾两厅院”来讲是比较少的，这在一定程度上刺激了剧院的自主经营，开始积极开拓市场。可是，国家大剧院刚开放不久，成熟稳定的观众群并没有培育起来，这在一定程度上也加大了剧院的压力，使得剧院内部运作困难；此外，复杂的部门和层级关系带来的巨大的内部交易成本，使得剧院的运转不够灵活，压力较大。剧院试图以增加演出场次和增加自创剧目的方式吸引更多观众，以弥补票房的不足。可是，频繁更新剧目带来的紧密的排练和演出使得艺术作品并没有展现其精髓，似乎变成了一种速成品。因此，国家大剧院在追求演出数量的同时也应该注重演出的质量。我们可以看到，西方一些剧院中，有许多剧目一演就是几年甚至十年八年，仍座无虚席。因此，演出质量要比数量重要得多。不过不可否认，国家大剧院凭借北京文化名城的地位、世界一流的设备设施和素质良好的演出团队，在政府和赞助商的扶持和鼓励下也进行了许多突破性的尝试，收获了一些成果。

（二）“台湾两厅院”的社会效益和经济效益

1. “台湾两厅院”的社会效益

虽然“台湾两厅院”的法人制度历经改变，但它的宗旨始终是为了推广和普及高雅艺术，丰富公众的精神文化生活。

“台湾两厅院”有4个优秀的公益品牌：①鼓励社会捐款，为从未接触艺术或收入窘困的人群提供在“两厅院”欣赏艺术机会的“艺术零距离”圆梦计划。

① 向世海．从巴黎歌剧院的成功经验试论中国国家大剧院的经营管理［D］．中国艺术研究院硕士学位论文，2005.

截至2012年年末，共有234家企业或个人投入艺术公益行列，完成122档音乐、28档舞蹈、15档亲子、23档戏剧以及9档戏曲节目的圆梦，受惠者超过2.1万人。②主办《PAR表演艺术》杂志，通过文字和图片向公众传播艺术知识、典故和近期剧目推介。③由台湾爱乐乐团每周末举办的廉价体验古典音乐的探索频道和不定期举办的焦点讲座；④由“台湾两厅院”开设的以其雄厚艺术典藏为基础的图书馆艺术讲座和数字艺术图书馆。

2. “台湾两厅院”的经济效益现状

“台湾两厅院”的资金来源主要有当局拨款补贴、门票和场租收入、赞助商的赞助、会员年费和院刊发行收入等。自2004年“台湾两厅院”改制为“行政法人机构”以来，按规定对外公开了各项收入（见图2和图3）。

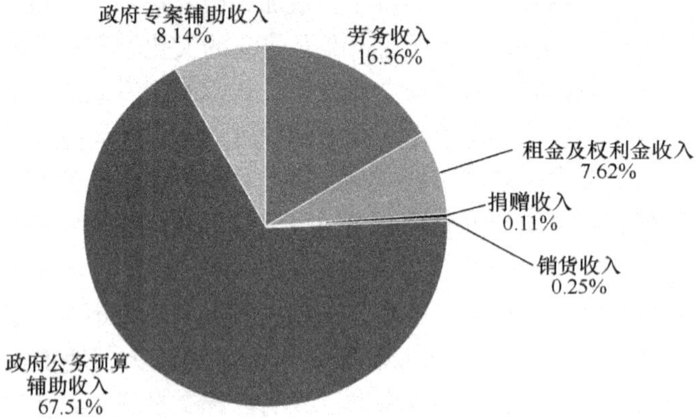

图2 “台湾两厅院”2005年各项收入所占比例①

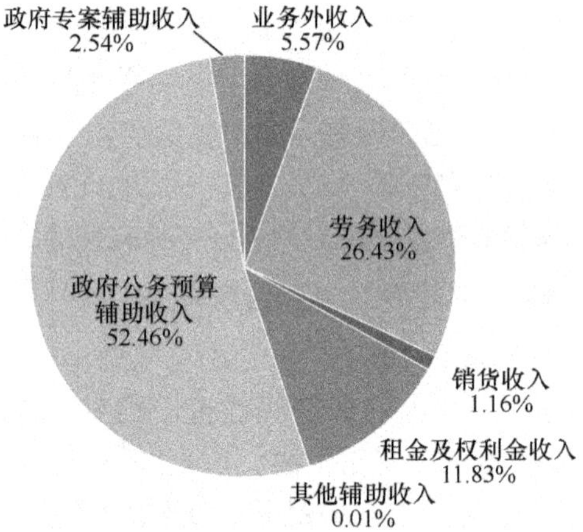

图3 “台湾两厅院”2013年各项收入所占比例②

①② “台湾两厅院”官方网站：http://npac-ntch.org/file/inline/40408e9621d37cf60121e296cb4e0157.

分析2005—2013年的数据，“台湾两厅院”的资金收入呈现出多元化的趋势。特别指出的是，2013年较前多出“业务外收入”项，该项自2012年开始设立，包括利息收入、投资收益和广告收入等。这说明，“台湾两厅院”已经开始利用自身的优势资源跻身市场，主动从事资本运营并得到了市场的肯定。

这些数据反映出“两厅院”的主要收入仍然来自于当局的拨款补贴。当局的补贴由两部分构成：一部分是被列入当局预算的“公务预算辅助收入”项目，也就是“两厅院”每年得到的用于维持日常运营的费用和演职员工资的拨款；另一部分是当局对大型活动的专项补贴，即“专案辅助收入”项目，这一部分依活动的数量和规模处于“弹性”状态中。当局对“两厅院”的补贴以及占总收入的比重情况如表3和图4所示。

表3　当局对“台湾两厅院”的补贴情况①　　单位：新台币元

年份	政府公务预算辅助收入	政府专案辅助收入	政府总补贴	总收入	政府补贴占比（%）
2005	689 050 449	83 125 998	772 176 447	1 020 639 142	75.66
2006	751 369 000	20 925 428	772 294 428	1 447 115 307	53.37
2007	749 132 000	49 000 000	798 132 000	1 061 803 358	75.17
2008	716 942 000	35 176 936	752 118 936	1 012 990 256	74.25
2009	663 986 000	12 837 350	676 823 350	983 582 370	68.81
2010	612 547 000	20 058 364	632 605 364	957 593 654	66.06
2011	579 688 000	21 767 611	601 455 611	973 924 089	61.76
2012	552 704 000	20 100 000	572 804 000	1 027 936 548	55.72
2013	50 0434 000	24 208 383	524 642 383	953 996 919	54.99

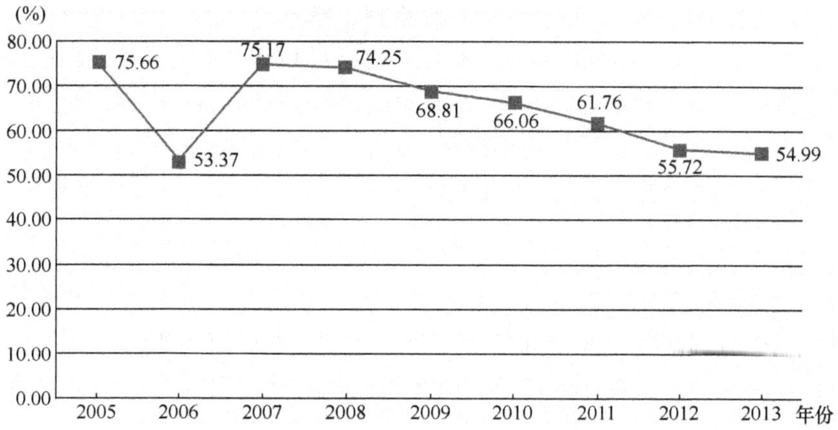

图4　当局对“台湾两厅院”拨款占总收入的比重②

①②“台湾两厅院”官方网站：http://npac-ntch.org/about/show?categoryName=govPublicInfo-financial&lang=zh.

表3 和图4 中的数据说明，2005 年来自于当局的两项补贴资金占“两厅院”总收入的75.66%，这一数字在2013 年下降至54.99%。除了2006 年当局补贴占比出现奇低之外，总体呈稳步下降的态势。从金额上看，从2005 年的约7.7 亿元新台币，到2013 年的约5.2 亿元新台币，节约了约2.5 亿元新台币。

另外，通过分析“台湾两厅院”的预算和决算报表发现，2006 年是台湾爱乐乐团加入“台湾两厅院”成为其常驻乐团的第一年，又恰逢台湾爱乐乐团成立20 周年，因此演出收入较多，总收入也刷新了历年的记录，因此当局适当减少了当年的拨款。

台湾当局对“两厅院”补贴占比下降的态势符合将“台湾两厅院”改制为“行政法人机构”的基本目的：减轻当局的财政负担。

“台湾两厅院”当局补贴占比的下降和自身收入的多元化增加，意味着公众和市场对其高品质艺术产品和日趋科学的运营模式的高度认同，这无疑是“行政法人制度”下“台湾两厅院”坚持自主经营、独立核算的成效。

五、对问题的分析

（一）理论分析

前述产权理论创始人阿尔钦提出著名的“阿尔钦之谜”的论著《产权经济学》成书于1961 年。如今国家大剧院和“台湾两厅院”面临的社会资源配置效益问题居然与“阿尔钦之谜”展开的迷局大部分相符，不禁令人感叹历史的幸运。

在设定的小镇中，有1 000 人持股经营的剧场与1 000 人共同拥有的礼堂同为小镇居民福利增长而有偿经营，公、私产权区别何在的迷局中，大师首先略去了人数、产权标的、经营目的和方式的差别，唯有产权性质不同。作为模型分析，简化条件实为揭示问题本质，与现实差异应该很大。但在本篇提出的问题中，产权标的同为剧院，经营目的均偏重社会效益，经营方式均选择委托代理经营，唯独大陆与台湾的公众人数相差很大。在城市人们收入水平均能支付精神消费的前提下，公众人数的多少只决定有效需求的规模而形成剧院资源的合理分布，不必然对艺术产品的创作品质及剧院的经营方式产生影响，所以大陆与台湾的公众人数差异在本篇分析中也应忽略。看来产权性质确是核心问题。

在阿尔钦的语境中，股份制经营与共有经营是私有产权和公有产权的必然结果。其中，公有产权低效的原因是由于公有产权边界模糊而难以产生市场化的分割和转让，各类社会资源难以通过产权市场完成高效组合和重组，这就导致所有人“希望从其他人的活动中积聚自己的大部分财富。如果是这样的话，总财富的数量会因为大家工作兴趣降低而减少”①；“公有制实际上消除了所有者（然而不

① 盛洪．现代制度经济学［M］．北京：北京大学出版社，2003：76.

是公有企业雇员）专业化的可能性”①，而普遍存在外行参与管理的现象，存在着“在公有制下的任何决策或选择的费用较少地由选择者全部承担”② 的决策负外部性现象。

“现在设想公有产权能够出售”③，也就是说“如果所有权是可以转让的”④，这个柳暗花明的理论假定，为产权制度变迁展示了令人兴奋的效益前景。当然，大师这里假定可转让的“所有权”并不是指其全部权能，而是“这种权利可以在一个临时的或者是一个永久的基础上进行分配、分割和重新分配，所以‘所有权’就在两个或更多的人中间分配。这种分割不必是每个所有者对全部所有权进行等额的截面分割。相反，它是对与所有者并存的全部较低级权利和至少被临时转移给承租人的所有其他权利的一种有选择的分配”⑤。一句话，对产权权利束中终极所有权以下的权利进行市场化的分割和重新组合。阿尔钦认为，分割和重组将使产权产生市场活力。首先，通过市场评价会激励产权通过转让独立而集中，使得“一个人得到的财富更多地取决于他自己的活动”⑥，即独立经营的激励机制得到加强；其次，“如果所有权是可以转让的，那么所有权的专业化将产生收益。如果人们要增加财富，他们会在自己认为具有比较优势的某些领域内集中他们的所有权”⑦，即产权将会集中到更具专业化的经营者手中；最后“……所有权的交换能够使风险在人们中间重新分配，……这种风险承担上的差别不仅反映出对风险的态度，而且反映出对于所有权能被转换的那些财富的未来价值前景的信念”⑧，经营风险更倾向于得到专业化控制。经典学说对当今两个剧院治理机制的现状进行了“预言”般的理论阐释。

国家大剧院和“台湾两厅院”均属官方投资兴建，产权性质没有公私差异，没有自然融入市场的本能要求。但其向社会提供的高品质艺术产品属于非强制性的社会公共产品，这就决定了双方都在探索官方扶持和市场经营相结合的大剧院经营方式。既然选择减少官方投入、利用市场机制的改制目标，就要在剧院治理结构上按照市场规律要求选择变迁路径和新制度安排。在这方面，国家大剧院的委托代理结构显然排斥了市场机制的制度安排，没有充分地将国有产权中的各项权能加以分割，将经营创作的权利全权委托给经营专家和艺术精英，更没有为经营团队的权、责、利设置科学的治理结构作为其制度保障，而是因循着传统官僚机构诸权合一的理念，按行政级别事无巨细地包揽一切，使各级代理人充当“当家不做主”的尴尬角色。而“台湾两厅院”的治理结构安排更值得认真参考。通过行政法人制度的确立，台湾当局自上而下强制性地将“两厅院”产权分割

①⑧ 盛洪．现代制度经济学［M］．北京：北京大学出版社，2003：77．
② 盛洪．现代制度经济学［M］．北京：北京大学出版社，2003：78．
③ 盛洪．现代制度经济学［M］．北京：北京大学出版社，2003：75．
④⑥⑦ 盛洪．现代制度经济学［M］．北京：北京大学出版社，2003：76．
⑤ 盛洪．现代制度经济学［M］．北京：北京大学出版社，2003：71．

安排，依照市场要求将经营权直接委托给专业艺术家和专家团队，授予其完整的独立经营权和独立核算的责任，并为其建立公司化的治理制衡机制和独特的官方沟通机制，使剧院在社会责任和自我良性发展之间寻找均衡的能力“油然而生”。

（二）现实对比分析

“台湾两厅院”历史悠久，厚积薄发；国家大剧院先进新颖，充满活力。两者唯一的不同就是在法人制度上。事业单位法人制度和行政法人制度各有所长，进行对比分析十分必要。

1. 两种法人制度对组织结构的影响

必须承认，公益性事业单位法人制度下国家大剧院的组织结构，较行政法人制度下“台湾两厅院”的组织结构过于复杂繁冗，剧院的自主性较低。

处于第一层委托代理关系中的国家大剧院领导艺术造诣较低，而“台湾两厅院”的董事会成员多数都是艺术创新行业的专家学者。这种成员结构上的不同分别影响了第二层委托代理关系。

国家大剧院第一层委托代理关系中代理人的非专业性，加剧了第二层委托代理关系中在艺术总监的选择上较高的逆向选择和道德风险，加之剧院艺术总监权力较小，艺术影响力远不及行政影响力，导致剧院缺乏活力；“台湾两厅院”的董事大多为艺术专家，因此在第二层委托代理关系中任命艺术总监时极大地降低了逆向选择的风险，加之艺术总监受到了来自董事会、监察人和当局方代表三者的监督，以及“场外”艺术总监市场的竞争约束，道德风险相对较低。此外，“行政法人机构”必须建立类似于公司法人的法人治理模式，“两厅院”和艺术总监的经营自主权，剧院资金的理性应用，演职人员的公平选拔机制等就都有了制度保障，剧院的活力和创造性自然表现得极为活跃。

在第三层的委托代理关系中，国家大剧院的剧团经理虽为管理专家但并非艺术专家，却因拥有较大的权利往往使得乐团、剧团的经营陷入困境；“台湾两厅院”的台湾爱乐乐团直属董事会，乐团艺术总监相对剧院总经理有着较大的权力，乐团或剧团经理只是一个辅助性的岗位，因此比国家大剧院少了一个环节的内部交易成本。

此外，就监督机制来说，国家大剧院除了掩盖在委托代理关系中的上下级关系和代理人的社会声誉外，对代理人无其他约束，并且也无公开账目接受监督的责任；前述“台湾两厅院”的治理结构中设有内外两个约束机制，“行政法人制度”还要求其定期对外公布财务数据，接受公众监督。

总体来看，国家大剧院的组织结构沿袭了行政官僚体制，较之“台湾两厅院”的法人组织结构，在文化管理体制和艺术产品均趋向市场化导向的制度环境中，内外交易成本大得难以承受。

2. 两种法人制度的效益偏好

国家大剧院中缺少有经营管理权的艺术总监，反而更凸显了艺术家的特质，使剧院更多地关注其艺术创作和品质，而不会主动关心剧院的公益性事业。国家大剧院的事业单位法人制度恰恰具备了这个优势。首先，公益性事业单位的性质，决定了国家大剧院以其公益性为建院宗旨，因此，国家的约束和其性质决定的本能职责，要求大剧院必须以其公益性为首要；其次，国家大剧院无条件享受政府拨款的扶持和企业赞助商的公益性赞助，缺少票房的硬约束；最后，由于剧院领导原本就是由各政府部门派遣过来的，追逐剧院的社会效益提升等同于提高了自己的行政业绩。换个角度看问题，忽视成本的经营却使国家大剧院在公益活动中具备了制度上的天然优势。

"台湾两厅院"的行政法人制度能够有效地降低剧院内部委托代理关系中的交易成本，能够更好地促进剧院在艺术创作上的活力。但拥有较大自主权的艺术总监会更多地追求剧院的艺术创作和艺术水平，而忽略剧院的公益性。由于改制为行政法人，当局逐年减少了对"台湾两厅院"的补贴，使其从当局获得的补贴缺少稳定性，促使"两厅院"更多地着眼于市场票房、租赁市场和投资市场的经济效益，公益性项目的举办则更多地取决于赞助商的偏好。总之，"行政法人制度"中来自当局和市场的各项考核指标压力，导致"台湾两厅院"似乎更侧重于市场经济效益。

六、结束语

事业单位法人制度赋予了国家大剧院更好的稳妥性，但僵化的管理体制和复杂的委托代理关系在一定程度上又限制了剧院的活力和创造性。本篇所论问题的存在，其前提是国家大剧院的产权边界不清晰。故应为国家大剧院确权，按市场化要求完善其治理结构，授权剧院专家、艺术家独立的自主经营创作权，减少剧院内部管理成本和部门间交易成本，树立资本运营意识，投身市场多元化经营，在保持其公益性宗旨的前提下，争取自我良性循环发展。

"行政法人制度"赋予"台湾两厅院"更多的自主性，其内部治理机制相对完善，经营管理更具专业性。因此，不论在艺术创作上还是在自身运营效率上都体现出较强的活力，而且在得到市场初步认可的同时也达到了节约当局开支的目的。但是应该看到，"两厅院"市场逐利是以牺牲部分公益性为社会成本的；"两厅院"收入结构的变化使其经营风险也逐渐增加。因此，"台湾两厅院"应该重视其社会责任，争取获得当局提供的公益性专款，用来补贴公益性演出。

另外，大剧院与社会赞助商结成长期稳定的战略合作伙伴关系，对双方来讲不失为一种双赢的有益尝试。一方面，赞助商需要与艺术结缘来提升自身的社会形象品位；另一方面，大剧院获得了相对稳定的发展资金。唯一要注意的是，不要让金钱的诱惑污损了艺术的灵魂。

艺术需要传承和创新，市场需要培育，这都关乎文化管理体制的科学性，它包括社会文化资产的产权确认、艺术院团经营体制的改制和艺术市场的规范化发展等，这是海峡两岸共同面临的制度变迁难题。笔者相信，在科学理论的指导下，经过两岸实践的不断探索和交流，人民的艺术会在人民的创造中得到更好的弘扬。

参考文献：

[1] 左然．中国现代事业制度建构纲要［M］．北京：商务印书馆，2009.

[2] 孙志毅．日本独立行政法人制度与企业制度比较研究［J］．亚太经济，2008（5）.

[3] 刘墨非．国家大剧院打造北京文化新名牌［J］．北京观察．2010（1）.

[4] 盛洪．现代制度经济学［M］．北京：北京大学出版社，2003.

[5] 国家大剧院官方网站：http：//www. chncpa. org.

[6]“台湾两厅院”官方网站：http：//npac－ntch. org.

新型城镇化背景下中国的征地补偿制度研究

王一民　吕钰晶

摘要　随着我国城镇化速度的加快，由于征地补偿问题引发的纠纷也愈演愈烈，征地双方的矛盾冲突不断升级。为此，我国就新型城镇化问题提出了以人为本的要求。本文正是在这一背景下，尝试以我国征地补偿制度演变过程为现实依据，依托产权理论，对我国的征地补偿制度改革与完善进行探讨，以使我国在新型城镇化建设中社会资源配置效率达到最优，从而提高全社会的整体福利。

关键词　新型城镇化；征地补偿；市场化

改革开放以来，随着中国经济的快速发展，城市化水平也在不断提高，城镇人口所占比例由1978年的17.92%上升到2013年的53.73%①，城镇化率的不断提高意味着城市规模的不断扩大以及城镇数量的持续增长。为了满足不断扩张的城市建设的需要，大量的郊区以及农村土地被征用。据统计，2010年我国有33.77万公顷农用地、21.19万公顷耕地转为建设用地。截至2012年，转为建设用地的农用地面积增加至42.91万公顷、耕地25.94万公顷，分别增长了21.3%和22.4%②。

然而，我国在推进城镇化的过程中所面临的许多现实问题也越来越严峻。一方面，随着房地产市场的迅猛发展，商品房用地价格持续上涨，但农民的征地补偿款却远远没有获得相应的增长。农民赖以生存的土地被征用后，得到的补偿总体上是不高的，大部分的征地收益被开发商、政府以及村级组织占有瓜分。进城后的失地农民由于二元户籍制度以及其他现实条件的限制，在政治权利、公共服务和经济生活等各个方面均不能得到公正平等的对待，如果再没有其他劳动技能，他们就会被迫面临种田无地、就业无门、创业无钱、保障无份的困境。单靠微薄的征地补偿，失地农民的日常生活难以为继，长此以往必然会引发一系列的社会问题。

另一方面，由征地行为本身引发的纠纷逐年增加，征地主体之间的矛盾也日益激化，每年因为征地拆迁引发的纠纷将近400万件。据国家信访局统计，当前

① 数据来源：中华人民共和国国家统计局网站：http：//data. stats. gov. cn/visualchart/view？ c =01。
② 数据来源：《2010年中国国土资源公报》《2012年中国国土资源公报》。

超过半数以上的群体性上访事件与土地有关。税费改革后，农民上访的焦点主要集中在土地纠纷领域，占社会上访总量的40%，而这其中征地补偿纠纷又占了非常大的比例，达到84.7%①。在征地过程中少数地方政府的工作方式简单、粗暴，同时还存在违反程序、克扣征地补偿款项等行为，导致被征地农民产生强烈的不满和抵制情绪。归根结底，大多数农民并非抗拒土地征用，如何确定公平合理的征地补偿费用以及农民离开土地后的后续安置工作才是解决矛盾的关键所在。

故而，对现有的征地补偿制度做出相应的调整与改革就势在必行。只有这样，才能最大限度地保障失地农民的合法权益，维护全社会的安定团结，为我国的城镇化建设与经济发展解除后顾之忧。

一、我国征地补偿制度的历史沿革

我国的征地补偿制度形成于计划经济时期，尽管随着经济的发展与社会的进步不断进行着调整与完善，仍然不可避免地带有一定的计划经济的色彩。根据主要政策、核心内容以及测算补偿安置费用的依据、方法和标准等来区分，我国征地补偿制度的历史沿革大致可分为三个阶段。

（一）产量总值法阶段

这一阶段我国的征地补偿安置采用“产量总值法”，即被征收的一般土地按照最近3～5年产量的总值作为标准测算补偿费，特殊土地酌情进行变通处理。新中国成立后，对征地制度最早的法律规范是中央人民政府政务院在1950年6月24日公布的《铁路留用土地办法》，其中第5条规定：“铁路因建设关系，原有土地不敷应用或有新设施需要土地时，由铁路局通过地方政府收买或征购之。”② 随着社会经济建设的快速发展，国家的征地需求不断扩大，建立出台相对完善的征地制度成为迫切需要解决的问题。在这样的背景下，新中国第一部较为完整的征地法规《中央人民政府政务院关于国家建设征用土地办法》于1953年12月5日应运而生。该办法就国家建设征地的基本原则、审批程序、补偿标准及征地程序等内容均做出了详细的规定，经1957年10月18日修订后一直沿用到1982年，修订后的该办法将补偿测算标准下调为最近2～4年产量的总值。

这段时期征地补偿制度的特点是强调“评议商定”，淡化征地行为的强制性。征地的主要目的是支持国家建设，因而征地补偿主要是在保证国家需要的同时兼顾人民群众的根本利益。

其实，新中国成立初期很多情况下根本没有征地补偿，虽然其后情况有所改善，但总体而言补偿标准基本处于较低水平。

---

① 王红建．土地征收立法研究［D］．郑州大学博士学位论文，2012.

② 柴涛修，刘向南，范黎．新中国征地制度变迁评述与展望［J］．中国土地科学，2008（2）.

（二）年产值倍数法阶段

1982 年 5 月 14 日，国务院颁布《国家建设征用土地条例》，首次出现年产值的概念，即征地补偿按照该耕地前 3 年平均年产值的若干倍进行核算，这也被称之为“年产值倍数法”。该条例明确将土地补偿费、青苗补偿费、地上附着物补偿费和农业人口安置补助纳入征地补偿费用，并指出征地标的主要是农村集体所有的土地。随后，1987 年《土地管理法》以及 1999 年新《土地管理法》的实施标志着中国土地管理的整体方向和思路发生了重大转变，即在保障国家建设的同时更加强调保护耕地和被征地农民的切身利益。

这一阶段我国虽然一直沿用“年产值倍数法”，但是补偿标准不断提高，各项费用的总额上限由年产值的 20 倍提高到 30 倍，征地程序也比较明确、规范，征地补偿安置过程中的透明度也有一定程度的增加①。

但是，随着社会主义市场经济制度的建立与经济的快速发展，资源日益稀缺导致土地快速增值，征地补偿制度开始面临诸多问题。

（三）区片地价法阶段

以 2004 年 10 月 21 日国务院下发的《关于深化改革严格土地管理的决定》为标志，我国征地补偿制度进入了“区片地价法”的新阶段。原则上区片地价不包含地上附着物和青苗的补偿费，但是要综合考虑诸如土地种类、所在区位、农用地等级及其产值、土地供需状况、当地经济发展水平和城镇居民最低生活保障水平等多方面的因素。这一阶段，征地补偿制度的指导思想发生了根本性转变，不只强调保障被征地农民的收入水平不下降，更加要求被征地农民的未来长远生计要有所保障，补偿注重的是“安置”，体现了“反哺农民”的指导思想以及“以人为本”的科学发展观；同时，更加注重考虑因素的全面性以及测算方法的科学性。与此同时，文件还提出由“省、自治区、直辖市人民政府制定并公布各市、县征地的统一年产值标准或区片综合地价，征地补偿做到同地同价，国家重点建设项目必须将征地费用列入概算”，区片地价按规定时间调整②。力求做到现实公平和兼顾发展变化。

通过以上的分析与整理可以看到，我国的征地补偿制度从无到有，日趋完善与成熟。首先，征地补偿标准不断提高，以期能够更好地弥补失地农民的损失，同时最大限度地保障失地农民以后的日常生活。其次，征地补偿的范围不断拓宽，将越来越多的影响因素加以综合考虑。再次，补偿方法也更加科学，以求达到公平公正的目的。最后，征地补偿安置理念的转变，从最初的一切为国家经济建设服务，到现在强调以人为本，在保证国家经济建设顺利进行的同时，政府也通过补偿安置措施将广大农民的根本利益放在日益重要的位置。

---

① 张东辉，刘新华．我国征地补偿标准测算方法的演变分析［J］．现代经济信息，2013（9）．

② 余春秋．我国征地补偿制度的演变和发展趋势［J］．国土资源导刊，2013（9）．

二、我国征地补偿制度面临的问题

随着我国新型城镇化建设的稳步推进，对于农用地的刚性需求持续增加，征地主体之间的利益冲突越来越激烈。在这样的背景之下，我国征地补偿制度所面临的问题愈加凸显。

（一）体制外因素

1. 农村集体土地所有权主体界定模糊

在产权制度方面，我国只强调受到所有制性质制约的土地静态产权，征地时只将土地所有权作为产生征收和补偿的唯一依据。在国有和农村集体所有土地的使用权出让过程中，征收主体所支付的土地使用出让金性质是土地所有权在经济上的实现形式，即只是该块土地的地租。对于土地使用者来说，其经济实质只是购买一定时期的土地使用权所付出的价格；而对于被征收者而言，这也只是在价值层面上对于土地所有权的实现。

在发达国家的补偿标准中也存在地租形式，被征地者没有对地租的给予方式和金额产生怀疑。但是在我国单纯采用地租这种形式就导致了许多问题的出现，几乎每一次征地都会在补偿形式和金额方面出现纠纷，并直接导致征地主体之间的矛盾不断升级。这其中的一个重要原因就在于我国土地所有权尤其是农村集体土地所有权主体界定十分不明晰。

由于我国的基本经济性质是社会主义公有制，自然要求生产资料公有制在所有制形式中占据支配地位。为了体现这种所有制形式，所有涉农的法律法规都明确表明我国农村土地实行农民集体所有制。土地农民集体所有一般是指一定范围的全体农民集体直接享有土地的所有权，集体的全体成员依法对其所有的土地共同行使占有、使用、收益和处分的权利。但是从经济学意义上来说，这是一个非常抽象的概念，这一概念更多的是从哲学和社会学层面强调所有权主体的人群特征规定，但是缺乏经济学意义上的产权主体的市场人格化特征。

将集体所有与国家所有作一下对比可以看到，国家和集体在法律的概念表述上是平等关系，只是公有制在不同领域中的不同表现形式，但都是强调社会成员共同对于生产资料占有、使用、收益和分配的权利关系。那么在经济学语境中这二者也应当表现为利益关系的平等性，即在交易过程中双方应遵循等价交换的原则，但是在实际经济活动中，绝大多数情况下却表现为国家利益凌驾于集体利益之上。在城镇化以及其他需要征收大量土地的情况下，国家可以征收集体的土地，但是无论哪种方式集体都不可能征收国家的土地。这种经济地位上的不平等关系导致农村集体土地所有权虽然在法律上有着明确的定义，但是在经济层面上农民对于土地却不能行使相应的产权，特别是无法按照自己的意志充分利用市场机制支配、处分本该自己所拥有的土地产权。所以，从严格意义上来说，农民不是土地所有权的真正主体，更不具备现代市场中的产权主体资格。

不仅如此，现实中农民手中的农地产权并不完整且屡受侵害，农民只是拥有耕种土地的使用权，却没有权利将其进行转让。我国法律规定，在农民选举产生村委会之后，村委会也就相应地被赋予支配所管辖农村土地的权利。然而，村委会毕竟是少数人的集团，集体土地实际上是被少数人控制的，他们完全可以为了自身利益进行权力的寻租。在征地补偿谈判过程中，他们表面上是代表所有农民的利益，但事实上是在幕后谋求自身的利益。在现实中，当选村委会成员有机会可以获得更高的经济补偿，自然就成为基层选举乱象频发的原因。这直接导致大部分农民只能被动接受这少部分人对于土地的肆意支配，侵占他们的合法权益。

因此，在征地过程中，大部分补偿款项经常被拥有土地征收权的地方政府剋扣，或被事实上直接掌握土地产权的乡镇村组织所占有，失地农民真正能够拿到的补偿安置费用仅仅是其中的一小部分，这严重地损害了农民合法的土地权益。

2. *地方政府滥用征地权*

在政府主导的整个征地过程中，地方政府往往具有参赛者与裁判员的双重身份，政府既是征地主体，同时也负责征地行为的监督管理。当前，由于我国在立法方面存在不足，同时执法机构与政府之间在财政与人员任命方面又有着千丝万缕的联系，导致了在全社会范围内对政府征地行为的监督力度以及惩罚举措十分软弱无力。在这种缺乏监督与约束的环境中，地方政府权限过于宽泛且无视法律存在，滥用征地权的现象十分普遍，许多地方政府在征地过程中存在不作为、乱作为的情况。例如，在征地过程中，许多情况下并没有明确征地目的，并且极易由于各种外界因素而改变被征土地原本的使用用途，但是失地农民通常都是按照最低标准获得相关的补偿款项。再如，征地程序并不严谨并且多数流于形式，甚至出现违规征地的现象，在政府的实际工作中经常会出现以租代征、未批先用等违反《土地管理法》的行为。有时甚至会采取关押、剥夺公职等违法行为限制被征收者以及相关亲友的人身和工作自由，或以强拆等形式严重侵犯被征收者的财产权利。虽然我国也有相应的申诉和仲裁制度，但是由于政府和被征收者之间不对等的地位，失地农民往往不能得到公平的待遇。大部分由征地纠纷而引起的诉讼，法院的判决均会习惯性地倾向于地方政府，而且大部分失地农民也没有能力承担高昂的诉讼费用以及时间成本；而采用上访方式的农民多数无法得到相关部门的认真关注，甚至会被粗暴对待。

正是这种监管的缺失，反过来使部分地方政府和承包政府项目的房地产公司在进行违法征地时更加有恃无恐，变相鼓励了违法征收土地行为的大量出现，这也在一定程度上使非法的征地行为穿上了合法的外衣。

另一方面，由于征地所带来的巨大经济利益，个别掌握着相关行政权力的政府官员难免会出现权力寻租、与房地产商勾结甚至自己成立公司牟取暴利等腐败渎职行为。长此以往，不仅损害了地方政府的正面形象，降低了政府的公信力，破坏了市场的公平环境，而且还会造成耕地的大量流失，严重威胁我国的粮食安全。

（二）体制内因素

1. 公共利益概念严重泛化

我国虽然也在《宪法》和《土地管理法》中强调征地的目的必须出于公共利益的需要，但是相关的具体法律规定却对这一概念缺乏明确的界定。我国现行的《土地管理法》等法律法规均没有明确而具体地界定出于哪种目的而必须征用的建设项目用地是为了公共利益的需要。因此，一些地方政府为了快速增加地方财政收入，往往会利用法律中公共利益概念的漏洞而将这一范围不断扩大化，同时也不断出现政府假借各种公共利益的名义将征用的土地转交给开发商，用来开发各种房地产以及商业项目等现象。政府这种超出公共利益范围、滥用征用权的行为不仅容易形成滋生腐败的温床，而且侵犯了被征地农民的经济利益，严重影响了农民的生活质量，极易引发重大的群体性事件，严重冲击着社会的正常秩序。

2. 征地补偿的标准不合理

在我国，一旦土地被征用，由于使用用途从农用地向建设工厂、居民住房或者其他商业地产等方向改变，土地的预期商业价值会成倍增长。但是，按我国《土地管理法》的规定，政府或者其他征收主体所需支付的补偿标准只需该土地之前3年平均年产值的6～10倍，即采用产量倍数法。虽然自2004年我国征收土地改为区片地价法，但这也只是转变为同一地区内以前平均产量的倍数。根据现阶段我国土地征收补偿制度的规定，补偿分为土地补偿、青苗补偿、地上附着物补偿以及被征地人员的安置补助四种。在我国的社会主义市场经济已经逐渐步入正轨后，这种征地制度明显表现出与市场经济的不适应性，完全不能体现所征收土地的实际市场价值。

政府由于掌握着征收土地的权利，可以在征地后对土地使用权进行竞拍，通过市场竞价得到土地真实的市场价值。不考虑将来各个环节的税收，单是通过这种价格剪刀差政府就可以得到相当高的收益。因此，政府将本应该更多支付给农民的征地补偿转而变为地方财政收入。这对于被征收者来说自然是不合理的，等于将失地农民排斥在了市场之外，没有和市场中的其他阶层共同分享改革所产生的市场红利。同时，土地是农民生产和生活唯一的基本来源和社会保障，是维持被征收者整个家庭生存的经济支柱，土地被征收后，十分微薄的补偿款对于整个家庭以后的非农生活支出是杯水车薪。

3. 征地补偿形式社会责任缺失

目前，我国现行的征地补偿方式主要是采取一次性补偿，即在被征收者同意土地被征收时一次性给予承诺数量的补偿款或者承诺一定面积的住房补偿。但是，由于农村第二、三产业发展十分落后，农民在日常生产中除了耕种土地没有其他更好的就业机会。同时，大多数农民中也存在着除了耕种没有掌握其他职业技能的现象，于是，农民在丧失了土地之后往往无法在当地找到合适的工作；加之补偿款数额对于数辈贫困的农民来讲是一笔“巨额”财富，多数人因此选择不再外出劳动而只依靠补偿款生活。

这些拥有大量闲暇、坐吃大额征地补偿款的失地农民聚集市井，如果相关政府部门对其没有统筹教育引导措施，很容易滋生奢靡浪费甚至聚众赌博的社会不良风气。当这种一次性分发的补偿款被挥霍一空时，这些人的生活很容易陷入困境，同时他们的就业、医疗和养老等社会保障也失去了依靠，这些重归贫困的无业人口也会严重影响社会治安，为整个社会的和谐稳定和国家经济的健康发展增加更大的社会成本负担。

4. 征地补偿制度未能解决土地保障问题

我国农村土地的特殊性质导致现阶段的征地补偿制度对农民的社会保障以及未来的生活水平影响很大。我国农村的二、三产业相对于城市来讲水平十分低下，无法获得足够的市场经济效益，也无法为失地农民提供足够的工作岗位和必要的经济收入。所以，土地对绝大多数农民而言仍然像改革开放之前一样具有社会保障的功能。我国这种特有的土地的经济功能和保障功能统称为土地的双重功能①。现阶段，我国农村社会保障仍然是以土地保障和家庭保障两者的有机结合作为主要内容。

在我国农村，现代社会保障制度的天然缺失造成了农民对于土地保障这一形式的严重依赖。由于我国现阶段存在的二元化结构，外出打工的农民工无法享受和城镇居民一样的社会保障，这在一定程度上已经严重影响了由于农业现代化而出现的农村剩余劳动力向城镇的人口转移。农村剩余劳动力为了保住自己唯一的保障形式——土地保障，不得不保留承包的零散农地，或者选择年轻时外出打工、年老时有地而老有所依。这不仅不利于城镇工业和服务业的快速发展，更会导致现代农业集约化规模经营因传统承包制而无法完成组织创新，以及难以重新盘活土地资源使其高效运营。而且，这一现象在一定程度上甚至强化了社会的二元结构，严重影响了整个社会经济的发展进程。

三、我国征地补偿制度存在缺陷的根源

（一）农民在集体土地所有权分割中处于弱势地位，增加了交易成本

虽然我国《宪法》和《土地管理法》中都明确规定农民以家庭联产承包责任制的形式使用土地，相较于之前的人民公社的形式无疑赋予了农民更大的权利，但同时也强调了我国土地以国家所有和集体所有两种形式作为土地所有制的具体形式这一特点不会动摇。这种制度安排将原本统一于一体的土地所有权、使用权、收益权和转让权等产权进行了法律意义上的限制和分割。

---

① 曾芬钰．我国农村土地双重功能向单一功能演变的必然趋势［J］．财贸研究，2005（3）．

按照《宪法》第10条的规定，国家为了公共利益的需要，可以依据法律规定对土地实施征收或征用。《土地管理法》第2条规定：中华人民共和国实行土地的社会主义公有制，即全民所有制和劳动群众集体所有制；任何单位和个人进行建设需要使用土地时必须依法申请使用国有土地，依法申请使用的国有土地包括国家所有的土地和国家征收的原属于农民集体所有的土地。我国另一部规范农村土地使用的法律，即《农村土地承包法》总则第8条中规定："未经批准不得将承包地用于非农建设。"这些条文从法律角度对农地产权做出了分割：在我国农村，土地的所有权主体为国家和集体，使用权主体为农民，农村用于耕种的土地转换用途变为非农业建设用地的土地转让权主体仍然为国家。我们之前说过，所有权在经济层面的实现形式是地租，而使用权的价值则是以农民耕种土地所生产的农作物的价值来衡量的，这两部分也构成我国现阶段征地补偿的内容。在我国农地产权分割的现实中，农民只拥有不完整的使用权，这使其处于市场的最低端。

首先，政府垄断了农地转让权。在我国农地产权的组成部分中，最为关键和重要的是最后一项权利——转让权。顾名思义，土地转让权即可以将一定时期的土地使用权转移给能够高效使用土地或获权改变土地用途的使用者的权利，而使用用途的改变往往意味着土地的价值会成倍增加。为了分享土地增值的利益，在土地竞拍时出让使用权的主体无疑会接受受让主体报出的远高于原征地补偿的价格。因此，拥有转让权的主体无疑会得到转让的绝大部分增值收益。在我国，土地转让权被国家控制，而且是以行政手段的方式进行垄断控制。因此，凡是非农业建设用地的规划、审核和批准都必须得到政府的同意和审批，而不需要得到有着直接利益关系的农民的同意。现实中农民所拥有的是残缺不全的农地产权，所缺少的恰恰是能够体现权利保障的自由出让和获利的权利。

由于所有权和转让权归政府所有，因此对农地强行征收再以市场竞拍的方式转让土地则成为政府的一种合法权利。在我国，国家是农村土地唯一合法的购买者，国家依法对农村土地实行有偿征用或者对某些涉及特殊利益的团体按照规定划拨一定的土地。在土地征收市场中，这种市场结构是一种典型的买方垄断市场，其垄断性主要体现在征地补偿的标准由征地主体即国家制定，所征土地的面积也随国家对于耕地以及房地产调控的政策变化而变化。而土地的供给者即农民，则处于相对弱势甚至在一部分地区处于绝对弱势的地位。

其次，农村基层组织侵害了农民的知情权。在这个市场中，农民除了需要接受国家作为垄断者存在的现实外，根本无法真正充分行使作为农地出让者的权利。劳动群众集体所有的土地绝大多数都是由农民集体所有的农用地，这也正是我国土地征收中所主要征收的对象。但是，土地虽然是农民集体所有，但是其具体的指向却并不清晰。《土地管理法》第10条规定："农民集体所有的土地依法属于村农民集体所有的，由村集体经济组织或者村民委员会经营、管理；已经分别属于村内两个以上农村集体经济组织的农民集体所有的，由该村内各农村集体经济组织或者村民小组经营、管理；已经属于乡（镇）农民集体所有的，由乡（镇）农村集体经济组织经营、管理。”条款中的土地经营管理机构就已经出现了集体经济组织、村委会和村民小组三个概念，而且所提到的集体也分为乡（镇）、村和村民小组三个层次，而条款表述中没有规定这三者及三个层次的主次顺序。当某个所有权主体可以同时是很多时也意味着产权并不被其中一个具体的集体所拥有，而这也正是土地产权边界不清的一种形式。农地产权的这种混乱规定在现实中常常形成一种农村土地的实际产权拥有者是该村村长或者其他村领导，集体所有制也变成了实际上的农村土地村长所有制。而现阶段我国农村的村级各个组织中，并没有设立相应的能够对于村长以及村委会实行有效监督的监督机构，因此，在一定范围内村长的权力即是不受任何监管而可以肆意使用的。事实上同样也证明了很多地方村长在未得到全体村民同意的前提下就与开发商签订协议，在全体村民不知情的情况下大量出卖土地使用权为自己牟利。这种滥用权力的行为严重损害了村民本应得到的利益，而各种见之于报的征地纠纷也多数与这些行为有关。

正是由于政府对农村土地强行进行法律上而非经济意义上的产权分割，致使处于弱势地位的农民仅仅拥有土地的所有权与使用权，而具有重要经济意义的转让权却掌握在政府手中，从而直接造成了失地农民无法得到土地转化为非农建设用地而带来的价值增值。在现实征地过程中，失地农民经常由于补偿标准过低而无法与政府达成一致，进而引发一系列的征地纠纷，甚至发生悲剧事件，这些问题均大大增加了征地过程中的交易成本。同时，这种交易行为也导致资源配置效率十分低下，严重偏离了帕累托最优状态，违背了市场资源配置的基本原则。

（二）政府行为错位，产生负外部性

市场经济的运行规律告诉我们，市场会依据供求关系的变化自动进行资源的优化配置，政府不应对这一过程多加干涉。而当在公共物品领域出现市场失灵时，政府应该施加适当的宏观调控，消除外部性的影响。但是由于我国的具体国情，国家的征地行为更多地被视为行政行为，而不是一种市场行为，因而政府在征地过程中的许多作为出现了偏离，导致了更多外部性的产生。学者认为：“显然，政府有能力以低于私人组织的成本进行某些活动。但政府行政机制本身并非不要成本。实际上，有时它的成本大得惊人。”①

按照《土地管理法》中对于农村土地的公有制性质以及《农村土地承包法》中对于非农业建设用地必须得到国家批准的规定，政府在征收土地过程中必然会作为交易主体甚至是涉及利益分配的主体进入土地的流转过程，而且由于政府的特殊性，它依靠自身的行政权力在其中具有绝对的控制力和垄断力。这种产权制

① 盛洪．现代制度经济学（上卷）[M]．北京：北京大学出版社，2003.

度安排导致在市场中拥有特权的政府所作出的行为对于整个征地行为所造成的外部性作用变大。

政府并不是经济学严格意义上的交易主体，它是一个具有特殊目标的主体，即并不是单纯追求经济利益最大化，同时还会要求政治利益最大化。在我国，地方政府由于政权性质与西方国家不同，以及地方领导过分强调经济增长所产生的政绩，其重点任务往往是促进地方经济的不断发展、保持国民生产总值（GDP）的不断增长。因此，地方政府往往过分利用政府的行政权力来追求经济数据的增长，甚至有的地方政府以运动式的方式保证 GDP 的高增长，这无疑需要强大的财政实力作为后盾；再加之目前我国面临新型城镇化建设，这个过程中同样也需要政府提供大量的财政投入，以确保城镇化过程的顺利推进和人民生活水平的不断提高。而从农民手中征收来的廉价土地作为一种可以为政府带来高额财政收入的资产，无疑是政府一直追求和索取的对象。我国土地所有权为国家所有和集体所有，转让权同样也在政府手中，因此，征收和转让土地价格的剪刀差便成为政府实现经济目标和政治目标的重要财政来源。

与此同时，相较于其他国家的政府，我国地方政府在追求经济利益最大化的同时并不需要专门考虑自身的政治利益是否达到最大化。之所以会出现这种情况，一是由于我国的政绩考核制度中经济增长所占权重非常大，只要地方政府通过经济利益最大化产生大量的财政收入并且用于推动地方经济的发展，就可以轻易实现政治利益最大化这个目标；二是由于我国农民的选举权只能直接改变村委会的构成，无法针对引起他们土地收益损失的地方政府以及征地补偿制度。这种无法对地方政府的行为实行有效监督乃至付诸诉讼也收效甚微的体制，只能对地方政府产生负面激励。

因此，目前我国实行的土地征收制度以法律的形式保障了政府获得因完全垄断土地使用权而形成的暴利，而这一制度安排现在也已经成为政府以狂热状态片面追求经济利益最大化的最有力的助推力。从表面上来看，通过征地行为地方政府达到了相应的目的，降低了行政成本，但是从全社会范围来看，几乎全国各地级市都存在和爆发过由于征地原因而引发的严重冲突，征地纠纷逐年增多。大量失地农民涌入城市，对于城市的基础设施建设、社会医疗保障制度供给、治安秩序的维护都造成了很大的冲击。这些现象都说明了政府通过侵占农民合法土地权益对整个产权制度和社会的正常运行产生了巨大的负外部性。从长远来看，这些负外部性所导致的社会成本的增加远远超过了地方政府通过征地获得的收益，因而不利于全社会的资源优化配置，同时还会引起社会动荡，增加不稳定因素，影响我国新型城镇化建设的总体效率。

四、完善我国征地补偿制度的政策建议

为了保证新型城镇化的顺利进行，我国应该努力推进征地行为的市场化，提

高资源配置的效率。同时，征地补偿制度也应该遵循市场经济公平交易、等价互换的原则。为达到这一目标，一方面要明确农民所拥有的土地权利，使农民在征地过程中具备维护自身利益的法律武器；另一方面要合理限制政府征地权的使用，避免政府的错位行为所产生的负外部性。

具体措施可以在以下三个层面实施。

（一）法律层面

1. 在法律上对土地共益权做出规定

虽然我国《宪法》和《土地管理法》也像世界上绝大多数国家一样规定了土地征用在一些特定的情况之外必须是出于公共利益的目的，但是由于法规自身就存在着一些矛盾以及某些地方政府在执行法律时存在知法犯法的行为，致使许多明显不具有公共利益的征地行为不断出现。所以，事实上我国农地征用是既有属于公共利益性质的，也有属于非公共利益性质的，这两种征地行为都改变了农用地原有的使用用途，从发展权角度来讲都阻止了土地的发展。但是由于二者限制土地发展权的动机和性质并不相同，对于土地改变用途后产生的价值增值的补偿即土地共益权的相关规定也应当区别对待。

公共利益性质的征地行为指的是因为某些公共利益的需要而征收土地并且相应改变土地使用用途的征地行为，这种征地行为往往不是以营利为目的的。正是由于政府是为了增加全民的公共福利而进行的不以营利创收为目的的征地行为，所以并不需要完全补偿农民所拥有的土地共益权的损失。但是为了保证补偿的相对公平性，保证不出现由于相近地区补偿标准的巨大差额而激发的对立情绪乃至长时间的抵制和抗议行为，即使只是单纯出于公共利益而进行的征用，政府也应当给予土地共益权一定的补偿，而不能仅仅只是按照现有的补偿标准，根据土地年平均产出给予象征性的补偿。而补偿标准可以根据土地的具体用途确定一定的补偿比例，由国家统一颁布实施，各地方政府可以根据土地增值情况与相应比例确定征地补偿款项。

非公共利益性质的征地行为从最开始就是通过土地增值来实现营利目的的征地行为。根据我国的征地补偿规定，征收土地时所需补偿的仅为之前年平均产值的6～10倍。而从现在我国农民的年平均收入和以营利为目的而使用土地的行业所能够获得的土地增值这两个角度的对比而言，这个补偿额度远远不够；也因为非公共利益性质的征地行为发生后，土地用途的改变会大大提高土地的价格，此时农民土地共益权的损失就应当得到全部的补偿。在补偿标准的设定上，除了参考英国和美国等国家的补偿标准进行收益确定外，同样也可以参考国内具有大致相同属性的城市国有建设用地的市场价格与农用地的市场价格之间的差价测算土地发展权的实际价值。同时，测算的工作不应当依靠地方政府进行，而应当在国家层面设立独立于地方政府的机构进行统一的测算。在房地产公司由于非公共利益而进行征地的过程中，政府必须强制房地产公司从农民手中购买农用地的土地共益权，同时也要求房地产公司支付这块土地现在用途的市场价值，即耕地上作物的年平均产值的相应倍数。相较于现在而言，房地产公司等征地主体不应继续享有耕地由于用途改变而产生的土地发展权收益。

当然，为了保证农民的土地共益权能够顺利实现，我国的相关法律法规必须对公共利益概念的内涵和外延做出科学明确的界定，并且要根据经济发展的实际情况作出及时的调整。

2. 建立独立的征地补偿委员会

为了向被征地农民提供便利充分的法律救济，可以在全国范围内建立独立于地方政府的征地补偿委员会，该委员会可以发挥三个作用：第一，宣传咨询。针对各村镇的具体情况，采用合理有效的宣传方式普及征地补偿制度的相关内容，提高农民的法律意识。对于有疑问的村民给予相关的解答与帮助。第二，社会调查。通过对基层工作经验的总结与提炼，及时发现我国征地补偿工作出现问题较多的环节，针对问题进行深入调查，形成报告，为国家相应改革政策的提出提供准确详实的原始资料和现实依据。第三，仲裁调解。公正公平地处理政府与失地农民之间的征地补偿纠纷，保障农民享有正当的土地权益，获得合理的补偿安置费用。

在政策的实施过程中，考虑到大部分农民的文化水平比较低，收入不高，因此要合理地设计征地纠纷的诉讼程序，最大限度地为农民提供便利，尽量不为他们的生活带来额外的经济负担。

（二）体制层面

1. 引入市场机制，建立统一的土地流转市场

我国政府自然不能也没有必要将土地的转让权全部交还给农民，但是政府在其中所起的作用以及相应的市场角色应当有所改变。农民和房地产公司必须以平等的身份参与土地流转谈判并确定相应的征收和补偿标准，保证农民集体和农民自身可以充分享受到因农用地使用用途的转变而带来的土地增值。而此时的政府应当作为交易的第三方出现，在房地产公司和农民确立征地的意向和合同时进行必要的审核，若审核符合国家的安全和利益就应当按照合同征购农民的土地，并将其转让给房地产商。此时政府的作用不是征收土地，而是征购土地，政府变为一种类似于代理人的角色。这样不仅能够通过政府主导建立和发展完善整个农村土地的流转市场，在征购过程中利用市场的力量快速准确地确定土地的真正市场价值，还能够有效地控制耕地的最低红线，保证国家的粮食安全不受到影响。

2. 进行税制改革，维持政府财政收入稳定

不可否认，现阶段地方政府依赖土地财政的情况十分严重，很多地方政府的财政收入中的绝大部分来自于出售土地。在政府改变市场角色、不再以交易者的身份参与土地的交易时，这些政府的财政收入无疑会出现大幅度的下降。因此，在限制政府权力的同时也必须警惕财政收入下降带来的社会震荡。

土地共益权是由于土地使用用途的改变而形成的，而土地之所以要改变用途变为住宅、商业用地以及工厂等形式，最主要的原因是国民经济的发展和城镇化的扩大，因此这也是由于城市经济的不断发展而造成的。因此，根据我国征税的税收公平原则，各级政府应当通过征收一种新形式的土地增值税从农民所获得的收益中获取一定的收入。由于农民所得的收益是土地依靠整体规划而产生的土地共益权所引起的，因此对这部分收入征税可以避免不同群体之间由于利益产生的收入差距而造成的矛盾和冲突。而这部分税收对于政府而言也有着重要的意义，中央政府可以利用由国税系统征收来的税收反哺于民，完善农民的社会保障体系，帮助未被征地地区的经济发展，缓解地区发展差异。而各级地方政府可以利用所征收的税收补充由于丧失直接出售土地这一权力所引发的财政空缺，继续将这部分资金用于本地具有公共利益性质的基础设施建设，以促进地区经济水平和居民生活水平的提高。

除此之外，这种税收的设立也可以有效遏制地方政府滥用行政权力弄虚作假、违规出售土地的冲动，保障土地流转市场整体的各司其职和有序发展。

（三）政府层面

1. 规范土地征收程序

首先，要明确政府在征收土地时必须是出于公共利益。对于因为公共利益而进行的征地，政府虽然不必对农民的土地发展权进行全额补偿，但是在制定补偿标准时应当考虑到对所征土地周边其他用于商业用途的土地的补偿，制定相对公平的补偿方案，避免引发新的社会矛盾或者严重对抗。

其次，政府必须继续加强和完善土地征用的整体程序，促使整个过程透明化、公开化。这要求政府必须按照法律法规的规定行使其行政权力，严格禁止政府滥用行政权力侵犯农民的合法土地财产权益和其他基本权利的行为，保证征地过程中的程序公平。

最后，完善和落实听证制度。充分保证被征地农民的知情权和参与权，认真听取被征地农民和相关组织对于征地补偿方案的意见和建议，尊重农民合法的土地权益，取得对方的理解与支持，避免强征强迁等违法行为的出现。

2. 完善失地农民的长效保障机制

前文的分析中曾经提到我国耕地对于农民而言还有着社会保障的作用，因此在制定补偿标准时政府有必要设计出一种方案来代替现在所实行的一次性补偿的方法，既要保证农民在现阶段有足够的经济收入，以维持整个家庭的生活，还要保证必须充分替代农村耕地的社会保障属性。因此，合理的征地补偿标准应当加入专门用于社会保障和劳动就业等方面产生的补偿，用于补偿农民在社会福利方面因为失去土地而造成的损失，保证农民有足够的社会保障确保在失去工作、生病或者失去劳动能力时的生活水平不会出现大幅度的降低。

另外，地方政府应为失地农民提供专门的技术培训服务，提高农民的劳动技能，增强失地农民的就业竞争力，使农民在失去土地之后能够拥有一技之长，以维持正常的生活水平。同时，西方国家城市化的演进已经表明，城市化是随着社会经济的发展而自然进行的过程。但是目前，我国地方政府由于国家政策、财政收入、政绩考核等多方面因素的影响，盲目开展造城运动，一方面造成城市负担过重，部分地区出现空城现象；另一方面严重浪费耕地资源，大量失地农民生活难以为继。因此，在新型城镇化背景下，地方政府应该致力于农村第二、三产业的发展，为乡镇中小企业提供资金和技术上的支持，使其能够迅速发展壮大，为失地农民提供更多的就业机会，使广大农民能够做到离土不离乡。这样，在有效缓解了大城市所面临的人口压力的同时，也能更好地促进我国乡镇经济的迅速发展，有利于更好地实现新型城镇化建设的目标。

参考文献：

[1] 蔡继明，邝梅．论中国土地制度改革——中国土地制度改革国际研讨会论文集［M］．北京：中国财政经济出版社，2009.

[2] 柴涛修，刘向南，范黎．新中国征地制度变迁评述与展望［J］．中国土地科学，2008（2）.

[3] 费玲玲．关于城市化进程中征地安置补偿制度的经济学分析［J］．石家庄经济学院学报，2013（2）.

[4] 郭熙保，王万珺．土地发展权、农地征用及征地补偿制度［J］．河南社会科学，2006（7）.

[5] 焦恒．深化我国征地制度改革研究［D］．四川大学硕士学位论文，2007.

[6] 李国健．中国被征地农民补偿安置研究［M］．青岛：中国海洋大学出版社，2008.

[7] 李文廷，李奕瑗．我国土地补偿制度的缺陷与改进［J］．求索，2013（7）.

[8] 刘忠原，刘雯波．我国征地补偿制度历史变迁与创新［J］．合作经济与科技，2010（10）.

[9] 麻战洪，刘勇．关于征地补偿问题的探讨［J］．农村经济，2003（2）.

[10] 乔小雨．中国征地制度变迁研究［D］．中国矿业大学博士学位论文，2010.

[11] 盛洪．现代制度经济学（上卷）［M］．北京：北京大学出版社，2003.

[12] 王红建．土地征收立法研究［D］．郑州大学博士学位论文，2012.

[13] 余春秋．我国征地补偿制度的演变和发展趋势［J］．国土资源导刊，2013（9）.

[14] 曾芬钰．我国农村土地双重功能向单一功能演变的必然趋势［J］．财贸研究，2005（3）.

[15] 张东辉，刘新华．我国征地补偿标准测算方法的演变分析［J］．现代经济信息，2013（9）.

[16] 叶檀．城镇化的核心动力是市场化［J］．中国对外贸易，2013（3）.

组织结构创新是高科技中小企业的核心竞争力

于平

摘要 高科技中小企业的竞争优势非常明显，本文从企业组织结构的角度对比分析了在市场中高科技中小企业和传统中小企业的市场地位和竞争力的差异，并力图证明这种竞争力差异的一个重要来源是由其分工引起的组织结构创新，并进一步论证组织结构创新在高科技中小企业竞争力中所具有的关键性地位。

关键词 高科技中小企业；竞争力；组织结构创新

中小企业在我国的改革开放中走过了一段比较曲折复杂的道路：开始时欣欣向荣，甚至成为改革的领头羊，在经济发展中发挥了重要的作用。但是，随着市场机制的健全和市场竞争的加剧，大量的中小企业出现了滑坡和衰退，进而被市场淘汰。激烈的市场竞争不仅使中小企业发展面临瓶颈，而且对于一些试图或者准备进入市场的企业来说，由于规模经济、资本要求、产品差异导致的进入障碍使其踌躇不前。如何解决这一问题，对于我国目前中小企业的发展具有重要的意义。

其实，我们从对现实市场中大量的关于中小企业发展经历的分析总结中就可以看出，中小企业如何发展、什么样的中小企业能够迅速发展，除了具有某些“拾遗补缺”“填补空白”的作用外，大部分企业都具有高科技的特点。对这些高科技中小企业的优势和特点进行分析，是一件十分重要而且有意义的事情，对发展中小企业的政策导向、引导传统中小企业发展具有重要的借鉴意义。

目前我们所见到的很多研究主要是侧重创新和高科技对于中小企业的作用，即中小企业的技术创新和产品创新，重点强调创新对于中小企业发展的重要性。本文试图在创新理论的框架下，探讨论证高科技中小企业相比传统中小企业最主要的竞争力优势来源于企业组织结构的创新。

一、竞争力的比较分析

传统的中小企业多数为劳动密集型企业，产业结构层次偏低，企业自身的研发能力和管理能力有待提高和改善；并且，传统产业中的中小企业主要是依托于大型企业而存在，为其“拾遗补缺”，因而它们很难成为经济发展的引领力量。

与传统产业不同，高科技中小企业因为其技术的核心作用以及技术的先导性，已经逐步开拓了新的应用领域，形成了新的产业群，而且这些信息技术、生物技术及纳米技术等高新技术都具有广阔的应用范围。所以，高科技中小企业在关键技术发展中已不能被当作“配角”看待。以互联网产业和手机产业的发展为例，在互联网已经相对完善的今天，网站存在的形式似乎没有可创新的地方，但是马克·扎克伯格（Mark Zuckerberg）建立了提供互相联系平台的网站——the Facebook，迅速风靡全球而大获成功。英特尔公司是全球最大的半导体芯片制造商，在微处理器领域处于绝对的龙头地位，但是英国的 ARM 公司设计了高性能、廉价、耗能低的 RISC 处理器、相关技术及软件，使得今天 ARM 架构占据着手机处理器 90% 的市场份额、上网本处理器 30% 的市场份额和平板电脑处理器 70% 的市场份额，甚至回过头来影响到传统的 PC 行业，以至于微软宣布 windows 8 操作系统将支持 ARM 架构。由此可以证明，高科技中小企业如今的市场地位已不仅仅是以企业的规模来衡量了。

二、组织结构的差异分析

在经济学的理论分析中，从新古典经济学到罗纳德·科斯（Ronald Coase）等对于企业性质的论述，共同的一点是企业组织都是基于分工的前提下的。亚当·斯密（Adam Smith）在《国富论》中谈到分工的作用对于劳动生产率的提高我们已经非常熟悉了，在当时的历史环境中，亚当·斯密对分工的论述只是针对当时简单的制造业，但是其分工的理论对于企业的组织构成有着起源性的影响，成为构建企业组织的一个基本原则。根据分工专业化划分出若干具有专业化的部门，这些部门承担各自专业性的工作，所以，这些部门之间如何管理协调就成为一个重要的任务；在当时的历史时期和生产力条件下，就相应地形成了一种类似集权制的组织[①]。现在很多传统的中小企业的组织结构也是以类似的原则构建起来的，可以认为这是一种科层制的组织结构，它按照各个部门的职能形成垂直的组织结构，是按照规模经济和专业化的分工建立的组织结构，与今天大型的企业组织结构雷同。而中小企业和大型企业相比劣势非常明显，它们缺乏大企业所具有的规模优势。尽管传统中小企业在最初时期相对于家庭作坊式的组织模式发挥了巨大的作用，但是随着市场的逐渐成熟，其组织结构的不适应性便逐渐显现出来，逐步被挤到了市场的边缘位置。

相对而言，高科技中小企业的信息技术和网络技术是其突出的优势特点，它利用现代网络组织的优势逐步取代了传统中小企业的企业层级组织，弥补了其层级组织的缺陷。有些高科技中小企业的组织更类似于网络形态，各部门都具有自己所特有的关键技能和专业知识，彼此之间无法替代而且相互依赖。各个单位与企业的管理中心是一种更为平等的关系。在高科技发展异常迅速的今天，有些高

① 陶长琪．高科技企业成长的组织模式探究［J］．当代财经，2006（4）．

科技中小企业甚至形成了虚拟的组织形态，企业的各个部门之间可以在相差千万里的任何地方通过电脑信息技术网络连接，有着转变为不具有实体形态的趋势。这样的高科技中小企业分工具有高度的灵活性：与传统的专业化科层组织相比，高科技中小企业员工可以有多技能和多种工作角色的转换；企业中能够构成各种工作团队；企业内部存在高效率的沟通。

社会分工的发展对于企业组织结构的变迁具有基础和源泉的作用，“分工是组织的基础，也是组织的原因”。社会生产力的发展促进了分工的发展进而促进了企业组织结构的变迁。实际上，传统中小企业和高科技中小企业分工差异所形成的竞争力的差异，从根本上讲就是两者之间组织结构的差异。高科技中小企业在组织结构上所进行的创新使其具有了较强的竞争力。由此我们可以看出，对于高科技中小企业而言，组织结构的创新是最根本的，是高科技中小企业发展的根本所在。

三、组织结构创新是企业的核心竞争力

（一）企业的竞争力来源于创新

创新和企业的发展以及发展所需要的竞争力是统一的。创新是现代经济增长的第一原动力，同样也是企业竞争力的源泉。按照创新理论的集大成者熊彼特的观点，我们可以把创新理论归纳为以下五个基本观点。

第一，创新是生产过程中内生的。熊彼特（J. A. Schumpeter）说：“我们所指的‘发展’只是经济生活中并非从外部强加于它的，而是从内部自行发生的变化。”尽管投入的资本和劳动力数量的变化，能够导致经济生活的变化，但这并不是唯一的经济变化；还有另一种经济变化，它是不能用从外部所加数据的影响来说明的，它是从体系内部发生的。这种变化是那么多的重要经济现象的原因，所以，为它建立一种理论似乎是值得的，这另一种经济变化就是“创新”。

第二，创新是一种“革命性”变化。熊彼特曾做过这样一个形象的比喻：不管把多大数量的驿路马车或邮车连续相加，也决不能得到一条铁路。“而恰恰就是这种‘革命性’变化的发生，才是我们要涉及的问题，也就是在一种非常狭窄和正式的意义上的经济发展的问题”。这就充分强调了创新的突发性和间断性的特点，所以他主张对经济发展进行“动态”性分析研究。

第三，创新同时意味着毁灭。一般说来，“新组合并不一定要由控制创新过程所代替的生产或商业过程的同一批人去执行”，即并不是驿路马车的所有者去建筑铁路，恰恰相反，铁路的建筑意味着对驿路马车的否定。所以，在竞争性的经济生活中，新组合意味着对旧组织通过竞争而加以消灭，尽管消灭的方式不同，如在完全竞争状态下的创新和毁灭往往发生在两个不同的经济实体之间。随着经济的发展、经济实体规模的扩大，创新更多地转化为一种经济实体内部的自我更新。

第四，创新必须能够创造出新的价值。熊彼特认为，先有发明，后有创新；发明是新工具或新方法的发现，而创新是新工具或新方法的应用。“只要发明还没有得到实际上的应用，那么在经济上就是不起作用的”。因为新工具或新方法的使用能够在经济发展中起到作用，最重要的含义就是它们能够创造出新的价值。把发明与创新割裂开来，有其理论自身的缺陷，但强调创新是新工具或新方法的应用，必须产生出新的经济价值，这对于创新理论的研究具有重要的意义。所以，这个思想为此后诸多研究创新理论的学者所继承。

第五，创新是经济发展的本质规定。熊彼特力图引入创新概念，以便从机制上解释经济发展。他认为，可以把经济区分为“增长”与“发展”两种情况。所谓经济增长，如果是由人口和资本的增长所导致的，并不能称之为发展。“因为它没有产生在质上是新的现象，而只有同一种适应过程，像在自然数据中的变化一样”。“我们所意指的发展是一种特殊的现象，同我们在循环流转中或走向均衡的趋势中可能观察到的完全不同。它是流转渠道中的自发的和间断的变化，是对均衡的干扰，它永远在改变和代替以前存在的均衡状态。我们的发展理论，只不过是对这种现象和伴随它的过程的论述”。所以，“我们所说的发展，可以定义为执行新的组合”。这就是说，发展是经济循环流转过程的中断，也就是实现了创新，创新是发展的本质规定。

纵观国内外企业走过的历程，企业发展的历史就是创新的历史。企业的基础就在于创新，只有持续不断地推进创新，企业才能在市场竞争中前进，这是企业发展的必然选择，是企业迅速成长和持续发展的基本驱动力。这也是各种规模和所处行业的企业都不可否认的。

（二）高科技中小企业的创新分类

创新的本质是突破，是利用有限的资源创造出更广泛的价值的能力。按照熊彼特的创新理论，创新包括五项内容：①引进一种新产品；②采用一种新的生产方法；③开辟新市场；④获得原材料或者半成品的新供给来源；⑤建立新的企业组织形式。高科技中小企业的创新具有创新形式的共性，但由于其自身的性质（比如规模和自身的技术含量）而具有自己的特点。

第一，产品创新。在市场中有一种经济现象，比如在食品、金属制品生产或机械制造等传统行业中，少数大企业占据了整个行业的绝大部分市场份额，小企业很难生存；在计算机软件等高科技行业中，则是中小企业可以和行业巨头并存，这是因为在传统的行业中进行产品创新的难度相对较高，固定成本的巨大以及其不可分割性导致了传统行业具有规模经济而不是范围经济。而对于高科技行业来说（比如软件行业），产品创新的难度较小，其所创利润足以满足高科技中小企业的生存，而其企业的规模又决定了不大可能具有范围比较大的横向边界以及纵向边界，以至于产生了一种现象：高科技中小企业为了保持其在市场中的竞争力，往往致力于产品创新而又把传统的制造产品的业务外包，这也导致了企业的人员结构具有较高的知识水平。

第二，技术创新。过去人们普遍认为，大企业更有利于技术创新，是技术创新的主体。熊彼特认为大企业是技术进步最有力的发动机。首先，大企业比小企业更能承担技术创新的成本。由于大企业具有比较大的横向边界，大企业可以有许多业务，它可以用其他业务的利润弥补损失。其次，大企业比小企业更具有规模经济能力，更有能力最大化这种经济效益。最后，维护和巩固垄断地位的需要迫使大企业必须开展更多的技术发明和创新活动。

但是，在现实的经济生活中我们认识到，在高科技领域，中小企业具有的技术创新优势比大企业更加明显。谢勒（Scherer）认为，企业的规模大小决定了体制的复杂程度。大企业决策时间长，这种组织内缓慢的资源分配可能会难以及时灵活地适应市场的需求。而高科技中小企业由于其网络化的组织结构以及中小企业管理层的简洁，更有利于根据市场的变化做出创新的决策。实践表明，中小企业对技术进步以及行业和社会的发展做出了巨大贡献。

第三，组织创新。组织创新是为了增强企业的竞争力。对于高科技中小企业来说，企业竞争力源自于员工之间关系的和谐和有效的配合，即技术人员的配合、管理的协调；来源于人员之间的关系所构成的组织，因此，其创新就必须充分发挥人的能动性和积极性。

通过以上分析可知，相比于传统的劳动分工原则上的金字塔式的层级纵向等级制度森严、集中控制的组织结构，网络化的组织心态消除了高科技中小企业中人与人之间的束缚。

（三）组织创新是高科技中小企业创新之本

创新为高科技中小企业提供了竞争力。高科技中小企业的特点之一是技术性强，这样就对雇员的专业化知识水平提出了很高的要求，在人力资本作用有限的约束下专业化必将形成企业内外的分工协作，产生更为密切融洽的分工体系。高科技中小企业的竞争力离不开组织创新。

创新理论也曾向两个不同的方向发展，形成了两个主要学派：一是技术创新学派；二是新制度学派①。前者坚持熊彼特的创新理论，强调技术创新和技术进步的核心作用；后者研究制度因素与企业技术创新和经济效益之间的关系。在这里类比高科技中小企业的技术创新和组织创新是可行的。

技术创新是高科技中小企业经营战略的一部分，意在通过技术创新调整企业的原有经营能力，从而在变化的环境中争取全局的主动性。从这个意义上看，技术创新是高科技中小企业经营战略体系中比较关键的内容，所以不能否认技术创新的重要性。但在比较技术创新和组织创新时，可以发现组织创新更处于根源的位置。

① 邱爽．产权、创新与经济增长［M］．北京：经济科学出版社，2009：40.

第一，组织创新有助于克服技术创新的不确定性。不确定性是指经济行为者在事先不能准确地知道自己某种决策的结果。不确定性是经济行为中的一种基本特性，也是经济风险的来源。同样，技术创新也伴随着不确定性，不确定性既为技术创新提供了无限的诱惑力，是技术创新的动力，也有可能预示着技术创新可能带来的负面风险，造成难以预料的后果。所以，在憧憬技术创新的无限未来时，人们又尽可能地规避不确定性带来的风险。高科技中小企业由于其规模限制，更难以承担不确定性带来的技术创新的不良后果。而优先于技术创新的制度创新就更有助于克服技术创新中的不确定性。正如诺斯（D. C. North）所说："制度通过向人们提供一个日常生活的结构来减少不确定性。"高科技中小企业中网络形态的企业组织、团队合作的工作方式方便了创新主体——企业员工的互相监督和及时沟通，既有助于提供事前的约束，又有利于排除事后行为的错误。

第二，组织创新降低了创新的交易成本。交易成本理论是由科斯提出的，科斯认为，交易成本是"发生在市场上的交易的谈判以及签约的花费"，也是"通过价格机制产生的成本，就是探寻价格而产生的成本"，另外还有由于市场价格机制而产生的其他成本。

在技术创新活动中存在着大量的交易成本，如为了检验这种不确定性是否成功所付出的成本、高科技中小企业内部分工组织协调的成本、研发时不同人员研究进程相互脱节的成本以及企业内部信息不对称所产生的成本。

高科技中小企业的组织创新可以有效地降低交易成本，实现交易成本的最低化。组织是行为主体的约束框架，高科技中小企业的网络化组织能够扩大个人的行动范围，却又减少了可能带来的摩擦，因为相互的交往存在于无限的虚拟空间中，同时又可以轻而易举地实现合作，这种组织创新的优势在比较高科技中小企业与传统中小企业的竞争力差别时就已经显现出来。

第三，组织创新制约着创新主体的行为空间。技术创新之所以能够实现，归根到底是由于存在创新的主体，即高科技中小企业的员工。这些创新主体本可以天马行空地创造一些新的事物，因为创新的活动空间就是一种自由空间。但正是由于其处在有限的成本承受能力的中小企业之中，需要对其技术创新进行一定的限制，比如主体的行为方向和整体的原则，这也正是组织的作用之一。而狭隘的创新空间是不足以产生优秀的技术创新的，这正是传统的中小企业所面临的困境。困境的解决就依赖于组织的创新。相比之下，高科技中小企业的组织创新做得更好，一方面从整体上限制了创新主体的空间，另一方面又在力所能及的范围内提供了足够的自由空间。

综上所述，与传统的中小企业相比，高科技中小企业具有明显的竞争优势，比较分析这种竞争优势的来源，不管是分工的不同，还是创新能力的差异，其核心的根本因素是组织结构的差异，创新能力得以发挥的根本在于组织结构的先进与否。与传统的中小企业相比，高科技中小企业的组织形式更加灵活和具有现代化的特点，进而使创新能力能够更有效地发挥，在分工上也更能扬长避短，使企业具有更强的竞争力。

本文的研究更多地侧重于创新对于高科技中小企业发展的重要作用，但未能足够地分析组织结构创新所具有的决定性作用，这也是本文的突出点之所在。

参考文献：

[1] 约瑟夫·阿洛伊斯·熊彼特．经济发展理论——对利润、资本、信贷、利息和经济周期的探究［M］．北京：中国社会科学出版社，2009.

[2] 周立群，谢思全．中小企业改革与发展研究［M］．北京：人民出版社，2001.

[3] 贾丝廷·朗格内克，卡洛斯·穆尔，威廉·佩蒂．小企业管理——创业之门［M］．北京：人民邮电出版社，2006.

[4] 林汉川，邱红．中小企业运营与控制［M］．北京：对外经济贸易大学出版社，2006.

[5] 苏东水．产业经济学（第二版）［M］．北京：高等教育出版社，2005.

[6] 邱爽．产权、创新与经济增长［M］．北京：经济科学出版社，2009.

[7] 姜广东．非正式制度、财产权利与分工扩展［M］．长春：吉林大学出版社，2007.

[8] 徐则荣．创新理论大师熊彼特经济思想研究［M］．北京：首都经济贸易大学出版社，2006.

[9] 国彦兵．制度经济学［M］．上海：立信会计出版社，2006.

[10] 叶志桂．分工发展与企业组织结构的演变［J］．福州大学学报（哲学社会科学版），2002（3）.

[11] 程承坪．论企业的边界和规模［J］．数量经济技术经济研究，2004（6）.

[12] 程承坪．对科斯企业性质理论问题的新思考［J］．学习与探索，2003（6）.

[13] 陶长琪．高科技企业成长的组织模式探究［J］．当代财经，2006（4）.

党的十八大后
我国深化体制改革的主要内容和对策

岳清唐　张俊夫

摘要　我国今后经济体制改革所面临的攻坚任务已经不可能仅在经济领域内就能够获得解决。改革必须在社会、政治和经济三个维度全面协调展开：在社会体制方面，建立和谐社会体制，重点解决不同社会阶层之间的利益冲突，解决人和自然协调发展问题，化解人与人之间、人类与自然之间的矛盾；在政治体制方面，建立社会主义民主政治体制，重点解决好中央和地方的关系问题；在经济体制方面，继续完善社会主义市场经济体制，重点解决好“三农”问题。

关键词　深化体制改革；社会体制；政治体制；经济体制

我国今后经济体制改革所面临的攻坚任务已经不可能仅在经济领域内就能够获得解决，改革必须要有大思路。从战略高度说，下一步深化改革的三大对象是社会体制、政治体制和经济体制。

一、和谐社会体制的建设

要建设和谐社会体制，首先必须明确和谐社会有哪些基本特征。社会主义和谐社会，应该是民主法治、公平正义、诚信友爱、充满活力、安定有序、人与自然和谐相处的社会。

民主法治，就是社会主义民主得到充分发扬，依法治国基本方略得到切实落实，各方面的积极因素得到广泛调动；公平正义，就是社会各方面的利益关系得到妥善协调，人民内部矛盾和其他社会矛盾得到正确处理，社会公平和正义得到切实维护和实现；诚信友爱，就是全社会互帮互助、诚实守信，全体人民平等友爱、融洽相处；充满活力，就是能够使一切有利于社会进步的创造愿望得到尊重，创造活动得到支持，创造才能得到发挥，创造成果得到肯定；安定有序，就是社会组织机制健全，社会管理完善，社会秩序良好，人民群众安居乐业，社会保持安定团结；人与自然和谐相处，就是生产发展，生活富裕，生态良好。这些基本特征是相互联系、相互作用的，需要在全面建设小康社会的进程中准确把握和完整体现。

那么，如何构建和谐社会体制？必须以科学发展观为指导构建和谐社会体制。科学发展观是全面建设小康社会和推进社会主义现代化建设始终要坚持的重要指导思想，已在党的十八大列入《党章》。科学发展观的提出，表明中国共产党人对社会主义建设规律和社会发展规律的认识达到了新的高度。在构建社会主义和谐社会的进程中，必须认真贯彻、全面落实科学发展观，这是由科学发展观的基本内容和本质规定所决定的。

科学发展观的基本内涵是：一要坚持发展，发展是硬道理；二要以人为本，促进人的全面发展；三要实现经济社会全面、协调、可持续发展。

科学发展观的主要特点是突出人的价值，强调发展的均衡协调性和整体综合性。从发展的出发点和落脚点来看，坚持以人为本是科学发展观的核心。因为人不仅是发展的主体、动力，是一切发展的价值目标，而且是发展的检验者。以人为本的发展，意味着必须以全面提高广大人民群众的生活质量为发展的终极目的，使人们的物质生活条件得到进一步改善，使人们的价值获得更为适宜的实现空间，使人们的生活方式得到提升优化，使人们的能力得到发展提高，这也就是发展的人文价值所在。从发展的目标来看，必须促进全面发展。全面发展既包括经济发展，又包括社会发展和人自身的发展；既包括物质文明，又包括政治文明和精神文明。从发展的基本原则来看，必须保持协调发展。一方面要在发展中实现速度与结构、质量与效益的有机统一；另一方面则要解决经济社会发展中出现的不同地域、城乡和阶层差距过大的问题。从发展的时效来看，必须实现可持续发展，即在发展经济的同时，充分考虑环境、资源和生态的承受能力，保持人与自然的和谐。

具体来说，构建和谐社会体制应当从以下五个方面入手。

（一）实现经济的稳定和快速发展是建设社会和谐的根本基础

要通过发展社会主义社会的生产力来不断增强和谐社会建设的物质基础。

贫困是产生社会不和谐甚至社会冲突的最根本、最普遍的原因。只有最大限度地减少、减轻贫困，才能有效地医治许多社会病和消除社会裂痕。而实现经济发展是消除贫困的根本途径。邓小平剥去种种貌似革命的假社会主义理论的外衣，指出“贫穷不是社会主义”，提出“发展才是硬道理”，而且要加快发展。30 多年来，我们国家的发展成就斐然，初步实现了小康，贫困人口和贫困现象大为减少，这为我国实现社会和谐奠定了较好的物质基础。但这个基础对 13 亿人口的大国来说还不够坚实，还必须长期坚持发展这个执政党的第一要务不动摇，最终彻底消除贫困，铲除社会不和谐的土壤。

我国现阶段出现的一些不和谐问题，有客观的历史因素，也有发展中出现的问题，因此必须靠发展来解决，经济发展是实现社会和谐的根本基础。

（二）起点公平是实现社会和谐至关重要的条件

起点公平，就是每个公民，不管贫富“贵贱”、能力高低、是男是女，都有平等参与竞争的权利。竞争的结果是另一回事，但每个人都享有得到这种机会的权利，这种权利受法律保护不可剥夺。这是社会公平与正义的重要体现，也是人权的重要内容。一个社会能保证做到机会平等，就能最大限度地激活社会活力，调动人们的积极性，就能使人们心平气顺。

今天社会上许多怨气就是产生于我们这个社会还没有真正做到起点的公平。现在我们还存在诸如户籍制度、就业、人事体制和城乡很不相同的社会保障体制等障碍，存在着诸如性别歧视、年龄歧视和相貌歧视等现象；由少数人甚至个别人在小范围内选用干部的做法，以及经济活动中的种种暗箱操作等，无不属于这方面的问题。起点不公平限制了一部分人虽然经过努力，自身具备了一定的条件，但仍得不到应有的社会公平竞争的机会。那些被公开或暗中剥夺了平等争取机会权利的人们，怎么能使得他们与社会和谐呢？

通过注重机会和起点的公平，不断改善人与人之间的和谐关系，也是一些国家的成功经验，美国在这方面的一些做法值得借鉴。美国是个多民族、多种族、人力资源成分复杂的国家，政府不得不制定严密的法律避免人们因种族、肤色、宗教信仰、最初国家来源、性别、年龄、残疾等因素而出现的不公平现象，比如《重建民权法案》就赋予所有人与白人相同的财产权、就业权等。

（三）建立“共创共享”的社会基本价值理念

必须确立起社会成员“共创共享”社会发展成果的基本理念。社会发展的成果对于绝大多数社会成员来说应当具有共享的性质，即：随着社会进程的推进，每个社会成员的潜能应当相应地不断得以开发，每个社会成员的基本需求应当相应地持续不断地得以满足，其生活水准应当相应地得以不断的提高。如果随着社会发展进程的推进，社会财富越来越集中在少数社会群体为少数人所享用，这样的发展不可能是真正和谐的发展。社会成员共享社会发展成果，既是现代社会文明的标志，也是现代化进程中的客观需要。当一个社会尚不具备必要的条件时如果强调“人人共享”的事情，那就说明这个社会的“大脑”出现了诸如过于理想化的问题。相反，如果一个社会具备了或部分具备了必要的条件，并且有着这方面的要求却不将共享问题予以实施或逐步地予以实施，那同样说明这个社会的运行机制出现了问题。

要正确理解“共创共享”。“共享”必须以“共创”为前提条件。既然每一个社会成员对于社会的发展都负有一定的责任，那么，共同的创造应当成为全体社会成员所遵循的准则。我们不能只强调“共享”而忽略了“共创”。从长远的眼光来看，“共享”并不是要让一部分社会成员来养活另一部分社会成员，不是“施舍”，而是要为那些暂时处在不利生活境地的社会成员和社会群体提供必要的条件，以共同的力量抗拒社会的风险因素，通过必要的“输血”使这些社会成员和社会群体恢复“造血”的机能，渡过暂时的困难，从而恢复他们对于社会做贡献的能力。如果只是重视“共享”而不以“共创”为必要的前提条件，那就必定会使部分社会成员养成一种严重的依赖思想，形成一种非劳动意识和平均主义观念，从而违背了“共享”的初衷。

政府负有实施社会成果共创共享的主要责任。共享是社会行为，必须通过立法及政府行为、通过制定系统的社会政策等来完成。其中，政府是社会公共权力的执行者，因而共享社会发展成果必须通过政府的组织、导向、协调予以实现。

世界银行在称赞东亚奇迹的时候曾指出，奇迹的要素有两个：一个是高速增长，还有一个是分享。但是中国现在是高速增长而缺少分享，严格来说不符合世界银行对经济奇迹的定义。因此，我们要创造奇迹，不仅要使经济快速增长，而且要做到共享。

（四）形成新的核心价值观

建立和谐社会的一切难题来自于我们选择了多元化的发展道路，而建立和谐社会的唯一可能性也在于我们能否形成一个多元化的社会。完全应该而且能够通过沟通、协调、调解以至行政、法律等文明的方式形成多元化社会的核心价值观。通过教育，在全社会形成团结互助、平等友爱和扶贫济困的风气；形成尊重劳动、尊重知识、尊重人才和尊重创造的风气；形成讲诚信、重责任，国家利益和人民利益高于一切的风尚。一种理念要成为全社会奉行的价值观，还需创造一套能够为大众提供是非判断标准和行为导向的准则。

（五）注重财富分配的调节和公平

相对注重财富分配公平的欧洲福利国家在探索实现社会和谐方面也给我们提供了可资借鉴的经验。欧洲一些国家初次分配的差距远大于纳税后的二次分配差距。在北欧一些高福利国家，就业与失业的工资区别曾经很小。这当然也有不利于效率和创造性的一面，要在注重分配公平的同时予以克服。

改革开放以来，我国经济蓬勃发展，城乡居民收入大幅度提高，同时也出现了城乡及地区差距扩大、部分社会成员收入差距过大、经济社会发展不协调等问题。妥善处理和逐步解决这些问题，才能够有效化解社会矛盾，消除不稳定因素，调动各方面的积极性，形成推动社会发展的强大合力。创造更加公平公正的就业环境，努力完善社会保障体系，逐步理顺收入分配关系，加快社会事业的发展，是维护群众利益、促进社会公平、构建社会主义和谐社会的重要任务。

第一，创造更加公平公正的就业环境。就业是民生之本、安国之策。实施积极的就业政策是我们要长期坚持的重要方针，必须把促进扩大就业放在经济社会发展更加突出的位置。当前我国面临的就业形势比较严峻，再就业压力也相当突出。要坚持在发展中解决就业问题，逐步确立有利于扩大就业的经济结构和增长模式，千方百计增加就业岗位，加快发展就业容量大的第三产业、中小企业和劳动密集型产业，形成更多的就业增长点。要继续落实就业和再就业的各项优惠政策，加强政府就业指导和服务，抓好就业培训，鼓励各类下岗失业人员通过各种方式实现再就业。要高度重视大学毕业生就业，认真解决就业困难人群的就业问题，进一步维护农民工的合法权益，努力创造更加公平公正的就业环境。

第二，完善社会保障体系。对我国来说，完善社会保障体系是促进和谐社会体制形成的重要条件。我国社会保障制度的覆盖面还比较有限，2011 年年末，全国参加新型农村社会养老保险试点的人数约为 32 643 万人；2013 年年末，全国参加城镇基本养老保险的人数约为 32 212 万人①。相比城镇养老水平，目前农村的养老金低许多，这与我国目前社会养老财力并不充裕有关，也与制度设计有关。因此，社会保障水平和保障方式要同经济发展水平相适应，既要逐步扩大保障的覆盖面，又要合理确定保障水平，实现社会保障的可持续性。

第三，逐步理顺收入分配关系是构建和谐社会的重要内容。要合理调整国民收入分配格局，逐步解决地区之间和部分社会成员收入差距过大的问题。要更加注重社会公平，整顿和规范收入分配秩序。要通过改革税收制度、增加公共支出和加大转移支付力度等措施，支持和扶助欠发达地区和困难群众。要加强对过高收入的税收调节，规范垄断行业收入，严格执行最低工资制度，维护劳动者的合法权益，取缔非法收入。

二、政治体制中中央与地方关系的改革

从根本上说，中央与地方的关系是国家的一种政治关系，是以集权与分权划分为中心的物质利益基础上的社会政治组织形式。改革开放以来，中央与地方关系的改革首先是在经济领域内进行的，主要通过采取“条块结合”“两条腿走路”“分灶吃饭”“利益兼顾”等种种措施向地方放权让利。推行这些行政分权改革措施的首先是中央政府，其次是在利益诱使下向中央要权、争权甚至自我扩充权力的地方政府。中央政府与地方政府之间分权的主要目的在于调整国有企业的行政隶属关系，国有企业仍只能被动地依附于中央政府或地方政府，从而在分权过程中排斥了市场机制的作用。在分权过程中发挥作用的是行政机制，这种机制主要依靠政策进行调整，带有很强的人治色彩。它决定了中央愿意放多少权、放什么权和地方能争到多少权、争什么权。这种行政分权制的现实基础在于：既要打破计划经济基础上的集权制的束缚，但在相当长的时间里又无法确定目标模式。这就决定了行政分权制只能是一种由计划经济向市场经济转化的过渡形式。

借鉴国外处理中央和地方分权与集权的经验教训，我国中央和地方关系的目标模式应是法律分权制。制定《中央与地方关系法》，在法制的框架内科学合理地界定中央与地方的各自权力，使中央和地方之间的利益分配与职能划分纳入法制轨道。

一直以来，我国的中央和地方关系的发展为人诟病的一点就在于它不是通过

① 数据来源：http：//data. stats. gov. cn/workspace/index？ a = q&type = global&dbcode = hgnd&m = hgnd&dimension = zb&code = A0S1201&region = 000000&time = 2013。

法律关系来规范，而是通过行政命令实现的。所以，中央和地方事权划分不清晰就成为一个长久以来的弊病。

改革开放以来行政分权制带来的那些突出的不利后果，都表明中央在各方面干预能力的下降，也表明在许多问题的处理上，中央与地方不一致的情况越来越多。这些都是为行政分权制的改革方法所支付的成本，从本质上讲，它们最终是有害于经济转制和经济增长的。之所以在相当长的时期内容忍它们的存在，甚至容忍它们发展，实乃产生这些不利后果的原因又是启动经济转制与经济增长的原因。然而，当由此而引起的改革成本已有可能超过改革收益时，整个社会将再也难以承受继续使用放权让利的改革方法所支付的成本。改革进展到这一阶段已提出了将整个现代化进程置于一个符合市场经济规则的稳定的法律与制度框架之中，即建立法律分权制的要求。事权划分不清晰，根本原因就在于，人们总是习惯于在操作层面上解决这个问题，但实际上问题的核心是在于权力分配，应该从制度层面而不是简单从权力角度解决这个问题。

必须依据市场经济的内在要求，在法治的基础上根据有利于发展社会生产力、有利于巩固国家的统一和民族的团结等标准重建中央与地方的新型关系。

发达国家的实践证明，中央政府和地方政府在市场经济发展中的职能有所不同。发达国家中央政府的职能作用的着力点正从配置职能转向分配职能，从而使发达国家相对强化了中央政府及其财政的地位和作用，即稳定和分配的职能主要由中央政府来完成，而配置的职能主要是通过地方政府来完成。根据市场经济的这种内在要求，根据我国的具体情况，可将中央和地方之间的权力划分为中央的专有权力和地方的专有权力，以及中央和地方的共享权力。目前可考虑将下列事项规定为中央的专有权力：外交；国防与军事；制定和修改宪法；有关国籍及刑事、民事、商事、诉讼程序方面的立法；统一度量衡；航空、国道、国有铁路、国家邮电通信的管理；中央财政与税收政策的确定；国家税收与地方税收的划分；国家货币与国家银行；对外贸易政策；适应改革开放的立法；行政区划；国有财产；国债；教育制度；人事制度；司法制度；其他依法应专属于中央的事项。地方的专有权力主要有：为适应国家法律、行政法规在本地区实行而制定的实施细则；为本地区的重大事项制定地方性法规；本地区财政、税收、工商、贸易的管理；开展地区间交流以及与外国地方政府间的交流；地方交通、邮电通信事业；地方财政与税收；地方教育事业；地方财产管理；地方人事制度；其他依法应专属于地方的事项。中央与地方的共有权力主要有：保护人权与公民权；实施社会保障；维护社会治安；保护自然资源与环境；其他依法应由中央与地方共有的权力①。

① 参见《中华人民共和国立法法》（2000 年 3 月 15 日第九届全国人民代表大会第三次会议通过）第七条规定。

三、经济体制中“三农”问题的解决对策

“三农”问题在很大程度上是我国长期实行计划经济体制的遗留产物。计划经济体制下，政府用指令性计划、行政命令等手段在城乡之间、工农之间配置资源，造成“三农”问题。既然是这样，现在如何解决“三农”问题呢？“三农”问题既然是计划经济体制造成的，那么市场化改革中当然应该走市场化道路解决“三农”问题。但是，把“三农”问题简单地推向市场肯定是不行的。市场机制是什么？通俗地说，是助强欺弱、嫌贫爱富的机制。而“三农”是弱者，农业是弱质产业，农民是弱势群体，完全把“三农”推向市场，就会使“三农”更弱。就西方国家来说，农业的市场化程度都低于其他产业，低于非农产业，就是说政府干预的作用很大。更何况中国的“三农”问题是政府的政策造成的，解决“三农”问题政府的作用应当更大。要强调政府责任，政府不能推卸责任。从现在看，这也是目前政府工作的重中之重。

为了解决“三农”问题，中共中央、国务院曾经在1982—1986年连续5年发布了以“三农问题”为中心的5个“一号文件”。2004—2014年中央又连续发布了11个关于“三农”的“一号文件”，制定出对农民减免农业税、补贴农民和农业，加大用于农村教育、卫生等方面经费的政策。可以看出，党和政府对农村、农业和农民问题的严重性是有着清醒认识的，并且发出了解决“三农”问题的强烈信号。

上述政策有助于缓解目前严峻的“三农”问题形势，但从长远来看，靠有限的减税、免税和补贴起不了大作用，这些都是治标不治本的办法。可以考虑两个治本的办法：一是要废除城乡隔离的户籍制度，对农村居民和非农村居民在社会发展中应一视同仁；二是把农民人数降下来。

第一个办法，就是中央政府应当从战略上把有关农民问题的指导思想反思一下，应当使农民有权利真正享受到与城市居民同样的“国民待遇”。应当取消一切限制农民自由迁徙的条条框框，取消歧视农民工的一切人为藩篱；应当考虑补偿农民在历史上为中国工业化所做出的牺牲，让公共财政的阳光更好、更强、更多地普照到农村，让公共财政的雨露更浓、更快地滋润农民。

第二个办法，就是要走高度城市化的发展道路。“三农”问题的核心是农民人均收入低。收入低是由于在少量的土地上拥有大量的剩余劳动力，且农业技术落后，结果导致劳动生产率与人均收入非常低。要提高农民的人均收入，可从两个方面考虑：第一个方面是增加作为分子的农业收入，减免农民租税和支付补贴为中心的措施就相当于此；另外是提高农产品价格。但减税补贴不能根本解决问题，在市场经济和我国已加入世界贸易组织的条件下，农产品价格也不便操纵。第二个方面是减小分母，即减少依赖农业收入的人数。为此，就需要将大部分农民由农业转向制造业和服务业等非农领域，即必须在制度层面上作出调整，采取

切实可行的政策措施，推动劳动力向第二、三产业转移，加快城市化进程，为农业劳动力的流动和合理配置创造条件和拓展空间；改革户籍制度，给予农民流动和定居的自由，帮助农民在城市定居，这样才有可能在事实上实现全面建设小康社会的目标。

四、深化改革的组织保证和推动方式

（一）深化改革更需要一个权威的改革决策协调机构

首先，改革的政策设计有可能受到既得利益集团的影响，存在偏离社会公正的可能，现实中一些所谓的“改革”往往是一些利益集团的谋利行为。比如，在推进垄断行业改革、放宽市场准入方面，由于垄断行业的改革方案和相关法规主要由该行业和主管部门自己制定，没有超脱部门利益、集团利益的狭隘眼界，部门自我改革正在流于形式，甚至被既得利益集团扭曲；其次，改革在实施中面临着这些利益集团的影响，造成实施中的“变形”，不仅使好的改革方案难以实施，而且带来对改革的“误解”；再者，由于大的利益集团具有相对“畅通”的利益表达渠道，弱势群体的利益有可能受到忽视，从而造成某些方面严重失衡，既影响改革深化，也影响社会稳定。

那么，由谁来组织改革更为有效？

曾经作为国务院独立机构的体改办和体改委在改革决策过程中提供内部分析，扮演着改革的核心机构的角色，是推动各项改革深化的有力的组织保证。在目前改革已涉及深层面时，一个独立的改革策划、组织和协调机构更显示出了其存在的必要性。实践经验表明，靠部门自我改革缺乏动力，缺乏协调机制，如果政府希望成功地推进改革，则会面临着争端与政策分歧。在解决争端的时候，独立的改革机构拥有无可比拟的优越性。因为对于政府的其他部门来说，这一独立机构代表中立的立场，这一机构越强有力，推进改革就越容易；这个部门不承担任何部门责任，因此，这个部门更可能具有战略眼光，也更少有暗箱操作。而在国务院设置独立机构，超越各个部门之上就有可能高瞻远瞩地推进改革。一个高于部门之上的独立机构，将成功扮演推进改革的“忠实经纪人”的角色。攻坚时期的改革更需要一双“带着改革手套的手”，在不考虑部门利益的情况下为决策者提供客观、超然的改革方案。

体改办、体改委撤销之后，经济体制改革的具体任务就落在了国家发改委下属的一个部门——经济体制综合改革司头上，实践证明其权威性和协调能力是不足以承担起改革攻坚的使命的。因此，在当前改革情况越来越复杂的背景下，需要在更高层次上建立一个权威的改革决策协调机构饰演裁判角色，以加强对攻坚阶段改革的领导和谋划，从全局出发妥善处理改革过程中的利益关系调整问题。可以考虑的方案有三个：一是恢复国家体改委；二是建立国务院体制改革协调小组，由总理兼组长，发改委、财政部、人民银行、国资委等有关部门的一把手任小组成员；三是在现在发改委的基础上扩大改革的协调职能[①]。

（二）深化改革更需要人民大众的参与和推动

改革的推动方式有三种：自下而上、自上而下、上下结合。家庭联产承包制是自下而上改革的成功范例，这是农民的创造和发明，也得了到中央的首肯，关键是广大农民直接受益。1978—1985 年，农民年人均纯收入增长率为 15%，贫困人口从 2.5 亿减少到 1.5 亿[②]，为中国和世界历史上所少见。这说明，人民成为改革的主体并受益，改革就能够获得成功。

1985 年之后，中国进入了以自上而下为主的改革阶段，改革有组织、分步骤地进行，取得了巨大成就。30 多年来中国经济体制的改革和社会经济的发展，已使我国呈现出了复杂多样的社会阶层，多元化的社会结构要求在进一步改革的时候，要考虑所有相关者的利益。改革需要广大人民群众的参与，改革本身是人民大众的事业，人民既应该是推动者也应该是受益者。因此，在一个利益多元化的攻坚时代，改革应该是阳光下的改革，要将改革的方向、难点、措施、受益、受损等信息公之于众，信息要透明。改革更应该是一种参与式的改革，要把利益相关者容纳进来，包括金融体系的改革、政府治理的改革、国有企业的改革以及社会保障体系的改革等，都应该有社会各阶层的参与，应该通过上下结合，推动攻坚阶段的改革。

在新时期，人民群众参与和推动改革的渠道和载体是各级人民代表大会。各级人大代表作为人民心声的代言人，起着监督政府工作、推动各项体制改革的重大作用。人大及其代表必须时时以宪法和法律赋予的神圣职责为依据，反映民声，在改革中自觉维护人民群众的根本利益，以促进社会的不断进步。

参考文献：

[1] 邓小平．邓小平文选（第一、二、三卷）[M]．北京：人民出版社，1993.

[2] 国家统计局．中国统计年鉴 [M]．北京：中国统计出版社，2013.

[3] 何清涟．现代化的陷阱 [M]．北京：今日中国出版社，1998.

[4] 任进．我国中央与地方关系及其科学化法治化 [J]．中国法学（特刊），2002（12）.

① 此文初稿完成于 2013 年 11 月前。在中共中央第十八届三中全会后，中共中央已成立全面深化改革领导小组，负责改革的总体设计、统筹协调、整体推进和督促落实，并由习近平总书记担任组长，李克强等人担任副组长。这种具有最高协调能力的机构为深水区的改革做出了强有力的组织保障。

② 数据转引自：何清涟．现代化的陷阱 [M]．北京：今日中国出版社，1998.

当前农村土地经营制度选择探究

齐勇　郭琳

摘要　我国现行的农村土地家庭联产承包责任制有其产生和发展的历史必然性，在改革开放初期基本适应了我国国情和社会生产力发展的要求。但是，随着改革的深入其缺陷日益显现，越来越不能适应构建社会主义和谐社会和建设社会主义新农村的要求。下一步对农村土地制度如何改革？本文认为，当前流行的土地私有化的主张将严重危害农民利益，瓦解党的群众基础，不利于社会稳定和国家的长治久安，是根本行不通的；正确的改革方向应该是适应生产社会化的需要，按照科学发展观的要求，发展适度规模经营，发展集体经济。本文试从马克思主义的基本观点和立场出发，对现行的家庭联产承包制度、土地私有化主张以及农村集体经济制度进行简要评析。

关键词　农村；土地制度；家庭联产承包责任制；土地私有化；集体经济

一、家庭联产承包责任制的不足

自党的十一届三中全会开始的改革是以农村实行家庭联产承包责任制为起点的，至今已经有30多年了。不可否认，家庭联产承包责任制在一定历史时期有其存在的合理性和必要性，它对于调动广大农民的生产积极性，推进农业生产力的发展，提高农产品产量，满足城乡居民生活需要，为工业生产提供原材料和销售市场、为工业生产和城市发展提供劳动力、资本和土地资源，为国家经济建设出口创汇做出了极大的贡献。党的十七届三中全会通过的《中共中央关于推进农村改革发展若干重大问题的决定》指出："农村改革发展的伟大实践，极大调动了亿万农民的积极性，极大解放和发展了农村社会生产力，极大改善了广大农民物质文化生活。"这些成就的取得，与家庭联产承包责任制是分不开的。

但是，随着改革的深入，家庭联产承包责任制的缺陷日益显现。这种土地经营制度和农业生产制度从实质上看是一种小农单干经济，它不能从根本上完成从传统农业向现代农业的转变，无法从根本上解决农村问题，越来越不能适应构建和谐社会和社会主义新农村的要求。

为解决"三农"问题，建设社会主义新农村，必须适应科学种田和生产社会化的需要，对这种农村土地制度和生产制度进行改革。

（一）家庭联产承包责任制和农业生产制度难以推进生产力的发展

家庭联产承包责任制本质上是小农经济、单干经济，是一种落后的小生产方式。这种生产方式的生产力水平是很低下的，同社会化大生产比较起来，这种小生产方式在生产过程中难以做到资本的集中和生产的集中，生产资料的集中使用和土地的规模化生产及经营难以实行；因为实行家庭劳动，人力资源难以集中使用，有限的劳动力仅仅能够进行简单的自然分工和协作而不能进行合理的社会化分工和协作，生产的专业化和社会化难以实现。

在这种生产方式之下，先进机器及设备的购买和使用，新技术和新的生产工艺、生产方法的发明和采用，水利设施的兴修，防治各种水旱灾害，植树造林，土壤的改良，治理土地沙化、碱化和水土流失，国土的整治，灾害天气的预报和防治，治理植物病虫灾害，交通运输条件的改善，通信技术的进步以及普及于农业生产等，所有这些促进农业生产力进步的措施和手段都是这种生产方式适应不了的。

这种生产方式，因为生产力水平低下，应对自然的力量非常小，每次大的自然灾害，都会对这种生产方式下的农业生产造成极大的破坏。农户家里主要劳动力生病、去世或耕畜死亡等都会对其生产主体造成毁灭性的打击。种种因素交织在一起，加剧了这种土地经营制度和农业生产制度生产经营的困境，使其盈余能力极其低下，剩余产品极少，难以进行大规模的积累，只能维持简单再生产，有时甚至连简单再生产都难以维持。

马克思说："这种生产方式是以土地及其他生产资料的分散为前提的。它既排斥生产资料的积聚，也排斥协作，排斥同一生产过程内部的分工，排斥社会对自然的统治和支配，排斥社会生产力的自由发展。它只同生产和社会的狭隘的自然产生的界限相容。"①

（二）家庭联产承包责任制和农业生产制度是自给自足的自然经济，具有反商品经济的属性

家庭联产承包责任制的生产方式本质上是自然经济，男耕女织、自给自足，"大而全、小而全"，万事不求人，"三十亩地一头牛，老婆孩子热炕头"以及"鸡犬之声相闻，老死不相往来"是对这种生产方式的生动写照。这种生产方式追求产品的使用价值满足自己的实际需要，不是为了交换、为了价值、为了满足市场需要而生产。它排斥竞争、回避竞争，回避创新和冒险，容易自满自足，不思进取，安于现状，不愿并且也不能承担较大的风险和经济波动。这种生产方式不以追逐利润最大化的生产为目的，因此，也就不讲成本和收益的计算，难以做到生产经营成本最小化，收益最大化。在生产过程中，不计时间和劳动力的花费，不计各种人力和物力资源的投入，只是为了保证基本的温饱或者是小有剩余。这种生产方式是反商品经济的，难以促进生产力的发展。

① 马克思．资本论（第一卷）［M］．北京：人民出版社，1975.

（三）家庭联产承包责任制难以解决农村社会的文化事业问题

虽然家庭联产承包责任制在改革开放之初极大地调动了农民的生产积极性，克服了人民公社存在的平均主义和积极性不足的弊端，但是这种土地经营制度和农业生产制度强化了农民的小私有者心理，使农民对于损害集体利益的言行、贪污腐败等问题漠不关心，使农村日益碎片化。“各人自扫门前雪，哪管他人瓦上霜”，各种必须的和有益的集体事业和公益事业都难以开展。并且，由于这种一家一户小生产的生产方式特征，在土地经营制度和农业生产制度下，农民从根本上来说是弱势群体，他们除了土地和简单劳动的能力以外不具备任何政治资源、资本、技术、组织管理和文化智力资源等，难以抵制地方政府的错误政策，难以抵御偷盗、诈骗等造成的损失。在这种制度下，农村诸多社会政治和文化工作难以开展，党团和少先队工作、妇女儿童老人残疾人弱智者的工作、民兵工作、红白喜事问题、反对封建迷信、治安工作、反对黄赌毒、反对黑社会的工作、农村的教育工作、医疗卫生事业、环境保护和生态平衡、农村的文物保护等工作的开展都面临困境。这也是单纯的农业问题进一步放大为“三农”问题的重要原因。

二、土地私有化主张的局限性

家庭联产承包责任制的确存在很多问题，有改革的必要，但是怎么改却存在很大的争议。部分人提出了土地私有化的主张，比如，张猛（2009）明确提出：“土地私有化是改革开放的必由之路。”① 周天勇（2009）认为：“农村和城郊集体土地，除其公共使用的部分，承包的耕地和宅基地，使用权永久归农户所有。并且，这种使用权，除了国家为公共利益而征用外，在符合规划土地用途的前提下，农户可以将土地长期使用权在各种用途中转让、出租、抵押、入股和出售，从而扩大和增加农民财产性收入。”②

土地私有化的主张是十分错误的，如果这种理论上升到国家政策，在全国实施和推广，其后果将会十分严重。这种主张的危险性具体可以归纳为以下几个方面。

（一）土地私有化将导致土地向少数人高度集中

如果土地私有化了，土地可以上市交易，在不同的所有者之间进行流转，即便土地是按照合理的市场价格进行流转的，那么最后的结果也是土地向少数人手里高度集中，多数农民将丧失土地而成为失去土地的无法谋生的流民。

土地的均分意味着土地的分散占有和使用，相反，集中就意味着少数人占有

---

① 中国乡村发现网（作者授权发布），更新时间：2009－10－21。http：//www. zgxcfx. com/Article/13306. html.

② 周天勇．中国乡村发现［OL］．更新时间：2009－10－21。http：//www. zgxcfx. com/Article/13289. html.

土地和多数人丧失土地。少数人占有大量的土地是以占大量人口的多数人失去土地为代价的。如果说，30 年改革开放是小农主导农村，那么一旦土地实行私有化改制必将打开资本进入农村的大门，公有土地、林地和山地将被分割。

（二）土地的高度集中导致大量流民产生，将成为中国社会动荡的根源

主张土地私有化的人认为，私有化可以形成土地集中连片使用，可以实现耕作的机械化，实现土地的规模经营和使用，这样可以大大提高农业生产力。我们姑且假定这种说法成立，但这仅仅是从土地私有化造成的生产力的影响来考虑问题；土地私有化会不会造成两极分化？假如农业生产力水平提高了，会不会产生大量的过剩农业劳动力？如何安置这些过剩的劳动力？这些生产关系方面的问题，好像持土地私有化观点的学者是缺乏考虑的。中国有 7 亿农村人口，从事农业生产的劳动力至少四五亿①。如果达到美国式农业的生产力水平，中国农业仅仅需要 5 000 万农业劳动力；如果达到欧洲式农业的生产力水平，中国农业也仅需要 1 亿农业劳动力。那么，剩下的没有土地而城市又不能吸纳他们到城市生活的那三四亿农业劳动力以及他们的亲属将怎样生活和谋生？从以往的经验看，容纳安排现有 2.6 亿左右的进城农民工已经给现有的城市造成了沉重的负担，基本达到了城市能够承受的极限。如果中国农村再有几亿人转移出来，城市吸纳不了，而在农村也没有土地了，他们将怎样生存和生活？2008 年末珠江三角洲和长江三角洲的内地农民工大量返乡就说明了这个问题的严重性。从这一点我们也看到了土地问题的重要性：土地不仅有生产粮食的功能，而且有社会保障的功能，土地就是农民生存的最后保障和依托。

（三）国外经验证明，土地集中使用也未必能够提高农业生产力

假如像主张土地私有化的学者所说的，少数人占有了土地，土地能够集中连片使用，是不是就一定能够实现土地的规模经营和使用，提高农业生产力呢？国外相关国家尤其是拉丁美洲一些国家的经验和教训给出了并不令人乐观的结论。从 19 世纪中叶起，拉美各国普遍出现了大地产制，在大地产主中还包括了相当一部分外国资本家。这些大地产主占有大片土地，经常是为了囤积以备后用或者是防止其他国家的资本或当地的资本占有这些土地。因此，有大片土地荒芜却没有被充分开发和利用（见表 1）；并且，这些本国和外国资本家对农业的投资主

---

① 说明：国家统计局根据 2005 年全国 1% 人口抽样调查数据推算，2006 年年底中国内地农村人口为 7.37 亿，农村有 4.85 亿就业人员。农业劳动就业人数占农业人口的比例要高于城市和工业，有自己的特点。一方面，农村青少年只要不上学了，马上就会参加劳动，变成劳动人口，不像城市一般就业时间比较晚，到 18 周岁才就业；另一方面，农村人口没有退休之说，只要能够参加劳动，就会一直作为劳动就业人口而存在。

要是为了获取利润，他们开辟种植园种植国际市场急需的经济作物以谋取利润。相反，对面向国内的、满足当地人民生活必需的大宗粮食作物生产则出现停滞甚至减产（见表2），导致食品价格上涨。许多拉美国家的基本口粮不得不依靠大宗进口高价的食物，导致这些国家对资本主义大国和国际市场形成依赖，甚至国家主权也受到威胁。

表1　1972年巴西土地的利用率

土地面积	利用率（%）
100公顷以下	69.1～78.2
2 000公顷以上	<52.4
10 000公顷以上	<41
总体	58.5

资料来源：苏振兴，等．巴西经济［M］．北京：人民出版社，1983：49.

表2　面积不同的土地各种用途所占比例　　单位：%

土地面积	种植业	畜牧业	林业和采集业
25公顷以下	53.2～68.9	27.5～42.2	
25～100公顷	28.7～40.7	54.2～66.0	
1 000～5 000公顷	6.6～9.7	78.4～80.9	
5 000～10 000公顷	5.1	78.9	16
10 000公顷以上	3.1	68.5	28.4
总体	17.1	71.7	11.2

资料来源：苏振兴，等．巴西经济［M］．北京：人民出版社，1983：49－50.

由于拉美各国土地和劳动力资源比较丰富，价格低廉，种植园无须采用先进的农业技术就可以从中获利，因此，从20世纪20年代中叶以来，大地产主为了降低生产成本，最大限度获取高额利润，除了必要的部门和工序之外，很少对农业技术进行投资，竭力维持传统的农业生产方式，种植园里的大部分劳动仍然是靠人力完成，导致拉美农业技术并无任何实质性的进步。

因此，拉丁美洲国家一系列的教训警示我们：农村土地私有化，土地集中使用未必能够提高农业生产力，解决国民亟须的农产品尤其是粮食的生产问题。

（四）土地流转上市流通将会导致严重的通货膨胀

土地流转，土地标上价格上市流通，将会推高中国产品生产的成本，导致严重的物价上涨，迟滞中国经济的发展速度。

土地的国有化以及土地不进入流通交易的非商品属性，使我国的土地是由国家将土地以零地价或低成本转给实际需要的单位使用，这是我国社会主义制度的一大特点和优势。30 年改革开放，劳动力便宜、土地便宜是中国发展快的重要因素。西方一些发达国家之所以发展慢，劳动力成本和土地成本高昂是重要原因。而且，随着我国经济的增长和发展、人口的增加，土地越来越变成稀缺资源，土地的价格必然越升越高。劳动力成本的增加和土地成本的提高，必然抬高商品和劳务的价格，我国产品的低价格优势必然丧失，由此将导致我国经济发展速度必然下降。

假如现在土地私有化，土地上市流通，那么土地作为稀缺资源的属性必然将会导致过去没有价格或是低价的土地以高价格进入市场流通，这将导致严重的物价上涨、通货膨胀。并且，土地进入市场的速度和流量越快、越大，那么物价上涨、通货膨胀的程度就越加严重。中国进入高物价时代，严重的通货膨胀将会严重影响广大人民群众的生活水平。

（五）土地私有化解决不了农村的社会文化事业问题

若实行土地私有化，农村一系列社会文化事业工作将难以开展。如何使农村的红白喜事文明化，如何反对封建迷信，如何打击“黄赌毒”，如何做好民兵、妇女儿童、老年人、残疾人以及党团和少先队工作，如何解决农村家庭邻里纠纷，如何做好村庄的规划，如何搞好农村的国防、治安、教育、文化、卫生、文艺、改良社会风气等各项工作，林林总总这些问题，构成了中国农业发展的外部大环境，它们与中国农业、农村的发展组成了一个大的有机系统。这些问题虽然琐碎，但是极其重要，其中任何一个问题解决不好都将对农业的发展造成极其不利的影响。而这些问题的产生和影响又是极其复杂的，要想把这些问题解决好，需要有一个坚强的组织基础，需要有不计报酬、无私奉献、兢兢业业、踏踏实实工作的工作人员，需要有全社会的重视和国家政策的支持以及资金投入。而这些条件对于以追逐利润为动机的资本家来说是很难具备的。因此，在土地私有化的条件下是很难解决这些社会文化事业问题的。

三、发展农村集体经济的必要性

家庭承包经营政策的实施，调动了农民的积极性，促进了农业生产力的发展，初步改变了农村社会的面貌。但这项政策没有从根本上完成传统农业向现代农业的转变。为促进农村经济社会的发展，必须根据我国人口多、耕地少的实际情况，发展适度的规模化集约经营；同时，要巩固党的农村基础，必须坚持社会主义的根本原则，即公有制占主体，在农村要发展集体经济。把发展适度规模经营和发展集体经济结合起来，走集体化、集约化的道路，这是中国农业现代化的发展方向。

在家庭承包经营已普遍实行的基础上，如何进一步深化改革，推进农业的集体化、集约化？这是长远规划中国农业改革和发展道路时必须回答的问题。党的十七届三中全会决议指出：土地承包经营权流转，不得改变土地集体所有性质、不得改变土地用途、不得损害农民土地承包权益。这“三个不得”是农村土地流转必须遵循的重大原则。农村土地归集体所有，土地流转的只是承包经营权，不能在流转中变更土地所有权的属性，侵犯农村集体利益。这既是对农村家庭联产承包责任制改革的回应，也是对土地私有制主张的有力回击。一方面，有必要通过土地承包经营权的流转，让土地生产经营走上规模化的道路，在有条件的地区实行农场式经营，提高劳动生产率；另一方面，必须看到，土地集体所有的性质没有改变，土地的用途也没有改变，这与某些国家实行的土地私有化政策是不一样的。

中央在农村土地政策上比较慎重，对农村土地经营权流转过程中可能产生的问题有充分的认识和估计，这是建立在中国农村国情的基础上的，也是吸取了国外农村政策经验教训的结果。比如，中央提出不能改变土地的使用性质，严格保护耕地，总体上还是要按照国家农业生产规划来经营，防止我国粮食生产对外国资本产生依赖，避免走拉美国家曾经走过的道路，保障我国的粮食安全。土地流转中不能改变所有权属性，这就使得土地的兼并成为不可能，不会出现农民失地后走投无路的局面。

农村改革的进一步深化要放在统筹城乡发展的大背景下来认识，这也是进行农村土地经营权流转的前提。土地经营权的适度集中，实行农场化经营，势必使得农村劳动力从农业和农村流出；要接纳这部分农村劳动力，城镇应该做好充分准备，这就要求在大中型城市必须大力发展第二和第三产业，为进城农村劳动力提供就业机会。党的十八届三中全会提出：“城乡二元结构是制约城乡发展一体化的主要障碍。必须健全体制机制，形成以工促农、以城带乡、工农互惠、城乡一体的新型工农城乡关系，让广大农民平等参与现代化进程、共同分享现代化成果。”同时，要积极发展乡镇企业和小城镇，调整农村就业结构，转移农村剩余劳动力，拓宽增收渠道。“跳出农业发展农业”，统筹城乡发展，加快城市化步伐，发展二、三产业。在搞好城镇体系规划的基础上，促使一部分基础好、有发展潜力的小城镇加快发展，使更多有条件的农民到小城镇务工经商、安居乐业。

党的十八届三中全会提出：“要加快构建新型农业经营体系，赋予农民更多的财产权利，推进城乡要素平等交换和公共资源均衡配置，完善城镇化健康发展体制机制。”统筹城乡基础设施建设和公共服务，在城乡之间均衡配置公共资源，逐步改变城乡分治的状况，形成城乡统一的公共服务制度，为城乡居民提供均等化的基本公共服务。

同时，要优先搞好农村基本公共服务，必须以集体经济为依托，重点支持与农民生产和生活直接相关的、以农田水利为重点的农业基础设施、农村饮水、农村公路、农村能源、农村环境治理等基础设施的建设。要完善相关政策，提高公共财政对农村义务教育的保障水平，让城市和农村、发达地区和落后地区的儿童都能获得大体均等的义务教育资源；加强农村公共卫生服务，提高农民医疗保障水平，完善农村最低生活保障制度、新型农村合作医疗制度，探索建立农村新型社会养老保险制度，解决好被征地农民和农民工的社会保障问题，完善农村社会救助制度。只有做好了社会保障工作，解决了农民的后顾之忧，土地的经营权流转才能够顺利进行。而要搞好农村基本公共服务，没有一个富裕强大的农村集体经济，没有一个坚强的农村党支部堡垒的领导带头作用是不行的。

总之，发展农村集体经济是解决农村问题的根本方法，也是现阶段唯一可行的方法。

四、简要结论

家庭联产承包责任制是在特定的历史条件下出现的，有其历史意义，但随着社会的发展，逐渐暴露出其局限性；而实行土地私有化又会造成对广大农民的剥夺。实行集体经济，既可以做到土地集中使用，获得土地规模化经营的好处，又可以互相扶助，避免农村人群之间的两极分化。社会发展是以数十年为尺度的，当1978年开始经济体制改革时，部分农民希望分地；当改革开放持续了30年以后，很多农民已经认识到，只有走集体经济的道路才是出路。

参考文献：

[1] 马克思．资本论（第一卷、第三卷）[M]．北京：人民出版社，1975.

[2] 毛泽东．毛泽东选集（第一卷至第四卷）[M]．北京：人民出版社，1952.

[3] 邓小平．邓小平文选（第2、3卷）[M]．北京：人民出版社，1994.

[4] 谈世中．发展中国家经济发展的理论和实践 [M]．北京：中国金融出版社，1992.

[5] 李春辉．拉丁美洲史稿（上下册）[M]．北京：商务印书馆，1983.

[6] 傅筑夫．中国古代经济史概论 [M]．北京：中国社会科学出版社，1981.

[7] 李琮．第三世界论 [M]．北京：世界知识出版社，1993.

[8] 苏振兴．巴西经济 [M]．北京：人民出版社，1983.

[9] 中国乡村发现网（作者授权发布），更新时间：2009-10-21。http：//www. zgxcfx. com/Article/13306. html.

[10] 中国乡村发现，更新时间：2009-10-21。http：//www. zgxcfx. com/Article/13289. html.

依靠初次分配和公有经济解决收入差距过大问题

齐勇　郭琳

摘要　当前收入差距拉大以及社会分层失衡已经严重影响到中国社会的稳定。中国政府日益认识到全社会收入差距扩大的趋势及其对经济发展，尤其是对社会稳定的日益严重的不利影响，并且相继采取了一些措施力图遏制这种趋势。本文认为，解决中国收入差距过大问题只能依靠初次分配和公有经济。

关键词　初次分配；公有经济；私营企业；收入差距

一、靠二次分配调节还是靠初次分配调节

国民收入的初次分配，是在与社会生产过程相联系的各个阶级和阶层之间进行的分配；国民收入的再分配即二次分配，主要是通过国家的财政预算和收取服务费的形式从与直接生产过程相联系的劳动者和企业主阶层获取的财富对社会其他阶层进行的分配。现在，无论是外国还是中国，主流经济学家大都认为，要想调节分配，缩小社会各阶层之间的收入差距，主要的方式是依赖二次分配调节贫富差距。这种观点是值得商榷的。

（一）外国的经验证明二次分配难以缩小贫富差距

无论是发展中国家还是发达国家，现在普遍存在的一个事实是：贫富两极分化的全球化。造成这种状况的原因是什么呢？是各国企业生产所采取的生产方式以及与生产过程相联系的初次分配。

除了中国、古巴、越南等硕果仅存的几个社会主义国家之外，世界上大多数国家实行的都是资本主义制度。资本主义社会是以私人企业为主体的经济社会，生产资料归资本家所有。资本家有完整的企业所有权、经营管理权，因而有完全的对整个生产过程的支配权和对剩余价值的分配权。资本家追求剩余价值的内在动力和竞争的外在压力，特别是外在的压力，迫使他们尽量把工资压到最低限，从而最大限度地榨取剩余价值，进行积累和扩大再生产。这是导致社会两极分化的根本原因。

在《资本论》中，马克思阐明了资本积累的一般规律，揭露了资本积累过

程中的对抗性矛盾。资本主义的基本矛盾——生产不断社会化以及生产资料日益集中到少数资本家私人手里——造成资本主义积累。这一过程的结果只能是：一极是资本家财富的积累，另一极是无产阶级的失业、贫困的积累。不论古今中外，只要是发展资本主义经济，就难逃这个规律。这种对抗性矛盾的根源在于资本主义制度。而要消除资本主义社会严重的两极分化及阶级对抗，根本出路就在于消灭资本主义私有经济制度，实行公有制经济。

马克思主义是资本主义生产方式不妥协的批判者。现实的社会主义发展状况不能证明马克思主义战胜了资本主义，但也不能说明资本主义解决了自身存在的问题。在周期性经济危机动荡中前行的资本主义，在克服经济危机和与社会主义制度竞赛的过程中，放弃了传统的市场万能理论以及政府不干预主义政策，采用凯恩斯主义的手段对经济进行宏观调控；在学习社会主义国家全民福利做法的基础上，采取了再分配的政策，对国民收入分配进行干预。这些措施在一定程度上起到了缩小收入差距、缓和阶级矛盾的作用。但是由于这些措施不敢对资本主义制度这个根本问题有所触动，所以严重的两极分化问题在资本主义社会仍旧存在，并且难以得到根本解决。

采用所得税制和社会福利计划最成熟的英美两国的实证经验证明，累进税制和福利计划难以缩小贫富差距。采用累进税制和福利制度以求缩小社会阶层收入差距的论点，遭到严厉的挑战与质疑。1989 年美国人口普查局的研究报告指出，美国占全国户数 20% 的最贫穷家庭的可支配所得，在任何公共政策之前，只占全国可支配总所得的 1%；租税课征之后，仅提高为 1.1%；实行福利计划之后，才提升至 4.7%。反之，占全国户数 20% 的最富裕家庭的可支配所得，在任何公共政策之前，占全国可支配总所得的 52.4%；租税课征之后，仅降为 50.3%；实行福利计划之后，才降至 45.7%。可见，缩小贫富差距，累进税制和福利计划的功效相当有限。

二次分配仅仅是在资本主义市场经济范围内采取的一般措施，其目的是回避资本主义社会的基本经济矛盾，在第一次分配过程中不触动资本家阶级利益的前提下，通过累进所得税税收措施和福利计划，以实现“收入均等化”的办法修修补补来缓和社会矛盾，维护资本主义制度。从英美等发达国家的经验来看，资本主义的累进税制和福利计划，不管其累进税率有多高、福利计划多么“完善”，它都是在资本主义生产关系的范围内实施的，因而无论是政治上和经济上都必然是有利于资产阶级的。西方国家的社会福利制度，是以资本增值为前提的，它主要是在工人阶级内部进行分配，只不过是资本主义分配关系的新调整，没有改变工人阶级的贫困地位；而从税收制度看，西方国家一方面通过扩大国家财政开支来刺激经济，平衡社会阶层之间的分配，但另一方面又以扩大税收、加重对广大人民群众的剥削、压低他们的消费能力，从而进一步扩大阶层收入差距为代价的。正如列宁所说，累进所得税制是在有利于资产阶级的前提下实行的，

"对数额很大和极大的收入规定很高的累进税率……但是这个办法多半是落空的和死的条文"。

不能在第一次分配过程中解决收入差距拉大问题，却幻想通过二次分配解决这个问题又怎么可能呢？事实证明，在主要资本主义国家，"二八原则"是各国通行的普遍原则。近年来各国贫富差距不仅没有缩小，反而还有所扩大。一些国内外的经济学者认为，在经济增长的初期，经济效率将提高，但收入分配不平等程度也会加剧。随着经济增长达到一定的水平，国民收入增加到一定的程度，不平等程度会自动缓和。但是世界经济发展的实践证明这种观点是很偏颇的。众所周知的事实是，贫富差别不仅在一些发展中国家明显扩大，即使在美国这样的发达国家也同样如此。由于资本的剥削，美国两极分化、贫富差距不断扩大。据统计，一个美国企业主的收入，1980 年是职员平均收入的 42 倍，1998 年已达 419 倍。众所周知，美国微软公司总裁比尔·盖茨 20 年间积累的个人资产已逾 700 亿美元，他的年收入是普通工人收入的 10 万倍。美国国会预算办公室 2003 年的报告指出，美国贫富差距之大为近 70 年来之最。占美国人口总数 1% 的最富有的人，所占有的财富超过占人口总数 40% 贫困人口所拥有的财富总和。2002—2003 年，美国的贫困人口连续两年上升，2002 年比上年增加 170 万人，达到 3 460 万人，占美国总人口的 12.1% 。

（二）二次分配难以缩小中国的贫富差距

在中国，从改革开放以来收入差距就不断扩大，而 20 世纪 90 年代中期以来的改革又大大加快了这个进程。作为监控贫富差距的主要指标，2005 年中国的基尼系数已扩大到 0.47。按照经济学的一般说法，这一指标超过 0.4，即意味着进入警戒状态，而一旦超过 0.6，则预示着社会不安定趋势加剧。此外，另有数据显示，1995 年，中国的城乡人均收入差距为 2.5 倍，目前更已扩大至高于 3 倍。这种居民贫富差距悬殊以及地区间发展的不均衡，已经开始威胁和制约着人与社会的全面发展。

导致中国两极分化的到底是一次分配还是二次分配呢？目前国内有一种流行的观点认为，初次分配可以讲"效率优先"，再分配再讲注重公平。这种观点显然认为调节分配只能靠二次分配，而不是靠一次分配。难道初次分配对社会公平问题的影响就不重要吗？一些私营企业、外资企业，甚至也包括一些国有企业，对劳动者过度剥削，把工人，特别是农民工的工资压得很低，并且十几年来一直维持不变，这属于一次分配的问题而不是二次分配的问题；在当今国有企、事业单位流行的分配改革中，高层管理人员与普通职工的收入差距拉大到十余倍甚至更高，这属于一次分配的问题而不是二次分配的问题；电信、电力、石油等垄断行业和非垄断行业越来越大的收入差距，也是属于一次分配的问题而不是二次分配的问题。此外还有很多说不清、道不明的黑色收入和灰色收入，不都是由于初次分配产生的吗？

造成当前分配不公、两极分化的情况主要是初次分配造成的。中国有句俗语，叫做“解铃还须系铃人”。既然初次分配中的社会不公造成了分配秩序混乱，因此解决分配不公的重点区域还是应该放在初次分配上。放弃在初次分配过程中的调节，非要等到社会各阶层收入差距已经严重拉大后再采用财税等再分配杠杆来调节是不明智的。

那么，二次分配对缩小社会阶层收入差距能否起到应有的作用呢？中国改革开放以来税收改革的实践证明，二次分配措施既轻且缓，在可以预期的时间内难以取得实效，是解决不了分配不公、两极分化问题的。以二次分配的主要手段——税收为例，税收是一种法律手段，要求创造财富多的多纳税，再把这些税收收入投入到那些需要扶持的落后行业和困难群体中去，从而使得社会各阶层的收入水平能够相对均衡一些。这是税制改革成功的关键。在西方国家，绝大多数的税收也是来自于高收入阶层。但在中国，富豪们缴税甚至还不如工薪阶层多，出现了缴税主体缺位现象。从个人所得税来看，工薪收入的高捕捉率特点会使其成为个人所得税的主要承担者；而高收入者由于收入来源多元化，渠道多且隐蔽，税务部门对其监管的难度和征收成本很高，逃税和漏税现象较多。例如，在很多私营企业中，企业主会将自己的消费纳入企业的经营范畴，并不领取工资，以规避个人所得税的缴纳。统计数字显示，工薪阶层是目前中国个人所得税的主要纳税群体。2004 年中国个人所得税收入 1 700 亿元，其中 65% 来源于工薪阶层。在某些地方，个人所得税甚至已沦为政府筹集财政收入的工具，完全丧失了税收本应起到的公平收入分配的作用，有的甚至还出现了逆向调节。

其实，目前我国城镇居民的贫富差距更多地体现为财富占有上的差距，个人所得税的调节作用很有限。如果国家真的希望调节贫富差距，减轻低收入者负担的话，通过合理设置税率，对于数百万遗产征收房产税、利息税以及遗产赠与税，对于高档消费品征收消费税等进行调节更为关键，这样可以更有效地调节贫富差距。但是，政府因担心征收这些税种会对民营经济造成冲击，可能会“驱使”资本和富人外逃，并影响外来投资等原因而搁浅。

二、调节分配差距应该依靠公有经济

改善分配更多的是应该依靠初次分配，而分配关系本质上和生产关系是同一的，是生产关系的反面，所以分配关系和生产关系二者都具有同样的历史的暂时的性质。这些分配关系的历史性质就是生产关系的历史性质，分配关系不过是表示生产关系的一个方面。那么，在初次分配过程中到底依靠哪种所有制经济呢？

（一）调节分配差距不应该依靠私有经济

无论是在内资还是在外资的私有经济中，工人只是商品的生产者，因而表现为自由的雇佣工人，这样，劳动就表现为雇佣劳动。私有经济的基本制度是生产资料归资本家所有，资本家有完整的企业所有权、经营管理权，因而有完全的对整个生产过程的支配权和对剩余价值的分配权。工人所创造的剩余价值被资本家剥削并用于积累和扩大再生产，以赚取更多的利润。这样，大力发展私营经济，以私有经济为主体，只能使资本和劳动的差距越拉越大。所以，通过发展私营经济（无论是外资的还是内资的）缩小贫富差距、缓和阶级矛盾都是不可能的。

在以内资为主体的私有经济或民营经济中（它们实质上是一样的，只是称谓不同），剩余价值被私营企业主占有，工人工资被压低在基本的消费部分，不能参与对剩余的分享。这种分配方式发展下去，劳资双方的收入差距会越来越大。

那么，依靠以跨国公司为代表的外资经济又怎样呢？如果我国经济过分依靠外资企业，外资企业依靠过度剥削中国劳工和国民而获得巨额剩余价值，使中国工人的工资被压低在最低水平，使他们不能参与对剩余价值的分享，就会导致中国劳工和国民的贫困；而且，剩余价值被外国资本家占有，中国工人生产的巨额利润会通过各种渠道流回资本输出国，破坏了我国资本积累的最主要的基础，阻止了中国民族企业的发展，剥夺了中国迅速发展经济的可能性，将会导致中国的整体贫困。

因此，引进外资一定要谨慎，要保证中国的经济安全。在这方面波兰的教训尤为沉痛和深刻。波兰经济学家卡齐米耶日·Z. 波兹南斯基认为，波兰私有化的后果是国有资产的3/4落到了外国投资者手中。不仅波兰人民几十年付出重大代价积累起来的国有资产被廉价处理给了外国投资者，造成国民财富的大量流失，而且还将通过原有的国有资产获取利润的权力也同时转让给了外国资本家，本国只有劳动力的劳动工资所得。这意味着，波兰如果要在本国重新建立自己的固定资产，它们所能依靠的主要资本积累来源就只能是从工资中节省下来的储蓄。“波兰道路”的后果如此严重，经济衰退和失业增加就成为必然的现象，以至有专家认为，这种经济下滑的程度是当代世界史上绝无仅有的，比20世纪30年代的大萧条还要严重。所以，坚持公有经济为主体，防止外资收购中国经济，防止中国成为外国的殖民地，这不是危言耸听，现实中不是不存在这种危险。现在我国国内流行一种观点，这种观点混淆外资企业与民族企业的区别，认为外资企业就是中国企业，只要它给所在国提供了税收、就业岗位等，就可以将它视为民族企业。这种观点是错误的。但很不幸的是，这种观点在政府官员以及主流经济学者之间都有很广泛的市场。

可见，依靠私营经济，无论是内资还是外资，都不可能解决中国的两极分化问题。幻想通过发展民营经济或者是外资经济解决两极分化问题无异于缘木求鱼、南辕北辙。中国的贫富分化问题，只能通过大力发展公有经济来解决。

（二）解决分配差距必须依靠社会主义性质的公有经济

在社会主义性质的企业里，生产资料已经收归社会，人民群众成为生产资料的主人，每一个人在生产资料的占有上都是平等的。生产资料的公共占有，使得国家和集体有完整的企业所有权、经营管理权，因而有完全的对整个生产过程的支配权和对剩余价值的分配权，这就排除了在私有制社会里剥削者凭借对生产资料的特殊占有剥夺其他人劳动的可能。任何人都不能以公共财产共同所有者之一的身份，不劳而获地从公有制经济中取得个人收入；任何人要从公有制经济中取得个人收入，都必须以在公有制经济中参加劳动作为前提条件。每个人为社会奉献的是劳动，人与人的差别只是劳动的质和量的差别，在分配过程中按照每个人的劳动贡献大小进行分配，这就是按劳分配。但是，按劳分配并不是把劳动所创造的价值完全分光吃净，而是在社会总产品中扣除：第一，用来补偿消费掉的生产资料的部分；第二，用来扩大再生产的追加部分；第三，用来应付不幸事故、自然灾害等的后备基金或保险基金。剩下的总产品中的其他部分是用来作为消费资料的。把这部分进行个人分配之前，还得从中扣除：①和生产没有关系的一般管理费用；②用来满足共同需要的部分，如学校、保健设施等；③为丧失劳动能力的人设立的基金。总之，然后才谈得上在集体中的个别生产者之间进行分配的那部分消费资料。

所以，每一个生产者，在做了各项扣除之后，从社会方面正好领回他所给予社会的一切。他所给予社会的，就是他个人的劳动量。他从社会方面领得一张证书，证明他提供了多少劳动（扣除他为社会基金而进行的劳动），而他凭这张证书从社会储存中领得和他所提供的劳动量相当的一份消费资料。他以一种形式给予社会的劳动量，又以另一种形式全部领回来。

在实行生产资料公有制的社会主义企业里，社会和民众掌握企业的所有权、经营管理权、对整个生产过程的支配权和对剩余价值的分配权，并且在分配过程中以劳动为依据，实行按劳分配。

三、结论

构建和谐社会必须依赖社会主义性质的公有制企业。只有坚持公有经济为主体、国有经济为主导才能做到中央提出的坚持和完善按劳分配为主体、多种分配方式并存的分配制度，坚持各种生产要素按贡献参与分配；才能在经济发展的基础上，合理调整国民收入分配格局，使全体人民都能享受到改革开放和社会主义现代化建设的成果，努力缓解地区之间和社会成员之间收入分配差距扩大的趋势；才能做到将企业创造的剩余价值积累在国家的手中，才能进一步壮大公有经济，巩固社会主义制度和党的领导地位。

依靠国有企业为主导的公有经济来发展经济，解决两极分化问题，对此中央历次会议文件中都是很明确的。但是，现在在一些地方政府的经济决策和宣传中，这一点好像已经大成问题了。在一些人的眼中，公有制企业尤其是国有企业就是产权不清、责任不明、养懒汉、吃大锅饭、效率低下甚至是贪污腐化的代名词。一说发展国有经济，就被认为是要搞民粹主义，走回头路，思想僵化。在这种认识下，现实中的国有企业改革也是沿着另外一条道路发展的——以西方的产权理论误导国有企业的改革——在产权明晰的口号下将国有资产彻底分光吃净、量化到少数腐败分子手中。这是野蛮的私有化进程！这种改革，沾光的是少数人，绝大多数工人、农民是被剥夺者。这是造成国有企业活力一直得不到增强甚至效率连年下降的真正原因。

国有产权的确存在问题，国有企业的确需要改革。但是，对国有企业的改革必须按照国有企业的实质和本性进行。国有企业的实质是全民所有制企业，国有企业改革的正确方向应该是按照全民企业本性的要求，通过产权明晰将全体人民积累的国有资产转到全民手中。这不是什么民粹主义，这是社会主义制度的切实要求！

参考文献：

[1] 黄春生．累进税制累了谁？租税优惠肥了谁？ [J]．远见，2005（12）. http：//www. gvm. com. tw/theme/inpage_ cover. asp？ ser = 11452&Pg = 3.

[2] 列宁．列宁选集（第三卷）[M]．北京：人民出版社，1959.

[3] 美国 2002 年 3 月 4 日《新闻周刊》，见美国人口普查局 2003 年年度经济报告公布的数据。

[4] 中国基尼系数已逼近 0. 47 统筹公平与效率 [N]．国际金融报，2005 – 10 – 12：(1).

[5] 马克思．资本论（第三卷）[M]．北京：人民出版社，1975.

[6] 马克思．资本论（第三卷）[M]．北京：人民出版社，1975.

[7] 马克思．哥达纲领批判，马克思恩格斯选集（第三卷）[M]．北京：人民出版社，1972.

城市化与城乡一体化

北京城乡居民食物消费结构特征与差异*

刘婷文　叶松奇

摘要　本文基于近似理想需求系统（Almost Ideal Demand System，AIDS）理论模型，利用国家统计局数据，对北京地区城镇与农村（城乡）居民六类食物消费结构进行实证对比分析，并分别估算出北京城乡居民对各类食物需求的自身价格弹性、交叉价格弹性和支出弹性。分析结果表明：北京城乡居民消费结构具有差异性。其中，城镇居民更具有食物消费的现代化特征；城乡居民对六类食物的需求皆缺乏自身价格弹性；与城镇居民的交叉价格弹性相比，农村居民的非休闲类食物需求对休闲类食物价格的变化反映比较敏感；北京城乡居民对粮食、肉禽和蛋类的消费皆缺乏支出弹性；城镇居民更重视休闲食物的消费，而农村居民更重视蔬菜的消费。

关键词　食物消费结构；需求弹性；AIDS 模型

一、引言

"仓廪实而知礼节，衣食足而知荣辱"。衣、食、住、行是人们的基本生活需求，其中，食物是维系人们生存的第一要务，是民生之本，关系着民族素质和国家振兴。伴随着我国城乡居民收入水平的提高，食物消费模式已由供给约束的温饱型转变为需求导向的营养健康型①。但近年来由于食品安全问题时有发生，城乡差异或传统的饮食习惯不科学等，极易产生区域性的群体健康问题。2014年1月28日国务院办公厅颁布的《中国食物与营养发展纲要（2014—2020年）》指出："近年来我国农产品综合生产能力稳步提高，食物供需基本平衡，食品安全状况总体稳定向好，居民营养健康状况明显改善，食物与营养发展成效显著。但是，我国食物生产还不能适应营养需求，居民营养不足与过剩并存，营养与健康知识缺乏，必须引起高度重视。"同年5月14日，国务院常务会议原则通过了《中华人民共和国食品安全法》修订草案，会议指出，保障食品安全关系到每个消费者的切身利益。修订食品安全法体现了党和政府对人民群众生命健康安全的高度重视。

---

* 本文为中国政法大学青年教师学术创新团队资助项目。

① 参见刘华，钟甫宁．食物消费与需求弹性——基于城镇居民微观数据的实证研究［J］．南京农业大学学报（社会科学版），2009（3）．

食物的发展、品种的增加与经济效益具有直接联系。通过食物消费结构的研究，可以客观指出某一时期内居民的消费结构情况，了解消费者支出决策，有助于研究其变化趋势，进而引导食品生产商提供安全、高质、富于营养的健康食品，也为相关部门引导居民健康食物消费，制定食物供给、补贴和农产品加工等政策提供依据。

近年来，学术界对我国城乡食物消费结构有较多研究，但城乡对比研究相对较少。本文以北京地区为代表，基于近似理想需求系统（Almost Ideal Demand System，AIDS）模型，选取六类食物，即粮食、蔬菜、肉禽、蛋类、干鲜瓜果和饮料烟酒，进行城乡食物需求的实证对比分析，以期勾勒出城乡居民食物的消费结构特征与差异，为相关政策的制定提供更有针对性的现实基础。

本文结构为：首先，对近年来的相关文献进行简要综述；其次，介绍数据来源和分析北京城乡居民食物消费概况；再次，进行实证分析，包括建立计量回归模型和回归结果分析；最后为研究结论。

二、文献综述

1983 年出版的《社会主义消费经济学》开启了我国对消费经济学的研究。近年来，时有学者对该领域进行研究。随着这些研究的推进，我国居民消费结构愈见清晰。基于文章研究的需要，我们将研究食物消费结构的相关文献分为三类。

第一类是对城镇居民食物消费结构的研究。朱索姆（Jussaume，2001）通过对我国青岛城镇居民食物消费结构的研究认为，我国居民现代化的消费模式正在建立。文章特别指出，与西方不同，我国具有重视蔬菜消费的传统。因此，学者对于我国居民消费结构现代化特征的判断，食物消费应以猪肉和蔬菜为准，而非以水果和丰富多样的肉类消费为准①。之后，刘华和钟甫宁（2000）、李瑾等（2010）、张品一（2013）等的相关研究基本上与朱索姆的结论一致，即我国城镇居民食物消费结构已呈丰富多彩之势，蔬菜瓜果、肉禽水产等品种多样。但我国传统的消费特征仍有迹可循。如刘华和钟甫宁（2009）指出，相比于其他肉类消费，猪肉需求的价格和支出弹性都较小。

此外，刘华和钟甫宁（2009）以及张品一（2013）指出，随着城镇居民收入水平的提高，家庭消费更多地倾向于购买蔬菜瓜果类和肉禽水产类食品，而较少购买主食类、奶制品和鸡蛋类食品。但也有学者持不同意见，如李瑾等（2010）通过对北京城镇居民的研究，发现蔬菜和肉禽的消费较平稳，而奶制品的消费支出受收入影响较大。

---

① See Raymond A. Jussaume. Factor Associated with Modern Urban Chinese Food Consumption Patterns [J]. Journal of Contemporary China，2001（10）：219－232.

第二类是对农村居民食物消费需求的研究。周津春（2006）和张玉梅等（2012）的研究表明，我国农村居民对粮食、食用油和蛋类的消费缺乏支出弹性，对肉类、水产品和蔬菜的消费富有支出弹性，而喻闻、许世卫（2012）认为，这些食物的支出弹性都近似为单位弹性。周津春（2006）指出，食物消费的支出弹性存在地域差异，但其并未研究价格弹性的地域差异。李瑾、秦向阳和陆州（2011）通过对北京农村居民消费的研究发现，随着收入的增加，农民对粮食和蔬菜的消费需求呈下降趋势，而对植物油、肉类、蛋类和水产品的消费需求呈上升趋势。

第三类是对比我国城乡食物消费结构的研究。我国城乡居民食物消费结构已呈现多样化的特征，但仍存在一定差异，如城镇居民食物消费结构为动植物并重型，而农村居民仍保持传统的以植物性食物为主的消费结构①。

上述文献对我国食物消费结构进行了较细致的分析。研究共识为：我国食物消费已具有现代化特征，但区域、城乡差异仍然显著。在不同学者的研究结论中，对食物需求的价格、支出弹性也持有不同意见。另外，对城乡食物消费结构的对比和针对某一地区的食物消费研究相对较少。李瑾等（2010）和李瑾、秦向阳和陆州（2011）采用图表分析和计量实证的方法，分别对北京地区城乡居民食物消费结构进行了研究，但是其计量模型只控制了可支配收入，并未控制价格变量对食物消费的影响，这会使收入对食物消费影响的估计值有偏差。

三、数据来源和北京城乡居民食物消费概况

（一）数据来源

本文数据来源于国家统计局网站和《北京统计年鉴（1997—2013）》，包括北京城镇居民可支配收入，食品支出、各类食物消费支出额，农村居民纯收入、各类食物消费量，以及各类食物消费价格指数（价格指数以 1996 年为基期）等数据。数据皆为年度数据，除了收入和食品支出数据为 2002—2012 年外，其他数据跨度皆为 1997—2012 年。

我们选取了六类食物进行研究，即粮食、蔬菜、肉禽、蛋类、干鲜瓜果和饮料烟酒②。由于数据统计口径存在差异，我们对数据进行了相应处理，主要涉及以下三个方面。

（1）自 2005 年起《北京统计年鉴》不再提供农村居民糖果类食物消费数据。城镇居民的糖烟酒饮料类数据包括食糖、糖果、烟草、酒和饮料。因此，农村居民糖果类数据的缺失使糖烟酒饮料类数据的统计口径在农村居民数据跨度内

① 参见李哲敏．中国城乡居民食物消费与营养发展的趋势预测分析［J］．农业技术经济，2008（6）．

② 基于三个原因选择这六类食物进行分析：一是考虑到国家和北京统计局所提供数据类别的约束；二是选取的食物应具有梯度性：食物和蔬菜代表基本食物，肉禽类和蛋类代表营养型食物，干鲜瓜果和饮料烟酒代表休闲类食物；三是基于实证分析的有效性和可比性，避免类别划分过粗或过细。

和城乡之间不具有一致性。针对此问题，本文将不对糖类食品需求进行分析，并且因为商品价格指数将饮料烟酒作为一类，所以我们将饮料烟酒类数据进行汇总作为一类食物进行分析①。

（2）城镇居民肉禽类消费数据在《北京统计年鉴》中有直接的数据，而农村为分类数据。鉴于2004年之前城镇居民肉禽类②消费数据为汇总数据，未提供分类数据，因此我们将农村居民和2004年及之后的城镇居民肉禽类消费分类数据进行汇总。

（3）《北京统计年鉴》只提供了农村居民的瓜果类消费数据而无细类。对于城镇居民的数据，2002年之前统计数据未将坚果类包含在干鲜瓜果类之内，为保持统计口径的一致，我们将两者数据汇总为干鲜瓜果类。

（二）北京城乡居民食物消费概况

居民食物消费与其收入息息相关。恩格尔定律指出，随着家庭收入的增加，家庭收入中（或总支出中）用来购买食物的支出份额会下降。表1列出了2003年、2007年和2012年北京城镇居民实际人均可支配收入和农村居民实际人均纯收入③。由表1可见，北京城乡人均收入增速较快，但城乡收入水平绝对差距较大。自2003—2012年，北京城镇收入均值约为农村收入均值的2.3倍④，并且t检验表明，在1%的显著性水平下，北京城镇居民平均收入显著高于农村居民的平均收入，意味着北京城乡居民食物消费水平、消费结构或许存在一定的差异。

表1　北京实际人均可支配收入　　　　单位：元，%

年份 \ 项目	城镇		农村	
	实际人均可支配收入	增长率	实际人均可支配收入	增长率
2003	14 137	—	6 615	—
2007	22 416	59	9 745	47
2012	34 932	147	15 782	139

注：数据来源：国家统计局网站。“实际人均可支配收入”以2002年为基期；“增长率”以2003年为基期。

① 因为《北京统计年鉴》只统计了农村居民的茶叶消费，我们将茶叶记为农村居民的饮料消费。并且，统计年鉴也未提供农村居民的烟类消费数据，因此，城镇居民与农村居民的饮料烟酒类数据存在统计口径的偏差。

② 肉禽类包括猪牛羊肉和家禽。

③ 城镇居民可支配收入是指城镇居民的实际收入中能用于安排日常生活的收入，用以衡量城市居民收入水平和生活水平；农民纯收入是指农民的总收入扣除相应的各项费用性支出后归农民所有的收入，用来衡量农民实际收入水平和农民扩大再生产及改善生活的能力。可见，两个指标存在调查口径和范围的差异，而纯收入相当于初次收入分配，理解为对农民可支配收入的高估较妥。因此，城镇居民可支配收入与农村居民纯收入之差是对城乡收入差距的低估。之所以存在调查口径和范围的差异，是因为2013年以前，我国城乡居民收入统计工作是城乡分别进行的，城镇和农村居民收入数据分别来源于城镇和农村住户调查，并分别按可支配收入和纯收入进行统计。

④ 数据来源：国家统计局网站。

接下来我们将通过对比恩格尔系数和六类食物消费状况呈现北京城乡居民食物消费的现状。

1. 恩格尔系数

恩格尔系数是指食物消费支出占总消费支出的比重。根据联合国粮农组织的划分规则，恩格尔系数在0.6以上为绝对贫困阶段；0.5～0.6之间的为温饱阶段；0.4～0.5之间的为小康阶段；0.4以下为富裕阶段；0.2以下为最富裕。表2选取4个年份北京和全国城乡恩格尔系数。由表2可见，北京城乡和全国城镇居民的恩格尔系数都小于0.4，全国农村居民的恩格尔系数在2012年小于0.4，其余年份皆大于0.4。我们对2003—2012年的数据①进行了t检验，表明在1%的显著性水平下，北京城镇和农村居民的恩格尔系数均值分别显著低于全国城镇和农村居民的恩格尔系数均值，但北京城乡恩格尔系数均值在10%的显著性水平下并无显著性差异（参见表2）。

表2　城乡恩格尔系数

年份＼地区	城镇		农村	
	北京	全国	北京	全国
2003	31.7	37.1	31.7	45.6
2007	32.2	36.3	32.1	43.1
2011	31.4	36.2	33.2	40.4
2012	31.3	36.2	33.2	39.3

注：数据来源：国家统计局网站。

由此可见，北京城乡居民生活水平皆已处于全国前列，并且城乡居民食物消费支出比例并无显著性差异。

2. 各类食物消费概况

在粮食、蔬菜、肉禽、蛋、饮料烟酒和干鲜瓜果类中，饮料烟酒和干鲜瓜果属于休闲食物。自2002年起，国家统计局公布的城乡居民家庭平均每人食品消费支出数据中，该六类食物约占北京城镇居民总食物消费的66%②。表3列出了北京城镇居民六类食物中每类支出占总食品支出及其占六类食物总支出之比。鉴于国家和北京统计局只提供了农村居民食物消费量的数据，我们借助价格指数数据估算的各类食物占六类食物的总支出之比列于表4中。

表3表明，城镇居民肉禽类支出占比最大，约为总食品支出的21%；干鲜瓜果类消费位于第二，约为总食品支出的13%；粮食、蔬菜和饮料烟酒消费支出比例基本持平，约为总食品支出的10%；蛋类消费比例最低，约为总食品支出

① 数据来源：国家统计局网站。

② 数据来源：国家统计局网站。

的3%。t检验表明，在1%的显著性水平下，城镇居民肉禽和蛋类的平均支出比例分别显著高于和低于其他类别的食物消费平均支出比例。

表3　北京城镇居民各类食物平均支出比例

	粮食	蔬菜	肉禽	蛋类	饮料烟酒	干鲜瓜果
占总食物消费之比	0.09	0.10	0.21	0.03	0.10	0.13
占六类食物总消费之比	0.14	0.16	0.33	0.04	0.14	0.19

注：表中数据根据统计数据计算而得，保留两位小数。
总食物消费之比基于2002－2012年数据；六类食物总消费之比基于1997－2012年的数据。

表4所示的农村居民食物消费结构与城镇居民有较大不同。农村居民食物消费中，粮食和蔬菜消费占比较大。在1%的显著性水平下，粮食和蔬菜的平均消费支出比例显著高于其他食品类别的食物平均消费支出比例，说明农村居民相对于城镇居民在较大程度上仍保留传统食物消费的习惯；干鲜瓜果类支出占比位列第三，平均约占六类食物总支出的11%；肉禽和饮料烟酒的平均支出比例基本持平，约占六类食物总支出的6%；蛋类平均支出水平最低，约占六类食物总支出的2%①。

表4　北京农村居民各类食物平均支出占六类食物总消费比例（1997—2012）

食物	粮食	蔬菜	肉禽	蛋类	饮料烟酒	干鲜瓜果
占六类食物总支出的比例	0.39	0.36	0.06	0.02	0.06	0.11

注：表中数据根据统计数据计算而得，保留两位小数。

此外，我们对城乡居民的食物消费支出年变化率进行了分析，各类食物支出年平均变化率如表5所示。城镇居民各类食物消费支出有上升趋势，但总体趋缓。t检验表明，在5%的显著性水平下，干鲜瓜果消费支出的平均增长趋势为正；在10%的显著性水平下，蔬菜和饮料烟酒消费支出的平均增长趋势为正，其他类的食物消费支出的平均增长趋势并不显著。

表5　北京城乡居民各类食物消费年均变化率（2002—2012）

地区	粮食	蔬菜	肉禽	蛋类	饮料烟酒	干鲜瓜果
城镇	0.01	0.03	0.01	0.02	0.03	0.04
农村	－0.03	0.03	0.15	0.02	－0.00	0.03

注：表中数据根据统计数据计算而得，保留两位小数。

农村居民粮食消费支出年平均变化率为负，且在10%的显著性水平下变化明显。这说明，在统计意义上农村居民粮食消费支出有下降的趋势；肉禽消费支

① 食物消费支出占比与食物分类有关。我们认为，之所以蛋类平均支出水平在城乡居民中的支出占比都较低，是因为蛋类品种相对较为单一，而其他食物类别内品种较为多样。

出年平均变化率较大，约为15%，这是由2005年肉禽消费量变化较大的因素引起的①。若将2005年的数据剔除，则年平均变化率约为0.05，且在5%的显著性水平下显著为正，说明肉禽消费具有增长趋势；其他四类食物消费支出的年平均增长率在10%的水平下并不显著。

四、实证分析

（一）计量回归模型

计量回归模型的设定以AIDS模型为理论基础。该模型基于PIGLOG（Price Independence Generalized Log）偏好假说，在给定价格体系和一定效用水平下，研究消费者如何最小化其支出。迄今为止，AIDS模型被广泛应用于消费问题的实证研究中。

AIDS模型指出，食物消费支出受到食物的相对价格和总食物消费支出的影响，并且我们假设居民对各类食物的需求具有相关性，基本回归模型如下：

$$\omega_{it} = \alpha_i + \sum_{j=1}^{n} \gamma_{ij} \log p_{jt} + \beta_i \log\left(\frac{m}{P^*}\right) + \mu_{it} \tag{1}$$

其中，ω_{it}表示在年度t第i类食物的消费支出比重；p_{jt}表示在年度t第j类食物的价格；m表示食物的消费总支出，$m = \sum_i p_i q_i$；P^*表示食物Stone价格指数，$P^* = \Pi_{i=1}^{n} P_i^{w_i}$，该指数用以剔除价格因素对支出的影响；$\mu_{it}$为随机扰动项，满足cov（$\mu_{it}$，$\mu_{jt}$）$\neq 0$，$\forall i \neq j$和$E$（$X \mid \mu_t$）$=0$。其中，$X$为所有控制变量矩阵。

经济理论要求模型（1）中参数满足如下条件：

$$\text{可加性：} \sum_i \alpha_i = 1 \quad \sum_i \gamma_{ij} = 0 \quad \sum_i \beta_i = 0 \tag{2}$$

$$\text{齐次性：} \sum_j \gamma_{ij} = 0 \tag{3}$$

$$\text{对称性：} \gamma_{ij} = \gamma_{ji} \quad i \neq j \tag{4}$$

AIDS模型的优点在于齐次性和对称性的条件易于设置和检验。

我们可以用模型（1）中的参数表示各类食物的价格弹性和支出弹性。马歇尔（非补偿性）价格弹性和支出弹性可表示为：

$$\varepsilon_{ij}^{M} = -\delta_{ij} + \frac{\gamma_{ij}}{\omega_i} - \left(\frac{\beta_i}{\omega_i}\right)\omega_j \tag{5}$$

$$\eta_i = 1 + (\beta_i / \omega_i) \tag{6}$$

其中，δ_{ij}为克罗内克符号（Kronecker delta）：当$i=j$时，$\delta_{ij}=1$；当$i \neq j$时，$\delta_{ij}=0$。

希克斯（补偿）价格弹性可以利用斯勒茨基方程得到，为：

① 2005年，农村居民肉禽类消费量突降，我们认为这可能与2004年爆发的禽流感有一定关系。因为从2004年防控禽流感开始，北京市制定了将北京所有活禽交易市场关闭的政策，而活禽交易以农村市场为主，所以，该政策实施的初期可能对农村肉禽类市场有较大影响。

$$\varepsilon_{ij}^{H}=\varepsilon_{ij}^{M}+\omega_{j}\eta_{i} \tag{7}$$

本文价格弹性估计将采用马歇尔价格弹性。由式（5）和式（6）可以看出，若 β_i 显著为负，则说明居民对食物 i 的需求缺乏支出弹性；若显著为正，说明对食物 i 的需求富有支出弹性；若 β_i 和 γ_{ii} 皆不显著，则说明对食物 i 的需求具有单位价格弹性。

由于食物价格数据不可得，我们使用食物价格指数作为食物价格的替代，因为我们所感兴趣的是弹性估计，替代后将不影响结果分析。此外，我们使用同样的价格指数替代北京城乡的食物价格，其隐含的假设为城乡食物价格的变化趋势相同。而如果该假设条件不满足，参数估计将会有偏；如果真实价格趋势高于价格指数趋势，则会低估价格参数；反之，则会高估价格参数。

鉴于对各类食物需求相关性的假设，我们采用似无相关回归的方法（Iterative Seemingly Unrelated Regression，ISUR）对北京城乡居民食物需求模型系统分别进行参数估计。为避免参数估计的奇异性问题，需求模型系统只包含五个方程（粮食、蔬菜、肉禽、蛋类和饮料烟酒），对干鲜瓜果的需求不直接估计，该模型参数估计将由可加性约束计算而得。在估计时，我们将放松齐次性与对称性的约束，并在回归之后进行检验。

（二）回归结果

北京城乡的食物需求系统的回归结果如表 6 和表 7 所示。Breusch - Pagan（BP）检验表明，在 1% 的显著性水平下，可以拒绝城乡食物需求系统内各需求模型随机扰动项是不相关的原假设。该结论支持居民食物需求具有相关性的假设，并且在该条件下，采用似无相关回归的方法较之单个需求模型 OLS 回归更有效率。除了城镇居民的肉禽类和农村居民的蔬菜类需求模型外，在 1% 的显著性水平下，城乡需求系统内模型皆满足齐次性约束，而对称性约束并未完全满足。这说明可能存在其他因素如社会或风俗因素，对食物需求也会产生影响。

基于式（5）和式（6），我们分别计算出城乡居民对各类食物需求的自身价格弹性、交叉价格弹性和支出弹性，并列于表 8 和表 9，其中，对角线上的数值表示食物需求的自身价格弹性。在计算时，我们选择以 5% 的显著性水平为准，不显著的参数估计在计算时视为 0。

表 6　北京城镇居民需求系统回归参数估计

参数 \ 食物	粮食	蔬菜	肉禽	蛋类	饮料烟酒	干鲜瓜果
γ_{i1}	0.000 2 (0.022 7)	-0.006 5 (0.027 3)	-0.074 4*** (0.022 7)	0.005 5 (0.013 1)	0.039 7 (0.027 3)	0.035 5 (0.034 0)
γ_{i2}	-0.015 1 (0.013 3)	0.016 2 (0.016 1)	-0.014 6 (0.013 3)	-0.008 0 (0.007 7)	0.032 8** (0.016 0)	-0.011 2 (0.020 0)

续表

参数＼食物	粮食	蔬菜	肉禽	蛋类	饮料烟酒	干鲜瓜果
γ_{i3}	0.003 4* (0.016 3)	-0.019 0 (0.019 5)	0.196 2*** (0.016 2)	-0.010 1 (0.009 3)	-0.066 4*** (0.019 5)	-0.104 2*** (0.024 3)
γ_{i4}	0.049 8** (0.023 0)	-0.021 9 (0.027 7)	0.039 4* (0.023 0)	0.015 3 (0.013 2)	-0.039 2 (0.027 6)	-0.043 5 (0.034 5)
γ_{i5}	-0.037 3 (0.063 8)	-0.034 1 (0.076 7)	-0.134 4* (0.063 5)	0.041 8 (0.036 6)	0.222 3*** (0.076 5)	-0.058 2 (0.095 5)
γ_{i6}	-0.008 8 (0.035 4)	0.056 8 (0.042 6)	-0.165 2*** (0.035 3)	-0.002 8 (0.020 3)	-0.034 9 (0.042 5)	0.154 7*** (0.048 0)
γ_{i7}	-0.168 3*** (0.032 1)	0.006 2 (0.038 6)	-0.294 0*** (0.032 0)	-0.051 1*** (0.018 4)	0.199 8*** (0.038 5)	0.307 3*** (0.048 0)
Breusch - Pagan 检验统计量：26.28***						

注：数据期限：1997—2012 年。

显著性水平：* =10%，** =5%，*** =1%；括号内为标准误差。

干鲜瓜果需求参数和标准误差估计根据可加性约束计算而得。

表 7　北京农村居民需求系统回归参数估计

参数＼食物	粮食	蔬菜	肉禽	蛋类	饮料烟酒	干鲜瓜果
γ_{i1}	-0.157 5 (0.121 3)	0.271 1* (0.137 6)	-0.069 5 (0.051 3)	-0.010 8 (0.008 6)	-0.018 4 (0.069 5)	-0.014 8 (0.042 0)
γ_{i2}	-0.239 8*** (0.049 3)	0.204 0*** (0.055 9)	0.028 0 (0.020 8)	0.009 3** (0.003 5)	-0.020 1 (0.028 3)	0.018 6 (0.017 1)
γ_{i3}	-0.170 7* (0.087 8)	0.087 8 (0.099 6)	0.078 2** (0.037 1)	0.008 8 (0.006 2)	-0.015 2 (0.050 3)	0.011 1 (0.030 4)
γ_{i4}	0.227 8* (0.117 8)	-0.268 3* (0.133 6)	0.007 4 (0.049 8)	0.017 5*** (0.008 3)	0.053 8 (0.067 5)	-0.038 2 (0.040 8)
γ_{i5}	0.064 7 (0.324 6)	-0.774 6** (0.325 0)	0.182 1 (0.137 4)	0.047 4** (0.023 0)	0.367 1* (0.186 3)	0.113 5 (0.112 6)
γ_{i7}	0.430 4*** (0.122 2)	-0.439 9*** (0.138 6)	0.076 7 (0.051 7)	-0.021 4** (0.008 7)	-0.132 3* (0.070 0)	0.086 5** (0.042 3)
γ_{i}	-0.149 7** (0.079 2)	0.388 3*** (0.089 8)	-0.147 4*** (0.033 5)	-0.015 8*** (0.005 6)	-0.016 0 (0.045 4)	-0.064 8** (0.027 4)
Breusch - Pagan 检验统计量：57.25***						

注：数据期限：1997—2012 年。

显著性水平：* = 10%，** = 5%，*** = 1%；括号内为标准误差。

干鲜瓜果需求参数和标准误差估计根据可加性约束计算而得。

表 8　北京城镇居民各类食物需求价格和支出弹性估计

食物	粮食	蔬菜	肉禽	蛋类	饮料烟酒	干鲜瓜果
粮食	-0.831 7	0	0.707 3	0.164 8	-0.194 3	-0.222 3
蔬菜	0.190 3	-1	0.136 1	0.186 3	0.012 8	-0.251 3
肉禽	0.411 0	0	-0.120 1	0.402 4	-0.945 4	-0.542 8
蛋类	0.415 5	0	0.037 3	-0.948 9	-0.060 3	-0.068 9
饮料烟酒	0.173 1	0	0.123 8	0.169 4	-0.088 2	-0.338 5
干鲜瓜果	0.232 7	0	-0.327 1	0.227 8	-0.268 7	-0.491 2
支出	-0.227 6	1	0.122 0	-0.201 7	2.054 0	2.621 2

注：表中数据根据式（5）和式（6）取比重均值计算而得，并保留四位小数。

纵列表示由不同的食物需求模型所计算而得的弹性估计，如蔬菜行与粮食列对应的数值为 0.190 3，表示粮食需求对蔬菜价格的弹性。

表 9　北京农村居民各类食物需求价格和支出弹性估计

食物	粮食	蔬菜	肉禽	蛋类	饮料烟酒	干鲜瓜果
粮食	-0.850 3	-0.418 8	0.904 0	0.277 6	0	0.236 9
蔬菜	-0.478 4	-0.822 1	0.140 2	0.463 4	0	0.036 7
肉禽	0.024 4	-0.068 3	-0.070 9	0.045 3	0	0.038 6
蛋类	0.008 5	-0.023 9	0.051 6	-0.196 5	0	0.013 5
饮料烟酒	0.022 9	-2.214 2	0.138 3	2.180 1	-1	0.036 2
干鲜瓜果	1.148 7	-1.335 6	0.247 2	-0.891 0	0	-0.120 9
支出	0.850 3	2.077 9	-0.474 3	0.285 4	1	0.390 2

注：表中数据根据式（5）和式（6）取比重均值计算而得，并保留四位小数。

纵列表示由不同的食物需求模型所计算而得的弹性估计，如蔬菜行与粮食列对应的数值为 -0.478 4，表示粮食需求对蔬菜价格的弹性。

（三）结果分析

1. 北京城镇居民食物需求分析

首先，北京城镇居民对各类食物需求的自身价格弹性估计皆为负值，满足需求定律。并且，在 5% 的显著性水平下，自身价格弹性估计的绝对值都小于 1，说明城镇居民对六类食物的价格变化并不敏感，缺乏弹性。在六类食物中，城镇居民对蛋类需求的价格弹性最接近于单位价格弹性，饮料烟酒和肉禽类需求最缺乏价格弹性，说明居民消费不再以粮食和蔬菜为主，食物消费结构具有多样性。

其次，所有食物皆缺乏交叉价格弹性，表明城镇居民的食物需求受其他食物价格影响较小。其中，在5%的显著性水平下，其他食物价格对居民蔬菜需求的影响显著为0。交叉价格弹性并不具有对称性，如饮料烟酒和干鲜瓜果价格的提高会增加居民对粮食和蛋类的需求，而粮食和蛋类价格对居民饮料烟酒及干鲜瓜果的需求影响为负。此外，肉禽价格对居民饮料烟酒需求的影响接近于单位互补弹性，这意味着当肉禽价格降低时，居民肉禽食物消费的增加对饮料烟酒食物的消费有较大的拉动作用。

再次，北京城镇居民对粮食、肉禽和蛋类的需求皆缺乏支出弹性，说明居民对这三类食物的需求对于消费支出的变化并不敏感，其消费已趋于稳定。居民对蔬菜、饮料烟酒和干鲜瓜果的需求富有支出弹性。其中，蔬菜需求具有正单位支出弹性①，即当消费支出增加1%时，蔬菜的需求量也会同比例增加；饮料烟酒和干鲜瓜果的需求支出弹性大于1，说明随着消费支出的增加，城镇居民更重视这两类休闲食物的消费。

2. 北京农村居民食物需求分析

首先，北京农村居民对各类食物需求的自身价格弹性估计满足需求定律。除了饮料烟酒外，各类食物皆缺乏自身价格弹性，而在统计意义上，饮料烟酒需求的价格弹性与单位价格弹性无差异。这说明，农村居民的食物消费结构已具有多样性。

其次，交叉价格弹性并不具有对称性，并且大部分农村居民的食物需求缺乏交叉价格弹性。如在5%的显著性水平下，其他食物价格对居民饮料烟酒需求的影响显著为0，干鲜瓜果的价格对粮食和蔬菜的需求，以及饮料烟酒的价格对蔬菜和蛋类需求的交叉价格弹性绝对值都大于1。干鲜瓜果的价格上升会使居民倾向于增加粮食的消费，减少蔬菜的消费，这说明干鲜瓜果食物价格相对于其他食物价格较高；当其价格上升时，由于干鲜瓜果类食物缺乏自身价格弹性，农村居民倾向于缩减蔬菜的消费以保证干鲜瓜果的消费，并且选择粮食消费作为蔬菜消费的替代。而饮料烟酒的价格上升会使居民倾向于增加蛋类的消费，减少蔬菜的消费。这说明，农村居民饮料烟酒的消费与蔬菜消费具有单向互补性，而与蛋类消费具有单向的替代性。

再次，北京农村居民对粮食、肉禽、蛋类和干鲜瓜果的需求皆缺乏支出弹性。农村居民对蔬菜的需求最富有支出弹性，当支出增加1%时，蔬菜需求量增加约2%，说明在六类食物中，农村居民最重视蔬菜的消费。饮料烟酒在统计意义上具有单位正支出弹性②。

考虑到农村居民对肉禽类的消费量在2005年变化较大，为避免极值对参数

① 张品一（2013）指出，城镇居民蔬菜消费富有支出弹性；而李瑾等（2010）则认为，北京城镇居民蔬菜类消费受消费支出影响较小。

② 与李瑾、秦向阳和陆州（2011）的结论存在差异，张品一的研究认为，随着收入的增加，北京农村居民倾向于减少蔬菜的消费，并大幅增加肉禽类和瓜果类的消费。

估计的影响，我们在农村居民肉禽类需求模型中加入了 2005 年虚拟变量，以控制与该年份相关的其他因素的影响。重新回归后计算出的农村居民肉禽类需求价格弹性和支出弹性如表 10 所示。结果虽略有调整但无碍于以上分析：农村居民对肉禽需求仍缺乏价格弹性，但绝对值有所增大；其他食物价格对肉禽的影响仍缺乏价格弹性；支出缺乏弹性但转变为正值。

表 10　北京农村居民肉禽需求价格和支出弹性估计

	粮食	蔬菜	肉禽	蛋类	饮料烟酒	干鲜瓜果	支出
肉禽	0.284 7	0.498 3	−0.188 4	0.016 2	0.043 5	0.026 3	0.267 3

注：表中数据根据式（5）和式（6）取比重均值计算而得，并保留四位小数。

3. 北京城乡居民食物需求对比分析

由回归结果分析可见，首先，城乡居民食物需求皆缺乏自身价格弹性，但对价格的反应程度存在差异。比如，城镇居民对蛋类需求的弹性绝对值大于农村居民，这可能是因为很多农户会自己养鸡产蛋，所以对蛋类的价格变化不够敏感。其次，与农村居民不同，城镇居民对食物需求皆缺乏交叉价格弹性。农村居民的食物需求对饮料烟酒和干鲜瓜果这类休闲食物的价格变化反应较大。再次，城乡居民对粮食、肉禽和蛋类皆缺乏支出弹性，表明这三类食物的消费已趋于稳定。城镇居民更重视对休闲食物的消费，而农村居民更重视对蔬菜的消费，干鲜瓜果的需求缺乏支出弹性。

简言之，基于朱索姆（2001）的定义，北京城镇居民的食物消费更具有现代特征，农村居民的食物消费结构具有滞后性，因此，北京城镇居民的食物消费结构是农村居民食物消费结构的未来趋势。此外，食物消费特征的城乡差异也可以折射出北京城乡发展的不均衡，如城乡收入分配、基础设施建设、食物消费市场的不均衡。由于城乡二元体制，农村的基础设施建设和市场发展落后于城市，这可能加大了农村居民购买休闲食物的成本，导致农村居民对干鲜瓜果的需求缺乏支出弹性。

五、研究结论

本文基于 AIDS 需求模型，利用北京地区城乡居民年度食物消费的数据，对北京城乡居民六类食物需求的特征和差异进行了实证分析。结果表明，北京城乡居民的食物消费需求受价格和消费支出的影响，但城镇与农村的影响存在差异。相对于农村居民，城镇居民的消费结构更具有现代化特征。因此，政府在制定食物政策时，应对城乡食物消费结构的差异予以考虑。本文结论简述如下：

（1）北京城乡居民对六类食物的需求皆缺乏自身价格弹性，并且食物需求的交叉价格弹性不具有对称性。其中，农村居民食物需求对休闲类食物价格的变化反应比较敏感。

（2）北京城乡居民对粮食、肉禽和蛋类皆缺乏支出弹性。城镇居民更重视休闲食物的消费，而农村居民更重视蔬菜的消费。农村居民对干鲜瓜果的需求缺乏支出弹性。

（3）北京农村居民消费结构滞后于城镇，以城镇居民食物消费结构为依据预测农村居民的消费趋势，预计农村居民会增加休闲类食物的消费，并降低粮食和蔬菜的消费比重。

本文存在的问题主要有两个：一是宏观加总数据较为粗糙；二是未论述价格内生性问题，因为食物价格的变化受总需求的影响，价格的内生问题会低估模型中价格参数的绝对值。在以后的研究中我们对这两个问题再进行分析和修正。

参考文献：

[1] A. Deaton, MuellbauerJ. An almost Ideal Demand System [J]. American Economics Review, 1980 (70): 312 -326.

[2] L. Gallagher, John E. Dynamic Almost Ideal Demand Systems: An Empirical Analysis of Alcohol Expenditure in Ireland [J]. Applied Economics, 2003, 35 (9): 1025 -1036.

[3] C. Halbrendt, Francis T, Gempesaw C, et al. Rural Chinese Food Consumption: The case of Guangdong [J]. American Journal of Agriculture Economics, 1994 (76): 794 -799.

[4] R. Jussaume. Factor Associated with Modern Urban Chinese Food Consumption Patterns [J]. Journal of Contemporary China, 2001 (10): 219 -232.

[5] 郭爱君，武国荣．基于 AIDS 模型的我国农村居民消费结构的动态分析［J］．人口与经济，2008（2）．

[6] 李瑾，杨利琼，秦向阳，等．北京市城镇居民食物消费特征与发展趋势［J］．广东农业科学，2010（8）．

[7] 刘华，钟甫宁．食物消费与需求弹性——基于城镇居民微观数据的实证研究［J］．南京农业大学学报（社会科学版），2009（9）．

[8] 徐洪水．基于 ELES 的中国城乡居民消费结构比较分析［J］．金融与经济，2009（10）．

[9] 喻闻，许世卫．2012 年中国农村居民食物消费分析［J］．农业展望，2012（10）．

[10] 周津春．农村居民食物消费的 AIDS 模型研究［J］．中国农村观察，2006（6）．

[11] 臧旭恒，孙文祥．城乡居民消费结构：基于 ELES 模型和 AIDS 模型的比较分析［J］．山东大学学报，2003（6）．

[12] 张玉梅，喻闻，李志强．中国农村居民食物消费需求弹性研究［J］．江西农业大学学报（社会科学版），2012（11）．

[13] 张品一．基于 QUAIDS 模型的中国城镇居民食品需求异质性研究［J］．统计与研究，2013（23）．

[14] 尹世杰．社会主义消费经济学［M］．上海：上海人民出版社，1983．

[15] 北京市统计局．北京统计年鉴（1997—2013）［M］．北京：中国统计出版社，1997—2013．

[16] 国务院办公厅．中国食物与营养发展纲要（2014—2020 年）［OL］．2014．

城乡统一的建设用地市场对中国工业化和城市化的影响分析*

岳清唐　徐洪日

摘要　中国过去几十年城乡分割的建设用地市场体制为中国的低价工业化和低价城市化做出了历史性贡献，这种贡献来自于中国农民失去土地增值的收益，来自于对进城农民工社会保障的缺失。低价工业化和低价城市化使我国走出了贫困收入循环的陷阱，进入了上中等收入国家的阶段。这一阶段的特征是高价工业化和高价城市化并存。能否突破“中等收入陷阱”取决于能否应对高价工业化和高价城市化的挑战。城乡统一的建设用地市场的形成将推动我国企业面对高价工业化，进入产业链微笑曲线的两端，实现创新驱动发展。农民集体建设用地的实现和国有建设用地同价同权、同等入市，将有助于缓解城市化的高成本，推动我国城乡一体化的发展。

关键词　城乡统一；土地价格双轨制；低（高）价工业化；低（高）价城市化

中共十八届三中全会提出，要“建立城乡统一的建设用地市场，在符合规划和用途管制的前提下，允许农村集体经营性建设用地出让、租赁、入股，实行与国有土地同等入市、同权同价。缩小征地范围，规范征地程序，完善对被征地农民合理、规范、多元的保障机制。扩大国有土地有偿使用范围，减少非公益性用地划拨。建立兼顾国家、集体、个人的土地增值收益分配机制，合理提高个人收益。完善土地租赁、转让、抵押二级市场”。这被视为是与新中国成立初期的土改有同等重要意义的“新土改”政策，将为中国社会经济各个方面特别是工业化和城市化的方式带来显著的变化，本文拟从历史分析的视角预测其影响。

本文的结构为：首先，对我国的土地制度及建设用地市场做简要的历史考察，指出它对中国工业化和城市化曾经起到的促进作用；其次，分析目前建设用地市场的状况及其对我国工业化和城市化进一步发展的制约；最后，对城乡统一的建设用地市场的形成将为我国工业化和城市化发展带来的影响做出简要预测。

---

* 本文为中国政法大学校级人文社科规划项目“高价城市化对城市经济内生创新增长的影响及对策研究”（项目编号：12ZFG79002）的阶段性成果。

一、城乡分割的建设用地市场对低价工业化①和低价城市化②的补贴

中华人民共和国成立以来，为了改变中国一穷二白的落后面貌，尽快实现现代化，我国逐渐走上了一条双轨制的经济发展道路。从形成工农业产品的剪刀差到城乡户口隔离，从改革初期的计划内价格到计划外价格，从低廉的征地补偿价格到昂贵的卖地价格，都体现出了价格双轨制的特征。这种产品价格和要素价格的双轨制造就了我国60多年来现代化之路上的低价工业化和低价城市化。低价的农产品价格补贴了改革开放前我国工业体系的基本形成，低价的征地补偿标准则补贴了改革开放后我国制造业的低成本全球竞争力和城市化基础设施的建设。

（一）我国二元化的土地公有制与建设用地市场的分割

目前我国存在的农村土地集体所有和城市土地国家所有的二元化土地公有制形式从1958年开始已有近55年的时间。

新中国建立后实施土改③，到1953年初全国基本废除了具有剥削性质的封建地主土地所有制，形成了耕者有其田的农民土地所有制，土地“私有私营”极大地解放了当时的生产力，促进了中国农村经济的恢复和发展。

但在其后，随着社会主义建设理念的推行，政府鼓励刚刚获得了土地所有权的农民进行互助合作，建立合作社，走共同富裕之路。从1953年开始，各地试行农民土地入股、合作经营，到1956年全国基本实现了初级合作。这时，农民仍拥有土地所有权，但经营权归初级合作社，由合作社统一经营。

1957年“反右”之后，合作化速度加快，至1958年达到高潮，农民的私有土地和大型农具、牲畜等都归入合作社集体所有，农民个人不再拥有土地所有权。随后，小社并成大社，中国逐渐形成了“三级所有、队为基础”的政社合一的“人民公社”体制。“生产队范围内的土地，都归生产队所有。生产队所有的土地，包括社员的自留地、自留山和宅基地等，一律不准出租和买卖”。“集体所有的山林、水面和草原，凡是归生产队所有比较有利的，都归生产队所有”。“生产队所有的土地，不经过县级以上人民委员会的审查和批准，任何单位和个人不得占用……”④ 农村中的土地等生产资料变成了人民公社、大队和生产队三级共同所有、以生产队所有为基础的产权结构。

---

① 低价工业化是指中国改革开放后的工业化是以低成本为核心竞争力的。低成本来自于劳动力成本低、工业用地价格低、实际税收低。大量的农民工成本仅按“剩余劳动力”定价，并且不需要住房、社会保障等所有城市居民所需要的工资外支出。

② 低价城市化是指中国近20年来伴随着低价工业化的城市化是低成本的。低成本来自于政府作为垄断者从农村集体手中以低廉价格征地，来自于将进城农民工排斥在户籍市民所享受到的社会保障和福利之外。

③ 1950年6月28日实施《中华人民共和国土地改革法》。

④ 1962年9月27日，中共中央第十次全体会议讨论通过了《农村人民公社工作条例修正草案》，后简称《六十条》。

除了农村集体所有的土地外，其他土地都属于全民所有即国家所有，主要包括城市市区的土地；农村和城市郊区中已经依法没收、征收、征购为国有的土地；国家依法征用的土地；依法不属于集体所有的林地、草地、荒地、滩涂及其他土地；农村集体经济组织全部成员转为城镇居民的，原属于其成员集体所有的土地，因国家组织移民、自然灾害等原因，农民成建制地集体迁移后不再使用的原属于迁移农民集体所有的土地。

1975 年的《宪法》规定："国家可以依照法律规定的条件，对城乡土地和其他生产资料实行征购、征用或者收归国有。"集体所有的土地不准出租和买卖，而国家拥有可以无限制征收城乡土地权力的法律规定从那时一直沿用至今。集体拥有的耕地不得随意变更为建设用地，而农村中的建设用地不得直接进入市场，必须经国家征用变成国有土地后其使用权才能够上市流通。直到今日，我国建设用地市场上长期存在的是政府独家垄断的状况。

（二）低廉的征地补偿标准补贴了中国制造在全球的低成本竞争力

改革开放之后，尤其是 20 世纪 90 年代后，各地方政府竞相招商引资，大兴开发区建设。开发区建设征用了大量农村集体土地，而最初给予农民的补偿是按照该地被征用前 3 年平均年产值的 3 ~ 6 倍计算，再加上青苗费及地上附着物等的价值①。这样的补偿标准是很低的，一般沿海地区起初每亩地只有 2 万元左右。地方政府为吸引投资，扭曲工业用地价格，不惜以低于成本的价格，甚至是通过各种返还优惠，以零地价或负地价提供工业用地。中国制造在世界的低成本竞争力除劳动力成本低之外，用地成本低也是重要因素之一。工业用地作为一种生产要素，人为压低价格有利于吸引投资，尤其是提高了改革开放初期沿海地区出口导向产业的出口竞争力。这对我国启动开放进程，促进经济增长起步是有重要意义的。

（三）高额的商业和住宅用地的土地增值补贴了城市基础设施建设

中国在这些年的工业化和城市化的发展中借助于扭曲的生产要素价格实现了高投资、高出口的低端制造业增长和粗放型城市增长，资金、土地和劳动力价格统统被人为压低。以国有银行为主体的中国金融系统压低利率，将资金低廉地贷给了地方政府和垄断性央企以及大量的行贿利益群体。地方政府用低利率贷款进行垄断式、强制性的征地，然后进行基础设施建设。从农村集体那里征地一般补偿费用每亩为 2 ~ 6 万元，再加上对道路、绿化、管道等各种市政的建设费用，每亩地的开发成本约 15 ~ 20 万元。现在全国工业用地平均出让价根据地区类别不同每亩约 15 ~ 45 万元，与商业和住宅用地相比基本是零地价，甚至很多地方政府负地价出让工业用地。为什么地方政府纷纷以低地价招商引资？其中一个重

① 见 1982 年 5 月 14 日起施行的《国家建设征用土地条例》。1987 年的《土地管理法》规定，土地补偿费和安置补助费不得超过原产值的 20 倍，1998 年的《土地管理法》将这一上限提高到 30 倍。

要原因是，一个地区若没有制造业就很难有服务业的发展，制造业对服务业有溢出效应。政府在用低地价吸引制造业进入后，通过垄断性供应商业和住宅建设用地，获得高额的土地出让金及相关的各种税费。2002 年至今，中国工业用地一级市场平均价格基本上保持不变，而商住用地上涨了 6～10 倍，现在基本上是工业用地价格的 6～10 倍。据不完全统计，从 2003—2012 年的 10 年间，全国土地出让金收入 14.83 万亿元①。这些以极低的非市场价格征收于农村集体的土地，经政府整理建设后在市场上实现的增值主要补贴了城市基础设施建设，成为各地方支撑城市化建设最重要的资金来源。

二、城乡分割的建设用地市场对我国进一步工业化和城市化的制约

中国二元化的土地公有制和政府垄断建设用地市场的做法，在很大程度上牺牲了农民利益，补贴了工业发展和资本形成，也补贴了城市基础设施的建设，使中国维持了很长一段时间的低价工业化和低价城市化发展。但随着持续 30 年的以年均 9% 左右的经济增长，中国经济社会的发展已进入一个新的阶段。2010 年中国人均 GDP 是 4 283 美元②，按世界银行的划分已进入“上中等收入”国家的行列。而根据拉美等国家的经验，由中等收入国家跨入高收入国家，必须解决好经济发展后劲问题、收入差距过大和城乡地区发展不平衡问题。在这一新的阶段，中国将告别低价工业化和低价城市化状态，中国制造业的全球竞争力不能再依靠低成本，而要转向依靠高附加值的创新产品，中国的城市化也将进入高价高成本阶段。城乡统一的建设用地市场的发展将促进这一过程，将有利于缩小城乡差别，实现城乡共同繁荣和一体化发展。

（一）低价工业用地制约了我国工业化的升级

地方政府压低工业用地价格，并加以税收优惠等其他措施吸引投资，一方面成就了中国制造业能够以低成本优势参与国际竞争，但另一方面也容易使企业陷入低成本比较优势的陷阱中，抑制了企业的创新发展动力。由于地方政府人为控制工业用地价格，沿海发达地区政府补贴能力更强，工业用地价格并不比内陆地区高多少，则经济欠发达的内陆地区没有工业用地价格优势。由于劳动力流动性较大，低附加值产业在沿海和内陆地区都可以落户，所以沿海发达地区的低端制造业缺乏升级和梯度转移的动力和压力，这也就制约了我国工业化水平的整体升级。

（二）低价工业用地加剧了地区经济不平衡和财富分配不公

在市场调节的情况下，一个地区经济发达，吸引的劳动力、资本多，就会使数量相对固定的土地价值不断攀升；升到一定程度后，土地价格的上涨为企业带

---

① 数据来源：历年《中国国土资源年鉴》。

② 数据来源：《中国统计年鉴 2011》。

来的边际成本压力将会超过由于经济资源和市场的集聚所带来的边际收益，这将提高经济欠发达地区的投资吸引力。在市场力量的调节下，各地经济发展水平将会趋于均衡。但由于我国沿海发达地区工业用地价格被政府人为压低，并不能随经济的发展体现其不断上涨的价值，使得企业没有向欠发达地区转移的压力和动力，这成为我国地区经济发展不平衡的重要因素之一。

低价工业用地还带来了国民财富在资本和劳动之间分配的扭曲，资本得到了利益补贴。这种补贴来源于政府压低征地价格，牺牲了农民利益；来源于财政收入，牺牲了劳动者利益。各地政府竞相压低地价和提供各种补贴优惠的无序竞争，并不会提高国内资本的投资总量，只会把国民财富从普通大众手中更多地转移到拥有资本的少数人手中，加剧了财富分配的不公。

（三）低价工业用地扭曲了城市化的成本

政府虽然低价从农村集体组织那里征收了土地，但开发、建设和维护城建区需要大量投入。这笔资金从哪里来？以低工业地价招商引来的制造业企业虽然增加了当地的 GDP，但所创造的所得税的 60%、增值税的 75% 被中央政府拿走，地方政府的税收财政来源有限。因此，地方政府在中央政府的默许下都打起了经营城市的主意。低工业地价刺激了工业企业到处圈地的冲动，全国各地到处都是开发区。在严格耕地保护的情况下，建设用地指标十分有限，工业用地多了，住宅和商业用地就少了。地方政府为了筹集城市建设资金，低价从农民那里征地，通过招、拍、挂程序，鼓励房地产开发商展开土地竞价，不断抬高住宅和商业用地价格，以获得更多的土地出让金。2012 年全国土地出让金收入达 2. 69 万亿元，占地方财政收入的 42. 1%，几乎占据了地方财政收入一半的来源，是地方财税总收入的核心组成部分，是地方政府最主要的收入来源。这种地方政府对土地财政的依赖助推了城市的房价不断攀升，使那些受过高等教育的年轻人和转移到城市的农民工难以承受城市生活成本，影响了城市化的进一步发展。

三、城乡统一的建设用地市场条件下工业化的发展趋势

中共十八届三中全会公报指出，要让市场在资源配置中起决定性作用。以前的表述经常是“发挥市场在资源配置中的基础性作用”。由“基础性作用”到“决定性作用”虽是一词之差，但表明中国最高决策层在市场经济体制改革进程中“市场化导向”的决心。以往各级政府文件中表明要发挥市场配置资源的基础性作用，但并没有处理好政府和市场之间的关系。在中国建设用地市场上所形成的城乡分割、农村集体建设用地不能转让而只能被政府征收转变为国有土地后才能上市、征地补偿标准远低于市场应有价值等局面都是政府直接干预市场的结果。

长期以来，法律规定农村集体所有土地的使用权不得出让、转让或者出租用于非农建设，农村集体建设用地不能单独设立抵押。除农村集体和村民用于自有住宅建设、农村公共事业和乡镇企业外，其他任何建设都不能直接使用集体土

地，都必须经过国有化征收。这直接限制了农村集体建设用地市场的形成，损害了农民在经济增长过程中因土地增值带来的收益。公报指出，在符合土地用途规划的前提下，农村集体建设用地和国有建设用地同权同价、同等入市。这表明，农村建设用地以后可以在一级市场中出让、租赁、入股，也可以在二级市场中租赁、转让、抵押等，享有与国有建设用地同样的机会和市场价值。

农村土地被低价征收为国有建设用地制度为我国低价工业化和低价城市化的建设用地保障做出了历史性贡献。但随着我国经济发展进程的转变，城乡建设用地市场分割、低价征地和农村集体建设用地市场缺失、工业用地价格过低、居住用地价格过高越来越暴露出一系列问题，比如：征地拆迁引发的社会矛盾频发，影响民生事业和经济持续健康发展；工业用地效率低下，使制造业创新压力不足，经济增长方式难以转变，产业结构得不到升级。

“新土改”政策将缩小征地范围，为农村集体经营性建设用地市场留出充足的空间，并提高被征地农民在土地增值收益中所占比例，规范农村集体经营性建设用地流转。十八届三中全会公报指出：“建立有效调节工业用地和居住用地合理比价机制，提高工业用地价格。”价格是实现土地资源优化配置的重要手段，这将促进工业地价和居住地价的合理回归。工业地价上升，将引发东部发达地区制造业被迫选择产业升级，发展先进制造业和生产性服务业，以及将低端产业向不发达地区梯度转移，从而促进我国沿海地区经济结构向高端化、高附加值产业转化，促进我国东西部地区经济梯度均衡发展，促进我国工业化实现转型，进入西方国家曾经历的高价工业化①阶段——后工业化阶段。

在这一阶段，中国工业化的方式及制造业在经济中的比重将发生质的转变，处在“价值链微笑曲线”中间环节的那种“两头在外而过程在内”的中国工业产品制造模式将逐渐被放弃，越来越多的企业将进入价值链的两端——研发和营销环节展开竞争。在这一阶段，企业的工资和地租成本将显著上升，知识和信息成为重要的投入要素，并部分对冲工资和地租成本的上升。企业整体成本将上升，但企业的生产率和赢利也将显著提升。中国发达地区将由商品生产经济转向服务经济，大多数劳动力不再从事农业和制造业，而是从事服务业。需求将由数量型向质量型转变，供给则以知识和技术为动力。

四、城乡统一的建设用地市场条件下城市化的发展趋势

长期以来，由于坚持城乡分割的建设用地市场和政府低价征收农民集体土地为城市建设用地的做法，长期以来进城农民工享受不到城市户籍市民所享有的各种财政补贴，使低成本的低价城市化模式不可持续。虽然它为政府带来了一笔巨额的土

① 高价工业化是指随着刘易斯拐点的到来，劳动力工资将上升，企业的社会保障支出将提高，企业的用地成本上升，企业在环保和生产安全等方面的支出会上升，原材料价格上升，技术成本上升，这些都使企业很难再以低成本参与全球竞争，而必须转向以创新能力为核心的竞争力。

地出让金收益，弥补了城市基础设施建设和其他公益性保障性支出资金的不足，使城区原居民的工作生活环境有了改善，但它来自于农民集体土地和城市建设用地价格之间的“城乡建设用地剪刀差”，损害了农民利益，阻碍了城市化的进一步发展。

中国的城市化正在走向高价城市化①。城市化是需要成本的，城市化的成本包含自然增长成本和非自然增长成本。城市化的自然增长成本是难以避免的，而非自然增长成本则主要是由公共政策不当造成的，必须通过改变不当的公共政策，以降低或消除非自然增长成本，包括城市基础设施建设成本、社会保障支出和中心城区租金上升的自然增长成本是伴随着城市化的发展而提高的，但住房成本、交通拥堵成本等非自然增长成本是可以通过适当的公共政策而降低的。长期以来，地方政府主导的城市化不追求人口的城市化，而是热衷于追求空间的城市化，以便获得高额的土地出让金用于基础设施建设和补贴企业及城市户籍居民，而同时可以不负担大量的非户籍农民工的社会保障支出，以不公平的扭曲方式降低了城市化的自然增长成本。但同时，由于地方政府很强的土地财政依赖，使得城市的居住和商业地价不断攀升，导致住房成本不断升高，提高了城市化的非自然增长成本。

城乡统一的建设用地市场的建立将会在一定程度上缓解城市化的高成本，特别是降低城市化的非自然增长成本，并使我国的城市空间布局走向“核心城市—卫星城市”的城市群发展方向。目前的一、二线城市由于建设用地市场分割和政府干预，导致工业用地价格过低、居住和商业用地价格过高，造成土地资源的低效配置。研究表明，随着土地市场的发育成熟，市场将逐渐取代政府干预成为驱动土地集约利用的主要机制，而土地利用的集约度也将随之提高。一、二线城市将由集中性城市向扩散性城市转变，城市功能将由集聚极化向扩散辐射转化。制造业、居住、科教文化等将由核心城市（区）分散到卫星城市（区），农村集体建设用地和国有建设用地同权同价入市，通过市场机制配置土地资源，将遏制一、二线城市住房价格的攀升，降低城市化的非自然成本，促进城乡一体化的不断发展。

参考文献：

[1] 中国共产党第十八届中央委员会第三次全体会议关于《中共中央关于全面深化改革若干重大问题的决定》。

[2] 张平，张晓晶．经济增长、结构调整的累积效应与资本形成［J］．经济研究，2003（8）.

[3] 张平，刘霞辉主编．中国经济增长报告［M］．北京：社会科学文献出版社，2010.

[4] 吴郁玲，等．城市土地市场发育与土地集约利用分析及对策［J］．资源科学，2009（2）.

① 高价城市化是指城市化发展是高成本的，表现为高的基础设施投入、高的社会保障投入和高的公共福利投入。

我国城乡产业一体化研究的发展与展望*

陈明生

摘要 马克思主义城乡产业一体化理论包括城乡融合理论和大工业平衡分布理论，该理论对于我国相关研究和实践具有重要的指导意义。我国学者对于城乡产业一体化的研究大体经历了三个阶段：城乡工业化进程一体化的研究阶段、城乡产业合理分工基础上的一体化研究阶段和城乡及其产业融合的研究阶段。未来研究应聚焦于城乡空间结构及产业结构的动态耦合及在城乡一体化的过程中如何促进城乡的可持续发展等方面。

关键词 城乡产业一体化；城乡产业分工；城乡产业融合

“城乡一体化”是20世纪80年代我国理论界创造性地提出的概念，其背景是我国沿海地区乡镇工业发展较快、城乡交流日益频繁、城乡生活水平及生活方式差距逐渐缩小。城乡一体化被认为是破解“三农”问题、化解农村改革发展矛盾、消除城乡差别、实现城乡协调发展及共同繁荣的根本举措。城乡产业一体化是城乡经济社会发展一体化的核心和动力，是生产要素在城乡间合理流动与优化组合的载体，也是城乡社会、文化、生态等协调发展的决定力量。我国学者对于城乡产业一体化研究的着重点有所不同，对于其内涵的理解也在不断走向深入。

一、马克思主义城乡产业一体化理论的指导意义

马克思主义经济理论中有丰富的城乡产业一体化思想，它对于我国城乡产业一体化的研究和实践具有指导意义。马克思主义经典理论家研究了城乡对立的表现及原因，并对城市的中心作用进行了深入的阐述，从而研究了城乡产业一体化的动力和前提。对于城乡产业一体化的目标模式和实现过程，马克思主义经典理论家提出了城乡融合理论和大工业平衡分布理论。

（一）城乡融合理论

马克思主义认为，城乡对立只是工农业发展水平不够高的表现，消灭城乡之间的对立是社会统一的首要条件。马克思和恩格斯设想，未来的社会不是固化城乡的分裂，而是城乡在新的基础上平衡、协调，即实现城乡融合。城乡融合，就

---

* 基金项目：2014年北京市社会科学基金一般项目“严格控制特大城市人口规模背景下北京市农业转移人口的市民化研究”（项目编号：14JGB077）。

是结合城市和乡村生活方式的优点而避免两者的偏颇和缺点。

可以认为，实现城乡及其产业的融合是生产力发展到一定阶段的结果。资本主义割断了工业和农业的联系，但同时又以其高度的发展为这种联系准备了新的因素，使工业和农业结合起来，其基础是自觉地运用科学、集体劳动的联合和人口的重新分布。

（二）大工业平衡分布理论

对于如何实现城乡及其产业的融合，马克思主义经典作家提出了废除私有制和充分发挥城市中心作用等措施，还提出了大工业平衡分布理论。

马克思认为，大工业在全国尽可能平衡的分布，是消灭城市和乡村分离的条件。要使那些被排挤出农业的农民有工作，或不会被迫集结在城市，就必须使他们在农村从事工业劳动。大工业平衡分布使工业能按照自己的需要在全国选择适合的地域布局，从而有利于产业自身的发展，还能使生产要素本身得到发展，最终促进城乡经济的发展。

马克思还论述了大工业平衡分布的基础与可能性。蒸汽力代替水力成为工业的主要动力，很大程度上使工业生产摆脱了地方的局限性。马克思甚至预见到，德普勒的最新发现能够把高压电流在能量损失较小的情况下通过普通电线输送到很远的地方（这件事还只是处于萌芽状态），将使工业彻底摆脱地方条件所规定的界限，终将成为消除城乡对立的最强有力的杠杆。

二、我国城乡产业一体化研究的发展

在马克思城乡融合理论及大工业平衡分布理论的指导下，我国学者对我国城乡产业一体化进行了深入的研究。基于不同时期我国城乡产业结构存在不同的问题，面临不同的体制条件等环境，学者们对城乡产业一体化的研究各有侧重，我们大体可以将该研究过程分为三个阶段。

（一）20世纪80年代中期至90年代中期：城乡工业化进程一体化的研究阶段

我国改革开放的启动，尤其是家庭联产承包责任制的推行，为乡镇企业（最初称为社队企业）的快速发展奠定了基础。到1994年，乡镇工业占全国工业产值的比重达到42%，乡镇建筑业占全国建筑业产值的比重达53%；农村工业的产值占农村总产值的比重达到63%（周叔莲、郭克莎，1996）。

学界和实践界研究了农村工业的发展。王景文（1987）把宝鸡市所走的城乡一体化道路的基本内容总结为“两下（工业和科技下乡）两进（农副产品、农民劳务和资金进城）一建设（小城镇建设）”。戴式祖（1988）论证了传统工业向农村扩散、实现城乡一体化的必要性。张雨林（1988）探讨了实现城乡一体化、建立新型城乡关系的对策，包括合理调整生产力的布局、使工业特别是与农业相连的工业更加接近原料产地，建设城乡联合、农工结合、产供销一体的经济网络，促进城乡人才、劳力、技术和资金的合理流动。

农村工业的发展使人们看到了城乡一体化的希望，但在体制双轨过渡、城乡分割、各种资源及政策向城市产业尤其是国有企业倾斜的背景下，学者们洞察到农村工业发展的隐忧和障碍，提出了城乡工业化进程一体化的对策。李同轩（1987）提出，把乡镇工业纳入城市工业进行一体化的规划和管理，把城乡工业的两个积极性和两方面的优势紧密结合起来，逐步建立起布局合理、发展协调、独具特色的区域性工业生产体系。侯建文（1989）提出，应把农村工业化真正作为福建全省工业化一个不可分割的有机组成部分，并把农村工业化和农村综合发展以及全省工业发展紧密结合起来；对于城乡工业的协调发展，侯建文提出了按照产品加工阶段实行新的城乡工业纵向分工的原则。孙自铎（1994）认为，应彻底改变城乡工业化道路分离发展的局面，走城乡一体化的工业发展路子，即在工业发展中打破城乡之间的区域、身份、体制等界限的约束，使城乡工业在投资方向、产业结构、技术层次、生活空间和市场占有等方面的选择上都有充分的自主权，通过市场的引导作用，实现城乡工业之间的合理分工和协调发展。

（二）20 世纪 90 年代中期至 2005 年：城乡产业合理分工基础上的一体化研究阶段

随着 1992 年中共十四大提出我国改革的目标模式是建立社会主义市场经济体制，城乡工业化道路一体化的问题从理论上得到了解决。乡镇企业在发展过程中进入了国民经济的绝大多数产业，但城市又未从一些产业中及时退出，于是出现了城乡产业同构的问题；农村工业布局过于分散导致了土地、资源的浪费和环境污染等问题。学者们认识到，城乡产业一体化并不是城乡产业“一样化”，进而提出应建立城乡一体化的产业分工体系。

杨吉荣（1994）认为，衡量城乡工业发展是否协调或协调程度如何，关键要看城乡是否合理分工，扬长避短，使城乡各种资源都得到充分利用。綦好东（1999）认为，城乡融合只能在搞好城乡产业分工的前提下实现，即在分工的基础上实现融合：城市企业应充分发挥自身技术、资金、设备等方面的优势，着重发展新兴产业，搞好技术密集、资金密集型产业；乡镇工业则应发挥自身劳动力充裕、劳动力价格低、企业规模小和经营灵活等优势，着重发展劳动密集型和资源及加工型产业。

王岳平（1999）分析了城乡工业结构的冲突：城乡工业之间分工不明确、结构高度相似、与农村资源和市场脱节。1984 年，农村工业内部的产值结构与全国工业相似系数为 0.721，到 1987 年，城乡工业结构相似系数为 0.837；农村重化工业比重过大，但工业企业规模较小、技术水平较低，与重化工业的规模经济要求背离。据此他认为，乡镇企业调整结构、建立城乡一体化的分工协作体系势在必行，并提出了城市的一些初加工业、以农产品为原料的轻工业、零部件工业和部分占地大、污染也较重的重化工业工艺向城郊、农村转移，并对农村小钢铁、小化肥、小水泥实施整顿、改组和改造的对策。

洪银兴、陈雯（2003）认为，城乡产业结构一体化要求城乡在产业结构上形成有机的整体，既错位又互补：工业逐步从中心城市扩散到卫星城镇，同时使分散的农村工业向中小城市集聚，中心城市重点发展金融、贸易、信息、服务、文化和教育等第三产业。

（三）2006 年至今：城乡及其产业融合的研究阶段

这一时期，很多学者继续关注城乡产业一体化过程中的产业分工问题，而部分学者敏锐地观察到我国某些地区正迅速出现的城乡及其产业融合、渗透的态势，他们对城乡及其产业融合的含义、内容和对策等进行了研究。

范继斌、林德萍（2006）认为，城乡共振、互动、交融与协同发展构成了城乡一体化的主旋律。黄元斌（2007）认为，随着经济社会的发展，城乡产业相互融合，并朝着一体化方向发展的趋势不可逆转；大城市群的出现，相互紧密联系的城市纵横交错，由此形成了城市渗透农村、农村渗透城市，城市和农村浑然一体的局面，传统的城乡产业布局被突破，城乡产业界限日益模糊；他还提出了促进城乡产业一体化的路径，包括合理调整工业布局、积极发展城乡产业紧密结合的产业组织形式、发展农村特色产业集群及农村第三产业等。

李程骅（2008）认为，中国在从原来的乡村社会快速步入城市社会的过程中，在很多地区培育出的现代城市的空间形态颠覆了传统的城市概念：郊区、城区的界限越来越模糊，城市的生活空间与产业空间有机融合，都市圈与城市群的空间界限逐步淡化；在一体化的市域空间内，产业集群应在主城区、新城、郊区和郊县，进行不同等级的疏散和集聚。

张强（2009）认为，以党的十六大提出统筹城乡经济社会发展为明确标志，农村工业化已经融入城市工业化，城市产业进入了农村地域、农村劳动者进入了城市产业，并以多种产权形式实现了经济结合，这就从理想中的“板块式结合”转变为实际上的“有机式结合”。张慈、苑健斌（2011）认为，城乡产业一体化的特征主要表现为城乡产业融合、城乡产业布局一体化、变革乡村生产关系。

刘晓玲（2012）认为，城乡产业一体化的演进过程分为三个阶段：城乡产业互补、城乡产业配套和城乡产业融合。城乡产业融合是城乡产业一体化的最高阶段，使城乡产业之间互为资源，互为市场，相互服务，融为一体；产业之间的边界越来越模糊，甚至可以作为一个不可分割的整体来看待。在此阶段，城乡产业发展逐渐表现出综合性和交叉性，最终形成分工合作、优势互补、渗透共生的产业发展格局。丁延武（2013）认为，城乡产业发展一体化不是城乡产业发展一样化，它要求城乡产业通过协调发展和互动发展，使三大产业在城乡之间进行广泛的渗透融合，城乡经济相互促进，为城乡协调发展提供坚实的物质基础，最终实现共同繁荣。

三、城乡产业一体化研究的发展趋势

综上所述可以看出，我国学者在马克思主义城乡一体化理论的指导下，对于城乡产业一体化的概念、原因、机制等有较多的研究，尤其是针对各个时期城乡产业一体化面临的问题等有深入和准确的把握。

我国城乡一体化趋势的发展，城乡空间界限的日益模糊，城市产业及农村产业天然界限的逐渐被打破，为我国解决城乡矛盾、实现城乡融合提供了难得的机遇。但对于政府及其规划者来说，如何在城乡空间这个大系统中合理安排产业的布局以促进产业发展及环境保护已经成为一个更具挑战性的课题，学术界应当对城乡产业一体化的规律进行更加深入和系统的研究。以下两个方面的问题应是未来城乡产业一体化研究的重点：

（一）城乡空间结构及产业结构的动态耦合研究

已有研究结果显示，随着城乡一体化趋势的发展，城乡空间界限及产业界限将变得更加模糊，从空间结构上来看，城市与农村不再泾渭分明，很多以前所谓的农村地区已经具有了很多城市的特点。这种空间界限的模糊是由城市产业向农村转移而推动的，产业转移又不断带动和推动城乡产业结构的升级。这样，在城乡空间这个大系统中，其内部空间结构及地域特点在不断发生变化，其中各地域的产业系统也在动态变化的过程中。在这个系统中，如何让产业布局与空间地域特点相匹配，从而发挥各地地域优势、避免产业同构成为一个更具挑战性的课题。

（二）在城乡产业一体化过程中如何促进城乡可持续发展

城乡产业一体化对于城乡的可持续发展既是机遇也是挑战。一方面，城乡产业融合使产业尤其是工业不再局限于布局在农村，这使得很多产业的发展获得了广阔的空间；另一方面，一些产业由城市向农村转移也造成了农村的污染。如何合理安排产业，充分利用城乡各区域的环境容量，这方面的问题向学术界和相关部门提出了挑战。

此外，如何在城乡产业间形成合理的供应链，加强布局于城乡的产业联系也应当是未来研究的重点内容。

参考文献：

[1] 马克思恩格斯全集（第3卷）[M]. 北京：人民出版社，1960.

[2] 马克思恩格斯全集（第1卷）[M]. 北京：人民出版社，1972.

[3] 马克思恩格斯全集（第4卷）[M]. 北京：人民出版社，1958.

[4] 列宁全集（第21卷）[M]. 北京：人民出版社，1959.

[5] 马克思恩格斯全集（第19卷）[M]. 北京：人民出版社，1963.

[6] 马克思恩格斯全集（第20卷）[M]. 北京：人民出版社，1971.

[7] 马克思恩格斯全集（第4卷）[M]. 北京：人民出版社，1958.
[8] 周叔莲，郭克莎．中国城乡经济及社会协调发展研究［M］. 北京：经济管理出版社，1996.
[9] 王景文．城乡一体化的实践与认识［J］. 人文杂志，1987（3）.
[10] 戴式祖．城乡一体化是经济社会发展的大趋势［J］. 城市问题，1988（4）.
[11] 张雨林．论城乡一体化［J］. 社会学研究，1988（5）.
[12] 李同轩．城乡工业发展一体化的构思与实践［J］. 城市问题，1987（5）.
[13] 侯建文．福建城乡工业分工与城市产业结构调整设想及其政策选择［J］. 福建学刊，1989（6）.
[14] 孙自铎．论工业化道路的新取向：城乡一体化［J］. 经济体制改革，1994（4）.
[15] 杨吉荣．反弹琵琶　推进城乡一体化［J］. 经济社会体制比较，1994（1）.
[16] 綦好东．我国现代化过程中的城乡产业分工问题［J］. 农业现代化研究，1994（2）.
[17] 王岳平．产业分工呼唤城乡一体化［J］. 乡镇企业技术，1999（2）.
[18] 洪银兴，陈雯．城市化和城乡一体化［J］. 经济理论与经济管理，2003（4）.
[19] 范继斌，林德萍．试论产业在成都城乡一体化中的支撑作用［J］. 天府新论，2006（6）.
[20] 黄元斌．论城乡产业一体化［J］. 中国西部科技，2007（11）.
[21] 李程骅．城乡一体化与产业空间优化的战略选择［J］. 创新，2008（5）.
[22] 张强．试论我国发达地区城乡产业一体化发展［J］. 学习与实践，2009（10）.
[23] 张慈，苑健斌．城乡产业一体化发展研究［J］. 商业时代，2011（4）.
[24] 刘晓玲．城乡产业一体化的内涵分析与演进路径［J］. 北华大学学报（社会科学版），2012（12）.
[25] 丁延武．统筹城乡背景下的城乡产业一体化发展研究［J］. 成都行政学院学报，2013（5）.

收入提高与我国农业转移人口的市民化研究*

陈明生　王萌

摘要　农业转移人口的市民化具有极为重要的意义。收入提高在我国农业转移人口的市民化中应居于核心的地位。由于我国农村过于庞大的剩余劳动力数量及农民过低的收入，使得农业转移人口进入城市后仍然只能获得很低的收入；而农业转移人口收入提高及市民化的实现又受到城市政府财政及粗放型增长方式的约束，这决定了我国只能走渐进式的农业转移人口的市民化路径：分步骤向农业转移人口提供平等的社会保障及公共服务与农业转移人口就业行业的渐进式产业升级。

关键词　农业转移人口；市民化；收入提高；产业升级

一、引言

城市化是我国的一项重要战略，城市化包括地域的城市化和人的城市化。与其他国家不同，人的城市化在我国分为两个过程：首先是农业人口进入城市的过程，他们成为现在所谓的“农业转移人口”；然后是农业转移人口的市民化过程。农业转移人口的市民化对于我国扩大内需、增加就业、提高居民收入、实现产业结构升级、经济增长和发展乃至社会的安定具有重要的意义（国务院发展研究中心课题组，2010；胡秋阳，2012）。因此，中共十八大和十八届三中全会都提出要促进农业转移人口的市民化。

农业转移人口的市民化问题极具中国特色，国内学者对于农业转移人口市民化的研究取得了丰硕的成果。学界对于农业转移人口市民化的内涵基本达成共识，包括地域转移及职业转换、社会身份转换、素质提高和城市融入（刘传江、徐建玲等，2008；杨莉芸，2013）；有学者认为还应包括收入提高（胡杰成，2010；刘爱玉，2012）。关于市民化的影响因素，大量文献研究了户籍制度及相关制度、政策及其改革问题（文军，2004；张国胜，2008；周小刚，2010；国务院发展研究中心课题组，2011；张占斌等，2013），一些学者还研究了社会资本（刘传江、周玲，2004）、人力资本（姚先国、俞玲，2006）等影响因素及对策。

* 基金项目：2014 年北京市社会科学基金一般项目“严格控制特大城市人口规模背景下北京市农业转移人口的市民化研究”（项目编号：14JGB077）。

一些学者开始注意到农业转移人口的市民化与收入提高的关系。唐根年等（2006）认为，增加农民收入是实现农民市民化的前提条件；黄锟（2009）认为，农业转移人口与城镇职工在收入上的差异降低了其市民化的能力；王竹林（2010）提出，取决于收入状况的物质资本是农业转移人口市民化的首要基础条件；一些学者进行了市民化程度的测度，大多认为收入水平是重要的影响因素（刘传江，2008；周密等，2012；张广胜、周密，2013）。

由此可以看出，已有研究侧重于农业转移人口的身份转换，而收入提高问题则未受到应有的重视。鉴于农业转移人口市民化受到的各种约束及收入提高对于市民化的意义，市民化研究应从以“身份转换”为中心转向以“收入提高”为中心。本文拟就提高农业转移人口收入及实现其市民化的途径问题进行研究。

二、农业转移人口收入提高对于市民化的意义

根据学者的研究，农业转移人口市民化的内涵包括地域转移及职业转换、社会身份转换、素质提高和城市融入，也有学者认为，市民化的内涵还应当包括农业转移人口收入的提高。

收入提高无疑对于农业转移人口的市民化具有重要的意义。首先，收入提高是农业转移人口进入城市的动力和原因。随着农业转移人口收入的提高，更多的农村剩余劳动力将进入城市，从事第二、第三产业的生产。其次，农业转移人口的收入提高对于其身份转换具有重要的促进作用。身份转换是农业转移人口市民化的重要标志，但当前我国户籍制度改革进展缓慢，关键原因就在于农业转移人口获得城市户籍后，城市政府需要为他们获得社会保障及公共服务增加财政支出，而城市政府对此难以负担。如果能够提高农业转移人口的收入，城市政府将能够获得更多税收收入，而且能够增加社会保障的个人缴纳部分，从而降低城市政府的财政负担。再次，收入提高对于提高农业转移人口的素质具有重要的作用。农业转移人口进入城市的初期，工作地点、职业的变化对于提高其素质具有决定性的作用；随着时间的推移，农业转移人口要提高素质，就需要进行持续的人力资本投资，否则农业转移人口就只能从事知识含量低的简单工作，甚至被淘汰。最后，收入提高有利于农业转移人口融入城市。当前，农业转移人口与城市居民之间存在着巨大的隔阂，城市居民对于农业转移人口普遍存在歧视的态度，而农业转移人口也存在不安全感以及对城市居民的敌视。这种隔阂、歧视、不安全感和敌视的根源在于农业转移人口与城市居民间巨大的收入差距。如果能够提高农业转移人口的收入并缩小其与城市居民之间的差距，城市居民和农业转移人口在其他方面的差别也会缩小，其隔阂就会逐渐减小。

当然，农业转移人口的市民化也有利于提高其收入。随着农业转移人口进入城市从事第二、第三产业的生产，其边际劳动生产力的提高可以促进其工资水平的提高；农业转移人口身份转换的直接结果就是其能获得更好的社会保障和平等的公共服务，从再分配的角度提高农业转移人口的收入；农业转移人口素质的提高及更好

地融入城市社会都将持续提高其边际劳动生产力，从而为提高其收入提供可能。

三、我国农业转移人口收入低的原因

我国农业转移人口收入低是由我国的经济社会条件决定的。我们可以用刘易斯的“二元经济理论”来解释我国农业转移人口收入低的原因。按照二元经济理论，生产技术差异及由此引起的劳动生产率差异使得在城乡间形成二元结构：在农村的传统农业部门，使用土地等非再生性资源，存在大量并持续增加的人口，劳动的边际生产力低下，劳动者的收入水平很低；在城市的现代工业部门，大量使用厂房、设备等再生性资源，雇用劳动力为利润而生产，生产规模随着资本的积累不断扩大，扩大的速度可以超过人口的增长；在二元结构中，工业部门工人的工资不是由工人的边际劳动生产力和劳动力市场的供求关系决定，而是由传统农业部门农民的平均收入决定：一般情况下，工人的工资水平略高于农民的平均收入，当城市工业部门以现行工资率增雇工人时，就能吸引大量农村劳动力的流入；资本所有者通过资本积累扩大生产并吸收更多的剩余劳动力，进而获得更多的利润。这一过程反复进行，使得农业的边际劳动生产力提高及农业劳动者的收入增加，并迫使工业部门也提高工资水平。最终，工业部门的扩张将剩余劳动力吸收干净，实现了二元经济的一元化转变。尽管二元经济理论的假设条件与我国的情况未必完全符合，但基本可用来解释人口视角下我国低成本城市化模式的形成。

改革开放后，我国的城市化进程是在市场和政府的共同推动下发展的：城乡间巨大的收入差距成为追求个人利益最大化的农民向城市流动的强大推动力，而政府逐渐弱化乃至拆除城乡间人口流动的障碍，使得大量农村人口流入城市成为现实。从表 1 可以看出，除了改革开放初期和最近几年，城乡居民收入比一直处于持续的扩大之中（近几年城乡居民收入相对差距的缩小应是“民工荒”出现的重要原因）。在人口流动的政策方面，从 1984 年开始，我国开始出台政策允许农民进城务工经商；到 1992 年后，政策调整为鼓励、引导和实行宏观调控下劳动力的有序流动；进入 2000 年后，政策又调整为鼓励农业转移人口的流动，提出要改革城乡分割体制，取消对农民进城就业的不合理限制，推动城乡劳动力市场逐步一体化。

表 1　1980—2012 年城镇居民可支配收入与农村居民纯收入比

年份	1980	1981	1982	1983	1984	1985	1986	1987	1988	1989	1990
城乡居民收入比	2.30	2.05	1.83	1.70	1.71	1.86	2.12	2.17	2.17	2.29	2.20
年份	1991	1992	1993	1994	1995	1996	1997	1998	1999	2000	2001
城乡居民收入比	2.40	2.59	2.80	2.87	2.72	2.51	2.47	2.51	2.65	2.79	2.90
年份	2002	2003	2004	2005	2006	2007	2008	2009	2010	2011	2012
城乡居民收入比	3.11	3.23	3.21	3.22	3.28	3.33	3.31	3.33	3.23	3.13	3.10

数据来源：根据国家统计局各年统计公报公布的城乡居民人均可支配收入或纯收入数据计算而得，1980—1984 年“城镇居民人均可支配收入”数据以“人均生活费收入”代替。

由于农民的低收入及城乡间巨大的收入差距，以及农村大量的剩余劳动力，即使存在一些阻碍农民进城的障碍，仍然形成了对城市劳动力的“无限”供给。农民大量进入劳动密集型产业，而只获得很低的工资收入。在低成本劳动力“无限”供给及财政收入有限的情况下，城市政府将资金更多地投入生产领域及基础设施建设，以促进城市经济的发展及为农业转移人口提供更多的工作机会。因此，迫使企业提高农业转移人口的工资及大力改善其生活条件不会成为城市政府的逻辑选择。

四、我国农业转移人口收入提高及市民化的约束条件

农村大量廉价劳动力进入城市促进了我国城市化水平的提高，也是我国经济快速发展的重要原因，但这种模式的潜力已经消耗殆尽并难以为继。我国已经难以大量获得并使用各种廉价的生产要素推动城市化的发展，也难以继续承担这种模式产生的成本及造成的各种问题，如环境污染、土地及资源的浪费、农业转移人口生活水平低下，以及收入的两极分化造成的社会不稳定等。

推动农业转移人口的收入提高及市民化面临极大的困难。正如前述，我国农业转移人口收入低是由我国的经济社会条件决定的，要提高他们的收入并实现市民化，我国面临着财政和经济增长方式两方面的约束条件。

（一）财政约束

农业转移人口的低收入表现为低工资、低下的社会保障水平和残缺的公共服务，要提高他们的社会保障水平及公共服务水平则直接表现为政府财政支出的增加，而在产出一定的情况下提高农业转移人口的工资必然导致企业利润的减少、政府税收的减少或者消费者支出的增加。根据国家统计局发布的《2012 年全国农业转移人口监测调查报告》，到 2012 年，我国农业转移人口的总量已经达到 26 261 万人，其中，外出农业转移人口达到 16 336 万人；根据中国发展研究基金会发布的《中国发展报告·2010》，当前农业转移人口市民化的平均成本为 10 万元左右；这样，仅外出农业转移人口的市民化就需要 16. 336 万亿元人民币，各级政府显然难以在短时间内拿出这么多资金。

（二）粗放型经济增长方式的约束

我国的城市化模式与我国粗放的经济发展方式相辅相成：在技术水平较低的情况下，城市依靠吸收大量廉价的农村劳动力生产劳动密集型产品并低价销售或出口，这样就形成了“低技术水平—廉价劳动力—廉价产品—低端市场—低端经营模式”的因果关系的累积循环和路径依赖。要提高劳动者的工资水平，则会受到技术水平、产业层次、经营模式和消费者观念的制约。要打破这种路径依赖，需要逐渐提高产业技术水平，逐步提高产品质量，改变消费者对中国制造是“价廉低端”的观念，而这个过程不是短期内能够完成的。

五、分步骤提供平等的社会保障及公共服务

改变我国的城市化模式、提高农业转移人口的收入及实现其市民化，面临着财政约束和粗放型经济增长方式的约束，这就使得城市化过程只能是渐进式的。首先，是政府分步骤向农业转移人口提供平等的社会保障及公共服务。

为进城农业转移人口提供平等的社会保障及公共服务是学者们目前最为关注的问题，也是农业转移人口真正融入城市的前提。当前，很多学者主张尽快给予农业转移人口城市户籍，认为这种方式有利于使农业转移人口尽快获得平等的社会保障及公共服务，但因受到城市政府财力的限制，应考虑农业转移人口关注问题的程度，优先提高农业转移人口的就业及工作能力；还要考虑政府的支付能力，本着先易后难的原则，在一定期限内分步骤向农业转移人口提供平等的社会保障和公共服务：①子女教育（幼儿园教育、义务教育、异地高考等）；②人力资本积累（就业培训、职业教育、就业优惠、就业服务等）；③社会保障（医疗保险、失业保险、养老保险、最低生活保障等）；④住房保障（廉租房、公租房、经济适用房等）。

子女教育是农业转移人口最关心的问题。解决好子女教育问题，将降低农业转移人口的教育支出，有利于农业转移人口安心工作并扎根于城市，更有利于缩小农业转移人口与城市居民在子女教育上的差距。目前的政策大多将农业转移人口子女上学的权利与其父母缴纳社保的年限挂钩，有限制地开放升学渠道，如高中借读、异地高考可以报考高职等，升学层次越高，限制越多。各城市相关政策的松紧程度也有不同，中等城市相对更开放，大城市控制更严格。相比以往，农业转移人口子女的受教育权利已经有所改善。政府应逐步加大对教育的投入，并将资源向农业转移人口倾斜，通过各种渠道，先让农业转移人口子女能够拥有基本的受教育权利，提高其受教育的水平，最终实现其与城市居民在受教育方面的同等权利。

在市场竞争条件下，农业转移人口自身人力资本积累的能力不强，政府应加强对农业转移人口的就业培训。文化知识、电脑操作之类的简单培训可由政府直接组织，而专业的技能培训则更适合采用补贴的方式。当前农业转移人口群体的受教育程度在提高，学习意愿也在增强，而职业教育供给远未跟上需求的发展，尤其是成人职业教育。以吸纳农业转移人口最多的制造业为例，市场中熟练技术工人一直处于供不应求的状态。在培养熟练技术工人方面，行业协会应当发挥更大的作用。对大学生实行的各种就业优惠政策，也应当用于农业转移人口，如对企业雇佣农业转移人口给予补贴和创业优惠等。提供就业信息服务也是政府的一项职能，尤其是对替代性较强的工种，正是大部分农业转移人口从事的职业。

在我国的社会保障制度中，养老保险是最重要的一项内容。养老保险按省级统筹，其账户分为社会统筹和个人缴纳两部分。农业转移人口就业流动性大，每

一次跨区转换工作，养老金就有一部分留在原工作省份。最关键的是，养老金的发放主要依据地区平均工资，而农业转移人口通常在大中城市工作、从县城退休，致使农业转移人口的参保意愿不高，进而影响了医疗保险、失业保险、工伤保险的参保率。一个可行的办法是让农业转移人口的工伤保险可以和养老保险分开，至少在高危行业应该如此。城市化的目标是让农业转移人口融入城市，养老保险最终要体现多劳多得的原则。

住房问题是农业转移人口融入城市的又一障碍。不要说目前的高房价，就是正常的房价对于大多数农业转移人口来说也是无法承受的，这就需要政府部门逐步加大相关投入，在向农业转移人口提供租房服务方面下功夫。过去的廉租房是将农业转移人口排斥在外的，现在的公租房大多取消了户籍限制，部分地区已经将廉租房与公租房并轨。政府部门应该依据财政状况，分步骤地增加公租房的供应，争取满足全部居民的租房需求。

六、农业转移人口就业行业的渐进式产业升级

在农业转移人口提高收入、融入城市等问题上，理论界及实践界将更多的注意力放在户籍制度与社会保障及公共服务的提供上，但试图仅仅依靠再分配及政府服务实现其目标是很困难的，关键仍然在于生产领域。这就需要改变我国粗放型的城市化模式及经济增长模式，切实推动产业升级。

要进行产业升级，就需要打破传统的产业经营模式以及对其路径的依赖，而产业经营模式改变的难易程度又取决于三个因素：①技术水平，产业技术水平的提升可能需要较长的时间才能完成；②消费者的支付能力，在消费者收入短期变化不大的情况下，消费者的支付意愿与产品档次的划分（人们愿意为更高档次的商品支付更高价格）及服务质量（消费者愿意为产品或服务质量的改进支付更高价格）有关；③其他因素，如竞争等（竞争越激烈，提高产品价格的难度就越大）。根据这三个因素（见表2），结合农业转移人口就业的主要行业（见表3），我们可以设计出分产业的有步骤的渐进式产业升级顺序：居民服务和其他服务业—住宿餐饮业—交通运输、仓储和邮政业—建筑业—批发零售业—制造业。对于这些行业，政府应通过行业协会、相关服务机构等制定行业服务规范、档次划分及标准、价格标准和劳动者准入资格等，促进各行业提高服务质量，提供更高档次的服务；在服务或商品价格提高后企业有能力投入更多资源用于劳动者的教育和培训，最终达到产业升级及提高劳动者收入的目标。

表2　技术水平、消费者支付能力、竞争等因素对产业升级的影响

行业 影响因素	制造业 （劳动密集）	批发零售业	建筑业	交通运输、 仓储和邮政业	住宿餐饮业	居民服务和 其他服务业
产业升级对技术进步的依赖程度	大	小	小	较大	小	小

续表

影响因素＼行业	制造业（劳动密集）	批发零售业	建筑业	交通运输、仓储和邮政业	住宿餐饮业	居民服务和其他服务业
消费者支付能力（产品档次数量、服务改进空间）	产品档次较少，质量改进空间较小	服务档次少，质量改进空间小	服务档次少，质量改进空间小	服务档次较少，质量改进空间小	服务档次多，质量改进空间较大	服务档次多，质量改进空间大
竞争	激烈	激烈	比较激烈	比较激烈	激烈	激烈

表 3　农业转移人口从事的主要行业分布

行业	制造业	批发零售业	建筑业	交通运输、仓储和邮政业	住宿餐饮业	居民服务和其他服务业
就业比重（%）	35.7	9.8	18.4	6.6	5.2	12.2

强制性的标准是对行业服务的最低要求。准入资格与就业培训相结合，有助于提高服务质量，避免过度竞争。行业服务规范有利于形成合理的竞争秩序，保障产业的长远发展。以居民服务行业为例，企业较多，服务质量参差不齐，若政府对其在守时、违约、内容和范围上制定规范，就能提升行业整体服务水平。

政府通过行业协会或相关服务机构对企业的服务进行划分档次、制定指导性价格标准，其实质是为市场提供更多的信息。政府发布的企业档次和价格信息，一方面指导企业进行管理活动，为潜在的进入者提供参考；另一方面为消费者提供便利，降低交易成本，从总体上提升价格和扩大交易量，并且加速市场竞争中的优胜劣汰进程。上升的价格和扩大的交易量会带来更多的就业；加速的优胜劣汰会迫使企业为了提升服务质量而对劳动者进行教育和培训。两者最终都能促进产业升级和劳动者收入提高。

七、结论

我国能否顺利实现农业转移人口的市民化，关键在于其收入水平。我国农业转移人口收入低是由我国的经济社会条件决定的，并与我国粗放型的经济增长模式相关。提高农业转移人口的收入面临着财政约束和粗放型经济增长方式的约束。因此，实现我国农业转移人口收入提高及市民化只能采取渐进式的方式：考虑城市政府的财政能力，优先考虑提高农业转移人口及其后代的发展能力，分步骤向其提供平等的社会保障和公共服务；打破传统的产业经营模式及对其的路径依赖，根据产业的技术水平、消费者支付能力以及市场竞争的情况，采取各种措施分行业进行渐进式的产业升级。

参考文献：

[1] 国务院发展研究中心课题组．农业转移人口市民化对扩大内需和经济增长的影响［J］．经济研究，2010（6）．

[2] 国务院发展研究中心课题组．农业转移人口市民化制度创新与顶层政策设计［M］．北京：中国发展出版社，2011.

[3] 胡秋阳．农业转移人口市民化对地方经济的影响——基于浙江 CGE 模型的模拟分析［J］．管理世界，2012（3）．

[4] 黄锟．深化户籍制度改革与农业转移人口市民化［J］．城市发展研究，2009（2）．

[5] 刘传江，徐建玲．第二代农业转移人口及其市民化研究［J］．中国人口资源与环境，2007（1）．

[6] 刘林平．外来人口群体中的关系运用——以深圳“平江村”为个案［J］．中国社会科学，2001（5）．

[7] 沈清基．论基于生态文明的新型城镇化［J］．城市规划学刊，2013（1）．

[8] 唐根年．中国农民市民化经济门槛与城市化关系研究：理论与实证［J］．经济地理，2006（1）．

[9] 王春光．农村流动人口的“半城市化”问题研究［J］．社会学研究，2006（5）．

[10] 王鹤，尹来盛，冯邦彦．从传统城市化到新型城市化——我国城市化道路的未来选择［J］．经济体制改革，2013（1）．

[11] 王竹林．农业转移人口市民化的资本困境及其缓解出路［J］．农业经济问题，2010（2）．

[12] 姚先国，俞玲．农业转移人口职业分层与人力资本约束［J］．浙江大学学报（人文社会科学版），2006（5）．

[13] 张广胜，周密．新生代农业转移人口市民化进程的测度及其决定机制［M］．北京：经济科学出版社，2013.

[14] 张国胜，中国农业转移人口市民化：社会成本视角的研究［M］．北京：人民出版社，2008.

[15] 张占斌，等．城镇化进程中农业转移人口市民化研究［M］．石家庄：河北人民出版社，2013.

[16] 郑月琴．农业转移人口市民化进程中的心理形态和社会文化环境分析［J］．经济与管理，2005（9）．

[17] 周密，等．新生代农业转移人口市民化程度的测度［J］．农业技术经济，2012（1）．

[18] 周小刚，农业转移人口市民化的成本收益分析和社会政策仿真模型研究［M］．北京：经济科学出版社，2011.

宏观经济政策与产业发展

我国货币政策对房地产价格的影响分析*

——基于面板数据分析

刘婷文　鲁嘉琪

摘要　本文利用2006—2013年我国70个大中城市新建商品房价格数据构建面板数据回归模型，实证分析利率和货币供应量对房地产价格的影响。实证检验结果表明：提高利率对房地产价格上涨有显著的抑制作用，短期和长期利率弹性估计分别为-0.19和-0.45；货币供应量对房地产价格的即期影响不显著，滞后期影响显著为正，长期货币供应量弹性估计为0.042。

关键词　货币政策；房地产价格；面板数据

一、引言

自1998年我国住房分配制度改革以来，房地产市场快速发展，房价也随之一路上扬，全国商品房的平均售价从2003年的2 359元/平方米上涨到2012年的5 791元/平方米，涨幅约为145.49%①。2014年我国房地产市场进入调整期，虽然房地产价格环比有所下降，但同比来看，5月份全国100个城市住宅均价仍上涨7.84%，北京、上海等十大城市住宅均价上涨了13.97%②。

房地产业作为我国经济发展的支柱产业，不仅与实体经济关系密切，也与商业银行金融体系联系紧密，具体表现在两方面：一是我国经济发展呈现高度的"投资拉动"特点，房地产开发投资占固定资产投资总额的19.7%，并且房地产行业的发展影响国民经济42个部门中的36个部门的发展③；二是房地产业发展主要采用银行融资模式，房地产开发资金的70%来自于银行贷款，房地产相关产业链的贷款规模约占商业银行贷款总量的30%④。但是，由于针对低收入阶层的廉租房建设相对滞后，以及满足年轻人住房需求的房屋租赁市场的缺失，房价上涨使"能否住得起房"成为普通百姓关注的重要民生问题。因此，如何使房

* 本文为中国政法大学青年教师学术创新团队资助项目。

① 参见王柏杰．资产价格波动与货币政策选择［M］．西安：西北工业大学出版社，2013.

② 参见中指指数研究院．2014年5月中国房地产指数系统百城价格指数报告［R］．2014-06.

③ 杨红旭．楼市探秘［M］．北京：机械工业出版社，2013.

④ 数据来源于国家统计局网站。

地产市场发展在经济发展与民生问题之间寻求平衡，确保房地产市场以及整个经济体系的良好发展成为政府对房地产市场调控的主要目标。

为了稳定房地产市场价格，自20世纪80年代后期起，我国共实施了五轮房地产市场调控，其中三轮属于紧缩型，两轮属于扩张型①。相应的，学术界对于政府宏观调控的作用与影响也给予了很大关注。近年来，很多学者定性或定量研究货币政策对房地产价格的影响，但并未达成研究共识。因此，货币政策是否能影响房价，如何影响房价及影响程度，仍是学术界需要探讨的问题。这个问题对促进我国资本市场稳健运行和经济转型、缓解房地产价格的快速增长和指导宏观经济政策制定都具有重要的现实意义。

在此背景下，本文基于我国70个大中城市新建商品房价格数据，通过构建面板数据模型，实证研究货币政策对房地产价格的影响。本文结构为：首先，对有关货币政策与房地产价格问题的国内外文献进行梳理；其次，进行实证分析，包括面板数据模型的建立与选择、回归结果分析和稳健性检验；最后提出研究结论。

二、文献综述

首先，我们拣选了近几年国内外关于货币政策对房地产价格影响的相关研究，并对其进行简要综述。

国外研究方面，亚克维耶洛（Iacoviello，2005）通过结构向量自回归（SVAR）模型发现，欧洲国家货币政策对房地产市场产生重要影响，利率上调之后，各国房地产价格出现不同程度的下降。随后，他又从需求角度分析了货币供应量对房地产价格的影响，认为在短期内，货币供应量的减少会导致实际房价的下降。埃尔伯恩（Elbourne，2008）也认为，货币供应量、抵押贷款利率和实际GDP等其他宏观经济变量会对房地产价格产生重要影响。

国内研究方面，梁云芳、高铁梅等（2006）运用协整检验和H－P滤波的分析方法，计算出我国房地产市场的均衡价格，并得出我国房地产价格偏离均衡水平是受区域性影响的结论。王来福、郭峰（2007）通过VAR模型，运用脉冲响应函数和方差分解法研究了货币政策的冲击对房地产价格的动态影响。他们发现，相比于利率变化，货币供应量变化对房地产价格变化的贡献率较大②。张中

---

① 2005年，针对持续上涨的房价，我国政府开始将房价列为重要的调控对象，但是调控成效并不明显。2008年，全球金融危机使全球房价出现较大幅度的下降，对各国经济、金融产生了显著的不利影响。为了应对金融危机，我国实施了4万亿元投资等一系列刺激经济的政策，促使房价再次大幅上涨。此后，为了抑制快速上涨的房价，我国央行先后12次上调存款准备金率，5次上调存贷款基准利率来收缩流动性。2013年出台国五条及其细则，但未能有效遏制房价上涨的势头。

② 应注意王来福、郭峰（2007）文中的脉冲分析图，M1变化对房地产价格在前4期的影响在统计意义上与0无差异（0包含在置信区间之内），而利率对房地产价格的影响在统计意义上皆与0无差异。文中并未提及置信区间是1%、5%或10%。

华、林众和雷鹏（2013）利用 VECM 模型和脉冲响应函数分析了货币政策对房价的动态冲击效果，指出货币供应量对房地产价格有明显且持续的正向冲击作用，利率对房价有正的短期冲击，长期逐渐变为负的持续作用。不同于王来福、郭峰（2007）和张中华、林众和雷鹏（2013）的研究，徐忠、张雪春和邹传伟（2012）通过对我国房价、货币政策和通货膨胀进行 Johansen 协整检验，发现价格型货币政策对抑制房价更有效，房价和实际存款利率之间存在明显的负向关系。

其次，从研究脉络来看，货币政策对房地产价格影响的研究与货币政策是否应该关注房价的问题有很大的相关性，因此，本文对此问题的相关文献也进行了梳理。

学术界对于货币政策是否应该关注房价的问题有两种不同的观点。伯南克和格特勒（Bernanke and Gertler，2001）代表第一类观点，他们认为，央行应着眼于稳定通货膨胀和产出缺口，而非房价等资产价格扰动的或潜在的泡沫。因为房价等资产价格的上涨只是反映基本面的变化，只有当价格上涨是因为非基本面因素时，政策制定者才需要考虑价格上涨的影响。伯里奥和洛韦（Borio and Lowe，2002）代表第二类观点，他们认为，中央银行应该提高利率，以抵消任何价格泡沫导致的通货膨胀。在国内学者的研究中，瞿强（2007）认为，当前货币政策“盯住”房价等资产价格变动在操作层面上是不可行的。郭田勇（2006）从理论分析的角度指出，虽然将房地产价格作为货币政策调控目标存在困难，但货币政策应关注房价的变化并适当做出反应。

从以上关于货币政策对房地产价格影响的文献回顾中我们可以看出，国内学者的研究结论仍存在差异。从研究方法上看，国内外学者使用面板数据的研究较少，在模型选择上大多使用时间序列模型，数据多为宏观加总数据，且模型多存在遗漏变量的问题，即模型只控制了作者感兴趣的变量，而忽视了其他影响房地产价格的因素。若这些因素与控制变量相关，模型参数将会存在有偏估计的问题，进而降低了研究结论的可信度。

三、实证分析

（一）基本计量回归模型

理论上，除了货币政策，市场供求力量、财税制度、土地供应制度和人口结构等因素也会影响市场上房地产的价格。因此，在模型中，我们引入（i）GDP 和 CPI 以控制市场供需因素对房地产价格的影响；（ii）价格的一阶滞后项以控制其他未观测到的因素对房地产价格的影响，以校正遗漏变量可能引起的偏差；（iii）城市固定效应以控制各城市影响房地产价格的区域性因素，包括经济环境、土地政策和人口结构等因素；（iv）年份固定效应，如 2007—2008 年金融危机对房价的影响。用 c 和 t 分别表示城市和年份，基本的回归模型如下①：

$$\%\Delta P_{ct} = \lambda_c + \gamma_t + \sum_{j=0}^{n} \alpha_j \% \Delta r_{t-j} + \sum_{j=0}^{n} \beta_j \% \Delta m_{t-j} + X_{ct}\theta + \varepsilon_{ct} \quad (1)$$

其中，$\%\Delta P_{ct}$为城市 c 在 t 期的房地产价格环比变化的百分率②；λ_c和 γ_t分别为城市和年份的固定效应；$\%\Delta r_{t-j}$和$\%\Delta m_{t-j}$为 t 期利率和货币供应量的环比变化百分率，滞后期分别为 n 期和 m 期，n，$m>0$；X_{ct}为其他控制变量，包括 GDP 环比变化的百分率和 CPI 环比变化的百分率，$\%\Delta P_{c(t-1)}$和季节虚拟变量；ε_{ct}为扰动项，满足 $E\ [\varepsilon_{ct} \mid w_{ct},\ w_{c(t-1)},\ \cdots w_{c(t-2)}]\ =0$，$\varepsilon_{ct}=\ [\gamma_t,\ \Delta r_t,\ \Delta m_t,\ X_{ct}]$。

模型中加入利率和货币供应量的滞后项是因为考虑到房地产价格的调节可能具有一定的持续性与滞后性，$\{\alpha_j\}$ 和 $\{\beta_j\}$ 是我们所感兴趣的参数，分别表示房地产价格对利率和货币供应量的弹性。

我们假设 $E\ (\lambda_c \mid \Delta r_t,\ \Delta m_t)\ \neq 0$，即城市固定效应与利率和货币供应量具有相关性，该假设的依据为货币政策实施与调整的效果可能会与城市的发展、土地政策等特征相关。由于控制了$\%\Delta P_{c(t-1)}$，Fixed Effect（FE）估计和 First Difference（FD）估计模型都会具有内生性问题。因此，我们使用$\%\Delta^2 P_{c(t-1)}$的滞后项，如$\%\Delta^2 P_{c(t-12)}$作为其工具变量，相应的，模型估计方法为 First - difference IV。

李强（2009）指出，货币政策对于房地产价格并没有做出适当的反应。基于该结论，模型（1）中的利率和货币供应变量可被视为外生变量③。

1. 变量选择

表 1 列出了相关指标和变量说明。房地产价格环比变化的百分率来源于 70 个大中城市新建住宅价格指数。自 2005 年 7 月起，国家统计局公布 70 个大中城市月房价环比指数，衡量房地产价格的变动趋势。

利率以一年期存款基准利率为代表，货币供应量以 M2 为代表④。鉴于 GDP 为季度数据，为匹配数据期限结构，基于每季度内月增长率恒定的假设，我们将季度数据转化为月度数据。考虑到数据的可得性和完整性，数据的时间跨度皆为 2006 年 1 月至 2013 年 12 月。这些数据组成了一个以 70 个城市为截面、期限为 96 期的面板数据。

---

① 安格里斯特和皮施克（Angrist and Pischke，2010）指出，线性计量模型在实证研究中广泛使用，具有极强的稳健性。

② $\%\Delta P_{ct} = \frac{P_{ct} - P_{c(t-1)}}{P_{c(t-1)}} \times 100$。

③ 本文并未对利率和货币供应量的内生性问题进行检验，这是本文的一个缺陷。

④ 我国按流动性不同将货币供应量划分为三个层次：M0、M1 和 M2。其中，M0 流动性最强，是最活跃的货币；M1 反映经济中的现实购买力，称之为狭义货币供应量；M2 反映社会现实和潜在的购买力，称之为广义货币供应量，能较好地体现社会总需求的变化，是政府制定长、短期货币政策的关键变量。

表1　变量说明

指标	变量说明	数据来源
房价（P_{ct}）	70个大中城市新建住宅价格指数	国家统计局
利率 r_t	选择一年期存款基准利率	中国人民银行
货币供应量（m_t）	选择广义货币供应量M2	中国人民银行
GDP	用季度名义GDP数据，假设每个月的增长率相同	国家统计局
CPI	用月度CPI数据	国家统计局

2. 单位根和模型检验

由于面板数据包含了时间序列的信息，为避免“虚假回归”，我们对主要变量进行了单位根检验，检验方法为Breitung和Harris - Tzavalis检验。表2列出了环比房价增长率（$\%\Delta P_{ct}$）、利率增长率（$\%\Delta r_t$）、M2环比增长率（$\%\Delta m_t$）和GDP环比增长率（$\%\Delta GDP_t$）的单位根检验结果。所有变量的检验统计量均在5%的显著水平上拒绝了Breitung和Harris - Tzavalis检验的原价格，即变量包含单位根。因此，在统计意义上，我们可以认为这4个变量不含有单位根，模型不存在“虚假回归”的问题。

表2　单位根检验结果

指标	Breitung检验		Harris - Tzavalis检验	
	统计量	P值	统计量	P值
房价环比增长率（$\%\Delta P_{ct}$）	-19.400***	0.000	0.404***	0.000
利率环比增长率（$\%\Delta r_t$）	-5.196***	0.000	0.334***	0.000
M2环比增长率（$\%\Delta m_t$）	-57.984***	0.000	0.067***	0.000
GDP环比增长率（$\%\Delta GDP_t$）	-2.941***	0.002	0.968***	0.036

注：显著性水平的*=10%，**=5%，***=1%，保留三位小数。

在统计意义上，我们通过LM和Hausman检验验证选择固定效应模型的合理性。在检验之前，我们参照AIC和SIC信息标准，选择出利率和货币供应量的最佳滞后期数：M2滞后期数为3，$\%\Delta m_{t-3}$；利率滞后期数为6，$\%\Delta r_{t-6}$。

检验结果表明：LM检验统计量为40.64，表明在1%的显著水平上，可以拒绝“不存在个体随机效应”的原假设，说明考虑各城市异质性因素的随机效应模型相对于OLS模型更有效率。Hausman检验统计量为62.7，说明在1%的显著性水平下，可以认为固定效应和随机效应模型的参数估计量具有系统上的差异，即各城市的异质性因素存在内生性的问题。因此，模型设定应为固定效应模型。

（二）回归结果分析

表3列出了回归结果，其中左列是模型（1）的参数估计，右列是未加房地

产价格一阶滞后项的估计结果，记为模型（2）。通过对比模型（1）和模型（2）我们可以看出，在未控制价格滞后项时，利率和货币供应量对房价的影响都不显著，说明其参数估计（见表3）包含了其他遗漏因素的影响，而在模型中加入价格一阶滞后项后，使其与价格因素相关的遗漏变量得到了控制，矫正了估计偏差。

模型（1）的结果表明：在5%的显著性水平下，利率对房地产价格即期和滞后期的影响皆显著为负，短期和长期利率弹性估计为 -0.13 和 -0.39；在10%的显著性水平下，M2 对房价的即期和滞后期影响皆不显著。

我们对模型（1）的估计结果进行了 Wald 异方差检验，结果拒绝了“组间同方差”的原假设。异方差的存在通常会高估参数的标准误差，可能导致 M2 的参数估计不显著。我们使用可行广义二乘法（FGLS）对模型（1）的参数估计进行了修正，结果列于表4。在控制异方差后，M2 即期影响在10%的显著性水平下仍不显著，但是其滞后项在1%的显著性水平下显著为正，且长期货币供应弹性估计为0.042。利率的参数估计仍在5%的显著性水平下显著为负，短期弹性估计为 -0.19，长期弹性估计为 -0.45，该估计与表3中模型（1）的估计并无显著差异。由此可见，相比于房地产价格对货币供应量的反应，房价对利率的反应更敏感。

表3 参数估计

	因变量：$\% \Delta P_{ct}$			
自变量	(1)			
$\% \Delta r_t$	-0.134**	(0.076)	-0.078	(0.923)
$\% \Delta M_t$	0.006	(0.006)	0.008	(0.034)
$\% \Delta r_{t-6}$	-0.100**	(0.047)		
$\% \Delta M_{t-3}$	0.042	(0.034)		
$\% \Delta p_{t-1}$	0.387***	(0.011)		
样本量	6 300		6 720	

注：显著性水平的 * =10%，** =5%，*** =1%，保留三位小数。
括号内为标准误差。

表4 FGLS 参数估计

	因变量：$\% \Delta P_{ct}$	
自变量		
$\% \Delta r_t$	-0.188***	(0.019)
$\% \Delta m_t$	0.005	(0.007)
$\% \Delta r_{t-\theta}$	-0.072***	(0.008)
$\% \Delta m_{t-1}$	0.025***	(0.007)
$\% \Delta p_{t-1}$	0.417***	(0.011)

注：显著性水平的 * =10%，** =5%，*** =1%，保留三位小数。
括号内为标准误差。

（三）稳健性检验

本部分我们对模型（1）进行了调整，以考察相关参数估计的稳健性。具体调整为：（i）M1 替代 M2 代表货币供应量，记为模型（3）；（ii）M1 替代 M2 代表货币供应量，并将 70 个城市划分为东部、中部和西部区域三类①，用“区域 * 年份”虚拟变量替换年份虚拟变量②，记为模型（4）。回归结果列于表 5。

表 5　稳健性检验结果

自变量	因变量：$\% \Delta P_{ct}$			
	(3)		(4)	
$\% \Delta r_t$	-0.063 **	(0.014)	-0.054 **	(0.080)
$\% \Delta M_t$	0.006	(0.016)	0.019	(0.032)
$\% \Delta r_{t-6}$	-0.051 ***	(0.014)	-0.056 **	(0.025)
$\% \Delta M_{t-3}$	0.003	(0.062)	0.064 *	(0.032)
$\% \Delta p_{t-1}$	0.388 ***	(0.113)	0.389 ***	(0.113)

注：显著性水平的 * =10%，* * =5%，* * * =1%，保留三位小数。
括号内为标准误差。

首先，模型（3）和模型（4）的回归结果都表明利率对房价有负的影响，且该影响具有即期和滞后性，利率短期与长期弹性估计与表 3 列（1）结果并无显著性差异。

其次，模型（3）中的 M1 参数估计并不显著，这与异方差的存在有关。当在模型（4）中控制区域年份因素后，货币供应量对房价的影响具有滞后性，且在 10% 的显著性水平下显著为正，长期弹性为 0.10，在统计意义上，与表 3 模型（1）中的结果并无显著性差异。

四、研究结论

本文利用我国 2006—2013 年 70 个大中城市的面板数据，实证定量研究货币政策对房地产价格的影响。结果表明，货币政策可以影响房地产价格，即存在货币政策影响房地产价格的传导机制，表现为两个特点：第一，利率上升会导致房地产价格下降，短期和长期利率弹性估计分别为 -0.19 和 -0.45，这一结论不支持张中华、林众和雷鹏（2013）所发现的利率对房价有正的短期冲击的结论；第二，货币供应量的上升会导致房地产价格的上升，其影响虽不具有即期性，但具有滞后性，长期货币供应量弹性估计为 0.042，该估计量显著低于徐忠、张雪

① 此划分参照中国统计局网站的相关资料。

② 控制区域和年份对价格影响的交叉因素，在一定程度上也是对异方差加以控制。

春和邹传伟（2012）所估计的货币供应量弹性①。此外，与陈胜（2010）的货币政策短期波动对房地产价格影响并不显著的结论不同，我们的结论表明，货币供应量而非利率对房地产价格的即期影响不显著。

简言之，相比于房地产价格对货币供应量的反应，房价对利率的反应更敏感。这说明在现阶段，相对于数量型货币政策，价格型货币政策对抑制房价效果更显著，该结论与徐忠、张雪春和邹传伟（2012）的结论相一致。此外，考虑到使用数量型货币工具的政策效果相对具有更大的风险和不确定性，如可能导致通货膨胀水平的加剧，从而增加政策成本。因此，相关政策制定者在运用货币政策对房地产价格进行调控时，运用价格型货币政策可能更为有效。

参考文献：

[1] J. Angrist, Pischke, J. TheCredibility Revolution in Empirical Economics: How Better Research Design Is Taking the Con out of Econometrics [J]. Journal of Economic Perspectives, 2010, 24 (2): 3-30.

[2] B. Bernanke, Gertler, M. Should Central Banks Respond to Movements in Asset Prices [J]. American Economic Review, 2001 (5): 253-257.

[3] C. Borio, Lowe, P. Asset Prices, Financial and Monetary Stability: Exploring the nexus [J]. BIS working paper 112, 2002.

[4] J. Breitung. The Local Power of Some Unit Root Tests for Panel Data [J]. Advances in Econometrics, 2000 (15): 161-178.

[5] J. Breitung. "Nonparametric Tests for Unit Roots Cointegration [J]. Journal of Econometrics, 2002, 108 (2), 343-363.

[6] A. Elbourne. The UK Housing Market and the Monetary Policy Transmission Mechanism: An SVAR Approach [J]. Journal of Housing Economics, 2008, 17 (1): 65-87.

[7] M. Friedman. A Theoretical Framework for Monetary Analysis [J]. Journal of Political Economy, 1970 (3): 193-238.

[8] J. Gali. Monetary Policy and Rational Asset Price Bubbles [J]. American Economic Review, 2014, 104 (3): 721-752.

[9] J. Hausman. Specification Tests in Econometrics [J]. Econometrica, 1978, 6: 1251-1271.

[10] M. Iaeoviello. House Prices, Borrowing Constrains and Monetary Policy in the Business Cycle [J]. American Economic Review, 2005 (40): 739-764.

[11] M. Iaeoviello. House Prices and the Macroeconomy in Europe [J]. ECB working paper, 2008.

[12] 国家统计局 [Z]. http: //www. stats. gov. cn/.

[13] 郭田勇. 资产价格、通货膨胀与中国货币政策体系的完善 [J]. 金融研究，2006 (10).

① 徐忠、张雪春和邹传伟（2012）对货币供应量的弹性估计，在只控制 CPI、未控制利率变量时为 0.293 9；在只控制利率、未控制 CPI 变量时为 0.320 1。货币供应量弹性估计高于本文的结论，可能是由于其估计方程缺乏对遗漏变量的控制。

[14] 李强. 资产价格波动的政策涵义：经验检验与指数构建 [J]. 世界经济，2009 (10).
[15] 梁云芳，高铁梅，贺书平. 房地产市场与国民经济协调发展的实证分析 [J]. 中国社会科学，2006 (3).
[16] 瞿强. 资产价格波动与宏观经济政策困境 [J]. 管理世界，2007 (10).
[17] 王来福，郭峰. 货币政策对房地产价格的动态影响研究——基于 VAR 模型的实证[J]. 财经问题研究，2007 (11).
[18] 魏玮. 货币政策对房地产市场冲击效力的动态测度 [J]. 当代财经，2008 (8).
[19] 徐忠，张雪春，邹传伟. 通货膨胀与货币政策——基于中国数据的研究 [J]. 金融研究，2012 (6).
[20] 杨伟，谢海玉. 资产价格与货币政策困境："善意忽视"能解决问题么 [J]. 国际金融研究，2009 (11).
[21] 易纲，王召. 货币政策与金融资产价格 [J]. 经济研究，2002 (3).
[22] 张中华，林众，雷鹏. 货币政策对房价的动态冲击效果研究 [J]. 经济问题，2013 (2).
[23] 中指指数研究院. 2014 年 5 月中国房地产指数系统百城价格指数报告 [R]. 中指指数研究院，2014-06.
[24] 周冰，苏治. 中国的货币政策能有效调控房价吗 [J]. 中央财经大学学报，2012 (4).
[25] 周小川. 关于改变宏观和微观顺周期性的进一步探讨 [J]. 中国金融，2009 (8).
[26] 左秀霞，周少甫，王少平. 广义 Breitung 非参数单位检验研究 [J]. 数量经济技术经济研究，2012 (5).
[27] 王柏杰. 资产价格波动与货币政策选择 [M]. 西安：西北工业大学出版社，2013.
[28] 杨红旭. 楼市探秘 [M]. 北京：机械工业出版社，2013.

产业转型升级的非均衡推进战略思考*

岳清唐　江海鑫

摘要　当前我国各地区产业转型升级面临着重要的战略机遇期，国际经济和科技的发展面临的不确定性增强。美国爆发次贷危机以来，欧美国家又发生美债危机和欧债危机，这些都引发了国际经济格局发生重大变化，以人工智能、新能源为代表的新一轮技术革命面临突破；中国过去几十年经济高速发展中累积起来的“人口、资源、土地和环境”难以为继的问题也已十分突出。在这种时代背景下，中国产业转型升级将是一个非均衡推进的过程，应当实施技术、市场和空间三个维度的非均衡推进战略。

关键词　产业转型；升级；非均衡推进战略

当前，推进我国各地区产业转型升级面临着重要的战略机遇期。国际和国内的形势发展都要求我国加快和把握经济与产业结构的优化升级，使我国的经济发展方式实现实质性的转变。在这种时代背景下，产业转型升级的路究竟怎么走？产业转型升级的突破口是什么？本文提出，产业转型升级是一个非均衡推进的过程，在这一过程中，应当实施包括空间、技术和市场三项内容的非均衡推进战略。

一、产业转型升级是经济进步的重要内容

一个国家或地区的经济进步不仅体现为这个国家或地区一定时期内经济在总量上的增长，即国民生产总值的增长，还表现为经济在结构上的优化，也就是产业的转型升级。经济进步既要求有量上的增长，也要求有质上的优化。

目前，“产业转型升级”已成为众多学者和企业以及各级政府频繁使用的热门词汇，但人们对这个概念的认识却不尽相同。要真正做好产业的转型升级，就必须正确理解“产业转型升级”这个说法。首先，转型和升级是什么关系？是不是由生产大路货产品向生产有些科技含量的产品的转变就是产业转型升级？比如，一家企业从生产摩托车转向生产汽车就是产业转型升级了？其实，这里转的仅是此“形”，而不是彼“型”；仅是产品外观形状的转变，而不是生产在“类

* 本文为中国政法大学校级人文社科规划项目“高价城市化对城市经济内生创新增长的影响及对策研究”（项目编号：12ZFG79002）的阶段性成果。

型”上的本质变化。实际上，“产业转型”转的是“类型”，不是“形式”，也不是“转行”，产业转型指的是从价值链低端的生产升级到价值链高端的生产，从低端类型的产业生产升级到高端类型的产业生产。这种转型的本质是实现经济发展方式的转变，即是指从粗放式生产转向集约式生产，是从高耗能生产转向低耗能生产，从高污染生产转向绿色生产。

另外，在不同层面上，转型升级的内容也是不一样的。在国家层面上，农业向工业的转型升级，并不代表着这个国家的农业萎缩了，不需要了，而是相反。农业能够向工业转型升级，代表着这个国家的农业实现了现代化，生产效率大大提高了，农业的产出不是减少了，而是更多了，只不过在总的经济产出中的比重相对下降而已；不是不从事农业了，而是现在可以投入更少的人力资源生产出更多的粮食了，其前提是农业生产技术大幅度提高，农业组织管理方式显著进步了。在某一个地区或某一个企业的层面上，农业向工业的转型升级则可能意味着放弃农业生产而转向某一制造业的生产。

二、产业转型升级是一个非均衡推进的过程

经济进步从时间和空间上来说都表现出非均衡的特征。世界经济发展历史表明，一个国家或地区在不同的发展时期其经济增长速度有高有低，其经济结构的变化有密集时期也有稳定时期；从空间分布来看，不同区域经济增长速度各异，经济结构也各异，对一个大国来说这种特征更为明显。

从历史纵向看，英国经济学家克拉克（C. G. Clark）在总结了发达国家的劳动力在一、二、三次产业间发生的变化后，提出了被称为“配第—克拉克定理”的一个规律：随着经济发展，人均国民收入水平提高，劳动力在一、二、三次产业中的比重，表现出由第一次产业向第二次产业、再由第二次产业向第三次产业转移的趋势。美国经济学家库茨涅兹（S. S. Kuznets）经过对多国数据进行分析进一步提出：随着经济发展，农业部门实现的国民收入在整个国民收入中的比重和农业劳动力在全部劳动力中的比重都有不断下降的趋势；工业部门在国民收入中的比重一般呈上升趋势，工业部门的劳动力比重大体不变或略有上升；服务部门的劳动力相对比重几乎在所有国家都是上升的。从第二次产业结构演变的历史来看，发达国家的工业化大致经历了三个时期：一是以轻纺工业发展为主的时期；二是以重化工业发展为主导的时期，这个时期又分为两个阶段：第一阶段是以煤炭、电力、冶金、化学等能源、原材料工业为主导的发展阶段，也称为资金密集型工业的发展阶段，第二阶段是以电子、机械等加工组装工业为主的发展阶段，也称为技术密集型工业的发展阶段；三是以高技术工业发展为主的时期，也称为知识密集型工业的发展阶段。

从我国产业结构演变发展的历程来看，有研究表明，我国产业结构演变进程呈不断加快趋势，特别是在改革开放后的30多年内，我国第二产业所占比重基

本持平，第一产业所占比重明显下降，第三产业所占比重大幅上升，第一、第三产业呈“剪刀形”发展态势，产业结构总体上从第一产业为主向以第二、第三产业为主转变的特征非常突出。

从空间横向看，同时期的各国产业结构层级各异，同一国家内部不同区域的产业结构也呈现出不同的层次结构，体现出空间上的非均衡特征。发达国家的产业结构大都是“三、二、一”的类型，中等发展中国家的产业结构大多是“二、三、一”的类型，而欠发达国家的产业结构基本是“一、二、三”的层级。就我国而言，产业结构的非均衡特征极为明显：东部发达地区的产业结构总体上已转型为“三、二、一”的结构，而中西部大部分地区的产业结构还处在“一、二、三”的状态。

三、产业转型升级的空间非均衡推进战略

既然经济和产业结构在空间区域上呈现出非均衡特征，那么一个国家或一个地区在推进产业转型升级时也就不能实行“一刀切”的政策，而应根据不同地区的不同经济水平与经济产业结构的现状和特点，实行区域非均衡的产业转型升级策略。在这样的策略中，某个地区会成为产业结构转型升级的增长极，周边地区在增长极的带动下实现转型升级。

我国的经济结构不均衡发展的特征不仅体现在东部、中部和西部较大的地区差异上，还体现在区域内和省域内的差异上。西部地区总体上经济结构处在较低的层级上，但像重庆、西安、成都等城市也都是周边地区的经济高地；东部地区总体上经济结构处在较高的层级上，但这些区域内也还存在着较大的地区差异，发达地区的周围也还有许多经济洼地。近些年来，广东、浙江等地提出“腾笼换鸟”战略，把低端产业从发达区域置换出去，引进高端产业。那么，置换出去的“鸟”去哪里安家了呢？有两个去处：一是“飞”到我国中西部省份；二是被引进到本省的老少边穷地区。广东省在2008年就出台了《关于推动产业转移和劳动力转移的决定》等文件进行“腾笼换鸟”。广东的“双转移”政策加速了珠三角地区的产业转型升级和广东省的区域协调发展。截至2012年年初，珠三角转出低端企业5 983家，淘汰落后产能、关停并转企业7.8万家，引进高端企业1.8万多家，转进企业平均投资额是转出企业的84倍。与此同时，广东的老少边穷地区以36个产业园为载体，承接了珠三角的产业转移，带动了欠发达区域的发展，这些地区的工业增加值分别增长了128%和122%。地处长三角的浙江省也出台了“腾笼换鸟”的政策和措施，力图为产业转型升级腾出用地、能耗、环境容量等发展的空间，推进产业梯度转移。浙江省鼓励换出去的“鸟”在省内安家，对符合产业规划布局和政策导向的企业，鼓励其在省内梯度转移。

产业转型升级的空间非均衡推进战略的理论基础是产业空间集聚理论和协同

创新理论。从图能（Thünen）的孤立国概念的提出到马歇尔的外部性思想，都在一定程度上解释了经济活动和产业在空间上的集聚现象。某个产业在何处产生有一定的偶然性，但某个产业在某个区域的发展壮大则有其内在机理。新经济地理学认为，这种机理的本质是存在某种形式的报酬递增促进产业等经济事物的集聚，报酬递增是推动经济活动地理性集中的强大力量。因此，各地区在推进产业转型升级的过程中要坚持产业集聚发展的非均衡空间战略，加强对各类园区和平台的建设。

四、产业转型升级的技术非均衡推进战略

从根本上说，产业结构的进化来源于科技的发展。科技的发展是波浪式非均匀前进的，因而产业转型升级从时间上说也是个波浪式非均衡的过程。自工业革命以来，每一次的科技革命都带来了新兴产业的出现，使产业结构得到改善。以牛顿力学为代表的近代自然科学的发展和蒸汽机技术的进步带来了传统机器制造业的产生，内燃机技术的发展带来了汽车等产业的出现，电力技术带来了电气产业的发展，相对论、量子力学、晶体管技术等科技的发展带来了核能产业、航天产业、电子计算机产业以及互联网产业的发展。

从国家层面上说，我国的产业转型升级要瞄准战略性新兴技术和产业，要将力量更多地投向那些对经济社会全局和长远发展起引领和带动作用的重大技术，培育和发展出那些知识技术密集、物质资源消耗少、成长潜力大、综合效益好的战略性新型产业。

从区域层面上的产业转型升级来说，要结合自身基础，把握好三个原则，选择适合自己的战略性新兴产业：一是技术前沿性和技术适用性平衡原则。转型升级一定要采用新技术，采用能代表技术发展方向的产业。但对某一个区域来讲，并不是技术越前沿越好，还要考虑到企业的消化吸收能力，要考虑到技术的适用性，适合本地资源禀赋特点的新技术才是有利于转型升级的技术。二是技术的适用性与市场性平衡原则。要考虑该技术所代表的产业其市场前景如何，没有市场前景的技术和产业不是好产业，没有需求的产业是发展不起来的。三是技术的适用性与产业关联度相匹配的原则。注重所选技术产业的产业关联度大小，要选择那些与其他产业关联度大的新兴产业，只有这类产业才是战略性新兴产业，才能对区域的整个产业体系和经济体系的发展起引领和带动作用。

五、产业转型升级的市场主导化推进战略

从舆论上看，各级政府和学者对产业转型升级问题呼声最高，而企业似乎经常陷入被动应付的境地。传统观点认为，产业转型升级涉及战略性产业的选择，应该由政府主导布局，在实践上也有一些地方政府主导了本地的产业升级换代，但效果并不十分好。究竟政府在产业转型升级上起什么作用，这是一个有争议的

问题。历史上，日本政府在第二次世界大战后对以主导产业选择为主要内容的产业转型升级给予了高度关注，并在很大程度上主导了产业的选择，这对日本战后经济的快速发展起到了一定作用，但也出现了一些失误。第二次世界大战后初期，日本为重启工业化进程，政府主导选择了以钢铁和煤炭为优先发展产业；在高速发展时期，政府又主导选择了以电力工业等为代表的能源工业部门，以钢铁、机械、造船工业等为代表的基础工业部门和以汽车、电子、石油化学工业等为代表的新兴工业部门为主导产业。这些主导产业都促进了日本产业结构的优化升级，带来了经济的持续增长。然而，日本在电子信息产业的选择上却出现了失误。20 世纪 80 年代，日本的个人电脑产业和美国的发展情况不相上下，但美国在自由市场机制的引领下大力发展个人电脑，主导了信息产业的发展方向，占领了新经济的制高点；而日本政府选择了把大型机作为电脑产业的发展方向，虽也取得了一些成就，但在信息产业上却整体落后了美国 10 年左右。

因此，在产业转型升级问题上，选择什么产业？转向什么方向？究竟谁为龙头企业？这些问题的答案不能由政府凭借公权力做出，而应以企业为选择主体，以市场化为主导来推进；政府在其中只能起引导扶持等作用，并且在引导方面也要符合产业和市场发展规律。产业转型升级主要是企业行为和市场行为，政府的重心应当是履行提供服务和帮助等职能，健全法制和市场规则，通过价格、利息、工资和地租等价值杠杆引导产业转移，以提高要素收益率，加快产业转型升级。

六、结语

空间非均衡推进战略源于空间上的报酬递增，产业在区域上呈现结构不同、层次不同的等级分布，必须正视这种不均衡并利用这种不均衡。在推进产业转型升级时采用波浪式的产业集群形式在省域内、在全国东、中、西部之间进行梯度转移，使各地的产业都得到转型升级，进而由不均衡发展进化到均衡发展。

技术非均衡推进战略源于产业演化的波浪式前进模式，它由一次次的科技革命所造就，不同时期有不同的主导技术和主导产业。从整个国家层面来说，我们要抓住新技术革命的机遇，实现跨越式发展；从地区层面来说，各地区所处的发展阶段不同，要找到适合自己区情的主导技术，使产业实现转型升级，而非产业和技术越高精尖越好。

市场非均衡推进战略源于非均衡的市场机制，现实的市场是非均衡的，又有走向均衡的趋势。只有那些有市场需求、有利润空间的产业才能得到发展，而这样的产业必须由市场的微观主体企业自身在竞争中筛选出来，政府不能代为其劳，经验表明也代劳不好。政府的作用是为企业提供服务和帮助，为企业创造符合产业发展和市场规律的良好的外部环境。

参考文献：

[1] 赵峥，张欣．我国产业结构演变的历史进程与现实问题分析［J］．创新，2012（1）．

[2] 王楚，吴冰．“腾笼换鸟”转型升级，广东“转”出新气象［N］．人民日报，2012－07－13：（01）．

[3] 浙江省人民政府．关于加快“腾笼换鸟”促进经济转型升级的若干意见（试行）．浙政发〔2012〕49号，浙江省政府网站，2012－06－29，http：//www.zh.gov.cn/zwgk/fggw/zcfg/201206/t20120629_ 47235.htm.

[4] 潘素昆．战后以来日本的重点产业扶持政策分析及展望［J］．日本研究，2004（1）．

信托资产规模与货币供应量关系的研究

——基于我国2010—2013年的月度数据

张巍　张力千

摘要　随着金融业的不断发展，影子银行对经济发展的影响越来越大。我国信托公司经过30余年的发展，已经成为我国目前非银行业金融机构的重要组成部分。信托资产是信托机构发展水平的重要指标，在监管过程中应给予充分的重视。作为宏观调控最重要的方式之一，货币供应量对信托业发展会产生何种影响是本文的研究目标所在。

本文认为，通过对我国2010年以来月度数据的实证分析可见，货币供应量对信托资产规模的影响非常大，在数量关系上呈现二次形态，所以，在调控宏观经济过程中要更加谨慎地运用货币供应量这一方式，以达到更为稳健的调控效果。

关键词　影子银行；信托公司；货币供应量

一、引言

在2008年的金融危机中，影子银行体系进入了我们的研究视野，其自身存在的发展和监管问题越来越多地受到了金融界和学界的关注。“影子银行体系”较早由剑桥大学教授杰弗里（Jeffrey，2002）在《货币的未来》一书中提出，是对从事地下外汇交易机构的统称。2008年美国金融危机爆发后，影子银行体系逐渐引起金融界的广泛关注。

当前，学界谈到的“影子银行体系”的含义最早是由美国太平洋投资管理公司执行董事麦克库雷（McCulley，2007）提出的。他认为，“影子银行”主要是指游离于监管体系之外，与传统、正规及受中央银行监管的传统银行体系相对应的金融机构。本文认为，随着经济的不断发展，影子银行逐渐被纳入监管体系中，但是监管措施远不如对传统银行那么严格，因此，影子银行的系统性风险依然比传统银行要高。同时，考虑到我国经济发展的特殊性，央行政策对于市场经济主体的冲击往往更值得我们关注。

改革开放30多年来，我国金融体系不断完善，结构呈现多元化发展，资产规模不断扩大，发展势头良好。但是，与美国等发达的金融体系相比，我国金融结构中依然是银行主导，非银行金融业仍处于发展阶段；金融创新严重不足，金融监管体系需进一步完善①。我国影子银行体系主要包括信托公司、货币市场基金（MMFs）、各类私募基金等非银行金融机构以及银信合作、理财业务、资产证券化和OTC衍生品等金融工具和市场。2011年中国金融业总资产规模如表1所示。

表1 2011年中国金融业总资产规模

机构类型	银行业金融机构	保险公司	信托公司	基金公司	证券公司
资产规模（万亿元）	113.28	6.01	4.8	2.1	1.57

数据来源：中国银监会、证监会、保监会。

当前我国实行分业经营，证券公司、保险公司仍处于发展初期，资产规模小、业务范围狭窄、金融创新能力低下、杠杆率低且可控等特征明显②，因此，证券公司、保险机构还不具备国际影子银行体系的特征。信托公司则不然，从表1中可以看出，信托资产规模在金融业总资产中占比仅次于银行业金融机构和保险公司，更为重要的是信托业务主要包括融资信托、投资信托、银信合作和信政合作③等方面，影子银行体系特征较为明显。因此，论述我国信托公司与经济调控手段之间的关系对于研究我国影子银行体系监管问题具备典型性，对未来监管政策的制定具有重要的借鉴意义。

二、文献回顾及研究不足

自2008年全球金融危机爆发以来，影子银行受到了越来越多的关注。目前现有的有关文献主要包括以下几个方面。

第一，有关影子银行问题的研究。战宏（2013）在对国内外影子银行的理论和实证分析的基础上，从监管角度提出了我国影子银行监管现存的问题及建议。陈涤非（2005）用实证的方法研究了我国金融创新对货币政策产生的影响。运用邹断点检验法和在模型中加入虚拟变量的方法，首先，证实中国传统货币需求模型在1993年后发生了结构性变化，而引起这一变化的原因主要是金融创新因素；其次，对金融创新给中国货币供给控制带来的影响进行了实证考察；再次，实证研究了金融创新对中国货币政策中介目标选择的影响；最后，就金融创新对中国货币政策传导机制的演进及其有效性的影响进行了实证检验。强培铮（2011）根据推导、归纳、证明和总结的思路，在总结货币传导机制的基础上认为，要改善金融现状，应健全影子银行体系，从而达到改革的目的。

① 中国人民银行．中国金融稳定报告2010［M］．北京：中国金融出版社，2011.

② 唐红娟．影子银行体系：功能、脆弱性与监管改革［M］．北京：知识产权出版社，2012.

③ 资料来源：中国信托业协会官方网站。

第二，有关影子银行与货币政策关系的研究。骆振心、冯科（2012）从影子银行信用创造的角度，分析了影子银行对我国货币政策传导机制的影响，并提出了相应的建议和对策。陈剑、张晓龙（2012）利用SVAR模型进行实证分析，结果显示，从整体上看影子银行的发展对经济增长具有促进作用，但是对通货膨胀无显著影响；同时，文章认为经济增长和货币供给量的减少是影子银行发展的主要驱动力量。

第三，有关信托行业问题的研究。张颖、李承（2012）运用ADF检验、Granger因果分析以及脉冲响应、方差分解方法分析了信贷规模对各信托模式产出的关系，结果发现，信托规模和信托各产出之间存在着正向的引导关系，信托业务系统性风险不大。汪戎、熊俊（2010）在对信托业发展现状剖析的基础上，明晰了信托业立足的根本在于信托制度及法理之上的比较优势，并指出其将呈现出其他金融行业高度粘合的演进趋势。李将军（2012）通过分析美国影子银行体系的价值及其风险根源，论述了我国信托行业是否属于影子银行体系的问题，文章认为，从价值创新的角度看我国信托业属于影子银行，从监管角度看则不属于影子银行。

第四，有关信托行业与货币政策关系的研究。辛聪（2012）认为，货币政策的变化从根本上改变了市场交易的规则，并影响了信托行业的发展预期和收益。他撰写的文章论证了"货币政策对于信贷行业的影响主要是在金融体系的稳定性中表现出来的，货币的平衡对于促进信贷行业的稳定发展具有重要影响"这一观点。

第五，有关银信合作问题的研究。吴慕枫（2009）分析了我国银信合作业务模式的产生及其原因。张春华（2011）通过分析我国银信合作理财业务存在的基础，对该业务的发展现状及其存在的问题进行了进一步阐述，并根据相关的政策走向对我国银信合作理财业务的未来发展趋势提出了若干设想。卢川（2012）从银信合作的模式入手，分析了新的监管政策下融资类银信合作业务未来的发展趋势。陈琼（2007）认为，银信合作将成为我国信托业的战略选择。贾瑞（2013）在回顾我国银信合作的现状及模式演变的基础上，指出了我国银信合作发展中存在的主要问题，并提出了未来深入创新该业务的基本路径。

第六，有关银信合作与货币政策关系的研究。段胜辉（2012）通过运用存款创造和货币供应的理论模型证明了银信合作会增加货币供应量，削弱央行反通货膨胀政策的作用。岳磊（2013）从实际出发，就当前金融机构理财与资金信托业务发展现状及其对货币政策的影响进行调查分析，并提出了相应的政策建议。

根据上述对文献的总结分析可以发现，现有文献多研究影子银行对货币政策的影响，而鲜少涉及货币政策对影子银行及其相关业务产生的影响；多从影子银行的宏观视角和信托业务的微观视角进行研究，而对信托行业中间层面问题的研究较为薄弱；多从商业银行的角度研究银信合作业务，并未针对性地分析这一业务在信托行业中产生的特殊影响。本文的研究将着重从这些方面展开。

三、我国信托公司发展现状

中国信托公司产生于改革开放初期，到 1982 年年底，全国各类信托机构数量已经达到 620 家[①]。但是这些信托公司的业务主要是以银行业务为主的混合金融业务，并非真正意义上的信托业务。经过 20 年的治理整顿，通过行业清理、业务清理、资产剥离、注资和重组等方式，信托公司实现了与其他金融行业严格的分业经营。2003 年以来，尽管受到金融危机的冲击，但房地产信托、MBO 信托、外汇信托和法人股权投资信托仍不断涌现，信托行业发展蒸蒸日上，真正成为“受人之托、代客理财”的专业化金融机构。随着监管的逐步深化，尤其是 2010 年以来，我国信托机构的发展越来越规范，到目前为止，我国获准登记的信托机构已有 67 家。图 1 和图 2 显示了我国信托资产规模趋势以及规模增速的变化。

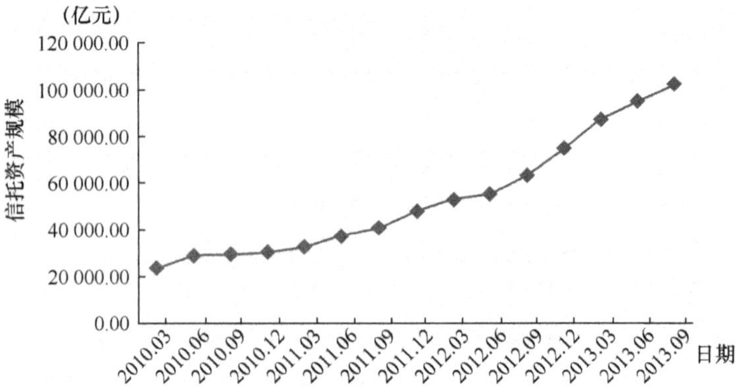

图 1　信托资产规模趋势图

数据来源：根据中国信托业协会提供的数据整理。

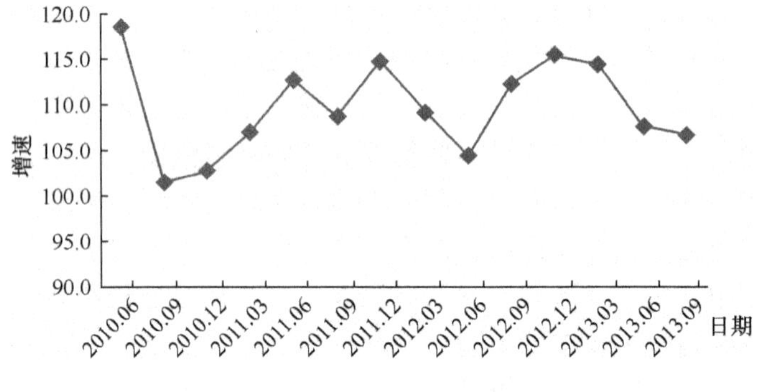

图 2　信托资产规模增速变化

数据来源：中国信托业协会。

---

① 欧阳卫民．中国非银行金融业研究［M］．北京：中国金融出版社，2001.

当前我国信托业的特点主要表现在四个方面：首先，信托监管政策不断完善。继《信托公司管理办法》和《信托公司资金信托计划管理办法》（即“信托新两规”）颁布实施后，监管机构还先后出台了《关于规范银信合作有关事项的通知》和《关于规范信贷资产转让及信贷资产类理财业务有关事项的通知》等规定。其次，信托资产规模大幅上涨。如图 1 所示，2010 年至 2013 年 9 月，我国信托资产规模呈稳步上升趋势，尤其是 2012 年 6 月以来，增长势头良好。再次，固有资产结构日趋合理。根据中国信托业协会的分析报告①，2013 年第三季度末，67 家信托公司固有资产规模为 2 621. 80 亿元，同比增长 25. 87%，环比增长 4. 15%；其中贷款类资产呈下降趋势，投资类资产稳步上升。由图 2 可以看出，经过高速发展时期，信托资产规模的增速虽然存在震荡，但整体呈现增速放缓的趋势。最后，经营业绩保持良好，信托业务收入在总经营收入中所占比例已从 2010 年年底的 58. 76% 增长为 2013 年第三季度的 73. 92%；同时，利润总额不断增加，2013 年第三季度 67 家信托公司实现利润总额达到 217. 06 万元。

我国信托公司业务构成有其自身的特殊性。

第一，资金信托业务，按照资金运用方式划分可分为贷款、交易性金融资产投资、可供出售及持有至到期投资、长期股权投资、租赁、买入返售、存放同业等，其中以贷款资金信托占比最高。2013 年第三季度的数据显示，该业务占比已达到 48. 24%②，接近一半，成为资金信托业务的主要组成部分。在我国，私人主体向银行的借贷是贷款的主要方式，而银行借贷资金量受到国家宏观货币政策的极大影响。

第二，在信托公司的特色业务中，主要有银信合作、信政合作、私募基金合作、PE、基金化房地产信托和 QDII 等。其中，2013 年第三季度的数据显示，银信合作业务占比 21. 39%，信政合作业务占比 8. 13%③，合计约占总数量的 30%。所谓银信合作，是指商业银行将客户理财资金委托给信托公司，由信托公司担任受托人并按照信托文件的约定进行管理、运用和处分的行为。一方面，银信合作是商业银行和信托公司两类金融机构共同为客户提供的一种综合性的金融产品模式和金融服务平台④；另一方面，信政合作业务中政府的行为亦不容忽视，对业务的开展影响非常大。所以，在信托公司的特色业务中，受政府和银行的影响很大。

从我国货币政策影响信托公司资产规模的路径来看，根据上文对我国信托公司业务构成的分析可以发现，当前我国信托公司的业务中占有相当比例的业务都是与央行、政府等制定宏观政策的主体相关的，因此，受到相关因素的影响非常突出。宏观政策通过货币政策调控经济时通过银行、政府等路径对信托公司的规

① 周小明. 2013 年 3 季度中国信托业发展评析［OL］. 中国信托业协会网站，2013 - 11.

②③④ 数据来源：中国信托业协会官方网站。

模产生相关关系，从而促使宏观货币政策对微观的信托公司发展产生影响。以下将通过对我国的月度数据进行分析，对该结论予以进一步的论证。

四、信托资产规模与货币供应量的月度数据分析

本文选取信托资产规模与货币供应量作为目标变量进行研究，通过对2010年以来的月度数据分析，得出二者之间存在的量化关系。

（一）信托资产规模与货币供应量（M1）的相关性分析

20世纪90年代以来，我国金融市场经历了快速发展的时期，但是银行业主导的金融格局始终没有改变。这种银行主导的金融体系意味着货币供应量对经济运行的影响具有良好的可测性和可控性，表明货币供应量与经济总体发展状况存在着较为紧密的联系①。因此，本文选用货币供应量（M1）作为研究对象，分析其与信托资产规模的关系，运用SPSS做出2010年以来的货币供应量和信托资产之间的散点图如图3所示。

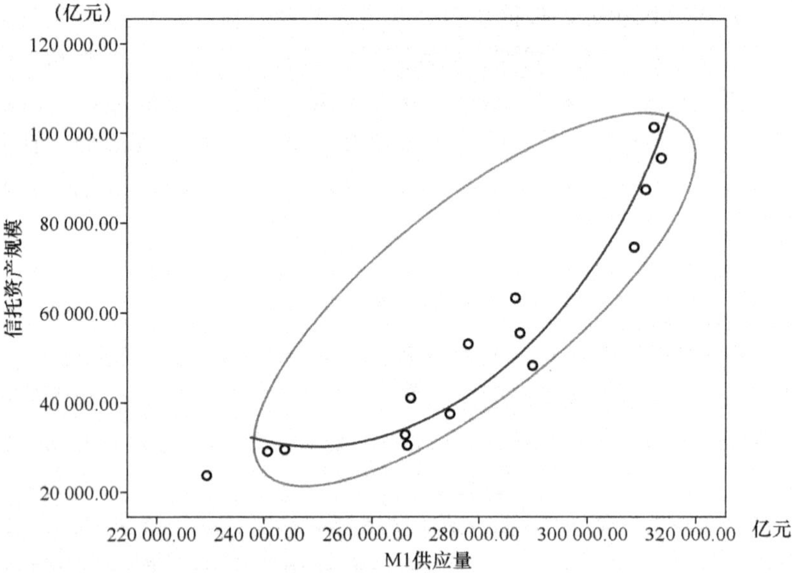

图3　信托资产规模与货币供应量（M1）散点图

数据来源：中国信托业协会；国家统计局。

从图3可以看出，信托资产规模与M1供应量之间存在着明显的正向相关关系。从散点的分布形状来看，除了一个离群点之外，其他所有点都可以被包括在一个椭圆形中，因此，二者之间至少存在着较为明显的线性关系。从散点在椭圆

① 王建国．货币供应量作为我国货币政策中介目标的探讨［D］．复旦大学，2006.

内的分布状况来看，各点较集中地出现在椭圆的右下部分，因此可能存在二次项对线性关系的修正。

为了进一步量化研究信托资产规模与 M1 供应量之间的相关关系，本文做出了如表 2 所示的相关系数表。

表 2　货币供应量（M1）与信托资产规模的相关性分析

目标变量		M1 供应量	信托资产规模
M1 供应量	Pearson 相关性	1	0. 914
	显著性（双侧）		0. 000 * *
	N	15	15
信托资产规模	Pearson 相关性	0. 914 * *	1
	显著性（双侧）	0. 000	
	N	15	15

说明：* * 表示在 0. 01 水平（双侧）上显著相关。

表 2 中的数据显示，M1 供应量与信托资产规模之间的皮尔逊相关系数高达 0. 914，且在 0. 01 的显著性水平上通过了双侧检验。

综合上述分析，本文认为，M1 供应量与信托资产规模在相关性分析中呈现出了显著的相关关系；同时，散点图中各个散点的分布表明二者之间存在着线性或二次方关系。

（二）信托资产规模与货币供应量（M1）的回归分析

在相关关系研究的基础上，本文将 M1 供应量对信托资产规模的影响做了回归分析。由于货币供应量是央行的货币政策之一，因此，该变量的变化具有主动性，本文将其确定为自变量；相应的，信托资产规模作为因变量，模型形式选择为线性和二次方形式。回归系数及相关检验结果如表 3 所示。

表 3　货币供应量（M1）对信托资产规模的回归分析

方程	模型汇总					参数估计值		
	R 方	F	df1	df2	Sig.	常数	b1	b2
线性	0. 836	66. 101	1	13	0. 000	-188 525. 271	0. 869	
二次	0. 939	91. 706	2	12	0. 000	689 086. 767	-5. 574	1. 172E-005

由表 3 数据可以看出，在线性模型中，拟合优度为 0. 836，且方程通过显著性检验；在含有二次项的曲线模型中，拟合优度提升为 0. 939，模型的优化效果明显，同样，该方程也通过了显著性检验。

根据上述对表 3 数据的分析，本文认为，虽然线性模型通过了显著性检验，拟合优度较为理想，但是经过二次项的修正，模型不仅通过了显著性检验，而且拟合优度有明显提高。

在对模型进行量化比较的基础上，本文做出了两个方程对真实值的拟合程度比较图，如图 4 所示。可以看出，相比线性拟合值，真实值在二次型曲线的两侧分布得更为均匀。所以本文认为，M1 供应量对信托资产规模的影响存在着二次型的数量关系。

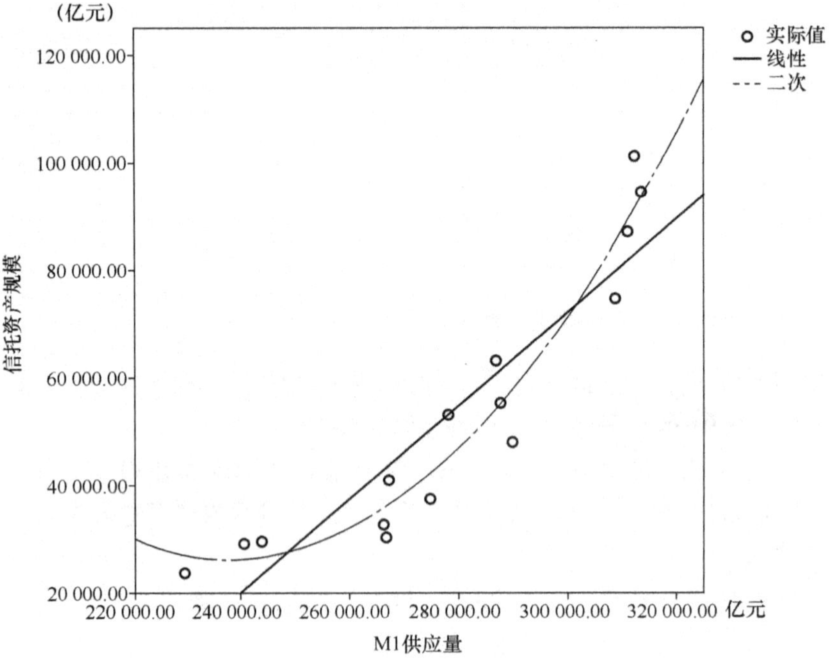

图 4　模型拟合效果比较

五、结论

通过对我国 2010 年以来信托资产规模与 M1 供应量之间数量关系的实证分析，本文得出如下结论：

第一，随着我国经济的繁荣与发展，信托公司经历了诞生、发展并逐渐走向稳定的过程，在经济体中将发挥越来越大的作用，因此，注重对信托公司的监管十分必要。

第二，在对信托资产规模与货币供应量关系的量化分析中发现，货币供应量对信托资产规模的影响呈现二次型关系。所以，随着信托业的不断发展，央行在运用货币政策对宏观经济进行调控时需要更加谨慎。

参考文献：

[1] Ingham, G. New Monetary Spaces? The Future of Money [M]. OECD Publication Service, 2002.

[2] 陈涤非. 中国金融创新的货币政策效应研究 [D]. 南京农业大学, 2005.

[3] 陈剑, 张晓龙. 影子银行对我国经济发展的影响 [J]. 财经问题研究, 2012 (8).

[4] 陈琼. 银信合作: 中国信托业的战略选择 [J]. 金融监管, 2007 (22).

[5] 段胜辉. 银信合作、货币供应与货币政策 [J]. 上海金融, 2012 (3).

[6] 贾瑞. 我国银信合作的发展现状及其创新路径 [J]. 经济师, 2013 (7).

[7] 李将军. 我国信托业是影子银行吗? ——兼论我国信托业的经济逻辑和价值 [J]. 中央财经大学学报, 2012 (3).

[8] 卢川. 中国影子银行运行模式研究——基于银信合作视角 [J]. 金融发展评论, 2012 (1).

[9] 骆振心, 冯科. 影子银行与我国货币政策传导 [J]. 武汉金融, 2012 (4).

[10] 欧阳卫民. 中国非银行金融业研究 [M]. 北京: 中国金融出版社, 2001.

[11] 强培铮. 影子银行体系影响下的货币政策传导风险及其实践研究 [D]. 浙江工商大学, 2011.

[12] 唐红娟. 影子银行体系: 功能、脆弱性与监管改革 [M]. 北京: 知识产权出版社, 2012.

[13] 王建国. 货币供应量作为我国货币政策中介目标的探讨 [D]. 复旦大学, 2006.

[14] 汪戎, 熊俊. 中国信托业发展 30 年评述 [J]. 云南财经大学学报, 2010 (1).

[15] 吴慕枫. 我国银信合作业务模式探析 [J]. 商场现代化, 2009 (3 中).

[16] 辛聪. 货币政策对信托行业的影响 [J]. 中国商贸, 2012 (11).

[17] 战宏. 中国影子银行监管问题研究 [D]. 吉林大学, 2013.

[18] 张春华. 我国银信合作理财业务的发展现状与未来趋势 [J]. 企业经济, 2011 (9).

[19] 中国人民银行. 中国金融稳定报告 2010 [M]. 北京: 中国金融出版社, 2011.

[20] 周小明. 2013 年 3 季度中国信托业发展评析 [OL]. 中国信托业协会网站, 2013 - 11.

银行同业业务与货币政策调控措施研究*

张巍

摘要 银行同业业务在中国快速发展有其内在原因，监管部门对同业业务的监管也给予了高度重视。本文对银行近年来的同业业务增长状况及其关键变量之间的关系进行相关研究，在此基础上，介绍了2014年以来监管部门对同业业务的规范趋紧的措施，并提出了金融监管进一步协同一体化、法制化调控的对策建议。

关键词 同业业务；货币政策；调控

银行同业业务，是指商业银行以金融同业客户为服务与合作对象，以同业资金融通为核心的各项业务，具体包括代理同业资金清算、同业存放、债券投资、同业拆借、外汇买卖、衍生产品交易、代客资金交易和同业资产买卖回购（包括信托受益权）、票据转贴现和再贴现等业务。其中，信托受益权和票据类业务是同业业务中的最大部分。

银行同业业务在中国快速发展有其内在原因。一方面，从银行负债的角度来看，2011年存款利率上下浮动10%开始，各商业银行资金来源的成本迅速上升；另一方面，2008年以来，由于经济增速的放缓，企业活期存款大幅度下降，银行资金来源紧张，银行同业之间较高的信用等级是获取廉价资金的重要条件，同业融资成为获取廉价资金来源的重要渠道。

2008年以来，受益于国家4万亿元等信贷政策和货币政策的刺激，市场保持了相对宽松的流动性环境，这为我国商业银行同业业务创新的开展提供了良好的条件。在流动性相对宽松的环境中，银行的流动性管理压力不大，大型银行存款资源充足，存贷比例偏低，信贷投放受到信贷额度的限制，债券投资受到债券市场容量的限制，因此，同业资产配置就成为大型银行的首选。与此同时，对中小银行来说，它们也可以通过拆入的方法做大资产负债表，实现资产的高效配置①。

周凯等（2013）认为，同业业务支撑了近年来银行资产规模的快速扩张，也使得银行能够维持整体利润的快速增长。同业业务被我国商业银行当作集体性创

* 基金项目：2012年北京市哲学社会科学规划项目“民营经济与国有经济法律保护差异性的制度经济学分析——基于北京市的调研”（项目编号：12JGB064）。

① 孙勇．银行同业业务创新对信贷管制的突破研究［J］．财经问题研究，2014（2）．

新发展的方向，其背后因监管趋严、资本稀缺以及“金融脱媒”等原因驱动，导致中国金融体系的风险表现及传统监管指标的有效性发生变化①。王晓坤（2013）认为，银行业机构间同业业务交易逐渐活跃，尤其是股份制银行分支机构及地方中小商业银行同业业务已成为业务经营的重要内容。同业业务快速发展的同时也存在着规避信贷规模管控、期限错配套利、流动性风险上升等问题和风险，这些风险在银行业机构间相互传导和积聚，对流动性管理造成了较大的威胁②。孙勇（2014）认为，从2010年至今，我国商业银行同业业务进入了高速的扩张阶段。为了规避中国市场中存贷比、贷款规模等贷款限制，商业银行通过同业业务进行了金融创新，有效降低了资本的占用，规避了规模限制。同业业务创新包括同业代付、同业偿付、票据和信托收益权的返售回购等，这些创新在当前我国市场中得到了广泛应用③。

一、银行同业业务迅猛发展

近年来银行同业业务发展迅猛，一行三会一局（中国人民银行、银监会、证监会、保监会、国家外汇管理局）将银行同业业务结算账户分为结算性和投融资性两类。同业业务的风险在于，大银行在同业结算账户方面较为规范，城商行等中小银行在同业业务上缺乏规范；真正的风险在于，部分城商行同业业务可能涉及地方政府债务、产能过剩、风险过高的行业贷款融资。通过表内的贷款融资，各家银行尺度比较严，但通过买入返售的同业融资，银行之间并不清楚对方基础资产情况。目前银行表外业务太乱，央行很多政策无的放矢。因此，对于同业业务，目前监管部门极为重视。实际上，通过中小银行数据分析，中小银行同业业务是2010年以来才迅速发展的，尤以2011年发展迅速（参见图1）。

由图1可以看出，2010年中小银行同业业务的数量仍然不高，2010年后期开始上升；2011年进入到快速增长阶段，由年初同业往来的来源方数量只有2万亿出头，至年底已经接近4万亿元，2012年更是高位快速增长。同业业务近年一直保持着快速上涨，图2显示出2013年以来中小银行同业业务的增长态势。之所以由图1和图2分别做出展示，是由于同业往来业务攀升太快，同业业务无法正常显示在一个图中。由此可以看出，同业业务的爆发式增长还是在2012年以后。

这种情况已经引起监管层的特别关注并出台了一系列文件对同业业务进行规范。由图2可以看到，截至2014年5月，同业业务一直快速增长，同业往来来源方已经达到900万亿元。

① 周凯，张兰，张明凯．关于利率市场化中商业银行同业业务的发展与思考［J］．世界经济与政治论坛，2013（4）．

② 王晓坤．浅析中小银行业机构同业业务快速发展的风险及对策［J］．时代金融，2013（10）．

③ 孙勇．银行同业业务创新对信贷管制的突破研究［J］．财经问题研究，2014（2）．

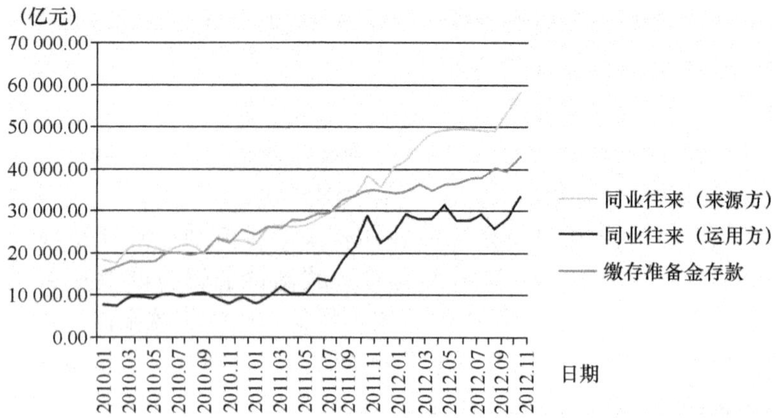

图1　2010—2012年中小银行同业业务与存款准备金折线图

数据来源：摘编自《中国证券业年鉴（2012）》。

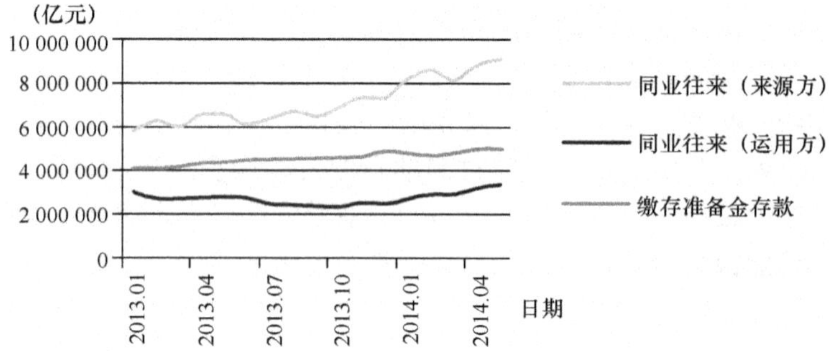

图2　2013年以来的中小银行同业业务与存款准备金折线图

数据来源：根据《中国统计月报》2013—2014年各月数据整理。

对于同业业务的增长，笔者首先用2013年起的数据，试图对中小银行业务资金往来进行相关分析，发现同业往来的来源方与缴存准备金存款、各项存款和各项贷款之间都存在很高的正向相关关系。存在这种正向的相关关系，是因为商业银行在面临央行调控、需要缴存准备金存款时，一部分资金会借助同业业务获得。近年来，央行的货币政策调控工具频繁使用存款准备金率工具，致使中小银行穷于应付央行的这一策略，出现头寸短缺，同业拆借成为银行应对的方法之一，同业往来的市场资金来源数额与利率不断上扬，同业往来来源方与缴存准备金的相关系数高达0.832 1；中小银行的各项贷款资金来源也会借助同业业务，二者的相关系数高达0.922 1，甚至于境内贷款与同业业务的来源方相关系数高达0.921 8，即贷款资金额越高，同业业务的来源方资金额度越高。中小银行的一部分贷款是依赖同业业务的资金实现的，那么，中小银行的各项存款，尤其是单位存款为什么也会与同业往来的来源方存在明显的正相关关系呢？（二者的相关系数高达0.8以上，呈极强的正相关关系，参见表1）有学者认为，企业活期存款大幅度下降，银行资金来源紧张，即存款减少导致了同业业务的骤增，即二者呈负相关关系。

表1　2013年中小银行重要指标的相关系数

	同业往来（来源方）	同业往来（运用方）	缴存准备金存款	各项存款	单位存款	各项贷款	境内贷款	短期贷款	中长期贷款	各项垫款	境外贷款	有价证券
同业往来（来源方）	1											
同业往来（运用方）	0.527 232	1										
缴存准备金存款	0.832 078	0.155 851	1									
各项存款	0.845 117	0.259 79	0.967 575	1								
单位存款	0.818 441	0.305 269	0.943 625	0.987 673	1							
各项贷款	0.922 119	0.253 83	0.962 18	0.960 93	0.918 906	1						
境内贷款	0.921 864	0.253 272	0.962 226	0.961 027	0.919 007	0.999 999	1					
短期贷款	0.916 451	0.227 21	0.954 649	0.939 806	0.889 976	0.996 03	0.995 998	1				
中长期贷款	0.914 545	0.241 449	0.956 991	0.960 693	0.916 997	0.997 595	0.997 638	0.990 524	1			
各项垫款	0.908 192	0.596 406	0.794 854	0.867 163	0.861 47	0.869 856	0.869 78	0.837 732	0.874 883	1		
境外贷款	0.955 008	0.400 167	0.908 716	0.893 129	0.851 704	0.958 087	0.957 795	0.963 133	0.943 633	0.854 562	1	
有价证券	0.882 8	0.194 839	0.965 234	0.968 386	0.943 435	0.977 44	0.977 564	0.963 588	0.980 879	0.850 537	0.901 536	1

实际上，对这一问题的解释，我认为，同业业务发展到今天，已经成为中小银行业务的重要组成部分，已经与中小银行的存贷款业务平分秋色，完全不受存贷款业务的限制，而是与其同步发展。因此，对同业业务的监督与规范显得尤为重要。

二、央行针对同业业务的调控趋紧

为了规避经营行为不规范、风险管控不到位的问题，2014年4月24日，中国人民银行、银监会、证监会、保监会、外汇局联合印发了《关于规范金融机构同业业务的通知》（银发〔2014〕127号，以下简称《通知》）。5月16日，银监会办公厅下发了《关于规范商业银行同业业务治理的通知》（以下简称“140号文”），作为中国人民银行牵头发布的《关于规范金融机构同业业务的通知》（银发〔2014〕127号）的配套性政策文件。7月，央行又发布了《关于加强银行业金融机构人民币同业银行结算账户管理的通知》（银发〔2014〕178号），即178号文，为两个月前下发的127号文“打补丁”。这么高频率的调控足见央行对此项业务的重视。

近年来非标资产的存在形式不断变化、扩充，2013 年 3 月底出台的银监会 8 号文对非标资产做出了明确定义：非标准化债权资产是指未在银行间市场及证券交易所市场交易的债权性资产，包括但不限于信贷资产、信托贷款、委托债券、承兑汇票、信用证、应收账款、各类受（收）益权、带回购条款的股权型融资等。非标资产的业务形式有银信合作、票据双买断、同业代付、信托受益权转让、买入返售银行承兑汇票同业偿付和银证合作。同业业务中，小部分存放在同业科目，大部分同业业务以买入返售的形式记入返售科目。同业科目和返售科目下的非标资产，由于属于同业资产，因此仅计提20%（3 个月内）或25%（3 个月外）的风险权重，而传统信贷的风险权重为 100%，信托风险权重最高甚至可达 150%。因此，同业资产如此低的风险权重，可以美化银行的资产负债表，降低银行的拨备率，放大信贷杠杆。

央行发布 127 号文件和较早前发布的“9 号文”都是对银行同业业务的进一步规范，在加强监管调补漏洞的同时，为同业业务打开了合法公开的大门。值得注意的是，127 号文件所做出的调整和规范并没有预计的严苛，但是实际操作可能比较困难。127 号文称，同业业务的主要业务类型包括同业拆借、同业存款、同业借款、同业代付、买入返售（卖出回购）等同业融资业务和同业投资业务。金融机构开展的以投融资为核心的同业业务，以应当按照各项交易的业务实质归入上述基本类型，并针对不同类型同业业务时实施分类管理。127 号文要求，金融机构同业投资应严格风险审查和资金投向合规性审查，按照“实质重于形式”的原则，根据所投资基础资产的性质，准确计量风险并计提相应的资本与拨备。央行此次发布的 127 号文件明确要求金融机构要对同业业务进行管理，建立统一机制对同业业务进行统一规范管理。

为进一步明确商业银行同业业务治理的规范性要求，银监会发布“银监办发 140 号文”，与中国人民银行牵头发布的《关于规范金融机构同业业务的通知》（银发〔2014〕127 号）相配套。“银监办发 140 号文”要求商业银行具备与所开展的同业业务规模和复杂程度相适应的同业业务治理体系，将同业业务纳入全面风险管理，建立健全前中后台分设的内部控制机制，加强内部监督检查和责任追究，确保商业银行依法合规开展同业业务，以符合国家宏观调控政策和银行业监管的要求；同时，要求商业银行开展同业业务时实行专营部门制，由法人总部建立或指定专营部门负责经营，强化法人总部对同业业务的统一管理，明确商业银行专营部门制改革的工作任务和违规处罚要求。

两个月后，央行下发 178 号文，规范银行业同业银行结算账户，对同业 T + D 等模式进行围堵，明确商业银行所有同业业务不经过总行授权不得开展，必须由总行统一管理，“允许二级分行以上机构开立同业结算账户”，但“应当由一级法人授权”。这一通知被业界视为对 5 月中旬国家多部委颁布的《关于规范金融机构同业业务的通知》（“127 号文”）的相关配套和补充。“127 号文”旨在通过“疏堵”银行同业资产打击影子银行，此项通知细化和规范了银行业同业结算账户管理。“178 号文”的意义在于建立了同业业务统一账户开立和管理规范系统，理顺了业务流程。

无论怎样监管，实际上都是为了约束同业业务不要形成影子银行。避免将过多的资金流入实体经济，造成更为严重的流动性过剩是监管的关键。目前，三个文件是否能够达到初始的目的，效果需要观察，毕竟同业业务在中国发展得过快、规模很大，而商业银行目前想要钻监管的空子，其手段可以不断翻新，但这三个文件缺少强制性和约束性。同业业务为金融机构带来了巨大的盈利空间，如果缺乏较为严格的法律责任机制，尽快规范金融机构将是极为困难的。

三、政府的货币政策调控协同一体化、法制化

近年来，由于现实中商业银行的金融创新不断推出，政府监管机构面临着前所未有的监管难题，监管手段须不断创新，如数据发布推出新的指标——社会融资规模，2014 年一行三会一局首次联手发文，使金融监管进入了协同一体化的阶段，打破了一直以来监管部门传统的分业监管体制。由于对新兴金融问题的监管存在一定的界限模糊问题，在分工明确的基础上协同一体化监管，成为金融监管的创新性尝试。虽然此次联合监管的效果有待观察，但监管手段的进步是明确的。

稍有遗憾的是，此次行动只是停留在政府文件的层面，未来随着管理的逐渐深入，监管将上升到法制层面。一方面要补充制定新的金融监管法律法规，以弥补某些领域的法律空白；另一方面要根据当前经济发展的趋势，修改现有的已经不适应金融发展的监管法律法规，为监管部门提供法律依据。针对各种影子银行在我国的发展状况，目前我国还没有一套完整明确的法律法规加以规范，相关法制建设对于影子银行体系的监管仍然存在法律空白。因此，未来监管机构的货币政策调控法制化势在必行。

参考文献：

[1] 孙勇．银行同业业务创新对信贷管制的突破研究［J］．财经问题研究，2014（2）．

[2] 周凯，张兰，张明凯．关于利率市场化中商业银行同业业务的发展与思考［J］．世界经济与政治论坛，2013（4）．

[3] 王晓坤．浅析中小银行业机构同业业务快速发展的风险及对策［J］．时代金融，2013（10）．

[4] 中国人民银行，银监会，证监会，保监会，外汇局．关于规范金融机构同业业务的通知［S］．2014－04－24．

[5] 银监会办公厅．关于规范商业银行同业业务治理的通知（简称“140 号文”）［S］．2014－05－16．

互联网金融初探*

张弛

摘要 长期以来，我国金融体制的限制使货币政策可以调节供给而无法抑制需求，形成了“贷款创新高”和“流动性紧张”相互推动的局面。互联网金融的火爆恰巧弥补了传统金融的缺失，也对传统金融和传统产业形成冲击。当前，M2 增幅降低与互联网金融分流银行存款有关，其增长率大于 GDP 和 CPI 增速之和的幅度与历史数据相符，并不意味着债务紧缩的形成，更不应当借机限制互联网金融的发展。

关键词 互联网金融；货币政策；金融监管

自 2013 年下半年开始，国内互联网金融井喷式地快速发展，颇为引人瞩目。它不仅对传统商业和传统金融业形成冲击，而且也对金融理论和经济政策提出了挑战。

一、互联网金融的产生及发展

互联网金融与电子商务近年来的快速发展不无关系。2013 年前 3 个季度，我国电子商务的市场规模达到 7 万亿元，接近上年全年的 8 万亿元。11 月 11 日是电商的狂欢节，这一天，淘宝、天猫的交易额只用了 55 秒就突破了 1 亿元，达到 10 亿元用了 6 分 7 秒。凌晨 5 点 49 分，阿里巴巴当日交易额突破 100 亿元，全天总交易额为 350.19 亿元。2013 年 10 月，全国社会商品零售额日均 639 亿元，阿里巴巴“光棍节”当天的销售额就占 10 月一天全国零售额的 54.7%，可见中国消费潜力之巨大。“物联网”的消费热潮不仅让消费者体验到了更多的品类、更多的品牌、更多的方便、更高的效率，也让传统销售渠道感受到了低价、高效的重要性，进而打通线上线下，提高渠道效率，重塑价值链，实现电商转型。

据网贷之家的资料显示，互联网金融平台的总成交量 2010 年为 6 亿元，此后每年以 500% 的速度增长，2013 年达到 1 000 亿～1 200 亿元。从 2013 年 6 月 13 日阿里巴巴支付宝上线的存款业务“余额宝”开通，互联网金融获得新的突破；到 10 月底，以百度为首的互联网巨头与基金公司联手推出各种高收益率的

* 本文为中国政法大学商学院“经济体制改革与金融市场体系建设研究团队”阶段性研究成果。

货币基金产品，一天售出10亿元额度的盛况引起各方巨大关注，那些拥有第三方基金销售牌照的公司纷纷加入，互联网嫁接货币基金的“余额宝”模式被广泛复制。据不完全统计，目前各类“余额宝”产品超过20种。2014年1月15日，微信“理财通”正式上线，接着，中国平安推出集社交和金融于一体的移动互联产品“壹钱包”。同时，支付宝宣布，“余额宝”规模超过2 500亿元，互联网理财江湖因“三马”（马明哲、马化腾、马云）的入局而短兵相接，竞争激烈异常。与此同时，互联网金融的触角伸向其他领域：1月1日，医信金融信息服务有限公司在上海成立，该公司旗下的医疗行业融资与理财业务的借贷融资平台——医界贷正式上线，为国内首个面向医疗行业的P2P平台；随之而来的是互联网农业、互联网教育、互联网旅游等与互联网金融的结合，从产品形态、销售渠道、服务方式和盈利模式等多个方面打破了行业原有业态，并对传统金融和传统产业进行了改造。

随着电子商务和互联网金融的发展，一种称为“比特币”的新的虚拟货币被创造出来。比特币诞生于20世纪80年代，是一批年轻程序员的奇思妙想和天才创造，1998年其交易和保密技术开始成型。2008年，中本聪（Satoshi Nakamoto）推出《比特币：一个点对点的电子现金系统》，接着发布比特币第一个客户端，建立了比特币网络，掀开了人类货币史上新的一页。据比特币交易商Mt. Gox数据显示，2010年7月比特币成交价不到0.01美元，2013年10月底不到300美元，但随着11月的暴涨，12月4日达到了1 240美元。短短3年，比特币的回报以万倍计，不可不谓“疯狂”。更有甚者，据数字货币研究中心（Genesis Block）的统计，截至2013年10月底，中国比特币日交易量约为10万个，占到了全球的一半，中国已经超过美国成为全球最大的比特币市场。

应当指出，比特币作为一种虚拟商品，是技术上领先的互联网支付方式，目前还不具有与货币同等的法律地位，不能作为货币在市场上流通使用。但比特币的发行不必依赖任何机构，是一个去中心化的金融系统，这在理论探索上早就提及，是谓先见之明。20世纪初，以维也纳大学的门格尔（Menger）等为代表的奥地利学派就提出了非主权货币的构想，后来哈耶克（Hayek）在其最后一部著作《货币的非国家化》中提出了废除中央银行制度，允许私人发行货币进行竞争的主张。在现实中，港币与美元挂钩，金管局规定，货币发行由两三家银行实施。不仅如此，国际金融危机也对中央银行制度提出挑战，中央银行与权力的结合或者被权力绑架是危机发生的一个重要原因，反证了货币非国家化理论的某种合理性。因此，比特币的前途和命运有待进一步观察。

二、互联网金融迅速发展的原因

（一）互联网等技术的突破与普及

2013年是中国互联网爆发元年，互联网从窗口变成了引擎，从PC到了手机，无时不网络、无地不网络成为现实。互联网正以不可阻挡之势改变着人们的生活，推动着社会生活的进步。虽然此前二维码技术诞生良久，但早期用于识别二维码的设备并未普及，且不便于携带，致其推广受到局限。随着智能手机的普及，以及腾讯微信、新浪微博、阿里巴巴支付宝等商业巨头开始启动并推广二维码支付功能，二维码因其读码解码速度快、存储信息量大、有较强的防伪功能、抗磨损性优良、编码范围较广且制作成本较为低廉，对互联网金融发挥了重要的辅助作用。

（二）电子商务发展的必然结果

相对于货币产生的历史和金融发展的千年史，从互联网购物到互联网借贷几乎是在一夜之间完成的。商品贸易伴随货币流动，支付形式也随之日新月异。在网络购物和电子商务热潮的助推之下，移动支付、社交网络、搜索引擎以及云计算等新技术手段不断被互联网企业引入金融领域，极大地改变了原有金融业的业态与格局，迫使传统金融机构也不得不投身互联网金融业务。

（三）社会需求的巨大推动

长期以来，中小企业融资难一直困扰着中国经济，民营企业的日子的确是“冰火两重天”，而政府管制下的传统金融，根本无法解决这样的问题。然而，互联网金融所具有的以客户为导向的市场化，覆盖了传统金融体系一直没有覆盖的群体，能够以比较低的成本突破管制和垄断构筑的高壁垒，解决中小企业融资难的问题。这是因为，与传统金融相比，互联网金融有着无法比拟的特征。有人将此概括为：第一是门槛低，体现了普惠金融的概念，融资是公民的基本权利，互联网金融实现和赋予了公民这样的权利；第二是便宜、便利、经济；第三是有理财的功能，城乡居民通过互联网理理小财，能够培养由资金到资本的重要理念；第四是绿色，建设美丽中国、环保等需要这样的绿色经济。

三、互联网金融产生的深远影响

（一）互联网金融的风险

互联网金融才开始起步，热潮汹涌的同时难免出现各种各样的问题，这也是一切新生事物的成长都避免不了的必经过程。证监会曾批评互联网基金“片面强调高收益，将营销活动收益混同为基金收益”；再加上我国社会的信用基础较差，互联网金融和比特币的风险也是很明显的。据“网贷之家”称，在中国近 1 000 家 P2P 公司中，第四季度有 58 家破产，今年还有几家也陷入了困境。于是一些人提出了互联网金融的监管问题。至于比特币，更令各国金融当局头痛，其所采取的态度也不完全一样，有的观察，有的限制，有的禁止。2014 年 1 月 5 日，央行发布的《关于防范比特币风险的通知》明确指出，比特币“不能且不应作为货币在市场上流通使用”，杜绝了将其纳入传统金融体系的可能。受此影响，比特币价格应声而落。“比特币中国”数据显示，比特币成交价由5日最高时的7 000元跌至7日上午9时的5 000元左右。因此，如何化解现有风险，保证互联网金融的健康和顺利发展，也是一个值得研究和解决的问题。

（二）互联网金融导致银行存款流失且不良贷款增加

2014年第一季度，货币供应增长回落，社会融资规模同比减少，信托贷款和银行承兑汇票同比明显少增，特别是GDP增长回落。于是，有人认为，债务通缩的局面已经变得相当明显，主张使用强有力的“政府之手”刺激经济，实施较为宽松的货币政策。笔者认为，此议值得商榷。流动性稍紧不假，但一季度人民币贷款增多也是事实，其新增贷款为历史次高，仅次于强力扩张的2009年第一季度。3月份中长期贷款增量为5 181亿元，环比增长25%，表明企业对未来预期企稳。从理论上看，M2增速应略高于GDP与CPI增速之和。根据以往的情况，从2011年以来各月M2增速高出GDP和CPI增速之和的平均值约为2.3个百分点，2014年第一季度是2.4个百分点（12.1－7.4－2.3），实际情况并不差。在去杠杆和去产能的情况下，货币政策只能微调，不可放宽松。

M2增长回落与存款增长趋缓有关。2014年第一季度新增存款少增13 839亿元；截至3月16日，工、农、中、建四大行较月初流失存款1 200亿元。银行高管忧虑全年的存款压力更大。建行董事长王洪章明确表示，存款是2014年每家银行都会碰到的问题。因此，各个银行都在设法揽储，存款争夺战升温，拼完理财产品拼定期存款，定存活取仍享定期利息。据悉，建行悄然上线了一年期特色存款业务，除利率上浮10%外还能提前支取，按“实际天数”、按“存入日”相应整存整取存款利率计息；广发行也推出一款“定活智能通”产品，实行分段计息，用户可灵活提现，还可享受定期存款的高收益，同时较基准利率上浮10%。

在存款流失的同时，不良贷款增加。到2014年3月31日，已公布的12家上市银行不良贷款763亿元，而2013年全年全银行业的不良贷款为1 000亿元，2014年仅前2个月的不良贷款就相当于上年的6成。

据国家统计局的数据，2014年一季度全国居民人均可支配收入5 562元，名义增长11.1%，实际增长8.6%。在收入增长加快的情况下，存款增长大幅回落可能另有原因，其中之一是互联网金融的发展分流了银行的存款。仅余额宝的数据显示，截至2月27日，开户数达8 100万，资产规模突破5 000亿元，比2013年年末增加了1倍。

（三）互联网金融对货币政策和金融改革产生显著影响

互联网金融明显地提高了资金的流动性，提升了支付的速度，增加了货币乘数，因而内生地促进了货币增量。从需求方面看，互联网金融的高效率减少了交易对货币的需求；另外，资金变现的能力也减少了投机性货币需求。从供给方面看，增加了货币供给，再加上互联网货币，如Q币、比特币的创造，必然影响基础货币和原有的货币供应量。这对货币政策和金融监管都提出了挑战。

此外，3 月 11 日 ，银监会主席尚福林召开新闻发布会宣布，经各地政府推荐和国务院原则同意，5 家民营银行在广东、天津、浙江、上海开始试点。银监会提出选择试点的五项标准：①有自担剩余风险的制度安排；②有办好银行的资质条件和抗风险能力；③有股东接受监管的协议条款；④有差异化的市场定位和特定战略，实行有限牌照；⑤有合法可行的风险处置和恢复计划（人称“生前遗嘱”）。参与试点的有阿里巴巴、万向、腾讯、百业源、均瑶、复星、商汇、华北、正泰、华峰 10 家民营企业。它们生长在相对宽松的政策环境和活跃的经济条件下，都有“高富帅”的基因和“高大上”的特色：阿里巴巴是中国最大、世界第二的网络公司；万向主营汽车零部件，是世界上专利最多、规模最大的专业制造企业；腾讯是中国最大、用户最多的互联网综合服务提供商；正泰是中国最大、销量最多的低压电器生产商，等等。5 家试点银行形成 4 种经营模式：阿里巴巴是“小存小贷”（限定存款上限，设定财富下限）模式，主要服务于社区居民，并充分考虑了互联网的特点；腾讯为“大存小贷”（存款设定下限，贷款限定上限）模式，市场定位于服务小微、服务大众；天津试点为“公存公贷”（只对法人不对个人）模式；另外两家为“特定区域存贷款”（限定业务和区域范围）模式。特别值得关注的是，阿里巴巴和腾讯的参与，将充分利用互联网的优势，将互联网金融和传统金融有机地结合起来。这就为互联网金融的发展创造了一个新的平台。

（四）互联网金融的监管

就在互联网金融发展的关键时刻，3 月 13 日央行支付清算司发出通知，暂停虚拟信用卡和二维码支付，并提出了对互联网金融进行监管的征求意见稿，规定第三方个人支付账户转账单笔不超过 1 000 元，年累计不能超过 10 000 元，个人支付账户单笔消费金额不得超过 5 000 元，月累计金额不得超过 10 000 元。此外，转入资金只能用于消费和转账转出，不得向银行账户回提。央行人士甚至发表文章提出对互联网金融实行存款准备金管理。

其实，互联网金融不仅是渠道和媒介的创新，更是客户和主体的创新，不仅有外部性，而且是双向市场。它履行了银行的功能，却不是银行机构，其风险也与传统金融不同。互联网企业发起试点的民营银行，可能没有柜台、没有实体营业厅，甚至没有实体银行卡。正如一位企业的发起人士所说：“传统银行跳的是国标，我们跳的是街舞。”因此，问题不在要不要监管，而在于如何监管。是立足于功能监管，还是立足于机构监管；是通过建立存款保险制度和征信体系，还是设立存款准备金，这是完全不同的监管思路。笔者主张前者，反对后者。因为互联网金融的本质是普惠金融，它实现了每个人的金融权利。但上述征求意见稿反其道而行之，想通过限制和剥夺个人的金融权利而加强监管，可谓谬之千里。对于传统金融来说，互联网金融的竞争的确形成了冲击，使存款减少、成本增加，而这正是传统金融改善经营、提升服务水平的好时机。不仅如此，互联网金融一夜之间就解决了金融垄断多年来攻而不破、利率市场化困难重重的问题。

因此，传统金融不应当视互联网金融为敌人，动员各方面的力量围剿它、打压它，而应当与其合作，走融合、整合或者同化之路。只有这样，中国的金融业态和金融生态才会出现一个新的面貌。

参考文献：

[1] 门戈尔．国民经济学原理［M］．刘絮敖，译．上海：上海人民出版社，2005.

[2] 哈耶克．货币的非国家化——对多元货币的理论与实践的分析［M］．姚中秋，译．北京：新星出版社，2007.

[3] 张弛，张曙光．中国宏观经济分析（第七集）［M］．北京：中国政法大学出版社，2012.

[4] 黄丹丹．电子商务发展背景下的互联网金融应用与创新［J］．计算机光盘软件与应用，2014（6）.

简议财政体制与财政政策*

张弛

摘要 财政在经济发展和现代国家治理中相当重要。政府集中财力过多，百姓税负相对较重，再加上国企的巨大规模和强力扩张，反映了政府在资源配置中的决定作用。如不下决心削减和改革，则无法继续推进市场化改革的前进步伐。

关键词 财政政策；收入；支出；预算管理

在现代经济发展和国家治理中，财政相当重要，它集中反映了政府的意志和行为，也是最重要的制度安排和政策工具之一。在中国现行的政府对资源配置起决定作用的社会主义市场经济条件下，财政就显得更加重要，也有其特别之处。

一、财政体制与财政收入政策

从收入的总量来看，2013 年，全国财政收入 129 142.9 亿元，增长 10.1%，增速比 GDP 快 2.4 个百分点，相当于 GDP 的 22.7%，人均税负接近万元。2014 年一季度财政收入 35 026 亿元，占 GDP 的 27.3%。不论从哪一个数据看，政府收入都不算少，百姓的负担也不算轻。但有人对人均万元税负持有不同看法，认为我国的人均税负远远低于美、日、德、法、意、英等发达国家，只相当于它们的 1/10 左右，世界排名也在 100 位前后。且不说未计入其中的各种收费、摊派，单就上述比较而论，简单地比较绝对数是有很大问题的，主要还要看相对水平。我国的人均 GDP 不及欧美发达国家的 1/10，而税负占人均 GDP 的一半以上，能说低吗？尽管如此，一般人感觉不到税负过重带来的痛苦，这与税负结构有很大的关系。

从税收收入和非税收入的结构来看，政府性基金属于非税收入。2013 年全国政府性基金收入 52 239 亿元，占全部财政收入的 40.45%；2014 年一季度，政府性基金收入 13 063 亿元，占财政收入的 37.3%。税收收入按征收对象是否特定分为两类：一类是面向所有社会成员征收，如三峡建设基金是隐藏在电费中加价征收的，21 年累计征收 2 481.18 亿元；另一类是面向特定行业和阶层征收的，以铁路建设基金为代表，是按运输货物的吨/公里征收的，23 年征收总计为 9 858.94亿元，再加上 2014 年的预算数是 657.09 亿元，已经突破万亿元大关。

* 本文为中国政法大学商学院“经济体制改革与金融市场体系建设研究团队”阶段性研究成果。

土地出让金是地方政府性基金收入，2013年达41 250亿元，比上年增长44.6%，占地方政府性基金收入的85.92%，2014年一季度达10 802亿元，同比增长40.3%。可见，政府性基金收入数量之大已形成了严重的财政依赖，表现在以下几个方面。

一是缺乏法律依据。政府性基金从1964年开征城市公用事业附加算起，至今已有半个世纪。自20世纪90年代开始，政府性基金快速“扩容”。据《经济观察报》报道，从中央到地方，全国共有政府性基金500项，只有43项纳入了政府性基金预算管理，而财政部2012年公布的政府性基金项目只有30项，其中，12项依据部门规章设立，只有6项有明确的法律依据。可见，政府性基金无法可依，师出无名，用途模糊，管理混乱。

二是征收随意。有的政府性基金自发延长征收期限和提高征收比重。如三峡建设基金从1995年按每度电3厘征收；2010年1月1日停止征收，改成“国家重点水利工程建设基金”后，按每度电7厘征收，将持续到2019年年底。再如铁路建设基金，从1991年3月1日起，按货运价格每吨公里加征0.2分，后经5次调整，到1998年4月1日增加到3.3分，提高了15.5倍。货运价格为7.45分/吨千米，总运价每吨千米征收达4.8分，占货物总运价的44.3%。这种征收办法不仅对煤炭类的初级产品生产企业形成很大负担，而且对于西部产煤省区也是一个巨大负担。比如，2012年运煤到秦皇岛，山西北部征收21.7元/吨，内蒙古西部则要征收40元/吨。目前全国煤炭平均运距600千米，而西部地区高达1 200千米。2001—2011年，铁路煤炭运输量占铁路总运输量的比例从41.4%增加到64%，煤炭企业自然成为铁路建设基金的主要承担者。

三是渠道隐秘，无法监督。如三峡建设基金包含在电价中，南水北调基金包含在水资源费中，民航发展基金由机票销售代收。2009年10月，北京市居民任星辉就三峡建设基金先后向财政部、国务院三峡建委和三峡集团提出信息公开要求、申请行政复议，但均无结果；他还向一中院提出诉讼也被驳回。直到2010年3月26日，财政部网站才在中央财政预算中公布了三峡基金的收支情况。

因此，应尽快制定《政府基金法》，依法规范政府性基金的设立、征收、管理、使用和退出。同时，通过退出、减征等办法，降低非税收入和政府性基金收入占财政收入的比例。

从税收结构上看，以增值税等间接税为主，间接税收入占全部税收收入的70%以上，而直接税则较少，由个人缴纳的直接税更少。由于间接税的纳税主体是企业，除个人所得税外，个人基本上不直接负有纳税义务，因而也就谈不上个人对政府收支和政府行为的监督和制衡。不仅如此，间接税意味着政府税收收入成为产品和服务价格的构成要素，不仅最终要由个人负担，而且由于与发达国家以直接税为主的税收结构差异很大，造成了国际贸易中的价格和利益扭曲，导致了财富的逆向转移。因此，改革的方向是减少间接税，首先是增值税；增加直接税，包括财产税、所得税和赠予税等。

需要指出的是，来自房地产的税收增长很快，成为政府财政收入的主要支撑。2013 年，在一般税收中，房地产企业营业税 5 411 亿元，增长 33.6%；建筑业营业税 4 315 亿元，增长 16.5%；房地产契税 3 844 亿元，增长 33.8%；土地增值税 3 294 亿元，增长 21.1%；耕地占用税 1 808 亿元，增长 11.6%；城镇土地使用税 1 719 亿元，增长 11.5%；再加上房地产企业所得税 2 850 亿元，增长 25.1%，共计 23 241 亿元，约占全部税收收入的 15%。如果再加上土地出让金，政府的收入会更高。地方政府过分依赖土地收入，不仅带来城市规模的无序扩张和土地资源的浪费，引发了房地产价格的暴涨，造成地方经济结构畸形，也加剧了地方政府的债务风险。因此，改革土地财政，解决对房地产税收和政府性基金收入的依赖，刻不容缓。

二、财政体制与财政支出政策

从财政支出的总规模上看，不仅规模大，而且增长快，近几十年来都超过了财政收入，形成赤字，然后通过发债来填补，因而赤字和债务的规模也越来越大。2013 年全国财政支出 139 744.26 亿元，增长 10.9%，快于财政收入 0.8 个百分点，收支总量相抵，差额 12 000 亿元。与税收不同，政府债券由个人自愿认购，由政府还本付息，但仍然是把个人收入转作政府收入，由政府支配和使用。在通货膨胀和资产价格泡沫的情况下，隐含着对个人的剥夺。因此，减少政府支出规模应当从稳存量、减增量着手，控制新增支出的规模和速度。

从财政支出结构上看，虽然近几年有所调整，但力度不够。一是增加了用于社会发展和社会福利的支出，如 2013 年社保和就业支出增长 14.2%，医疗卫生支出增长 26.4%，而增长率及科技、文化支出均明显低于财政收入的增长，并且住房保障和节能环保支出还是下降的；二是出台了一些减免税政策，如最近出台的扩大小微企业所得税优惠范围，提高小微企业所得税减半征收实施范围的上限，由年应税额 6 万元进一步提高，并将期限延长至 2019 年年底。这虽然是一大进步，但问题依然不小，可改进的余地很大。

财政支出中用于生产建设的比重仍然偏高，而用于生活福利的支出仍然过少，仍然没有走出“先生产，后生活”的传统模式。尽管近几年的统计数据不再列示经济建设支出，但用于生产建设的规模和比例依然过大，再加上国有企业的巨大规模和强势扩张，意味着政府在资源配置中起着决定作用，阻碍着市场制度的发展和完善。因此，削减经济建设支出，增加社会福利支出，是推进政府改革，转变政府职能，实现政企分离，减少不必要的政府干预的重要途径。

在生产建设支出中，还有一个没有列入其中的特殊项目，即对国有企业的财政补贴。据上市公司披露，去年 A 股 1 277 家获政府财政补贴 741.36 亿元，平均每家 5 800 万元，比上年增加 30% 左右。其中，超过 10 亿元的有 8 家，中石油是“补贴王”，获补贴103.47亿元，占该公司营业外收入总量的26.7%。2013年中石油实现属于上市公司股东的净利润为1 295.77亿元，财政补贴占7.99%。可见，财政补贴成为上市公司获利的手段之一，也是上市公司业绩兑水的一个办法。

在政府支出中，行政经费支出规模大，增长也不慢。1980年政府支出占财政支出的5.43%，1990年占9.83%，1996年高达13.11%。虽然近几年有所减少，且改成一般行政服务支出，2012年的占比仍然超过10%。其原因在于：一是政府人员过多，而且不断膨胀。中国到底有多少公务员，国家财政到底供养了多少人员？据《凤凰周刊》报道，“财政部在2012年出版的最新的《2009年地方财政统计资料》中披露的数据显示，到2009年年底，全国（不包括中央）的地方财政供养人口为5 392.6万人。这些都是有公务员编制或者事业单位编制的体制内人员。除此之外，中国还存在大量的准财政供养人员，包括现有60余万个村委会以及8万余个居委会——两者总人数约为275万人。加上这部分准财政供养人口，到2009年年底，中国财政实际供养人数超过5 700万人……到2012年，中国财政供养人口已超过6 000万人!”6 000万人相当于英国人口的总量，相当于23.5个纳税人养活一个官员，每百万美元GDP的财政供养10.8个官员，而印度是69个纳税人供养1个政府雇员。按人口计算，中国高于日本而低于其他发达国家，但按GDP计算，美、日、德、英分别是1.56人、0.95人、1.33人和2.8人，中国分别是后者的10倍、7倍、8倍和4倍。可见，政府机构改革，关键在于大幅度裁减官员；人员减不了，一切都无从谈起。

我国不仅官员人数多，而且官员花费也过高。按国家领导、省部级官员、司局级干部的标准，每增加1个人需要增加的费用何止百万、千万！前些年据一位纪检老干部讲，县委书记、副书记、县长、副县长退居“二线”，原来6万~8万元的“首长办公费”照常享用；中央领导退休后，专车、服务、警卫等全部保留，甚至外出还要继续实施航空管制。

媒体曾经披露了很多贫困县盖豪华办公大楼的事情。如果到全国各地看看，最气派、最漂亮、最豪华的大楼非政府和金融机构莫属。不仅如此，各政府部门都有属于自己的宾馆饭店、干部培训中心，很多还有供领导设宴的单独餐厅。这种现象不仅滋生了奢侈腐败，且有悖于社会分工专业化的发展规律。

政府花钱的一个办法是政府采购。但现行的政府采购浪费惊人，不仅是财政资金低效率的重灾区，也是腐败高发的重点区域。在“只买贵，不买对”的政府采购中，既倒了一批官员，也坑了一批企业，更刺激了人们的非生产努力。据中国社科院法学所田禾提供的数据，一项针对广东、黑龙江、江西、福建4省政府采购的调查显示，购买的15 190件商品，按市场价计算需花费5 860万元，实际却支出了7 934万元，多花了35.4%的冤枉钱。所以有人说：“现在的政府采购，往往要多花1/3的钱，买的却是不对路的货。”目前，政府采购已经超过1万亿元，占比不足GDP的3%。如果达到国际平均10%的水平，若不能实行“管办分离”，变内部操作为公开化，比如引进社会中介机构，并加强问责，那么将会造成多么大的浪费！

需要指出的是，新领导执政以来，反腐的力度很大，取得了很大成绩，受到大家的赞许，深得人心。但一些官员担心害怕，甚至惶惶不可终日，导致一些工作无人负责。可见，任何一项政策的效应都有正负两个方面，切莫只看到好的一面，而忽视了不利的一面。腐败的汹涌和蔓延是制度的毛病而非人性的缺陷，现有的办法既不可能遏止腐败，也不可能从根本上解决问题。无数经验证明，建立一套财产公开、社会监督的治理机制是唯一可靠的途径。

三、财政体制与预算管理

现行政府预算既不全面，也不细致，更不具体，很多预算只有大项而无细目，不要说一般纳税人无法监督，就是专家也看不懂。提交人大的预算报告变成了预算政策报告，讲述的是预算支出的重点，预算收入分配的原则是向民生倾斜等。从本文前面的论述中也可以看出，人大审查的只是公众预算，既不包括政府性基金预算，也不包括社会保障基金和国有资产经营预算；至于制度外财政，如各个单位的小金库更是五花八门，随领导任意支取。

2014 年“两会”的预算报告增加了政府基金预算和国有资产经营预算的内容，是一个进步，但仍过于简略。因此，预算改革首先要把政府的全部收支纳入预算管理，向人大和社会提供一个详细的、全口径、全覆盖的政府预算。其次，预算科目要细化，不仅要有大项，而且要有细目，各个科目之间的数据要互相衔接，不能把其他项搞得很大，把一些问题隐藏其中。对于那些容易发生贪腐的项目更要详细列示，以便预算公开、审查和监督。收入预算考核要弱化，收入增长目标不作为必须完成的任务，否则就会征过头税，提前征税；要从约束性转向预期性，实现税收依法征管，建立跨年度预算平衡机制。支出预算约束要硬化，预算审查不仅要看总盘子有多大，更要关注钱花得当不当、值不值。再次，国库管理是预算管理的重要内容，应当集中并由央行代管，不能各部门、各地区都搞自己的财政专库，由各部门、各地区领导随意支取。

参考文献：

[1] 中国经济增长前沿课题组．城市化、财政扩张与经济增长［J］．经济研究，2011（11）．

[2] 维托·坦齐，卢德格尔·舒克内希特．20 世纪的公共支出［M］．北京：商务印书馆，2005.

[3] 张弛，张曙光．中国宏观经济分析（第七集）［M］．北京：中国政法大学出版社，2012.

北京地区房产税税率研究

支小青　田燕

摘要　设计合理的房产税税率是形成科学有效的税收体系的重要组成部分，在房地产市场问题日益凸显的时候，研究房产税税制改革具有重大的理论意义和实践指导作用。本文主要分析北京地区开征房产税的税率设计问题，对房产税税率设计进行理论分析和实证分析，提出房产税税率优化的指导原则；同时，通过问卷调查，提出合适的房产税税率。

关键词　房产税；最优税理论；房产税税率

一、前言

（一）选题背景

近年来，房地产市场问题在我国引起了广泛的关注。房地产市场交易价格过高成为困扰我国社会经济发展的重要因素之一。2011 年《上海易居房地产研究所报告》对全国 35 个大城市的房价收入比进行了调查研究，指出排名第五的北京房价收入比为 11.6，第四位的上海为 12.4，深圳市以高达 15.6 的比例位居首位①。2013 年该报告指出，北京房价收入比以高达 13.3 的比例成为第一位，深圳、上海分别以 12.9 和 11.7 居于第二位、第四位②。房地产市场价格除受到市场供求严重失衡的影响外，我国房地产税制设定的不合理也是重要原因。因此，关于如何规范房地产市场行为、健全房地产税收制度等话题引发了争论。

2010 年，税务部门在全国范围内开展房地产模拟评税，探索物业税确立的相关方案。2011 年初，上海、重庆作为首个房产税改革试点启动房产税推行方案，目前，上海、重庆的房产税改革仍处于观察阶段，但现阶段利用房产税控制房价这一举措的效果并不乐观。2014 年年初，政府部门明确表示已开始着手拟订全国房产税的实施方案。

（二）研究意义

现阶段国内学者关于房产税税率的著述主要集中于理论研究。

李平在《开征物业税的必要性及税率设计的理论与实证分析》一文中提出对

① 《上海易居房地产研究所 2011 年报告》，2012 年。

② 《上海易居房地产研究所 2012 年报告》，2013 年。

于物业税税率设计的建议；章波等在2005年发表的《不动产保有税改革的税率推算及税负效果分析》一文中，利用动态经济分析法测算我国不动产税税率设定范围。

刘宇鑫于2006年发表的《关于房地产保有财产税的研究》一文，指出我国房地产税税收改革应集中于对保有阶段征收财产税，建议在全国范围内设定一个弹性的房地产税税率范围，由地方各级政府依据现实发展状况等在弹性区间内选择合适的房地产税税率。

张晶、陈讯和张荣于2011年发表了《地方政府与炒房者之间的微分博弈模型——政府抑制炒房的动态房产税率设计》一文。文章指出，应从地方政府财政收入及居民福利两方面确定合理的房产税政策。作者将二者量化，建立了政府目标函数，同时对出于投资性目的的住房需求者期望收益建立目标函数，通过引入博弈模型分析最优房产税税率，阐述了地方政府的行动准则，并提出利用房产税税率调节房地产市场的行为幅度不宜过大等观点。同时，地方政府对房产税税率的调节行动应与投资者行动同步。

蒋苏健于2012年发表《基于期权博弈的房产税推广问题探析》一文。文章指出，房价过高主要是因为房地产市场中的投机现象严重，笔者通过建立房地产投资者和地方政府之间的期权博弈模型、中央和地方政府之间的博弈模型，指出地方政府应根据本地区经济发展水平和房地产市场现状制定合适的房产税税率；同时，对于房地产市场税收实行累进税率，投机性房地产的税率设计应使投机者的预期收益等于应纳房产税税额。

荣红霞、付林于2012年发表论文《基于税收负担的房产税改革的税率设计分析——以黑龙江省为例》，提出房产税税率应受家庭可支配收入、家庭人均居住面积、人口和住宅销售价格等因素的影响，通过引入黑龙江省房地产市场中的统计数据，推算出地方房产税税率的合理区间。

宋磊于2013年在《房产税税率设计及税收效应模拟分析》一文中，以北京地区为例，通过对国内外房地产保有环节税收实务的研究，对房产税的税收机制设定进行了定性分析，简单测算了北京地区房产税综合税率的合理区间范围，为房产税政策的制定提供了一些有益的参考。

作为财产税类的重要组成部分，国外学者对房产税也进行了大量研究分析，例如，哈里·科斯恩（Harry Kithcen，2010）在《财产税：现状分析和概述》（Property Tax：A Situation Analysis and Overview）中论述了各国财产税税率设计的方法，财产税税率设计已在绝大部分国家得到运用。财产税税率设计为单一税率还是多元税率（对不同类型财产设定不同税率）要依特定国家的具体情况而定。他认为，多元税率是公平的，在同时弥补了地方公共财政支出成本和对许多缺乏弹性的财产税税基供给设计高税率这两个前提下是有效率的。

鲜有国外学者研究中国房产税税制改革的文章。杨、陆和刘（Yang，L.，Lu，J. and Liu，J.，2013）在《上海、重庆房产税改革试点经验及其对中国其他城市的启示》（The Experience of Property Tax Pilots of Shanghai，Chongqing，and Enlightment to Other Cities in China 和 Jianying Zhang and Xinran Li）一文中以上海、重庆房产税改革为研究对象，分析税收改革的效果。

在现阶段的文献研究中，缺少对房产税税制改革的实证分析和研究，尤其是缺少北京地区的房产税税制设计。因此，本文以北京地区房产税税率为研究内容，对北京地区房产税税制改革提出建议，以期对完善北京地方税收体系提供一些指导性的意见。

（三）研究方法

本文主要研究我国房产税税率设计问题，分为理论分析和实证分析两部。在理论分析中，利用比较分析法，通过比较房产税税率采用累进税率和单一税率的政策效果，选择合适的税率形式。在实证分析中，通过问卷调查对房产税税率设计做进一步研究，试图获得具体的房产税税率范围。问卷调查中利用 SPSS 分析软件对问卷设计做出效度和信度分析，进而提出合适的房产税税率范围。

二、我国房产税税率设计的优化原则

西方优化税制理论是现阶段学术界研究税收问题的主流理论。西方优化税制理论由最优税理论、供给学派的税制优化理论及公共选择学派组成。其中，最优税理论为西方优化税制理论的支柱。国内学者对此进行了诸多研究，但是目前国内利用最优税理论主要对商品税类、所得税类进行研究，鲜有对房产税进行分析。因此，本文在下文中将通过最优税理论对房产税改革提出建议，确定房产税税率设计中应遵循的优化原则。

（一）税制优化原则

最优税理论的基本思想是设定税收时应遵循的基本原则。历史经济学家亚当·斯密早在《国富论》中就提出了最优税收应遵循平等、确定、便利和最少征收成本四个原则。当代经济学家以效率与公平为主体分析出更具体的税收设计原则，马斯格雷夫提出三大标准框架：税收公平、最小行政成本和最小负激励效应。

税制改革需要遵循效率和公平两个标准。效率标准包括税收的社会效率标准、制度效率标准和经济效率标准，即政府设计税收制度应使费用最小化和福利损失最小化；公平标准包括横向公平和纵向公平。

当改革的预期收益大于改革成本时，改革是有效率的，而公平是相对的概念，并没有具体的衡量方法。因此，针对房产税改革应遵循的优化原则，本文主要就效率原则进行理论分析。

（二）房产税税率设计的优化原则

1. *房产税设计的特殊性*

房产税存在一些特殊性，这些特殊性正是对其研究造成困难的关键因素。首先，房产税改革涉及多重需求，角色效用差异明显。与个人所得税设计相同的是房产税的个人效用函数，就个人而言取决于房价高低。由于房地产市场中的多重参与者造成不同角色和个人效用函数增长方向及影响因素的差异，住房需求者希望房价低，供给者则期望房价高，以此作为财产增值的途径，这是研究最优房产税与个人所得税和企业所得税的不同点，即住房供给者和需求者之间存在完全反向的房价期望曲线和期望值。其次，房地产市场的调控必须结合多种要素，就税收而言，房地产税费涵盖了从房地产开发、转让到持有等各个环节的相关税收和费用，其中土地出让金和对住房持有阶段征税是目前房产税改革的两个重点。单一研究住房保有环节的房产税是不够科学的，然而获取全面的要素信息为最优房产税设计增加了难度。最后，我国房价变动幅度较大且地区差异明显，因此，房产税的改革需要结合区域经济发展的状况。

2. *房产税税率优化的假设条件*

在分析房产税优化原则时，本文提出四个假设条件：第一，考虑住房市场不同性质的购房需求，将房地产市场中的房屋总需求分为自用型购买需求和投资型购买需求；第二，假定对住房保有环节征税的房产税征税范围包括本地区全部住宅，房产税税额高低仅受房产税税率因素的影响；第三，为了简化分析，房产税为单一比例税率；第四，由于政府征税成本难以确定，此处不考虑政府成本。

3. *房产税税率优化的原则分析*

设计有效率的房产税是以满足政府财政收入、稳定房价及促进社会福利最大化为目标的。

第一，政府。作为居民财产管理和承担公共环境建设责任的政府，税收收入可以使其有充足的资金来源。然而，过多的税收收入会抑制国民经济的发展，不利于调动居民和企业的积极性。因此，政府的效用曲线影响因素为国民生产总值、税收收入和房产税税率。

第二，住房需求者。住房需求者包括自用型购买需求和投资型需求。自用型购买需求者期望房价尽可能低，以利于自己购入房产减小成本；投资型需求者期望房价走高，利用持有房产获得增值收益，同时期望房屋持有成本最小。二者均在可支配收入范围内合理地选择购买房产支出。因此，住房需求者的效用曲线影响因素为个人可支配收入、房价、房产税税率、房屋持有成本和租金收入。

第三，住房供给者。住房供给者主要是房地产开发商。开发商期望房价升高以保值或赢利，房地产开发或持有成本小，其效用曲线影响因素为房价和房地产开发成本。

如果引入社会福利函数，则上述房产税效用可以用公式表示如下：

$$U_G = U\ (e,\ P,\ \mathrm{GDP})$$

$$U_D = U\ (e,\ P,\ Y,\ R,\ C)$$

$$U_S = U\ (P,\ C)$$

其中，U_G，U_D，U_S分别表示政府、住房需求者和住房供给者的效用。e，P，Y，R，C 分别表示房价、房产税率、人均可支配收入、房屋租赁价格及房屋成本。

帕累托最优理论认为，当任何改进都不能提高效用，或任何在除了帕累托最优曲线外的改动都可能导致效用的降低、引起一方或多方的不满时，这种状态即为最优状态。当房产税的设定使社会福利函数满足了住房供给者、需求者及政府三者期望曲线相交，任何改进都会引起至少一方的不满时，这一状态即为社会福利最大化；同时，这一房产税即为最优税收，对应的房产税税率即为最优房产税税率。

市场经济运行中，政府利用税收政策调控经济主要是为了维持国民经济良性增长。开征房产税后，政府的正向效益主要体现为合理的房产税设计，征税使房地产市场得到了合理调控，国民生产总值保持稳定增长。最优房产税的效用函数简化为住房市场中供给者和需求者的效用曲线相交。因此，引入住房市场均衡函数，能使房价达到均衡的房产税税率即为最有经济效率的税率。

三、房产税税率形式及其效用

开征房产税的税收目标和原则不同，会导致房产税税率设计时采用不同的税率形式，同时也会产生不同的税收效果。本文将以优化原则为指导，依据对不同的税率形式的比较分析，利用经济学理论评估其税收效果，从理论层面对房产税税率设计提出建议。

（一）税率形式

税率是指应纳税额与税基的比例，税率是计算纳税额的尺度。税率形式分为累进税率、单一税率和定额税率三种，而房产税税率形式主要包括单一税率和累进税率两种。本文对这两种税率形式的概念及优缺点进行简要分析。

1. 单一税率

单一税率是相对于差别税率而言的，是指对所有征税对象按同一比例征税。我国房产税税制整体上实行差别税率，对经营型房产持有阶段按 12% 税率征税，对于住宅类房产，上海以 6% 税率为主征收，重庆以 5% 税率为主征收。就同一类型房产而言，我国仍以单一税率为主，对经营类房产统一征收 12% 的比例税。上海、重庆对住宅类房屋的房产税试点存在一定程度上的累进，而上海市房产税税率差别不明显：上海对当年房价不超出上年新建住宅平均销售价格两倍的房屋征收 0.4% 的房产税，其余统一适用 0.6% 的房产税。

单一税率的优点是体现公平原则，对所有纳税主体按同一比例征税，在设计及征收上较为简便。但是单一税率不能较好地调节收入分配、增加政府财政收入等。因此，单一税率常见于流转税类。

2. 累进税率

累进税率是指税率随税基的增加而逐级提高。累进税率的确定首先要对征税对象按不同标准分类，对不同类别设定相应税率，所以累进税率是一种差别税率。一般来说，征税对象等级越高，应纳税额度越大，税率越高。累进税率分为全额累进税率和超额累进税率。全额累进税率实际上是一种差别比例税率，是对征税对象按等级、数额设定一定比例全额征收；超额累进税率区别于全额累进税率的特点是，超额税率仅对超出部分按比例征税。

国外多采用差别税率，对不同类型的房产设定不同的税率。英国对住宅类房屋分级，不同级别设定不同的税率，等级越高，所征收的税率越高①，是典型的全额累进税率。我国重庆地区房产税税率也是累进税率。重庆对住宅类房屋分别按市场交易价格的3倍、3～4倍、4倍及以上征收0.5%、1%、1.2%的房产税。

累进税率的优点是税率随着税基的增加而增加，税负累进。实行累进税率，一方面可以调节社会收入分配，有利于实现社会公平，等级越高的群体征税额度越高，等级较低的群体征税额度较低；另一方面使政府财政收入增长弹性更大，相对于单一税率，政府能获得更多的税收收入。

（二）税率形式对税收效果的影响评估

对税率形式概念进行简单分析后，这一部分主要对不同税率形式的效果进行理论层面的分析，以选择较为适合我国房产税的税率形式。

在衡量房产税改革是否有效率时可引入收益和成本概念。由此，我国房产税改革应遵循三项原则：第一，房产税改革征税成本小，征税阻力小，该成本包括实际操作成本以及税制改革带来的社会问题等；第二，房产税改革在征税成本的约束下达到收益最大化，该收益既要保障国家税收收入的合理增长，同时也要确保纳税人的正向效益；第三，推动房产税改革的一个至关重要的原因在于引导房地产市场健康有序发展，因此，房产税改革还需有利于房地产市场的正向调控，促进市场资源合理配置。

假定存在X、Y两个政府，对住宅类房产统一征收房产税，两地其他经济状况完全相同。

1. 税率形式对政府的影响分析

税率形式对政府的影响包括收益和成本两个方面。

第一，政府收益。X政府对所有住宅型房产按市价征收单一比例税 I_0，政府所获得的房产税收入为 T_0。Y政府按累进税率征税，对所有住宅型房产按市价分级，市价低于 A_a 的为A级，市价在 A_a 至 B_b 范围内的为B级，在 B_b 至 C_c 范围内的为C级。假定A级房产税基为图1中 OA 部分，依次为 AB，BC。Y政府对房产征收累进税率，对A、B、C三级房产分别按 T_1、T_2、T_3 比例征税，其中 $T_1 < T_2 < T_3$，政府收益为 $T_1 + T_2 + T_3$，图1中阴影部分即为征收累进税率的超额收益。

第二，政府成本。政府在开征房产税前需要对房地产市场现状及纳税人主体等进行调研，继而提出税收方案，因此，政府成本由评估成本和政策效用两部分

① Enid Slack: Property Taxation in the United Kingdom, in the International Handbook of Land and Property Taxation, Northampton, MA: Edward Elgar Publishing Limited, p83, 2004.

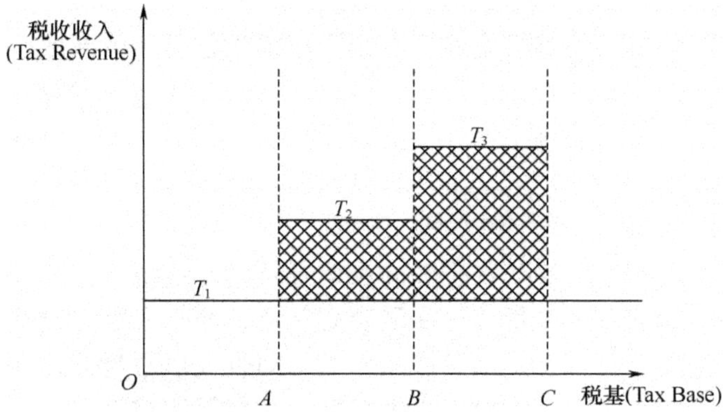

图 1　政府收益效用

组成。若征收房产税对房地产市场形成良性引导，那么该项方案政府成本较低；若房产税的设计并不能较好地解决房地产市场的矛盾，政府将承担改革房产税的再次评估成本，那么该方案成本较高。

目前我国房地产市场存在的突出问题主要是房价畸高，房产税的主要征收目的是调节房地产市场，抑制房价增长。房产税是对房屋产权所有人在房屋持有阶段征收的税收，因此主要影响住房需求量，其中住房市场中需求量由消费性需求和投资性需求两部分组成。消费性需求主要是对自用型房产的购买需求，对房价、持有成本等的价格弹性低；投资性需求是出于投资的目的，对房价、持有成本等因素变动较敏感。若开征房产税，由于房屋持有成本增加，使投资性需求量变动较明显。

房产税税率形式对政府成本影响的区别并不大，累进税率在调节不同级别的房产上效果更突出。为了简化分析，以下假设 X 政府开征单一税率 I_0，X 地住宅型当期房产市价为 P_0，开征房产税后，该房产的持有成本为 $P_0 \times I_0$。因此，为了避开承担成本，住房投资者会选择放弃购房或者购房后出租。若投资者购房只为了获得增值，投资需求量显著降低，房产税的征收使投资者放弃购房，房产税税额必将大于投资房产获得的房屋增值，即 $P_0 \times I_0 > \Delta P$。房屋增值额主要受到投资者对下期房价变化预期的影响，当投资者对房地产市场持悲观态度时，其下期预期房价较低，甚至低于本期房价；若投资者仍对房地产市场抱有希望，预期房价高于当期房价，此时，有效的房产税税率应大于房价年增长率。当投资者选择购房后出租时，投资者的投资收益包括房产增值和租金收入两部分，即 $\Delta P + R$。当 $P_0 \times I_0 > \Delta P + R$ 时，这一部分的投资需求量降低。若 $P_0 \times I_0 \leqslant \Delta P + R$，住房市场并不会由此降低需求量，但是住房租赁市场会由于投资者将房屋用于出租而增加供给量，由此房屋租赁价格降低；当租赁价格足够低，使得租赁成本等于购房成本时，部分住房市场的需求者会考虑租房居住，使得住房市场消费型需求量降低，房价随之降低，此时房产税政策有效，其实施成本较低。

2. 税率形式对纳税人的影响分析

税率形式对纳税人的影响主要应考虑房产税收益和纳税人成本。

第一，纳税人收益。开征房产税，地方政府财政收入来源增加，政府拥有足够的资金完善地区公共设施建设，纳税人的生活质量和生活环境得到进一步改善。这是隐形的纳税人收益，由于纳税人受个人偏好的影响，这种收益效用不同。

第二，纳税人成本。房产税税额的设定必须考虑纳税人的承受能力。一般来说，收入水平越高的群体对税负的承受能力越强，而收入水平较低的群体税负承受力较低。假定收入水平与购房等级正相关，即收入水平越高，拥有的住房市价越高，房产税收等级越高，而收入水平越低，住房等级越低。

当 X 政府开征单一比例税收，Y 政府对房屋分级实行累进税率时，同属于 A 级的纳税人此时纳税成本相同，均为 $P_0 \times I_0 = P_1 \times I_1$；同属于 B 级的纳税人，X 地纳税人成本仍为 $P_2 \times I_0$，而 Y 地纳税人成本增加为 $P_2 \times I_1$，可依次类推 C 级纳税人成本。因此，累进税率能更好地调节不同收入水平纳税人的住房需求。

但是，假定长期内住房供给量是固定的，在图 2 中表示为垂直与横轴的直线。当政府使用单一税率，对 A、B 等级的房屋征收房产税时，二者的单位投资成本相同，此时，A、B 房屋需求量处于 A + B 需求曲线处，房价为 P_0。

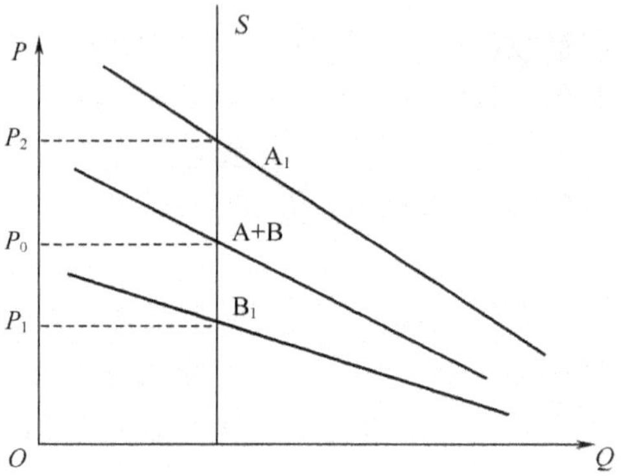

图 2　纳税人成本效用

若对 A、B 等级房屋实行累进税率，此时 B 等级房产持有成本迅速上升，需求量下降到 B_1，价格降低至 P_1；相对于 A 类房产而言，B 的单位投资成本上升，投资回报率降低，部分投资者转而投资 A 类房产。A 类房产的需求量上升，A_1 曲线即为变化后的 A 类房产需求，价格为 P_2。此时 A 房产的税负较低，价格更高，更多的投资者转而投资 A 类房产，直至地方政府根据市价重新划分房产等级时，价格更高的原 A 类房产划分为等级更高的 B 类，而价格低的原 B 类房产划分为等级较低的 A 类。此时，房产投资需求量再次变动。

税率形式对纳税人的影响的分析结论是：由于累进税率对资源分配效率更明显，导致房产投资需求量短期内变化较大，A 类房屋投资量过大，而 B 类需求量小，长期内 A、B 两类房产不断重复变动，不仅增加政府成本，而且对房价的调控不显著。因此，累进税率会导致无效率的结果。

四、税率设计原则对税率形式的影响

仅依据房产税税率形式对政府和纳税人的效用评估选择累进税率或比例税率仍不够科学。因此，这一部分将进一步依据税率设计原则选择合适的税率形式。

税率形式的选择影响税收目标的实现，因此，在优化税收原则的指导下应选择合适的税率形式（见表1）。

表1　税收原则及推荐的税率形式

	税收原则	合适的税率形式
效率	经济效率原则	累退税率或具累退性的差别税率
	社会效率原则	累进税率或具累进性的差别税率
	制度效率原则	单一税率
公平	纵向公平原则	累进税率或具累进性的差别税率
	横向公平原则	单一税率、累进税率或具累进性的差别税率

本文根据税收原则归纳出合适的税率形式，其中除了经济效率原则指导下应选择累退税率或具累退性的差别税率外，其余四项原则中三项推荐使用累进税率或具累进性的差别税率，两项推荐使用单一税率。

综上所述，累进税率能使政府收益更多、纳税人成本和收益更高，在对政府成本影响方面单一税率和累进税率并无较大差异。进一步分析显示，累进税率导致无效率；社会效率原则、纵向公平原则和横向公平原则指向累进税率，制度效率原则和横向公平原则指向单一税率。因此，在理论层面，本文认为房产税税率应选择具有累进性的差别税率。

五、房产税税率设计的实证研究

本文的这一部分以北京地区为例，进一步对房产税税率进行实证研究，并利用问卷调查分析房产税税率的具体适用范围。

在问卷设计部分，主要介绍问卷设计的基本情况，对问卷设计进行效度与信度分析，确认问卷设计是否科学可行；对问卷涉及的基本要素进行简要分析，从问卷调查中获得北京市常住人口对房产税税率的可接受程度。

（一）问卷设计的基本情况

本文试图通过问卷调查分析北京市常住人口对开征住宅类房产税的具体看法；同时，利用问卷中对房产税预期税负与个人可支配收入的调查，分析房产税税率形式及征税比例。

本文的问卷调查针对被调查者的基本经济情况、对房产税的预期等设计了25道选择题进行调查研究。问卷设计的基本情况见表2。

表 2　被调查者的基本情况

调查项目	调查答案	统计结果（%）
性别	男	50.96
	女	49.04
年龄	20 岁以下	2.88
	20～30 岁	77.88
	30～40 岁	14.42
	40～50 岁	1.92
	50 岁以上	2.88
个人年收入	低于 5 万元	31.73
	5 万～10 万元	51.92
	10 万～20 万元	11.54
	20 万～30 万元	3.85
	30 万～50 万元	0
	50 万元以上	0.96
文化程度	高中及以下	4.81
	大专	12.50
	本科	53.85
	硕士研究生及以上	28.85
所属职业	公司、企业一般职员	63.46
	机关、事业单位干部或公务员	12.50
	个体劳动者、自由职业者	1.92
	公司、企业领导或管理层	2.88
	科研人员、教师、医生、律师、媒体等专业人员	2.88
	下岗、待业或无业人员	0.96
	农民、农村户籍务工人员	0.96
	学生	14.42
实际拥有的房产数量	无	34.62
	一套	41.35
	两套	17.31
	三套	3.85
	三套以上	2.88
理想的房产数量	一套	17.31
	两套	52.88
	三套	20.19
	三套以上	7.69
	其他	1.92

注：由于计算中四舍五入导致的细微差距可能引起表中各项数据的最终统计结果不完全等于100%。

表3　被调查者对房产税的预期

调查项目	调查答案	统计结果（%）
对房产税是否了解	从未听说过	8.65
	听说过，但不了解	54.81
	略知一二	25.96
	比较了解	6.73
	非常了解	3.85
对北京市征收房产税的意见	赞同	33.65
	不赞同	28.85
	中立，对房产税政策持保留意见	34.62
开征房产税的目的①	增加政府财政收入	47.12
	调节收入分配	40.38
	打击炒房行为	59.62
	抑制过高房价	54.81
开征房产税对房价的短期影响	没有明显变化	45.19
	房价小幅降低	39.42
	房价大幅降低	5.77
	房价小幅上涨	6.73
	房价大幅上涨	1.92
开征房产税对房价的长期影响	没有明显变化	40.38
	房价小幅降低	28.85
	房价大幅降低	12.50
	房价小幅上涨	12.50
	房价大幅上涨	5.77

表4　被调查者对房产税方案设计的意向

调查项目	调查答案	统计结果（%）
房产税征收对象	高档商品房、豪宅	49.04
	家庭拥有两套及以上住房	45.19
	所有个人及家庭住房	5.77
房产税计税方法	房屋购买原值	29.81
	房屋计税当年市价	23.08
	房屋评估价格	13.46
	评估价格按比例折算	18.27
	市价按比例折算	15.38

① 注：此项为不定项选择。

续表

调查项目	调查答案	统计结果（%）
房产税税率形式	固定单一税率	19.23
	累进税率	77.88
	其他	2.88
房价100万元可承受的最高税负	3 000元以下	53.85
	3 000～4 000元	8.65
	4 000～5 000元	10.58
	5 000～6 000元	6.73
	6 000～8 000元	0.96
	8 000～10 000元	5.77
	10 000～12 000元	2.88
	12 000～15 000元	2.88
	其他	7.69
房价300万元可承受的最高税负	1万元以下	51.92
	10 000～12 000元	12.50
	12 000～15 000元	7.69
	15 000～18 000元	9.62
	18 000～24 000元	2.88
	24 000～30 000元	3.85
	30 000～36 000元	1.92
	36 000～45 000元	3.85
	其他	5.77
房价500万元可承受的最高税负	14 000元以下	50.00
	14 000～20 000元	11.54
	20 000～25 000元	9.62
	25 000～30 000元	4.81
	30 000～40 000元	5.77
	40 000～50 000元	4.81
	50 000～60 000元	1.92
	60 000～75 000元	5.77
	其他	5.77
房价800万元可承受的最高税负	25 000元以下	52.88
	25 000～32 000元	7.69
	32 000～40 000元	8.65
	40 000～48 000元	5.77
	48 000～64 000元	3.85
	64 000～80 000元	4.81
	80 000～96 000元	5.77
	96 000～120 000元	6.73
	其他	3.85

续表

调查项目	调查答案	统计结果（%）
房价1 000万元可承受的最高税负	3万元以下	47.12
	30 000～40 000元	10.58
	40 000～50 000元	5.77
	50 000～60 000元	6.73
	60 000～80 000元	1.92
	80 000～100 000元	7.69
	100 000～120 000元	6.73
	120 000～150 000元	10.58
	其他	2.88

表5　开征房产税对被调查者的影响

调查项目	调查答案	统计结果（%）
对无房产者的购房计划影响	不改变原购房计划	47.12
	不购买	13.46
	视房产税税负高低而定	37.5
	其他	1.92
对有房者的购房计划影响	不改变原购房计划	19.23
	不购买	33.65
	视房产税税负高低而定	45.19
	其他	1.92
开征房产税如何处置非自用型住房	全部卖出	10.58
	部分卖出，剩余保留	58.65
	全部保留	26.92
	其他	3.85
对保留房产的计划用途	全部出租	50.96
	全部空置	4.81
	部分出租，剩余空置	35.58
	其他	8.65

从目前调查问卷回收的基本情况看，被调查者以公司或企业一般职员为主，他们对房产税并不了解。为了更科学地分析调查问卷，本文将利用SPSS软件对调查问卷进行全面分析，并从问卷设计的科学性、效度及信度等方面系统地鉴定问卷的可靠性和可用性。

本文首先利用SPSS软件对问卷项目设计进行显著性检验。通过分析，问卷A1至A25的t值均为显著，问卷所设计的25道题项均具有鉴别度。因此，将这25道题挑选出来进行因素分析，以检验量表的结构效度和信度。

（二）问卷效度分析

本文首先利用 KMO 及 Bartlett's 检验（见表 6），确定该量表是否适合进行因素分析。

表 6　KMO and Bartlett's Test（KMO 及 Bartlett's 检验）

Kaiser – Meyer – OlkinMeasure of Sampling Adequacy		0.608
Bartlett's Test of Sphericity	Approx. Chi – square	1 294.957
	Df	406
	Sig.	0.000

KMO 是取样适当性量数，当 KMO 值越大时，变量间的共同因素越多，越适合进行因素分析。学者恺撒（Kaiser，1974）指出，"当 KMO 值小于 0.5 时，不适合进行因素分析。"表 6 中 KMO 值为 0.608：表示适合进行因素分析。并且，Bartlett's 球形检验的卡方值为 1 294.957（自由度为 406）达到显著，即母群体的相关矩阵间有共同因素存在，相伴度为 0.000，小于显著性水平 0.05，因此该量表适合进行因素分析。

对问卷设计做因子分析，检验量表的结构效度。在因子分析中，结构效度的评价指标主要有共同度、因子负荷和累积贡献率（分析结果详见附表）。本文将各因子旋转后的解释方差、累积解释方差、各因子包含的问卷及其对因子的负荷量等主要统计量汇总并制表，见表 7。

表 7　因子分析主要统计量汇总表

Factor 因子	Variance 方差	Cumulative variance 累计方差	问卷题目	因子负荷量	共同度
F1	15.851	15.851	19、18、20、21、17	0.948、0.913、0.906、0.855、0.847	0.911、0.881、0.900、0.837、0.825
F2	9.985	25.836	8、7、6	0.797、0.788、0.504	0.687、0.748、0.441
F3	9.063	34.898	16、23、1	0.772、0.574、0.529	0.659、0.681、0.713
F4	6.859	41.758	4、11c、11b	0.697、0.638、0.537	0.594、0.637、0.721
F5	5.967	47.725	15、22、11a、23	0.652、0.592、0.507、0.503	0.557、0.587、0.404、0.681
F6	5.351	53.076	14、11d	0.830、0.450	0.713、0.626
F7	4.947	58.024	12、13	0.770	0.646、0.653
F8	4.311	62.335	5、1	0.804、0.523	0.735、0.713
F9	4.016	66.351	2、3	0.687、0.609	0.684、0.727

第一，因子负荷。本文利用 SPSS 对量表数据斜交旋转后，获得成分矩阵的负荷量。表中所示的成分矩阵是量表中每个变量在未旋转的成分上的因子负荷量。

例如：

$$A19 = 0.948F1 + 0.059F2 + 0.034F3 + 0.002F4 + 0.02F5 - 0.009F6 + 0.032F7 - 0.003F8 + 0.071F9$$

根据因子负荷量大小的建议标准，0.30 负荷量需要 350 份样本参考，0.35 需要 250 份，0.40 需要 200 份，0.45 需要 150 份，0.50 需要 120 份，0.55 需要 100 份。随着负荷量递增，因子分析所需样本数量递减。从表 7 中因子负荷量可得，量表样本数量较小，问卷效度一般。

第二，共同度。变量的共同度是因子矩阵中的元素平方和。因子量表中所有公共因子和特殊因子对变量的贡献为 1，因此，当变量平方和越接近 1 时，因子分析效果较好。经过分析，量表中 29 个变量中有 21 个变量平方和大于 0.60，因此该量表因子分析的效果较好，从原变量空间到公共因子空间的转化性质较好。但是，A6、A10、A11a 共同度仅为 0.4，在问卷分析中需要仔细甄别。

第三，累积贡献率。本文通过 SPSS 软件分析，抽取 9 个共同因素。9 个因素的特征值分别为 4.597、2.896、2.628、1.989、1.730、1.552、1.435、1.250、1.165，其结束变异量分别为 15.851、9.985、9.063、6.859、5.967、5.351、4.947、4.311、4.016，累计解释变异量为 66.351%。

一般而言，社会科学领域累积变异量建议标准以 60% 以上为佳，表 7 中累积变异量达到 66.351%。

本文调查问卷设计的效度较好，该问卷可以用于研究分析。

（三）问卷信度分析

在因素分析后，为了进一步了解问卷的可信度，要对问卷做信度检验，确保通过问卷所获得的数据真实可靠。

在因子分析中，根据因子负荷量及样本数量等，本文抽取 9 个共同因子，9 个因子层面所包括的题项分别为如下几个层面：

因子层面一：A19、A18、A20、A21、A17 共五题。

因子层面二：A8、A7、A6 共三题。

因子层面三：A16、A23、A1 共三题。

因子层面四：A4、A11c、A11b 共三题。

因子层面五：A15、A22、A11a、A23 共四题。

因子层面六：A14、A11d 共两题。

因子层面七：A12、A13 共两题。

因子层面八：A5、A1 共两题。

因子层面九：A2、A3 共两题。

利用数据分析软件分别对这 9 个因子进行可靠性检验，本文主要检测量表的内在信度。获得的检验结果如表 8 所示。

表 8　Cronbach's Alpha（可靠性统计量）

Factor 因子	Cronbach's Alpha	基于标准化项的 Cronbachs Alpha	N of Items 项数
F1	0.941	0.942	5
F2	0.608	0.628	3
F3	0.514	0.551	3
F4	0.448	0.460	3
F5	0.390	0.289	4
F6	0.504	0.511	2
F7	0.511	0.516	2
F8	0.127	0.303	2
F9	0.352	0.361	2
总量表	0.706	0.600	24

通过信度分析，可以获得 9 个因子的内在信度 Alpha 系数。因子一信度系数为 0.941，因子二信度系数为 0.608，因子三信度系数为 0.514，表 8 所示第二列即为各因子对应的信度系数。

根据学者盖伊（Gay，1992）的观点，任何测验或量表的信度系数如果在 0.90 以上都表示测验或量表的信度甚佳。在社会科学领域中，可接受的最小信度系数值如何，各学者看法虽然未尽一致，但是信度系数 0.60 以下被普遍认为是较低的信度，应重新修订研究工具或重新编制较为适宜①。本文获得的内在信度系数，仅因子一就达到 0.941，其余 8 个因子信度系数均较低。总量表的 Alpha 系数为 0.706，代表此量表的信度一般，其可靠性可以接受。

由于获得的 8 个因子信度系数较低，且本文以税率设计研究为主，因此，本文将利用可信度高的因子一进行简要分析。与因子一对应的共五题，为第 17 题至第 21 题。这五题主要通过被调查者对不同房价的房产可承受的最高房产税税额进行统计，问卷设置了 100 万元、300 万元、500 万元、800 万元、1 000 万元共计五个层级的房价，并依据上海、重庆已开征的房产税税率及美国的高额房产税率分别设置了税负额度。

从问卷统计结果中可得，被调查者对房产税的承受意愿较低。53.85% 被调查者对 100 万元的房产愿意承受的最高税负为 3 000 元以下；51.92% 的被调查者对房价 300 万元的房产愿意承受的最高税负为 1 万元以下；当房价分别 500 万元、800 万元、1 000 万元时，50%、52.88%、47.12% 的被调查者愿意承受的最

① 吴明隆. SPSS 统计应用实务［M］. 北京：中国铁道出版社，2000.

高税负分别为1.4万元以下、2.5万元以下、3万元以下。这五种税负额度对应的税率维持在0.3%左右。

当房价达到500万元时，部分被调查者愿意承受的最高税负显著增加。房价100万元时，仅有2.88%的被调查者愿意承受最高等级的房产税税负；而当房价递增到500万元时，5.77%的被调查者愿意承受6万元~7.5万元的税额；当房价为800万元时，6.73%的被调查者愿意承受1.5%左右的税率；当房价为1 000万元时，10.58%的被调查者表示愿意承受最高税率。

综上所述，被调查者愿意承受的最高税负普遍较低，但是，随着计税额度的增加，被调查者愿意承受的税负呈现递增的趋势。并且，从问卷第16题的统计结果看，77.88%的被调查者赞成房产税税率设置为累进税率。因此，就问卷统计情况看，北京市房产税税率可选择累进税率，具体税率应选择在0.3%的基础上累进。

六、结论和建议

本文主要利用西方优化税制理论对我国房产税问题（以北京地区为例），尤其是房产税税率问题进行分析研究。本文研究的房产税主要是对住房持有阶段所征的税收，属于财产税类的一种。

在问卷分析部分，本文主要利用SPSS软件和问卷调查，对北京市常住人口关于开征房产税的意向进行统计分析。分析得出被调查者可承受的最高房产税税率约为0.3%；并且，随着房产价值的增加，房产税税率应具有累进性。

本文在对北京市房产税税率设计进行研究中尚存在一些不足之处。首先，本文调查问卷经过效度与信度分析后，问卷结果参考价值一般，数据回收样本应进一步扩大，以增加问卷的可靠性和可用性。其次，本文以北京地区为例，在分析研究房产税时，主要以房产税税率为主，并未分析房产税税制的其他要素。这两方面的不足，有待日后的研究中得以补充。

附表　问卷结构效度分析

附表1　Communalities（共同性）

	Initial 初始	Extraction 提取		Initial 初始	Extraction 提取
A1	1.000	0.713	A12	1.000	0.646
A2	1.000	0.684	A13	1.000	0.653
A3	1.000	0.727	A14	1.000	0.713

续表

	Initial 初始	Extraction 提取		Initial 初始	Extraction 提取
A4	1.000	0.594	A15	1.000	0.557
A5	1.000	0.735	A16	1.000	0.659
A6	1.000	0.441	A17	1.000	0.825
A7	1.000	0.748	A18	1.000	0.881
A8	1.000	0.687	A19	1.000	0.911
A9	1.000	0.619	A20	1.000	0.900
A10	1.000	0.443	A21	1.000	0.837
A11a	1.000	0.404	A22	1.000	0.587
A11b	1.000	0.721	A23	1.000	0.681
A11c	1.000	0.637	A24	1.000	0.535
A11d	1.000	0.626	A25	1.000	0.405
A11e	1.000	0.672			

附表 2　Pattern Matrix（旋转成分矩阵）

Factor 因子	1	2	3	4	5	6	7	8	9
A19	0.948	0.059	0.034	0.002	0.020	-0.009	0.032	-0.003	0.071
A18	0.913	0.123	-0.065	-0.009	0.024	-0.044	-0.011	-0.014	0.155
A20	0.906	-0.107	0.140	0.096	-0.078	0.156	0.023	-0.070	-0.057
A21	0.855	-0.030	0.100	0.149	-0.088	0.144	0.015	-0.138	-0.157
A17	0.847	0.037	-0.140	-0.170	0.098	-0.046	0.043	0.041	0.207
A8	0.035	0.797	0.152	0.069	0.097	-0.076	0.003	-0.085	0.010
A7	0.015	0.788	0.003	-0.200	0.125	0.171	-0.008	-0.098	-0.179
A6	0.008	0.504	0.030	-0.004	-0.118	-0.279	0.065	0.090	0.286
A25	-0.024	-0.436	0.155	-0.318	0.257	-0.075	-0.113	0.051	-0.048
A16	0.119	0.036	0.772	0.049	0.059	0.003	-0.003	-0.149	0.136
A23	-0.080	0.084	0.574	0.014	0.503	0.166	0.093	-0.128	-0.178
A1	-0.034	-0.184	0.529	0.257	0.158	-0.149	-0.045	0.523	0.100
A24	0.108	0.106	0.488	-0.378	0.111	0.288	0.007	-0.005	0.189
A10	-0.256	0.187	0.400	-0.020	0.075	-0.232	0.208	0.220	-0.176

续表

Factor 因子	1	2	3	4	5	6	7	8	9
A4	0. 044	0. 112	-0. 088	0. 697	0. 065	-0. 122	0. 066	0. 249	0. 010
A11c	0. 053	-0. 151	0. 207	0. 638	0. 166	0. 194	0. 270	-0. 146	-0. 051
A11b	0. 041	0. 113	0. 193	0. 537	-0. 266	0. 201	-0. 460	0. 047	-0. 239
A11e	0. 405	0. 165	0. 253	-0. 459	-0. 344	-0. 125	0. 139	0. 209	-0. 096
A15	-0. 053	0. 202	0. 104	0. 194	0. 652	-0. 163	0. 007	-0. 006	-0. 115
A22	-0. 134	0. 056	0. 268	-0. 247	0. 592	0. 022	0. 182	-0. 010	-0. 222
A11a	-0. 164	0. 150	0. 011	-0. 084	-0. 507	-0. 245	0. 102	-0. 059	-0. 126
A14	0. 037	0. 007	0. 011	0. 033	-0. 017	0. 830	0. 115	-0. 004	-0. 083
A11d	0. 083	-0. 179	0. 089	0. 398	0. 372	0. 450	-0. 145	0. 242	0. 034
A9	0. 153	0. 407	0. 046	-0. 083	0. 188	0. 431	0. 029	0. 169	0. 414
A12	0. 088	0. 109	0. 053	0. 074	0. 014	-0. 053	0. 770	0. 137	-0. 057
A13	0. 007	-0. 013	0. 041	0. 059	-0. 047	0. 189	0. 743	-0. 225	0. 087
A5	-0. 105	-0. 030	-0. 207	0. 056	-0. 049	0. 142	-0. 040	0. 804	-0. 076
A2	0. 111	-0. 153	0. 298	-0. 072	-0. 237	-0. 161	0. 007	-0. 016	0. 687
A3	0. 062	0. 269	-0. 158	0. 010	-0. 028	0. 133	0. 078	-0. 479	0. 609

附表 3 Total Variance Explained（整体解释的变异数—转轴后的数据）

Component 成分	Initial Eigen values 初始特征值			Extraction Sums of Squared Loadings 被提取的载荷平方和		
	Total 特征值	% of Variance 方差的百分数	Cumulative % 累积百分数	Total 特征值	% of Variance 方差的百分数	Cumulative % 累积百分数
1	4. 597	15. 851	15. 851	4. 597	15. 851	15. 851
2	2. 896	9. 985	25. 836	2. 896	9. 985	25. 836
3	2. 628	9. 063	34. 898	2. 628	9. 063	34. 898
4	1. 989	6. 859	41. 758	1. 989	6. 859	41. 758
5	1. 730	5. 967	47. 725	1. 730	5. 967	47. 725
6	1. 552	5. 351	53. 076	1. 552	5. 351	53. 076
7	1. 435	4. 947	58. 024	1. 435	4. 947	58. 024
8	1. 250	4. 311	62. 335	1. 250	4. 311	62. 335
9	1. 165	4. 016	66. 351	1. 165	4. 016	66. 351
10	0. 992	3. 420	69. 771			

续表

Component 成分	Initial Eigen values 初始特征值			Extraction Sums of Squared Loadings 被提取的载荷平方和		
	Total 特征值	% of Variance 方差的百分数	Cumulative % 累积百分数	Total 特征值	% of Variance 方差的百分数	Cumulative % 累积百分数
11	0. 933	3. 217	72. 988			
12	0. 858	2. 958	75. 947			
13	0. 799	2. 757	78. 703			
14	0. 725	2. 500	81. 204			
15	0. 712	2. 455	83. 658			
16	0. 694	2. 393	86. 051			
17	0. 626	2. 159	88. 210			
18	0. 569	1. 962	90. 172			
19	0. 518	1. 786	91. 958			
20	0. 454	1. 565	93. 523			
21	0. 375	1. 292	94. 815			
22	0. 333	1. 150	95. 964			
23	0. 305	1. 053	97. 017			
24	0. 258	0. 891	97. 909			
25	0. 210	0. 723	98. 631			
26	0. 190	0. 656	99. 287			
27	0. 091	0. 315	99. 601			
28	0. 072	0. 250	99. 851			
29	0. 043	0. 149	100. 00			

参考文献：

[1] Harry Kithcen: Property Tax: A Situation Analysis and Overview [J]. in A Primer on Property Tax Administration & Policy, 2013.

[2] Lihuai Yang, Jinfeng Lu and Jiansong Liu: The Experience of Property Tax Pilots of Shanghai, Chongqing, and Enlightment to Other Cities in China [J]. In ICCREM2013: Construction and Operation in the Context of Sustainability, American Society of Civil Engineers, 2013.

[3] Jianying Zhang, Xinran Lin: Analysis of the Effect of Individual Estate Tax Reform in China [J]. In ICCREM2013: Construction and Operation in the Context of Sustainability, American So-

ciety of Civil Engineers, 2013.

[4] Wallace E · Oates: The Effects of property Taxes and Local public spending on Property Values: An Empirical Study of Tax Capitalization and The Tiebout Hypothesis [J]. In The Journal of Political Economy, Vol. 77, N0. 6. pp. 957 -971, 1969.

[5] Benjamin H. Harris, Brian David Moore: Residential Property Taxes in the United States [J/OL]. http: //www. taxpolicy center. org/vploaded PDF/412959. pdf, 2013.

[6] Nalitra Thaiprasert, Dagney Faulk, Michael J. Hicks: A Regional Computable General Equilibrium Analysis of Tax Rate Caps and a Sales Tax Rate Increase in Indiana [J]. In Public Finance Review, 2013.

[7] Morton Paglin, Michael Fogarty: Equity and the Property Tax: A New Conceptual Focus [J]. In National Tax Journal, Vol. 25. No4, 1972.

[8] Albert M. Church: Capitalization of the Effective Property Tax Rate on Single Family Residences [J]. In National Tax Journal, Vol. 27. No1, 1974.

[9] A. Thomas King: Estimating Property Tax Capitalization: A critical Comment [J]. In Journal of Political Economy, Vol. 85. No2, 1977.

[10] Byron F. Lutz: The Connection between House Price Appreciation and Property Tax Revenues [J]. In National Tax Journal, Vol. 61. No3, 2008.

[11] Marika Cabral, Caroline Hoxby: The Hated Property Tax: Salience, Tax Rates, and Tax Revolts [J]. In the National Bureau of Economic Research Working Paper, 2012.

[12] Richard M. Bird, Enid Slack: Land and Property Taxation in 25 countries: a Comparative Review [M]. In: Bird, R. M. and Slack, E. (eds.), The International Handbook of Land and Property Taxation, Northampton, MA : Edward Elgar Publishing Limited, 19 - 56, 2004.

[13] Henry · Aaron: The Property Tax: Progressive or Regressive? A New View of Property Tax Incidence [J]. In The American Economic Review, Vol. 64. No. 2. , 1974.

[14] 威尼·瑟斯克. 发展中国家的税制改革 [M]. 北京: 中国人民大学出版社, 2001.

[15] 哈维·S. 罗森, 特德·盖亚. 财政学 [M]. 北京: 中国人民大学出版社, 2009.

[16] 威廉·配第. 赋税论 [M]. 北京: 华夏出版社, 2013.

[17] 宋磊. 房产税税率设计及税收效应模拟分析 [J]. 财会月刊, 2013 (1).

[18] 吴春晓. 房产税改革的税率设计研究 [D]. 暨南大学硕士学位论文, 2013.

[19] 黄樟友. 物业税税收方案设计及其测算分析 [D]. 浙江大学, 2006.

[20] 胡洪曙. 财产税的税率设计研究 [J]. 财贸经济, 2010 (10).

[21] 刘斌. 中美房产税比较分析研究. 财会研究, 2011 (18).

[22] 李平, 开征物业税的必要性及税率设计的理论与实证分析 [D]. 清华大学, 2005.

[23] 曾建新, 董瑞超, 詹长杰. 房产税税率设计研究——基于广东省基础数据的分析 [J]. 财会研究, 2009 (11).

[24] 黄剑雄. 西方最优税收理论的发展及其政策启示 [J]. 财贸经济, 2004 (2).

[25] 邓力平. 关于优化税制理论 [J]. 涉外税务, 1998 (5).

[26] 北京市统计局. 北京市房产税相关数据. 1999—2013 年北京市国民经济和社会发展统计公报 [DB/OL]. 2014 -03 -05.

[27] 美国 2009 年数据年鉴, 2010.

[28] 中华人民共和国房产税暂行条例，1986.
[29] 上海市/重庆市房产税实施细则，2011.
[30] 况伟大，朱勇，刘江涛．房产税对房价的影响：来自 OECD 国家的证据［J］. 财贸经济，2012（5）.
[31] 漆亮亮．房产税的历史沿革［J］. 涉外税务，2002（4）.
[32] 杨秀琴．中国税收［M］. 北京：中国人民大学出版社，1995.
[33] 王雍君．税制优化原理［M］. 北京：中国财政经济出版社，1995.
[34] 李进都．房地产税收理论与实务［M］. 北京：中国税务出版社，2000.
[35] 财政部税收制度国际比较课题组．外国税收制度丛书［M］. 北京：中国财政经济出版社，2000.
[36] 岳树民．中国税制优化的理论分析［M］. 北京：中国人民大学出版社，2003.
[37] 蒋晓蕙．财产税制国际研究［M］. 北京：中国财政经济出版社，2004.
[38] 陈多长．房地产税收论［M］. 北京：中国市场出版社，2005.
[39] 陈志勇．财产税理论与制度构建：财产税理论与制度国际研讨会论文集［M］. 北京：中国财政经济出版社，2006.
[40] 吴明隆．SPSS 统计应用实务［M］. 北京：中国铁道出版社，2000.

我国货币供应量与经济发展的关联度研究

支小青　赵雪

摘要　本文就我国的货币供应量与经济发展进行关联度研究。而以此为切入点展开分析，经济发展指标的选择就显得至关重要。本文选取国内生产总值和固定资产投资两项指标，利用 EXCEL 和 SPSS 软件对现有统计数据进行处理，对相关数据进行散点图对比分析、散点图相关性分析和皮尔逊相关性分析，分别对 M1 和 M2 与经济发展指标的相关性进行实证研究，从而揭示狭义货币供应量 M1、广义货币供应量 M2 与选定指标之间的关联关系，并结合实证结果对我国货币供应量规模的控制与我国货币政策传导机制的完善提出有关政策建议。

关键词　货币供应量；经济发展；关联度

一、选题背景及研究现状

（一）选题背景

改革开放以来，我国长期依赖高储蓄率和高投资率拉动经济增长。在不到 30 年的时间里，国内生产总值持续高速增长，从 1985 年的 9 016 亿元增至 2012 年的 519 470 亿元，大约增长了 58 倍，创造了举世瞩目的“中国奇迹”。

与此同时，我国货币供应量也逐年增加。1985—2012 年，狭义货币量 M1 由 3 340. 90 亿元增加到 308 672. 99 亿元，增长了 91 倍；广义货币量 M2 由 5 198. 90 亿元攀升至 974 159. 46 亿元，增长了 186 倍。

从统计数据可以看出中国经济保持着高速持续增长。那么，中国经济是否存在过热现象？经济过热又是否与货币投放过量有关？货币供应量与经济发展到底存在怎样的关联？如何从宏观层面厘清货币供应量与经济发展主要指标之间的关系？通过特定方法对上述疑问加以释疑和求证，正是本文的初衷和立意所在。

（二）研究现状

鉴于货币供应量对国家宏观经济增长与发展的可能影响，货币供应量与经济发展的相关性研究已成为研究热点，学者们从不同的角度、运用不同的方法展开研究并得出各自的结论，其中也存在不少分歧。研究的主要观点如下。

1. 认为货币供应量与经济发展之间存在相关性

在相关研究中，刘霖、靳云汇、郝娟、戴建军等分别利用多种单位根检验与二元向量自回归模型、协整理论与单位根检验创建向量自回归模型、ADF 单位根检验、HP 滤波分析、格兰杰因果关系检验、Wald 系数检验、协整关系检验和 VEC 模型分析，以及虚拟变量模型等多种实证工具分析货币供应量与经济发展之间的相关性，分别得出 M1 与通货膨胀、物价水平和 GDP 等经济指标之间存在相关性；M2 与 GDP 以及零售物价水平、通货膨胀水平之间存在不同程度的相关性。

2. 认为货币供应量与经济发展之间不存在相关性

学者刘笑诵、王宏伟等分别利用单方程方法、均衡修正模型、协整理论与单位根检验创建向量自回归模型等方法进行实证分析，分别得出 M1 与通货膨胀、CPI、GDP 以及产出之间不存在明显的相关性；M2 与 GDP 之间的相关程度较低，与 CPI、通货膨胀之间不存在统计层面上的格兰杰因果关系。

从目前的研究成果来看，大部分学者都认为货币供应量与经济发展之间存在相关性；极少数学者认为其关联为负相关，绝大多数学者认为是正相关。

笔者在阅读文献时发现，国内大部分学者在进行相关度研究时，其研究数据都在 2010 年以前，且时间跨度多限于十几年。笔者认为，只有运用最新最全的数据才能提高分析研究的解释力与说服力，因而在搜集数据资料和论文写作中，笔者尽可能将数据的时间跨度拉长并力求使用最新的数据资料。

在论文写作初期，笔者查找我国自 1978 年以后至今的数据，但查找《中国统计年鉴》以及国家统计局网站之后发现，M1 与 M2 的统计指标都始于 1990 年。后经多方查阅，终于在《中国金融统计年鉴》中查到了 1985—1989 年的相关数据。因此，笔者对 M1 与 M2 的分析跨度是 1985—2012 年。为方便分析，本文选择的两项经济发展指标的时间跨度也是 1985—2012 年。

二、我国货币供应量与经济发展指标的关联度研究

本文研究的问题是我国货币供应量与经济发展主要指标之间的关联。研究伊始，我国货币供应量和经济发展指标的选择就显得十分必要。

货币供应量（Monetary Aggregats）是计算具有不同变现能力的货币数量、表现货币总体结构的指标。货币供应量通常由 M0、M1、M2、M3 构成。M0 代表游离于银行等金融机构体系之外的进入流通领域的现金量；M1 即狭义货币，包括流通中的现金 + 支票存款以及转账信用卡存款；M2 即广义货币，包括 M1 + 储蓄存款（包括活期和定期储蓄存款） + 政府债券；M3 即 M2 + 其他短期流动资产，如国库券、银行承兑汇票和商业票据等。各国关于货币量的定义不尽相同，随着金融市场的发展和金融工具的创新，通常会对货币量统计口径进行修订和完善。本文将货币量的供应限定为狭义货币供应量 M1 与广义货币供应量 M2。

此外，为使研究简便可行，特别选取两个具体而极有意义的经济发展指标进行相关分析，这两个指标分别是国内生产总值和固定资产投资。

国内生产总值（Gross Domestic Product），简称 GDP ，是指按照市场价格计算的一个国家（或地区）所有常住单位在一定时期内（一年或一个季度）生产

活动的最终劳务以及产品的价值总和。GDP 在国际上是衡量国家经济状况的最主要指标，它不但可以反映一个国家的经济表现，还可以反映一国的国力与财富。我国经济增长的固有模式决定了经济增长对货币投放量的依赖，那么，货币供应量 M1、M2 与 GDP 的增长是否相关？如果相关，其相关性究竟会如何表现？本文拟将其纳入研究范围，期望通过实证方法对货币供应量与国内生产总值的关联度进行研究和分析，从而得出自己的结论。

固定资产投资（Investment In The Fixed Assets）是与国家经济发展密切相关的经济因素。固定资产投资涵盖了国家基础设施建设、各项工业建设与建筑业的发展，涉及国家的第二产业建设发展与巨大的内部消费需求。长期以来，我国的经济发展在很大程度上都依赖于固定资产投资，而固定资产的投资规模又与货币供应量密切关联，但二者的关联度究竟如何不能仅凭想象，必须在进行具体分析之后方可得出结论。因此，本文将这一指标也纳入研究范围，尝试通过实证方法对固定资产投资与货币供应量的关联度进行研究和分析，以期得出结论。

（一）我国货币供应量与国内生产总值（GDP）的关联度研究

改革开放以来，我国国内生产总值持续快速增长，经济规模赶超了很多国家，包括不少欧美强国。根据国家统计局网站公布的数据，我国 1978 年国内生产总值为 3 645.22 亿元，2012 年国内生产总值为 519 470.00 亿元，2012 年的国内生产总值总量比改革开放初期增长了 142 倍之多。这期间，在 2007 年超越德国成为世界三大经济体之一，2010 年又超过日本跃居为世界第二大经济体，目前我国的国内生产总值已经逼近世界第一大经济体美国。

1. 1985—2012 年我国国内生产总值增长情况分析

笔者通过查阅国家统计局网站的年度数据，得出我国 1985—2012 年国内生产总值增长状况（见图 1）。

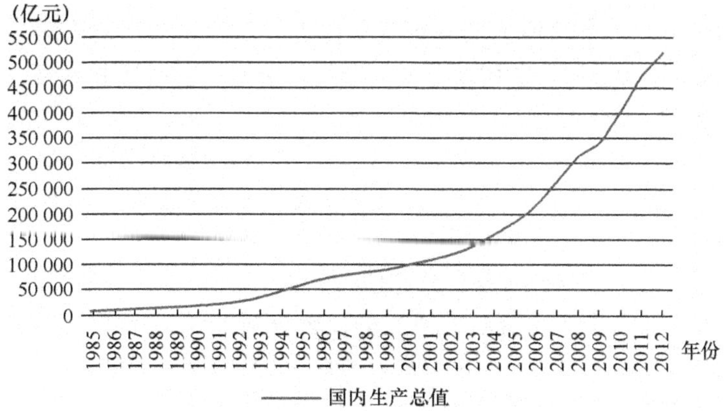

图 1　1985—2012 年国内生产总值增长情况

数据来源：国家统计局网站：数据查询——年度数据，http：//data. stats. gov. cn/workspace/index？m = hgnd.

从图1的增长趋势中可以看出，我国国内生产总值1985—2012年一直呈递增态势。1985—1994年，国内生产总值增长速度较慢，一直没有超过50 000亿元；1995—2004年，国内生产总值增长速度加快，2004年达到了159 878.34亿元；2005—2012年，国内生产总值的增长速度较之于前两个阶段更快，尤其是2008—2012年的增长速度。从图1中可以明显看出在这一区间里，曲线的倾斜度最高，斜率最大，说明2008—2012年5年内国内生产总值增长速度最快。

2. M1和M2与国内生产总值的增长情况比较分析

下文将对M1和M2与国内生产总值的关联关系进行分析，图2和图3是利用EXCEL处理过的对两组数据进行比较的结果图。

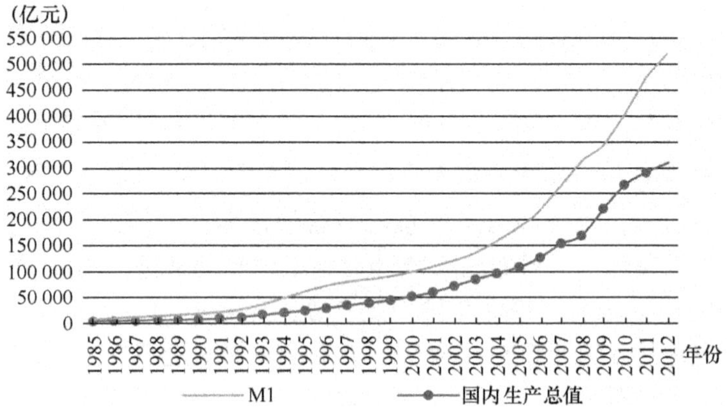

图2　1985—2012年M1与国内生产总值的比较情况

数据来源：国家统计局网站：数据查询——年度数据，http：//data. stats. gov. cn/workspace/index？m = hgnd.

（1）M1与国内生产总值增长情况的比较分析。从M1与国内生产总值的比较结果来看，二者的增长均为逐年上升，且国内生产总值的数值也一直大于M1。随着经济的增长，二者数值上的差距逐年拉大。二者在增长趋势上均可分为三个发展阶段：1985—1994年的10年，M1与固定资产投资的增长速度趋缓；1995—2004年这一阶段，M1与固定资产投资的增长速度加快，从其上升的斜率可以看出；2005—2012年这一阶段，M1与固定资产投资的增长速度明显加快，尤其是在2008年以后至2012年这一阶段，二者曲线的倾斜度最大，说明斜率最大，增长速度最快。

通过上述分析，M1与国内生产总值两个经济指标之间呈相关性。

（2）M2与国内生产总值增长情况的比较分析。从总的增长趋势上看，二者的增长是逐年上升的。可以将时间段分为两部分：1985—1995年的11年国内生产总值要大于M2，但数值差异不是很大；1996年以后，M2开始反超国内生产总值，并随着时间的推移，该差距逐年加大。到2012年，M2的数量已经大大超过了国内生产总值。

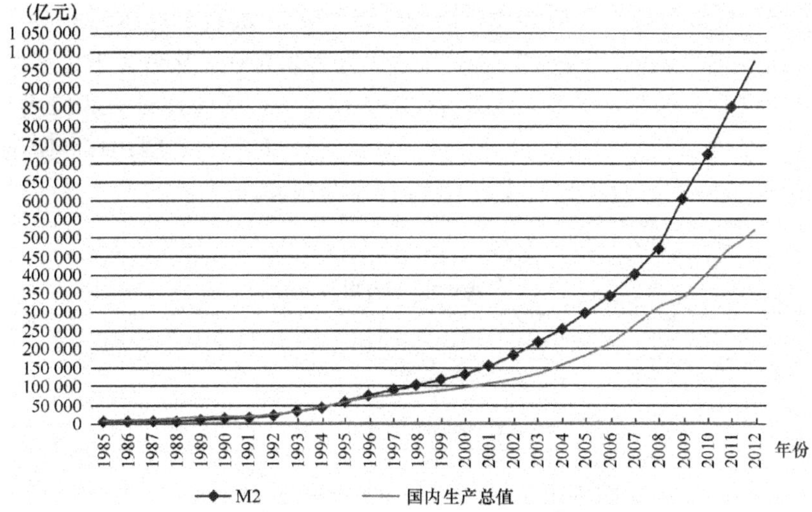

图 3　1985—2012 年 M2 与国内生产总值的比较情况

数据来源：国家统计局网站：数据查询——年度数据，http：//data. stats. gov. cn/workspace/index？ m = hgnd.

通过上述分析，初步判定 M2 与国内生产总值之间也有相关性。

为了进一步分析 M1、M2 与国内生产总值之间的相关性，我们运用 SPSS 软件进行散点图相关性分析与皮尔逊相关性分析。

3. M1 与国内生产总值的 SPSS 相关性分析

（1）M1 与国内生产总值的散点图（见图 4）相关性分析。图 4 中每一个圆圈代表一对 M1 和国内生产总值的数值，一共有 28 个小圆圈。从这些小圆圈的走向来看，它们基本上呈一条斜率为正的直线，并且在这条直线周围均匀分布。初步判定，M1 与 GDP 之间具有相关性。

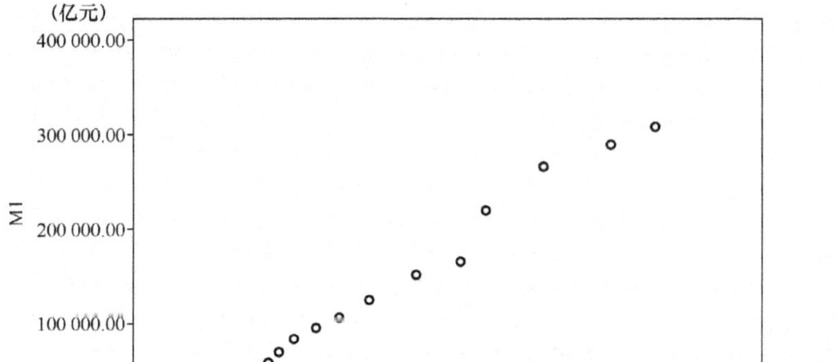

注：图中28个圆圈分别代表28个年份（下同）。

图 4　1985—2012 年 M1 与国内生产总值散点图分析

（2）M1 与国内生产总值的皮尔逊相关性分析。从表 1 皮尔逊相关分析中可以看到，在双尾检验中，Sig.（2 – tailed）数值为 0.000，说明关于二者相关系数为 0 的原假设可以被拒绝，证明二者存在相关性。N 表示 1985—2012 年 28 期变量的个数。在皮尔逊相关性检验 Pearson Correlation 的分析结果中，M1 与国内生产总值的相关性系数为 0.996，即二者具有高度相关性。

表 1　1985—2012 年 M1 与国内生产总值的皮尔逊相关性分析

Pearson Correlations

		M1（亿元）	国内生产总值（亿元）
M1（亿元）	Pearson Correlation	1	0.996**
	Sig.（2 – tailed）		0.000
	N	28	28
国内生产总值（亿元）	Pearson Correlation	0.996**	1
	Sig.（2 – tailed）	0.000	
	N	28	28

**：Correlation is significant at the 0.01 level（2 – tailed）.

4. M2 与国内生产总值的 SPSS 相关性分析

（1）M2 与国内生产总值的散点图（见图 5）分析结果。图中每一个圆圈代表一对 M2 和国内生产总值的数值，一共有 28 个小圆圈。从这些小圆圈的走向来看，它们基本上呈一条斜率为正的直线，并且在这条直线周围均匀分布。初步判定，M2 与 GDP 之间具有显著的相关性。

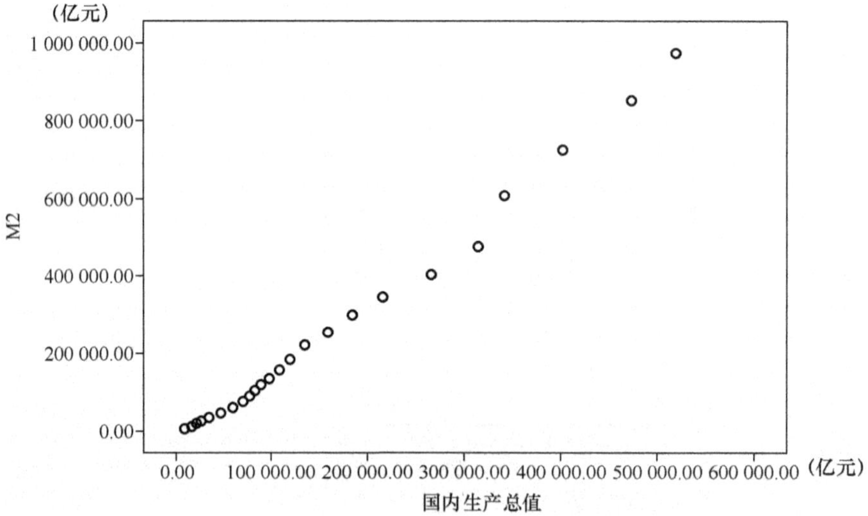

图 5　1985—2012 年 M2 与国内生产总值散点图分析

（2）M2与国内生产总值的皮尔逊相关性分析。从表2皮尔逊相关分析结果中可以看到，在双尾检验中，Sig.（2－tailed）数值为0.000，说明关于二者相关系数为0的原假设可以被拒绝，证明二者存在相关性。N表示1985—2012年28期变量的个数。在皮尔逊相关性检验Pearson Correlation的分析结果中，M2与国内生产总值的相关性系数为0.996，即二者具有高度相关性。

表2 1985—2012年M2与国内生产总值的皮尔逊相关性分析

Pearson Correlations

		M2（亿元）	国内生产总值（亿元）
M2（亿元）	Pearson Correlation	1	0.996**
	Sig.（2－tailed）		0.000
	N	28	28
国内生产总值（亿元）	Pearson Correlation	0.996**	1
	Sig.（2－tailed）	0.000	
	N	28	28

**：Correlation is significant at the 0.01 level（2－tailed）.

通过对M1和M2分别与国内生产总值之间进行相关性分析，其分析结果表明：

M1与国内生产总值之间呈高度正相关性，相关系数为0.996。

M2与国内生产总值之间呈高度正相关性，相关系数为0.996。

（二）我国货币供应量与固定资产投资的关联度研究

近年来，全社会固定资产投资总量逐年快速增长，导致了全社会的投资总量过度增长，各个地方普遍出现了投资过热的现象。我们非常关心这一现象是否与货币供应量的增长有着密切关系。因此，对固定资产投资这一衡量经济发展的指标与货币供应量M1和M2进行相关性的实证分析，可以帮助我们作出相关的结论。

1. 我国固定资产投资增长情况

我国1985—2012年的固定资产投资增长情况如图6所示。

图6显示，1985—2012年固定资产投资数量逐年递增，从1985年的2 543.20亿元增长到2012年374 694.74亿元，增长了146倍多。其中，1985—1992年的固定资产投资规模增速较小，1993—2002年的10年增速略快，但均在50 000亿元以内；2003—2012年固定资产投资以更快的速度增长，其中以2008—2012年的增速最快。这与M1和M2的增幅规律基本上相同。

2. M1和M2与固定资产投资的增长情况比较分析

（1）M1与固定资产投资的增长情况比较分析。将固定资产投资与M1和M2进

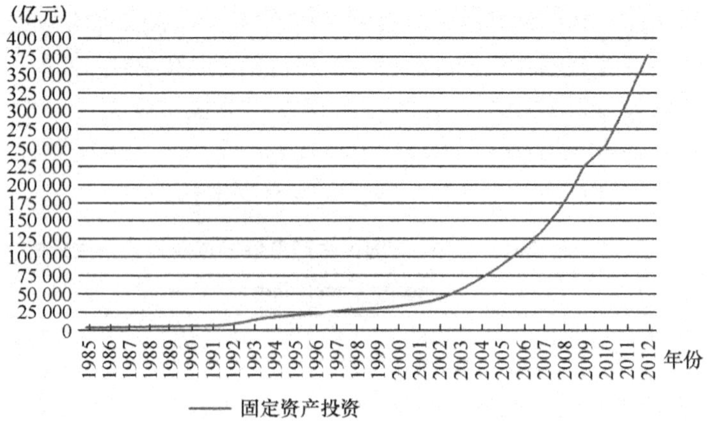

图 6　1985—2012 年固定资产投资增长情况

数据来源：国家统计局网站：数据查询——年度数据，http：//data. stats. gov. cn/workspace/index？ m = hgnd.

行增长趋势比较，图 7 是利用 EXCEL 对 M1 与固定资产投资进行对比分析的结果。

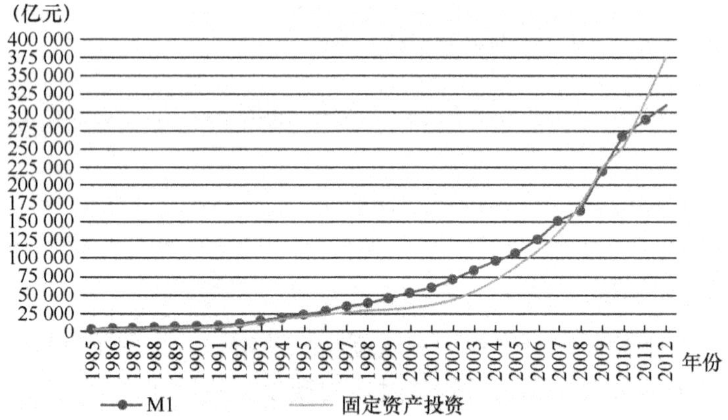

图 7　1985—2012 年 M1 与固定资产投资的比较

数据来源：国家统计局网站：数据查询——年度数据，http：//data. stats. gov. cn/workspace/index？ m = hgnd.

固定资产投资与 M1 的增长趋势大体上一致，二者在数量上均为逐年递增。可以将 1985—2012 年划分为 1985—2007 年、2008—2012 年两个阶段。在 1985—2007 年的比较中，M1 的数量一直大于固定资产投资量；2008—2012 年，固定资产投资量则超过了 M1 的数量。

（2）M2 与固定资产投资的增长情况比较分析。图 8 是利用 EXCEL 对 M2 与固定资产投资进行对比的结果。

由图 8 的比较可以看出，固定资产投资的增长趋势与 M2 增长趋势基本上一致。二者在 1985—1992 年增长缓慢，在 1993—2002 年增长加快，在 2003—2012 年增长更快，并且在 2008—2012 年增长速度最快。

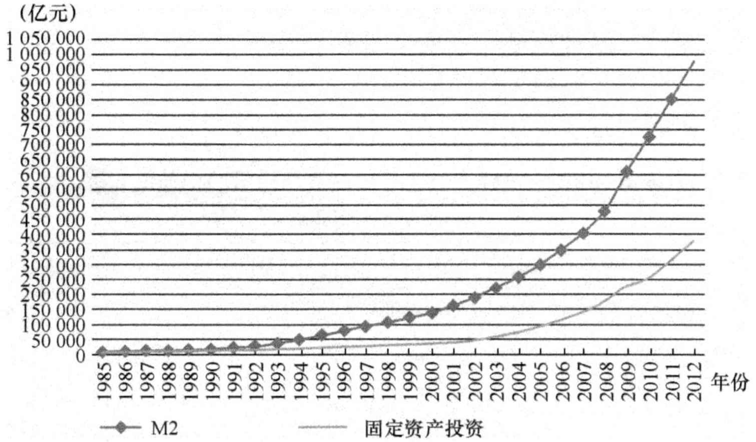

图 8　1985—2012 年 M2 与固定资产投资的比较

数据来源：国家统计局网站：数据查询——年度数据，http：//data. stats. gov. cn/workspace/index？ m = hgnd.

3. M1 与固定资产投资的 SPSS 相关性分析

为了精确了解 M1 和 M2 分别与固定资产投资的相关性，对其进行 SPSS 散点图分析与皮尔逊相关性分析。

（1）M1 与固定资产投资的散点图相关性分析。从图 9 可以看到，M1 与固定资产投资二者之间的变化趋势基本上呈一条直线的走向，二者均为同方向逐年递增。初步判定，M1 与固定资产投资存在相关性。

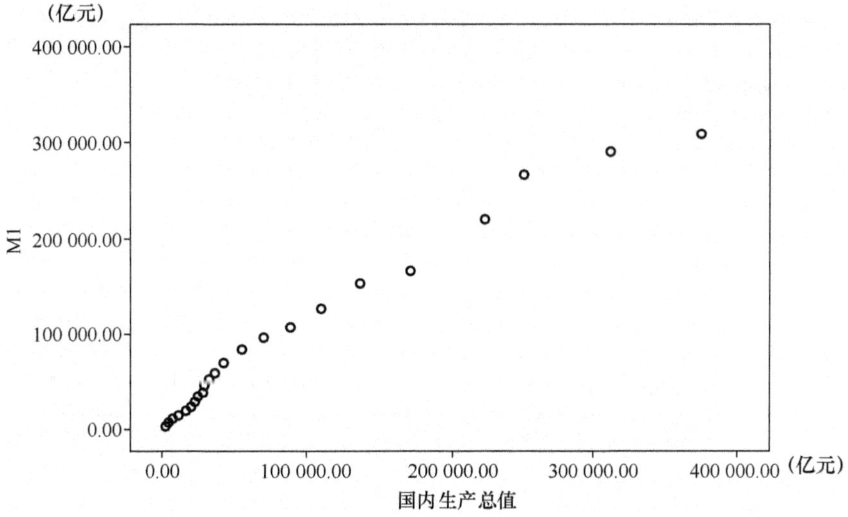

图 9　1985—2012 年 M1 与固定资产投资的散点图分析

（2）M1 与固定资产投资的皮尔逊相关性分析。从表 3 皮尔逊相关分析结果中可以看到，在双尾检验中，Sig.（2 - tailed）数值为 0.000，说明关于二者相关系数为 0 的原假设可以被拒绝，证明二者存在相关性。N 表示 1985—2012 年 28 期变量的个数。在皮尔逊相关性检验 Pearson Correlation 的分析结果中，M1 与固定资产投资的相关性系数为 0.987，即二者具有高度相关性。

表 3　1985—2012 年 M1 与固定资产投资的相关性分析

Pearson Correlations

固定资产投资（亿元）		M1（亿元）	
固定资产投资（亿元）	Pearson Correlation	1	0.987 * *
	Sig.（2 - tailed）		0.000
	N	28	28
M1（亿元）	Pearson Correlation	0.987 * *	1
	Sig.（2 - tailed）	0.000	
	N	28	28

* *：Correlation is significant at the 0.01 level（2 - tailed）.

4. M2 与固定资产投资的 SPSS 相关性分析

（1）M2 与固定资产投资之间的散点图相关性分析。从图 10 中 M2 与固定资产投资的走势来看，二者基本呈同方向逐年递增，变化趋势呈一条直线。初步判定，M2 与固定资产投资具有相关性。

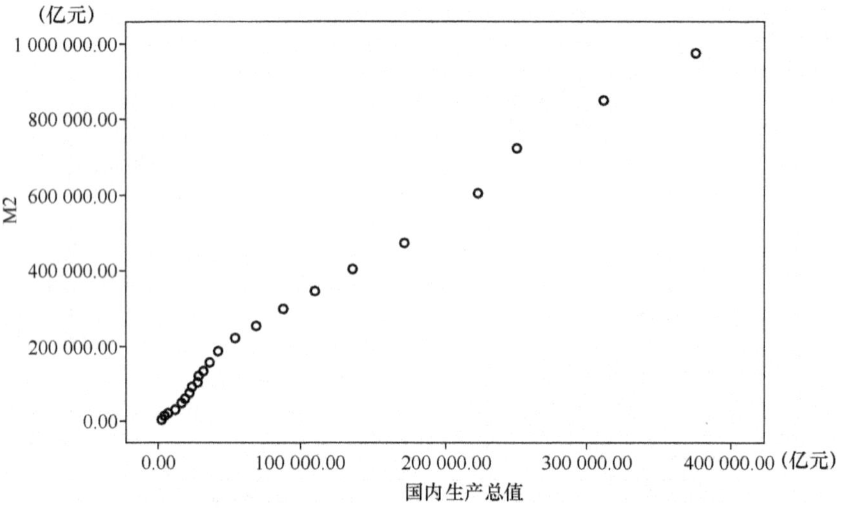

图 10　1985—2012 年 M2 与固定资产投资的散点图分析

（2）M2 与固定资产投资的皮尔逊相关性分析。从表 4 皮尔逊相关分析结果中可以看到，在双尾检验中，Sig.（2 - tailed）数值为 0.000，说明关于二者相关系数为 0 的原假设可以被拒绝，证明二者存在相关性。N 表示 1985—2012 年 28 期变量的个数。在皮尔逊相关性检验 Pearson Correlation 的分析结果中，M2 与固定资产投资的相关性系数为 0.995，即二者具有高度相关性。

表 4　1985—2012 年 M2 与固定资产投资相关性分析

Pearson Correlations

		M2（亿元）	固定资产投资（亿元）
M2（亿元）	Pearson Correlation	1	0.995**
	Sig.（2-tailed）		0.000
	N	28	28
固定资产投资（亿元）	Pearson Correlation	0.995**	1
	Sig.（2-tailed）	0.000	
	N	28	28

**：Correlation is significant at the 0.01 level（2-tailed）.

通过对 M1 和 M2 分别与固定资产投资之间进行相关性分析，其分析结果表明：

M1 与固定资产投资之间呈高度正相关性，相关系数为 0.987。

M2 与固定资产投资之间呈高度正相关性，相关系数为 0.995。

三、实证结果与货币政策建议

（一）实证结果

1. 货币发行量与国内生产总值之间的高度相关性

实证分析的结果表明：狭义货币量 M1 与 GDP 的相关系数为 0.996，广义货币量 M2 与 GDP 的相关系数也为 0.996。由此可见，货币发行量与国内生产总值之间呈高度相关。

经济数据显示，在考证期内，狭义货币量 M1 与广义货币量 M2 的发行量均呈逐年大幅增加态势。实证结果继而表明，我国的狭义货币量 M1、广义货币量 M2 与国内生产总值 GDP 呈高度相关。换言之，GDP 增长在很大程度上取决于向市场投放的货币数量。大规模投放货币量在推动经济快速增长的同时也带来了经济持续发展的巨大隐患，近年来困扰经济发展的种种问题均凸显了传统经济发展模式的弊端，也昭示着传统经济增长方式已不适应社会发展的现实，依靠释放流动性来拉动经济增长的模式已步入穷途末路。

相对于国际金融环境，我国的货币发行以及利率水平的决定以政府为主体，具备很强的政策导向，从而削弱了市场主体在资金供需关系中应有的作用。为了我国经济保持良性发展，中央银行应以市场为导向有效控制货币的发行，使发行的货币量与经济需求量相匹配。而有效地控制货币供应量，就要求央行的货币政策及其实施具有更强的市场适应性。我国目前的货币供给属于外生性与内生性并存。大体上看，中央银行对货币发行量有极强的控制力，外生性大于内生性。但随着国内金融市场不断完善以及逐步与国际市场接轨，货币供应量的内生性也在不断增强。

2. 货币发行量与固定资产投资之间的高度相关性

从实证结果来看，M1 与固定资产投资的相关系数为 0.987，而 M2 与固定资产投资的相关系数为 0.995。从相关系数数值来看，二者与固定资产投资的相关系数数值均接近于 1.0，说明二者与固定资产投资的相关程度很高。

众所周知，依靠投资拉动增长是我国经济发展模式的又一个典型特征。随着货币投放量的连年快速增加，不仅推升了物价的快速上涨，也引起了固定资产的过度投资。所以，不能单纯地将固定资产投资过热归咎于货币发行量的增加，事实上，货币发行量的多少和固定资产投资过热都是政府主导的行为。这种以投资促增长的增长方式对我国经济的良性发展也有显而易见的负面影响。

通过实证分析，无论是近 30 年我国国内生产总值还是固定资产投资规模，二者的增长都与货币供应量的连年快速增加有高度的相关性。

（二）货币政策建议

可以肯定，这些现象的产生很大程度上源于我国货币发行机制的不完善和央行货币政策存在的偏差。鉴于此，我们认为，只有完善和健全货币发行制度框架和货币政策传导机制，加强金融监管与货币政策协调，才能有效控制货币量并引导我国经济在健康的轨道上运行。

1. 完善货币量的调节机制

为改变固定资产投资及货币信贷增长过快的状况，从而为国民经济持续健康发展提供稳定的货币金融环境，中央银行必须以科学合理的测算方式、严谨负责的态度发行货币。为此，首先就要加强我国央行在货币发行权上的独立性。货币发行权不独立，会导致央行无法控制货币政策传导的源头，从而削弱其在货币政策传导过程中的作用。其次应采取科学有效的手段，严格监管央行的货币发行量，防范货币的不适量发行。

除了从源头上控制货币发行量外，中央银行还可以通过再贴现、公开市场业务和存款准备金等多种手段对货币供应量和信贷规模进行控制。

再贴现作为货币政策的一个工具，对调控货币供应量有着重要影响。首先，央行可以根据市场货币量的供求情况，对有再贴现需求的票据进行严格筛选。其次，央行对再贴现率可以灵活处理，以适应经济发展对货币量的需求。

公开市场业务是指当经济体出现流动资金过剩时，央行采取买进市场中的债券以及商业银行票据等金融产品，以减少市场中的货币供应量；当经济体流动性资金紧缺时，央行卖出债券以及商业银行票据，以增加市场中的货币供应量。央行通常可以对经济走势做出前瞻性的预判，利用公开市场业务这一工具影响并控制流通中的货币供应量，以最大限度地达到预期的效果。

存款准备金是限制金融机构信贷扩张和保证客户提取存款和资金清算需要而准备的资金。法定存款准备金率，是金融机构按规定向中央银行缴纳的存款准备金占其存款总额的比率。一般而言，存款准备金率变动对商业银行的作用为：当中央银行提高法定准备金率时，商业银行可提供放款及创造信用的能力就会下降，因为准备金率提高，货币乘数就变小，从而降低了整个商业银行体系创造信用、扩大信用规模的能力，其结果是银根偏紧，货币供应量减少，利息率提高，投资及社会支出都相应缩减；反之亦然。

从货币供应量和市场流动性的调节来讲，历来存在多种工具。一般情况下是通过调整存款准备金率影响货币量供应的手段，但由于其作用过于猛烈，尤其是对整个经济和社会心理预期的影响巨大，不宜作为中央银行调控货币供给的日常工具；此外，其政策效果在很大程度上受商业银行超额存款准备的影响。商业银行如将超额准备的资金充作法定准备而不收缩信贷规模，则央行调节货币量的目标就难以达到。由于灵活性较差，负面影响较大而收效往往又差强人意，所以，西方国家一般都会谨慎使用而不会将其作为常规工具。再贴现率虽是影响货币供应量的主要工具，但因作用有限，致使其不适于频繁操作；公开市场业务相对于其他调节手段更为灵活且操作期限较短，因而成为各国最常使用的货币工具。在我国，近年来央行常常通过商业票据的正回购或逆回购操作来影响流动性，因此，公开市场业务已经成为我国央行近年来使用最为频繁的货币工具。

综上所述，在货币供应量和市场流动性的调节方面，具体选择什么样的工具，需要对经济运行中每个阶段的不同特点进行比较，需要根据当前宏观经济形势以及市场流动性状况等因素进行全面测算和平衡，同时也要借鉴发达国家多年调节货币供应量和市场流动性的经验。

2. 完善货币传导机制

就我国目前而言，健全宏观审慎的货币政策框架，发挥货币政策逆周期调节的作用，综合运用多种货币政策工具，适度有效地调节市场流动性，保持货币信贷合理增长，适当扩大社会融资规模等目标的达成都必须建立在完善货币政策传导机制的基础上。具体而言，应做好以下方面的工作：

第一，必须加快利率市场化进程。利率机制是货币政策在传导过程中最重要的传导载体。利率市场化是将利率的决策权交给金融机构，由金融机构根据资金状况和对金融市场动向的判断，自主调节利率水平，最终形成以中央银行基准利率为基础、以货币市场利率为中介，由市场供求决定金融机构存贷款利率的市场利率体系和利率形成机制。

利率市场化通常有两个含义：一是央行只对存贷款利率进行宏观调控层面的间接影响；二是商业银行的存贷款利率由市场供求决定。实际上，这里说的两个含义是一个意思，都是央行对商业银行的存贷款利率不进行直接控制，而是根据资本的供求关系由市场决定存贷款利率。

利率市场化是把双刃剑，既有好处又有风险。它可以促进银行走市场化的道路，加快银行改制，有利于金融体系的发展和健全，但也可能因银行风险管理不善造成系统性风险。随着金融市场的发展，利率在我国货币政策传导过程中的作用越来越重要，加快利率市场化已经刻不容缓。目前我国已经放开了对金融机构贷款利率的管制，同时取消了贷款利率下限，下一步是要对存款利率逐渐放松管制。但是从宏观经济层面来看，我国利率水平受央行的直接作用影响还很明显，因而货币政策通过利率进行传导的有效性在相当长的时期内还会受到阻滞。

第二，必须建立有管理的浮动汇率机制。不同的汇率制度在面对国际资本流动对本国经济产生影响的时候表现不同。一般而言，选择浮动汇率，主要由市场力量控制资本的跨国流动，而选择固定汇率，则需要政府控制资本的跨国流动。绝对地盯住汇率制度，既容易招致外部经济体的责难，也不符合经济有效运行的内在要求。因此，选择适当时机，改善现行的汇率管理机制和操作方法是我国经济发展之必须。要在浮动汇率制和固定汇率制之间找到一个平衡点，一个比较好的选择就是有管理的浮动汇率制度。实行有管理的浮动汇率制度可以依靠三种工具：一是货币政策工具；二是中央银行对外汇市场的对冲性干预；三是一定程度的资本管制。这样，既可以保持货币政策的独立性，又能使汇率具有一定的灵活性，以应对内、外部的冲击，同时还可有选择地部分放开资本账户，使资本流动处于可控的状态。

自 2005 年 7 月 21 日起，我国开始实行以市场供求为基础、参考一揽子货币进行调节、有管理的浮动汇率制度。中国人民银行的这一决定标志着中国的汇率制度改革和经济增长战略调整正在进入一个新的阶段（张五钢，2006）。

2010 年 7 月，在汇率制度改革五周年之际，中国人民银行副行长胡晓炼曾撰文指出，我国有管理的浮动汇率制度主要包括三方面内容：一是以市场供求为基础的汇率浮动，发挥汇率的价格信号作用；二是根据经常项目，主要是贸易平衡状况动态调节汇率浮动幅度，发挥“有管理”的优势；三是参考一揽子货币，即从一揽子货币的角度看汇率，不片面地关注人民币与某个单一货币的双边汇率。胡晓炼进一步指出，中国未来可尝试定期公布名义有效汇率，引导公众改变主要关注人民币兑美元双边汇率的习惯，逐渐把有效汇率水平作为人民币汇率水平的参照系和调控的参考。随着经济体制改革的深化，我国汇率制度的改革正在不断向前推进。

第三，提高信贷传导效率。货币政策的传导机制是货币政策有效的基础，信贷在货币政策传导过程中起着十分重要的作用。近年来，我国货币政策操作的有效性不足，主要症结在于货币政策传导机制缺乏有效性。如何完善货币的传导机制，从而充分发挥货币政策的有效性已是一个不容忽视的问题。

我国的货币金融体制仍然处于转轨时期，货币政策的操作尚不具备西方传导理论所要求的条件，其具体表现为：货币政策工具和中介目标的选取不能有效实现中央银行利用货币政策进行间接金融调控的职能，作为货币政策传导机制主体的金融机构和必要的金融市场的发育也不完善，基于目前信用关系所导致的传导机制作用不畅便成为一个突出的问题。

为完善货币信贷政策的传导效应，不断提高金融资源配置效率，充分发挥信贷政策对经济结构调整的促进作用，提高货币政策传导机制效率的目标日益凸显其重要性。由此，我国货币当局必须在短期内从完善再贴现工具入手，重建信用关系，使之真正发挥传导机制的作用；中长期则要稳步推进建立和完善利率传导机制。

第四，加强货币政策与财政政策等多种政策之间的协调发展。在经济运行过程中，一国政府和中央银行通常可以根据具体情况和不同目标选择不同的政策组合。政府在做出混合使用各种政策的决策时，必须考虑各个行业、各个阶层、各个不同利益集团的协调问题。

就财政政策和货币政策这两种政策而言，由于存在着调节对象、调节目标、作用过程、调节透明度和政策时滞效应等一系列差异，因而，只有两者有效配合协调使用，才能更好地发挥其对宏观经济的调控作用。由于众所周知的原因，我国的财政当局和货币当局并不能完全左右财政政策和货币政策，加上金融市场主体的不成熟、运行机制的不完善、利率市场化程度远低于预期，这些现象的存在，说明财政政策与货币政策的配合使用在我国还缺乏成熟的市场制度基础，从而使产业政策、收入分配政策与财政政策和货币政策也缺乏应有的协调配合机制，各种政策发挥综合效应也就差强人意。只有在建设与完善货币金融市场制度的前提下，加之财政政策与货币政策在深层次上的配合日趋成熟，我国财政政策和货币政策的运用才能日趋协调，才能共同在反经济周期方面发挥应有的作用。

四、结论

通过实证分析发现，近年来我国的货币供应的确常常出现过量发行，所以应该从整个宏观经济的运转机制层面多角度、全方位衡量各种因素的相互作用和影响，通过货币量的科学测算和合理投放引导经济向着健康的轨道运行。

虽然货币发行量与各项经济发展指标之间有着显著的关联度，但货币数量对经济发展的影响并不是直接作用于各项经济指标的，而是通过货币的中间传导机制间接地对经济发展各项指标产生影响，因而不能简单地将经济发展过程中的诸多问题仅仅归咎于货币发行量的多少，而是需要以控制货币发行与完善货币政策的结合，合理规范市场中的货币量，从而确保我国经济长期、稳定和持续地发展。

附录

附表1　1985—2012年广义货币量（M2）与狭义货币量（M1）情况

年份＼指标	M2（亿元）	M2指数（上年=100）	M1（亿元）	M1指数（上年=100）
1985	5 198.90	100.00	3 340.90	100.00
1986	6 720.90	129.80	4 232.20	124.83
1987	8 330.90	123.96	4 948.60	116.93
1988	10 099.80	121.23	5 985.90	120.96
1989	11 949.60	118.32	6 382.20	106.62
1990	15 293.40	127.98	6 950.70	108.91
1991	19 349.90	126.52	8 633.30	124.21
1992	25 402.20	131.28	11 731.50	135.89
1993	34 879.80	137.31	16 280.40	138.78
1994	46 923.50	134.53	20 540.70	126.17
1995	60 750.50	129.47	23 987.10	116.78
1996	76 094.90	125.26	28 514.80	118.88
1997	90 995.30	119.58	34 826.30	122.13
1998	104 498.50	114.84	38 953.70	111.85
1999	119 897.90	114.74	45 837.30	117.67
2000	134 610.30	112.27	53 147.20	115.95
2001	158 301.90	117.60	59 871.59	112.65
2002	185 006.97	116.87	70 881.79	118.39
2003	221 222.80	119.58	84 118.57	118.67
2004	254 107.00	114.86	95 969.70	114.09
2005	298 755.70	117.57	107 278.80	111.78
2006	345 603.59	115.68	126 035.13	117.48
2007	403 442.21	116.74	152 560.08	121.05
2008	475 166.60	117.78	166 217.13	108.95
2009	606 225.01	127.58	220 001.51	132.36
2010	725 851.80	119.73	266 621.50	121.19
2011	851 590.90	117.32	289 847.70	108.71
2012	974 159.46	114.39	308 672.99	106.49

数据来源：1985—1989年货币量数据来源于《中国金融年鉴1990》；1990—2012年货币量数据来源于国家统计局网站：数据查询——年度数据，http：//data. stats. gov. cn/workspace/index？m=hgnd。

注：货币概况包括国家银行、农村信用社的数据。

货币供应量已包含住房公积金中心存款和非存款类金融机构在存款类金融机构的存款。2001年6月起，将证券公司客户保证金计入货币供应量（M2），含在其他存款项内。

M1指数与M2指数根据国家统计局网站公布的M1与M2数据经过计算得出。

附表 2　1985—2012 年国内生产总值情况

年份 \ 指标	国内生产总值（亿元）
1985	9 016. 04
1986	10 275. 18
1987	12 058. 62
1988	15 042. 82
1989	16 992. 32
1990	18 667. 82
1991	21 781. 50
1992	26 923. 48
1993	35 333. 92
1994	48 197. 86
1995	60 793. 73
1996	71 176. 59
1997	78 973. 03
1998	84 402. 28
1999	89 677. 05
2000	99 214. 55
2001	109 655. 17
2002	120 332. 69
2003	135 822. 76
2004	159 878. 34
2005	184 937. 37
2006	216 314. 43
2007	265 810. 31
2008	314 045. 43
2009	340 902. 81
2010	401 512. 80
2011	473 104. 05
2012	519 470. 10

数据来源：国家统计局网站：数据查询——年度数据，http：//data. stats. gov. cn/workspace/index？m = hgnd。

附表3　1985—2012年固定资产投资情况

年份＼指标	固定资产投资（亿元）
1985	2 543.20
1986	3 120.60
1987	3 791.70
1988	4 753.80
1989	4 410.40
1990	4 517.00
1991	5 594.50
1992	8 080.10
1993	13 072.30
1994	17 042.10
1995	20 019.30
1996	22 913.50
1997	24 941.10
1998	28 406.20
1999	29 854.70
2000	32 917.70
2001	37 213.50
2002	43 499.90
2003	55 566.61
2004	70 477.43
2005	88 773.61
2006	109 998.16
2007	137 323.94
2008	172 828.40
2009	224 598.77
2010	251 683.77
2011	311 485.13
2012	374 694.74

数据来源：国家统计局网站：数据查询——年度数据，http：//data.stats.gov.cn/workspace/index？m=hgnd。

注：1995—1996年，除房地产投资、农村集体投资和个人投资以外，固定资产投资统计的起点为5万元；自1997年起，除房地产投资、农村集体投资和个人投资以外，固定资产投资统计的起点由5万元提高到50万元；自2011年起，除房地产投资、农村个人投资外，固定资产投资的统计起点由50万元提高至500万元。

附表 4　1985—2012 年居民消费价格指数情况

年份＼指数	居民消费价格指数（上年 =100）	居民消费价格指数（1985 年 =100）
1985	100. 0	100. 00
1986	106. 5	106. 50
1987	107. 3	114. 27
1988	118. 8	135. 76
1989	118. 0	160. 19
1990	103. 1	165. 16
1991	103. 4	170. 78
1992	106. 4	181. 71
1993	114. 7	208. 42
1994	124. 1	258. 64
1995	117. 1	302. 87
1996	108. 3	328. 01
1997	102. 8	337. 20
1998	99. 2	334. 50
1999	98. 6	329. 82
2000	100. 4	331. 13
2001	100. 7	333. 45
2002	99. 2	330. 78
2003	101. 2	334. 75
2004	103. 9	347. 81
2005	101. 8	354. 07
2006	101. 5	359. 38
2007	104. 8	376. 63
2008	105. 9	398. 85
2009	99. 3	396. 06
2010	103. 3	409. 13
2011	105. 4	431. 22
2012	102. 6	442. 44

数据来源：居民消费价格指数（上年 =100）数据来源于国家统计局网站：数据查询——年度数据，http：//data. stats. gov. cn/workspace/index？m = hgnd；居民消费价格指数（1985 年 =100）根据国家统计局网站：数据查询——年度数据计算得出。

注：居民消费价格八大类在 2000 年及以前不含服务项目，2000 年及以前服务项目为单列大类。

附表5　1985—2012年国家就业人口的数量增长情况

指标 / 年份	就业人口（万人）	就业人口指数（上年=100）
1985	49 873.00	100.00
1986	51 282.00	102.83
1987	52 783.00	102.93
1988	54 334.00	102.94
1989	55 329.00	101.83
1990	64 749.00	117.03
1991	65 491.00	101.15
1992	66 152.00	101.01
1993	66 808.00	100.99
1994	67 455.00	100.97
1995	68 065.00	100.90
1996	68 950.00	101.30
1997	69 820.00	101.26
1998	70 637.00	101.17
1999	71 394.00	101.07
2000	72 085.00	100.97
2001	72 797.00	100.99
2002	73 280.00	100.66
2003	73 736.00	100.62
2004	74 264.00	100.72
2005	74 647.00	100.52
2006	74 978.00	100.44
2007	75 321.00	100.46
2008	75 564.00	100.32
2009	75 828.00	100.35
2010	76 105.00	100.37
2011	76 420.00	100.41
2012	76 704.00	100.37

数据来源：国家统计局网站：数据查询——年度数据，http://data.stats.gov.cn/workspace/index? m=hgnd。

注：就业人口1990年及以后的数据根据劳动力调查、人口普查推算；2001年及以后的数据根据第六次人口普查数据重新修订。城镇单位数据不含私营单位。2012年行业采用新的分类标准，与前期不可比。

附表 6　1985—2012 年食品类居民消费价格指数情况

指数 年份	食品类 CPI（上年 = 100）	食品类 CPI（1985 = 100）
1985	114.4	100.00
1986	107.4	107.40
1987	110.1	118.25
1988	123.0	145.44
1989	116.2	169.01
1990	100.3	169.51
1991	103.3	175.11
1992	107.7	188.59
1993	114.3	215.56
1994	131.8	284.11
1995	122.9	349.17
1996	107.6	375.70
1997	99.9	375.33
1998	96.8	363.32
1999	95.8	348.06
2000	97.4	339.01
2001	100.0	339.01
2002	99.4	336.97
2003	103.4	348.43
2004	109.9	382.93
2005	102.9	394.03
2006	102.3	403.09
2007	112.3	452.67
2008	114.3	517.41
2009	100.7	521.03
2010	107.2	558.54
2011	111.8	624.45
2012	104.8	654.42

数据来源：食品类商品零售价格指数（上年 = 100）数据来源于国家统计局网站：数据查询——年度数据，http：//data. stats. gov. cn/workspace/index？m = hgnd；食品类商品零售价格指数（1985 年 = 100）根据国家统计局网站：数据查询——年度数据计算得出。

注：居民消费价格八大类在 2000 年及以前不含服务项目，2000 年及以前服务项目为单列大类。

附表7　1991—2012年住宅商品房平均销售价格情况

指标 年份	住宅商品房平均销售价格（元/平方米）	住宅商品房平均销售价格指数（上年=100）
1991	756.00	100.00
1992	996.00	131.75
1993	1 208.00	121.29
1994	1 194.00	98.84
1995	1 509.00	126.38
1996	1 605.00	106.36
1997	1 790.00	111.53
1998	1 854.00	103.58
1999	1 857.00	100.16
2000	1 948.00	104.90
2001	2 017.00	103.54
2002	2 092.00	103.72
2003	2 197.00	105.02
2004	2 608.00	118.71
2005	2 936.96	112.61
2006	3 119.25	106.21
2007	3 645.18	116.86
2008	3 576.00	98.10
2009	4 459.00	124.69
2010	4 725.00	105.97
2011	4 993.17	105.68
2012	5 429.93	108.75

数据来源：住宅商品房平均销售价格数据来源于国家统计局网站：数据查询——年度数据，http://data.stats.gov.cn/workspace/index?m=hgnd；住宅商品房平均销售价格指数（上年=100）根据国家统计局网站：数据查询——年度数据计算得出。

参考文献：

[1] 徐强．中国货币供给、资本形成与经济增长的关系研究——兼论中国货币政策中介变量选择［J］．财经研究，2001（8）．

[2] 全林，赵俊河．我国货币供应量合理界限的实证分析［J］．上海交通大学学报，2001（6）．

[3] 刘斌．我国货币供应量与产出、物价间相互关系的实证研究［J］．金融研究，2002（7）．

[4] 杨建明．我国货币供应量对产出、物价预测能力的实证研究［J］．南开经济研究，2003（1）．

[5] 刘霖，靳云汇．货币供应、通货膨胀与中国经济增长——基于协整的实证分析［J］．统计研究，2005（3）．

[6] 陆彦，阮文彪，周葆生．我国货币供应量、货币政策与经济增长的实证分析［J］．市场周刊（研究版），2005（10）．

[7] 郝娟．浅谈货币供应效应——对几个随机序列之间关系的实证分析［J］．科技与经济，2006（5）．

[8] 熊伟．我国货币发行量与 GDP 和 CPI 之间关系实证分析［J］．新西部，2007（18）．

[9] 戴建军．我国货币供应量与国内生产总值关系的实证研究［J］．财经理论与实践，2007（6）．

[10] 任立民．货币供应量与经济增长、通货膨胀、资产价格的协整研究［D］．厦门大学，2008．

[11] 李丹．货币供应量与经济增长相关性的实证分析［J］．金融经济，2008（20）．

[12] 刘笑诵．我国货币供应量与通货膨胀关系的实证研究［J］．中国商贸，2011（33）．

[13] 王宏伟．我国货币供应量与经济增长的相关性探讨［J］．商业时代，2011（20）．

[14] 鲁合营．我国货币供应量的结构、趋势变化及其与固定资产投资相互关系的研究［D］．电子科技大学，2011．

[15] 国家统计局网站：数据查询——年度数据，http：//data. stats. gov. cn/workspace/index?m = hgnd.

[16] 孙志贤．我国货币政策传导机制分析［D］．对外经济贸易大学，2005．

[17] 张五钢．有管理的浮动汇率制：我国汇率制度改革的科学选择［J］．金融理论与实践，2006（5）．

贵州省旅游经济增长因素分析

支小青　胡杨

摘要　近年来，随着人民生活水平的不断提高，我国的旅游经济得到了迅速发展。贵州作为一个旅游资源大省，近年来旅游经济一直处于高速增长期，但在全国还没有跨入旅游大省的行列。本文拟使用灰色关联分析法，分别从物质资源、制度因素、知识因素、交通因素及需求因素五个方面分析各项旅游经济增长因素对贵州省旅游经济的贡献度，以期对贵州旅游经济的进一步发展提出建设性的建议。

关键词　旅游经济；增长因素；灰色关联分析法

一、研究背景

旅游业一直被世界各国公认为“朝阳行业”与“无烟工业”，因其生产成本低、产出效益高、资源消耗少以及资源可重复利用等优势，长久以来受到诸多国家的青睐，特别是一些自然条件得天独厚的国家，已经将旅游业作为国家经济发展的支柱行业。我国的旅游业起步较晚，但国家一直给予充分的重视和关注。随着我国人民生活水平的提高，我国的旅游业也成为极具发展潜力的产业。

贵州省地处我国西南部，具有高原、山地、丘陵和盆地四种地型，是世界上岩溶地貌发育得最典型的地区之一，冬无严寒、夏无酷暑，气候宜人，有着良好的自然条件。同时，贵州省分布着我国 50 多个少数民族，是一个多民族共居的省份，民族风情浓郁。贵州省所特有的绚丽多彩的自然资源和丰厚悠久的民族文化，为其发展旅游业提供了良好的条件。

多年来，贵州省的旅游经济在保持高速增长的同时也带动了贵州经济的发展。贵州省的旅游经济收入在 2005 年为 251.14 亿元，2010 年已达到 1 061.23 亿元，年平均增长率高达 33.81%；2010 年的旅游收入占全省 GDP 的 23.06%①，已然成为贵州省的支柱产业。但就全国各省的旅游业发展比较而言，贵州省并未跨入旅游业大省的行列，尚有极大的发展空间。因此，深入分析贵州省旅游经济发展的现状，以及各项因素对贵州省旅游经济发展的贡献度，对进一步做好做大贵州省的旅游业有着十分重要的现实意义。

---

① 数据由《贵州省统计年鉴》整理计算得出。

二、研究方法

本文通过对旅游系统中各因素的分析，得出各因素对贵州旅游收入的影响力，并作进一步具体分析，提出相应的对策，为贵州省旅游事业的发展建言。由于旅游业是一个复杂的大系统，各因素之间相互影响，不适宜采用传统的回归分析、方差分析或主成分分析等，因此本文采用了由邓聚龙教授在 1982 年创立的灰色关联分析法①。灰色关联分析法所研究的对象是存在着数据样本小、反映信息少且不确定等问题的“贫信息”“小样本”数据，该方法试图通过对部分已反映出来的信息进行分析，从中找到有价值的部分，并由此对整个系统的运行变化趋势和规律得出客观有效的结论。这一分析方法采用数学方法，根据数列曲线集合形状的相似程度来判断灰色过程发展态势的关联程度，即因素之间的数列曲线的变化趋势相似度越高，则因素之间的关联度越大。

由于旅游业的综合性，若要界定旅游业中所包含的全部因素及各个因素间的作用机制是相当困难的。利用灰色关联度分析作为分析方法，可以充分利用已有的信息，减少误差。

三、灰色关联分析

影响旅游业经济发展的因素有很多，本文秉持三个原则进行数据的选择：首先，根据贵州省的实际情况，选取具有代表性和针对性强的数据；其次，根据现有数据的可取得基础，选择数据时充分考量其可操作性，选取可操作性强的数据进行分析；最后，考虑数据的全面和科学性，力图能够反映经济事物发展的客观规律。

根据上述三个原则，本文分别从供给因素和需求因素两方面着手收集相关数据。在供给因素中，考虑物质资源、制度因素、知识进步以及对旅游业有特殊影响的交通资源四方面的因素选取指标：①物质资源方面，选取三星级酒店数量 X1，星级酒店数量 X2，以及旅行社数量 X3 作为代表；②制度因素方面，通过第三产业中非公有制经济所占的比重 X4 来表示；③知识进步方面，通过贵州省旅游院校在校学生人数 X5 表示；④交通因素方面，分别选取公路、铁路、航空三个方面的数据。由于贵州省特殊的地理因素，省内交通的便达性一直是制约旅游的关键因素之一，因此，选择高速公路长度 X6 作为公路通达性的代表数据，选择铁路运营长度 X7 和航班起架班次 X8 作为代表数据。在需求因素方面，选择贵州省人均 GDP X9，以及全国人均 GDP X10 两个指标作为代表数据（见图 1）。

---

① 邓聚龙（1933.1—2013.6），华中科技大学控制科学与工程系教授，博士生导师，1982 年提出灰色系统理论。

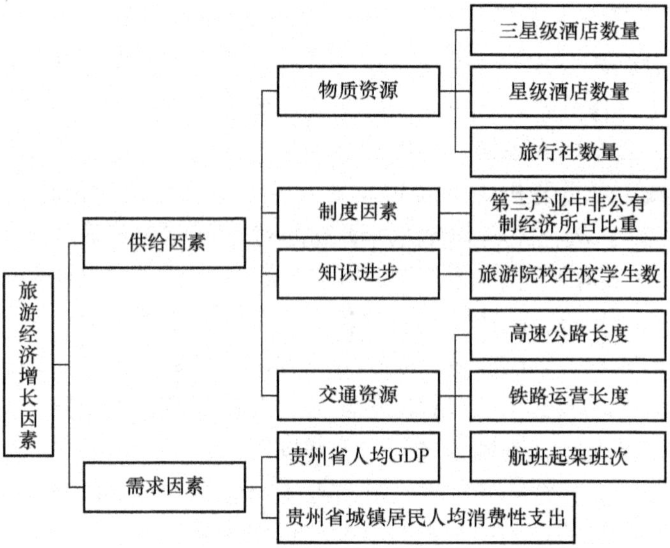

图 1　贵州省旅游业的供给因素与需求因素

旅游经济增长通过贵州省旅游年收入 Y 来表示。本文选取了 2005—2010 年的数据进行分析，如表 1 所示。

表 1　2005—2010 年旅游经济增长因素数据统计

项目＼年份	2010	2009	2008	2007	2006	2005
旅游总收入 Y（亿元）	1061. 23	805. 23	653. 13	512. 28	387. 05	251. 14
三星级酒店数量 X1	167	149	125	97	72	64
星级酒店数量 X2	324	320	279	250	219	183
旅行社数量 X3	261	215	202	175	162	153
第三产业中非公有制经济所占比重 X4（%）	35. 4	33. 4	33. 0	32. 1	31. 8	30. 0
旅游院校在校学生数 X5	9 759	4 641	10 983	6 536	2 177	3 954
高速公路长度 X6（千米）	1 507	1 189	924	924	678	577
铁路运营长度 X7（千米）	2 002	1 983	1 962	2 012	2 014	1 986
航班起架班次 X8	64 835	60 680	48 990	47 829	43 232	35 754
贵州省人均 GDP X9（元）	13 119	10 971	9 855	7 878	6 305	5 394
全国人均 GDP X10（元）	30 015	25 607	23 707	20 169	16 500	14 185

注：表中数据均来自《中国统计年鉴》《中国旅游统计年鉴》《中国旅游统计年鉴副本》和《贵州省统计年鉴》。

根据表1所示数据及上述灰色关联分析法进行数据处理后，可以得到表2的结果。

表2 贵州省旅游收入与各增长因素的关联度

旅游经济增长因素	灰色关联度	排名
三星级酒店数量 X1	0.81	2
星级酒店数量 X2	0.65	8
旅行社数量 X3	0.72	5
第三产业中非公有制经济所占比重 X4（%）	0.58	9
旅游院校在校学生数 X5	0.68	6
高速公路长度 X6（千米）	0.87	1
铁路运营长度 X7（千米）	0.54	10
航班起架班次 X8	0.68	6
贵州省人均 GDP X9（元）	0.80	3
全国人均 GDP X10（元）	0.74	4

由上述分析结果可知贵州省旅游收入影响因素排序：高速公路长度（X6）>三星级酒店数量（X1）>贵州省人均 GDP（X9）>全国人均 GDP（X10）>旅行社数量（X3）>旅游院校在校学生数（X5）=航班起架次数（X8）>星级酒店数量（X2）>第三产业中非公有制经济所占比重（X4）>铁路运营长度（X7）。

四、研究结果分析

（一）交通因素

在三个代表交通因素的指标中，高速公路长度（X6）位列所有影响因素的第一位，对旅游经济的增长贡献最为明显；铁路运营长度（X7）以及航班起架班次（X8）对旅游经济增长的影响都并不明显。高速公路的建设对于贵州旅游经济的重要性不言而喻。贵州多山地，由于特殊的地理条件，作为全国唯一一个没有平原地形作为支撑的省份，贵州省全省范围内各市、县的各景区之间虽然直线距离并不长，但长期以来道路条件差，致使各市、县及景区间来往极不方便。而交通运输作为经济和社会发展的基础性、先导性产业，一直也是制约着贵州经济发展的关键因素之一。为推进贵州省交通事业的发展，贵州省人民政府于2005年批准了《贵州省骨架公路网规划》，规划总规模7 400公里，其中，高速公路2 960公里，通达全省约57%的县市①。2008年，贵州省交通运输厅对《贵州省骨

① 摘自《贵州省骨架公路网规划》，http://www.qjt.gov.cn/gzsjtyst/web2012/common/xxgk_detail.jsp?s=9&ID=693&g=9。

架公路网规划》进行修编，形成了《贵州省高速公路网规划》。根据这项规划，到2030年，贵州省境内所有3A级以上旅游景区所在的城市将全部由高速公路连成网络，使贵州与相邻的每一个省份至少有两条以上高速公路通道①。2005—2010年，贵州高速公路建设快速发展，高速公路长度不断增加。高速公路的不断建成已然成为贵州省旅游经济发展的重要助力，并有望进一步促进贵州省旅游经济的进一步增长。

同样作为交通因素中较为重要的铁路和航空因素，在数据分析中对贵州省旅游经济的增长贡献并不明显。就铁路发展来说，贵州省近些年的铁路发展比起全国其他省份较为落后。由于贵州的特殊地理环境，建设高速铁路困难大、耗资巨，因此起步晚，现在仍处于建设阶段，未投入使用；而原有普通铁路的运营长度并没有发生较大变化，速度上也没有明显提升，因此在本论文研究期间铁路对贵州旅游经济的增长并没有太大贡献。但从高速公路对旅游经济的巨大助力可以看出，交通的便捷性确实十分重要，高速铁路建成后对于贵州旅游经济的推动作用值得期待。

就航空发展来说，贵州省2006年新建黎平机场，2007年新增荔波机场。两个机场都处于旅游景区，且荔波机场修建之初就定位为旅游支线机场。新机场的修建对当地的经济发展起到了一定的积极作用，但根据数据分析结果，与其他推动旅游经济发展的因素相比，航空因素的贡献度并不如想象的大。可见，定位于旅游景区的小型机场在促进旅游经济发展方面的影响力较为有限，并且由于修建机场在选址上较为复杂，投资巨大，工期也较长，因此在扩建机场方面，贵州省需要审慎而行。

（二）物质因素

旅游经济的发展离不开旅游地区的接待能力。就物质因素的三个指标中，三星级酒店数量（X1）对旅游经济增长的贡献较高，旅行社数量（X3）对旅游经济增长的贡献度一般，而星级酒店数量（X2）对旅游经济增长的贡献较不明显。由此可以看出，随着人们生活水平的提高，人们对旅游景区配套设施的要求也在不断提高，对住宿酒店的环境卫生提出了较高的要求。通过努力建设中高标准水平的酒店，提高贵州旅游的接待能力，能够有力地促进贵州旅游经济的发展，并将成为今后发展的主要方向。

（三）制度因素

根据灰色关联分析结果，第三产业中非公有制经济所占比重（X4）对旅游经济的增长贡献并不大。第三产业中非公有制经济所占比重（X4）显示着贵州省第三产业的市场化程度，非公有制经济占比越高，市场化程度越高。从贵州省

① 摘自《贵州省高速公路网规划》，http：//www.qjt.gov.cn/gzsjtyst/web2012/common/xxgk_detail.jsp？s=9&ID=697&g=9。

第三产业中非公有制经济占比的提升对贵州省旅游经济的发展贡献并不大这一点可以看出，现阶段的贵州旅游经济发展，大多属于政府推动型，政府处于主导地位。贵州省政府一直致力于将本省打造为全国旅游大省，先后通过举办“国际黄果树瀑布节”“多彩贵州风”和开展“红色旅游”等方式进行对外宣传，打造贵州旅游名片。为了进一步推动贵州旅游业的发展，政府在各项配套设施的修建上也不遗余力，如加强城市绿化建设，提升交通便捷性等。政府的强力推动无疑是贵州旅游经济高速发展的重要原因，但也应该看到，在政府大力支持的同时，如果能够适当地引入市场机制，招商引资，鼓励私人投资进入，则必然能为贵州旅游经济的发展注入新的活力。

（四）知识进步因素

知识是经济发展和社会进步中最具生命力和最活跃的因素。旅游业是一个提供服务性产品、进入门槛低、劳动密集型且竞争十分激烈的行业，其创新能力是十分重要的。旅游业的创新与发展需要有与这个行业知识进展速度相匹配的劳动力素质。但根据数据分析，贵州省旅游经济增长因素中，代表知识因素的旅游院校在校学生数（X5）对旅游经济增长的贡献率并不高。从中可以看出，贵州省旅游经济的快速增长尚处于资源驱动型，但在可预见的将来，知识的重要性将逐渐凸显。因此，建设一支高素质的旅游从业者队伍，完善旅游从业人员的培养机制以及人才引入机制将是十分重要的。

（五）需求因素

就需求因素的数据分析结果而言，贵州省人均 GDP（X9）、全国人均 GDP（X10）对贵州省旅游经济增长的贡献度分别排在第二位和第三位，均具有较大影响。由此可以看出，旅游经济受宏观经济影响较大。近年来，居民收入的增长拉动了旅游业的迅猛发展，但需求量的增长是否能继续保持如此良好的势头还是一个未知数。由于贵州省全省经济对于旅游业有着较大依赖，因此需要警惕宏观经济变化对全省经济发展的影响。而从贵州省人均 GDP 较全国人均 GDP 对贵州省旅游经济增长影响更大可以看出，旅游经济在促进地区经济发展的同时也在一定程度上依赖于地区的经济发展。旅游业作为一个关联性很强的行业，它的发展必须建立在一定的物质资源基础之上，游客旅游不仅看重生态景观，也看重城市的发展水平。只有全方位提升经济的发展，才能更好地为贵州的旅游事业提供支持。

五、结论

本文通过选取交通因素、物质资素、制度因素、知识进步因素以及需求因素五方面的代表性指标进行分析，得出了这些因素对贵州省 2005—2010 年旅游经济增长的贡献度。其中，由于贵州省特殊的地理环境，高速公路的修建对贵州旅游经济的促进作用最大；三星级酒店的建设大幅提升了贵州省的旅游接待能力，对旅游经济的贡献作用次之；贵州省人均 GDP 值的贡献度排名第三。综合来看，贵州省旅游经济的增长尚处于资源驱动及政府推动的阶段，应该预防资源的过度消耗以及由旅游经济发展带来的物价过度上涨等一系列可能的不利影响。要进一步加大省内高速公路建设，提升全省各景区之间的通达性，提高景区配套设施建设。其中，重点建设中高标准的酒店应该继续成为贵州省发展旅游业的重要方向。同时，应重视旅游业高素质人才的培养，充分引入市场机制，为贵州省旅游业的发展增添新的活力，使之能够更具可持续性增长的动力。

参考文献：

[1] 唐晓云．中国旅游经济增长因素的理论与实证研究［D］．天津大学，2007.

[2] 左冰．中国旅游经济增长因素及其贡献度分析［J］．商业经济与管理，2011（10）.

[3] 刘思峰，郭天榜，党耀国．灰色系统理论及其应用［M］．北京：科学出版社，2008.

[4] 梁艺桦，杨新军，马晓龙．旅游业发展影响因子灰色关联分析［J］．人文地理，2006（2）.

[5] 汪德根，陈田．中国旅游经济区域差异的空间分析［J］．地理科学，2011（5）.

[6] 张祥．海南省旅游经济增长影响因素的研究［D］．海南大学，2012.

[7] 吴国新．旅游产业发展与我国经济增长的相关性分析［J］．上海应用技术学院学报，2003（4）.

[8] 毛祥松．云南省旅游经济发展研究［D］．吉林大学，2013.

[9] 向艺，郑林，王成璋．旅游经济增长因素的空间计量研究［J］．经济地理，2012（6）.

[10] 成英文．中国旅游经济增长及其决定因素研究［D］．北京第二外国语学院，2010.

碳税征收对我国能源密集型产业的影响研究*

——以钢铁业为例

陈明生　王萌

摘要　本文研究了碳税征收对于我国能源密集型产业的全面影响。更多研究认为，征收碳税会对能源密集型产业发展造成较大的负面影响。我们认为，碳税征收短期内会增加能源密集型产业的税收负担，但从长期看，还能促进产业内的结构调整，使产业获得规模经济效益和提高能源效率，从而促进产业的发展和节能减排水平的提高。我们以2008年钢铁业数据为基础，估算不同碳税方案下钢铁业的碳税负担及其对碳税的承受力，发现较低标准的碳税征收对钢铁业的影响较小。

关键词　碳税；能源密集型产业；规模经济；钢铁业

一、引言

随着我国环境污染、能源浪费问题越来越严重，征收环境税尤其是碳税已经被提上议事日程。中共十七届五中全会对积极构建有利于转变经济发展方式的财税体制提出了要求，明确了将开征环境保护税。评估碳税征收对于国民经济、产业尤其是能源密集型产业的影响，对于推动碳税的征收、设计碳税征收方案具有重要意义。

国内外学者在研究碳税的经济及环境效应中较多地研究了碳税征收对产业的影响，认为碳税征收对于产业尤其是能源密集型产业发展有较大的负面影响。其中，古尔德（Goulder）认为，即使在财政中性原则下征收碳税也会对某些产业造成损害；何建武、李善同研究了碳税征收对不同产业的不同影响；苏明等认为，开征适度的碳税能促进我国产业结构的优化；刘辉认为，征收环境税能优化资源配置，发展规模经济；姚昕、刘希颖认为，碳税对能源密集型行业特别是能源密集兼出口密集型行业会带来很大的冲击；林桢认为，碳税征收会淘汰高耗能、低收益的企业。

总体而言，大多数学者认为碳税征收会对能源密集型产业造成严重影响，因

* 基金项目：本文为教育部人文社科规划项目“碳税、规模经济与重工业产业组织结构的调整：以钢铁业为例”（项目编号：11YJA790011）。

为征收碳税会大幅提高能源密集型产业的能源成本。但是，碳税征收能使企业的环境外部成本内部化，促使产业系统发生结构性变化，从而提高产业的能源使用效率并促进产业的发展。此外，碳税还将对企业的经营环境包括居民的收入分配、消费模式、国际贸易规则、关税和汇率等产生影响。单从提高能源价格从而提高能源成本的角度阐述碳税征收对产业的影响未免过于简单化。基于碳税征收对于企业经营环境影响的复杂性和不确定性，我们以钢铁业为例，主要从成本——收益的角度探讨碳税征收对能源密集型产业的影响。

二、碳税征收与能源密集型产业能源成本的增加

（一）碳税征收对能源密集型产业能源成本增加的影响

按照学界的研究，碳税是指以减少二氧化碳的排放为目的，对化石燃料（如煤炭、天然气、汽油和柴油等）按照其碳含量或碳排放量征收的一种税。碳税征税对象是在生产、经营等活动过程中因消耗化石燃料而向自然界排放的二氧化碳者，因此，碳税的直接负担会落在使用化石燃料的企业或个人身上。

能源密集型产业在生产过程中会消耗大量能源。在我国，金属冶炼及加工业、非金属矿物制品业、造纸及纸制品业等都是能源密集型产业。以钢铁业为例，从铁矿石、煤等原材料的开采、运输，到钢铁产品的制造、使用、最终废弃和回收过程都需要消耗大量能源，能源成本一般占制造总成本的20% ~30%。根据2010年发布的《工信部关于钢铁业节能减排的指导意见》，2009年我国粗钢产量突破5.6亿吨，钢铁业能源消耗约占全国总能耗的16.1%、工业总能耗的23%。对包括钢铁业在内的能源密集型产业征收碳税将提高化石燃料的市场价格，从而增加能源使用者的能源成本。

2006年，我国钢铁业吨钢二氧化碳排放标准是2.389吨，按照2007年能效提高1.5%、2008年能效提高1.25%进行估计（根据相应年份《中国能源统计年鉴》大中型钢铁企业吨钢可比能耗的数据进行估算），我国2008年吨钢二氧化碳的排放标准为2.294吨，而2008年我国的钢产量为50 091.53万吨。这样，2008年我国钢铁业二氧化碳的排放量将高达114 909.97万吨，分别以国家财政部的10元/吨、国家环保局20元/吨和30元/吨的标准征收碳税，碳税征收量将分别高达114.91亿元、229.82亿元和344.73亿元。以此估计，碳税征收将大幅压缩我国钢铁业的利润空间。

（二）钢铁业的碳税转移

对某一行业增收的税收未必会最终落到该产业身上，该产业可以通过提高或降低投入或从产品价格等方式将税负转移给上游产业、下游产业、消费者或其他主体身上。钢铁业碳税税负能否转移、转移多少由钢铁产品供求价格弹性、市场条件、产业地位、税收制度的特点以及政府政策取向等一系列复杂因素决定。碳税征收后，钢铁业可以向其他产业或消费者转移碳税，但也面临其他产业向其转

移碳税的问题。

我们先看钢铁业与其上游产业之间的碳税转移问题。钢铁业的上游产业主要是资源类产业，包括黑色金属矿采产业、煤炭开采和洗产业、电力生产和供应业等。一方面，我国正处于重工业化和城市化的过程中，对钢铁产品的需求刚性决定了钢铁业对资源类产品的需求弹性很小；由于资源的稀缺性及地理分布的不平均、生产周期长和垄断性强等原因，钢铁业资源类投入品的供给弹性也很小。从钢铁业资源类投入品供求弹性都比较小的角度看，钢铁业与其上游产业需要共同承担因这些投入品生产而产生的碳税税负。但另一方面，我国煤炭和铁矿石资源的稀缺性及国家对其保护力度的加大、资源税的即将开征以及国家对于资源类产品开采导致的环境问题的重视，使得钢铁业的上游产业较易将其碳税负担转移给钢铁业。这样，钢铁业不但难以将自身产生的碳税税负转嫁给其上游产业，反而需承担上游产业向其转嫁的碳税税负。

我们再探讨钢铁业向其下游产业转移碳税的问题。一方面，钢铁产品的需求弹性比较小，钢厂的投产建设周期比较短，且目前产能过剩严重。以 2009 年为例，我国钢铁产能为 6.6 亿吨，市场需求 4.7 亿吨，产能过剩 1.9 亿吨，钢铁业产能的利用率仅为 71.2%，使得钢铁产品的供给弹性较大，而钢铁产品供给价格弹性大于需求价格弹性有利于钢铁业碳税负担的转移。但另一方面，钢铁行业产能严重过剩，使得竞争非常激烈，极大地限制了钢铁产品价格提高的空间；钢铁业往往出现一个阶段的价格上涨，紧接着就是产能过剩和价格大幅度下跌的情况。因此我们认为，钢铁业只能将相对少的一部分碳税转移给其下游产业。

由于钢铁业消耗的能源远多于其上游产业消耗的能源，综上分析，我们认为钢铁业能将一部分碳税转移给其他产业，钢铁业需要承担的碳税税负将小于因其自身能源消耗而产生的碳税税负。

三、碳税征收与能源密集型产业能源效率的提高

碳税对于产业的影响不会只限于增加企业的能源负担。开征碳税后，企业的能源成本大幅上涨，将迫使企业改变能源使用的方式，从而节约能源、提高能源的使用效率；更重要的是，由于企业规模不同，各企业的能源利用效率以及承担碳税的能力就会不同，碳税征收将使产业系统发生结构性的变化，从而改变产业的整体能效水平。

（一）规模经济与能源效率的提高

1. 规模经济及其来源

学者们对于规模经济内涵的认识虽不尽一致，但仍存在共识。规模经济主要是指企业在一定条件下（要素最佳组合时）的生产能力或产量，单位产品的成本随规模提高而降低。学者们从固定资产的不可分性、交易成本、分工和储藏成本等角度阐述了规模经济的来源。我们可以从系统论的角度研究规模经济的来

源。系统论认为，系统是由若干要素以一定结构形式连接构成的具有某种功能的有机整体。企业可被看作是一个由各种生产要素组合而成的复杂系统。从系统论的角度看，规模经济来源于生产要素聚集的规模和结构。生产要素聚集的规模是企业规模经济产生的前提；企业达到一定规模后，才能充分利用固定资产的生产能力、节省交易费用和储藏费用并带来范围经济效应。系统的本质在于结构，企业规模的扩大将使生产要素尤其是劳动之间的关系发生变化，即促进分工和专业化的发展和深化：使劳动者将生产活动集中于较少的操作上从而提高劳动的熟练程度，减少因经常变换工作或操作而损失的时间，使劳动者可以节约生产时所使用的物质生产资料，使人们的工作在既定的技术水平条件下变得简单，从而降低企业管理工作的复杂程度，并在此基础上进一步促进技术进步和生产方式的发展。

2. 规模经济与能源效率的提高

企业获得规模经济意味着在一定条件下单位产品的成本随规模扩大而降低，这是通过提高生产投入的使用效率而实现的；而能源作为一种重要投入（在能源密集型产业中其所占的比重特别大），其使用效率也必然得到提高：企业内劳动效率的提高、设备更加充分的利用和管理效率的提高等，能够节约能源、减少能源的浪费。此外，规模因素还是企业使用更加先进技术的前提，技术含量高的大型设备具有生产的最低界限。根据熊彼特（Schumpeter）的研究，大厂商即集中度较高行业中的大企业更有利于研究开发和技术进步。因此，从某种程度上说，对于某些重工业而言，规模经济是技术节能的基本前提。

企业规模经济的获得以企业达到一定规模为前提，从整个产业的角度看，产业需要达到一定的产业集中度。在产业规模一定的情况下，企业数量越少，单个企业的规模就越大。对于某些产业尤其是垄断性产业，少数大企业占有产业生产规模的大部分有利于资源的合理配置和利用，以及消费者利益的最大化。当然，规模经济的获得并不是无限的，产业内垄断程度过高将导致资源配置效率的降低。同时，优化企业间的分工结构也有利于企业规模经济的获得。如前所述，分工和专业化生产是企业规模经济的重要来源，企业规模的扩大和企业内部的分工之间相互促进。

从历史和逻辑上看，社会分工是企业及其分工出现的前提，企业分工又进一步推动了社会分工；在企业和社会发展的过程中，整个分工体系不断深化和发展。对于企业来讲，不需要把整个生产过程的所有工序都纳入一个企业中，应考虑资产专用性等特征和企业的管理能力等，通过对规模经济、交易费用和组织费用的权衡，合理确定企业的规模和边界。日本建立的以大企业为核心的转包系列制，通过将一些工序或产品生产承包给小企业，由市场调节大小企业的关系，有利于大企业组织费用的节省和经营灵活性的提高，也使小企业能够获得大企业的资金、技术和市场支持。

（二）碳税征收与能源密集型产业能源成本的降低

碳税征收促进能源密集型产业能源效率的提高及能源成本的降低分为两种

情况：

1. 企业规模不变的条件下能源效率得到提高

碳税征收使能源变成一种更加昂贵的生产要素，增加了钢铁企业的能源成本（表 1 为钢铁业消耗的主要能源种类、价格及总价格），从而压缩了企业的利润空间或造成了企业的生存困难，促使企业更加集约地使用能源，减少能源浪费，提高能源效率，从而降低能源成本。这种效应在征收碳税后会立即产生，但提高能效及降低能源成本的幅度不会太大。

2. 征收碳税后，产业将获得更大的规模经济效益

征收碳税后，使用容量小、效率低、污染重的落后设备和单位能耗高、经济效益差的中小企业的成本会大幅度增加，其生产和经营必然难以为继，需要寻求与大企业的合作（如联合或被兼并）或者直接被市场淘汰。这样，产业的集中度就会提高，企业间的合作结构得以优化，产业能够获得更大的规模经济效益，从而提高能源效率，降低能源消耗和能源成本。

表 1　2008 年我国钢铁业消耗的主要能源种类、价格及总价格

能源种类	能源价格	消耗量	总价格（亿元）
煤	990 元/吨	24 126. 17 万吨	2 388. 49
焦炭	2 100 元/吨	25 477. 78 万吨	5 350. 33
电	535. 60 元/千千瓦时	3 693. 10 亿千瓦小时	1 978. 04
合计			9 716. 86

数据来源：《2008 年度电价执行情况监管报告》（国家电监会），《2008 年焦炭市场回顾与展望》（http：//zhishu. sol. com. cn/ware_ xx. asp? id =93715），《2008 年我国煤炭经济运行状况》（陈奇著，刊登于《中国煤炭学会煤矿机电一体化专业委员会、中国电工技术学会煤矿电工专业委员会论文集》，2009 年）。由于无烟煤和焦炭价格的较大变化，我们采取平均数的原则确定其价格，见《中国统计年鉴 2011》。

四、碳税征收对能源密集型产业的影响——以钢铁业为例

从成本—收益角度可以看出，碳税征收对于能源密集型产业的发展既有负面影响，也有正面影响。我们将以 2008 年钢铁业状况为例，全面论述这种影响。如前所述，钢铁业能够将部分碳税税负转嫁给其他产业，我们先假设碳税不转移的情况下碳税征收对钢铁业的影响。

钢铁业所消耗的能源主要是煤、焦炭和电（其他如汽油、柴油、天然气等的消耗比重很小）。表 1 所示，2008 年我国钢铁业的能源成本约为 9 716. 86 亿元。

按财政部 10 元/吨、环保总局 20 元/吨和 30 元/吨的标准计算征收的碳税量，2008 年我国钢铁业需要缴纳的碳税量分别为 114. 91 亿元、229. 82 亿元和 344. 73 亿元，分别占 2008 年能源成本（能源价格 + 碳税）的 1. 17%、2. 31% 和 3. 43%（见表 2）。这意味着，我国钢铁业只要在能源效率上提高相应比例

并减少相应比例的能源消耗量，钢铁业就能基本消化掉碳税的负担。

表 2　2008 年我国钢铁业相关数据及模拟碳税征收数据

项　目	钢产量（万吨）	排放标准（吨）	排放总量（万吨）	碳税征收标准及总量（亿元）		
				10 元/吨	20 元/吨	30 元/吨
数量	50 091.53	2.294	114 909.97	114.91	229.82	344.73
碳税占能源成本比重（%）				1.17	2.31	3.43

注：钢产量的数据来自 2009 年《中国统计年鉴》。

由表 2 可以看出，征收较高的碳税，如每吨碳税 30 元会对我国钢铁业造成较大的压力；但如果每吨碳税只征收 10 元，考虑到钢铁业还能向其他产业转移部分碳税，钢铁业只要提高大约 1 个百分点的能效就能抵消碳税征收导致的钢铁业能源成本的上升，因此，钢铁业整体面临的压力就会比较小。而即使是较低的碳税征收标准也会使设备落后、能耗高的中小钢铁业面临很大的压力和困难，从而有利于我国钢铁业产业集中度的提高。

我国钢铁业提高能效的潜力巨大。在未征收碳税的情况下，2007—2009 年，我国大中型钢铁企业能效提高的比例也超过了 1%（见表 3）。根据工业和信息化部 2012 年发布的《工业节能“十二五”规划》，“十一五”期间，钢铁行业节能工作取得新进展，2010 年同 2005 年相比，钢铁行业增加值能耗下降 23.4%，吨钢综合能耗下降 12.1%。因此，我国还有很大的能效提高的空间。根据 2009 年政府发布的《钢铁产业调整和振兴规划》，我国粗钢生产企业平均规模不足 100 万吨，中小钢铁企业使用的容量小、效率低、污染重的落后设备，单位能耗通常要比大型设备高 10% ~15%。大力推动钢铁业产业集中度的提高是把节能潜力转化为现实的保证。2009 年政府发布的《钢铁业调整和振兴规划》提出，力争 3 年内再淘汰落后炼铁能力 7 200 万吨、炼钢能力 2 500 万吨；国内排名前 5 位钢铁企业的产能占全国产能的比例达到 45% 以上。工信部 2011 年印发的《钢铁工业“十二五”发展规划》提出，国内排名前 10 位的钢铁企业集团钢产量占全国钢铁总产量的比例由 48.6% 提高到 60% 左右。

表 3　2005—2008 年我国大中型钢铁企业吨钢可比能耗变化

项目＼年份	2005	2006	2007	2008	2009
大中型钢铁企业吨钢可比能耗（千克标煤/吨）	732	729	718	709	679
提高比例（%）	—	0.4	1.5	1.25	4.2

数据来源：相应年份的《中国能源统计年鉴》。

五、结论

我们要全面看待碳税征收对于我国能源密集型产业的影响，碳税征收不仅会增加企业的负担，也能促进产业内结构尤其是产业组织结构的调整，从而推动产业发展及节能减排水平的提高。征收较高的碳税会对我国包括钢铁业在内的能源密集型产业产生较大的影响，但如果征收较低的碳税，能源密集型产业所受影响较小，而且有利于淘汰落后产能，从而优化钢铁业等能源密集型产业的结构。

碳税对于能源密集型产业影响的大小最终取决于其产业组织结构的调整进度，因此，碳税征收最重要的配套措施是通过鼓励兼并、联合等推动产业组织结构的调整：一方面需要提高产业的集中度，另一方面也要优化产业内企业间的分工结构，如借鉴日本经验建立以大企业为核心的转包系列制等。

参考文献：

[1] Lawrence Goulder. Carbon Tax Design and U. S. Industry Performance [J]. Tax Policy and the Economy, 1992 (6): 59 - 104.

[2] 何建武，李善同．二氧化碳减排与区域经济发展 [J]. 管理评论，2010 (6).

[3] 苏明，等．我国开征碳税问题研究 [J]. 经济研究参考，2009 (72).

[4] 刘辉．征收环境税的必要性及其经济影响 [J]. 中国财政，2009 (24).

[5] 姚昕．刘希颖．基于增长视角的中国最优碳税研究 [J]. 经济研究，2010 (11).

[6] 林桢．碳税开征对地方经济可持续发展的影响及对策——以河南省为例 [J]. 中央财经大学学报，2011 (3).

[7] 雷红丽．钢铁企业能源成本管控思考 [J]. 冶金财会，2009 (6).

[8] 韩颖，李廉水，孙宁．中国钢铁工业二氧化碳排放研究 [J]. 南京信息工程大学学报(自然科学版)，2011 (1).

[9] 滕泰，等．全球大宗商品供求价格弹性分析 [J]. 世界经济研究，2006 (6).

[10] 王政．钢铁业产能过剩 1.9 亿吨，工信部呼吁三年别建新项目 [N]. 人民日报，2009 - 08 - 13.

[11] 熊金超，常志鹏．淘汰钢铁落后产能待“重拳” [N]. 中国证券报，2007 - 09 - 26.

减税是中国经济保增长、扩内需之首选

马丽娜

摘要 中国经济在世界经济深度调整的背景下，暴露出依靠出口需求和投资需求拉动增长所面临的困境。通过扩大内需拉动经济增长成为中国内地宏观经济政策具有战略意义的现实选择。最切实可行的措施是通过减税扩大企业需求和增加居民可支配的消费需求，而且，多年积累的经济实力为减税的实施提供了雄厚的基础，减税具有可行性。为此，政府应通过开征物业税、遗产税与赠与税，完善资源税制度，尽快开征社会保障税实现结构性增税。在此基础上加大政府体制改革，减少政府支出规模，实现减税目标。

关键词 扩大内需；结构性减税；结构性增税；税制优化

一、问题的提出

当今世界经济形势依然不容乐观，尤其是后危机时期具有强劲增长势头的新兴市场经济国家也普遍步入经济下行通道，为世界经济增添了更难驱散的厚重阴霾和不确定性，具体表现在两个方面：一方面，美国、欧盟和日本等发达经济体消费疲弱、失业率居高不下，增长仍旧乏力；另一方面，主要新兴市场经济国家经济表现为外需不振、内需不足、增速放缓，而且普遍出现了物价上涨的现象。欧洲权威机构纷纷下调世界经济及主要国家和地区的经济增长预期。为此，各国政府不得不对经济进行调整，将世界经济引入深度调整阶段。

中国内地经济一方面经受住了国际金融危机和欧洲主权债务危机的考验，一直保持高速的增长态势；另一方面，在世界经济深度调整的背景下，面对复杂多变、存在诸多不确定性的外部环境，宏观经济运行中也存在很多亟待解决的问题，具体表现为：潜在的通胀因素与经济紧缩因素相互交错；产业发展滞后、部分产业产能过剩；房地产投资过热，房价仍在高位运行；居民可支配收入与经济增长缺乏同步性，收入分配差距逐步增大；贸易保护主义抬头，国际贸易摩擦增加，外需动力不足等。

这些问题均为经济转型过程中的深层次问题，暴露出中国内地依靠出口需求和投资需求拉动经济增长所存在的问题。在这种情况下，如果继续走扩大政府投资拉动内需的老路，政府必然要继续实施高税负、高积累的经济增长模式，其结果必然导致两方面的结果：一方面，政府财政收入的快速增长，产生挤出效应，挤压了居民收入和企业收入增长的空间，使得居民消费能力不足，私人投资能力下降；另一方面，政府转移支付和社会保障支出滞后，又将导致居民消费倾向下降，储蓄倾向上升。内需不足迫使政府不断加大公共投资刺激经济，这也使得我国经济对外贸的依赖进一步增强，需要更多的贸易顺差带动经济的增长，对政府投资依赖的增强又加剧了经济结构的失衡和居民收入受压抑的程度，形成了恶性循环，陷入了“国富民不强”的怪圈，这必将影响人民生活水平的继续提高，更不利于我国内地经济社会持续、快速、协调地发展。

因此，在这种情况下通过扩大内需拉动经济增长，成为我国内地宏观经济政策具有战略意义的现实选择。与此相应，财政政策的主要任务转变为保障经济结构的不断优化和国内需求的不断扩大，调结构、扩内需、促稳定、惠民生，成为我国内地一段时期内宏观调控的重点。

从日本、亚洲四小龙的经济发展历史来看，随着发展中国家和地区“后发优势”的消失，经济增长率会随着资本积累及 GDP 总量的增加而逐步放缓，传统的依靠外需拉动的经济增长方式必将被内需拉动所取代。

如何实现经济增长的动力转换？如何刺激消费需求？这仍将是宏观经济所面临的重大挑战。因财政政策不需要中间传导过程就可以直接扩大社会需求，因此，财政政策对需求的刺激作用显然比货币政策更直接有效。在财政上可以选择的基本举措，无非是增加政府支出和减少政府税收。从目前看最切实可行的是通过减税扩大企业需求和增加居民可支配的消费需求。2008 年下半年起中国内地陆续出台了一系列“保增长、扩内需”的积极的财政政策，其中结构性减税作为最大的亮点，实施至今已由应对金融危机的临时性政策转变为促进经济增长、产业结构升级、税制结构优化的长期发展策略。减税对于扩大内需、调整经济结构具有基础性意义。同时，鉴于支出和税收的乘数效应存在差异，增加支出所带来的扩张性效应往往更大、更直接；减少税收所带来的扩张性效应则相对柔和、相对间接。

减税已经成为世界税制改革的发展趋势，世界各国减税的经验教训为我们实施减税计划提供了参考。从我国的历史实践来看，凡是经济比较繁荣的时期，或者说历史上的每一个盛世大都十分注重减税政策，并努力维持较低的税率，无论是汉朝的“文景之治”，还是唐朝的“贞观之治”，以及清朝的康乾盛世，都是在“鼓励垦荒、薄赋轻税”的政策基础上得以实现长期繁荣的。

二、减税政策分析

减税政策是一种扩张性政策。减税政策的作用是通过影响市场经济微观主体的决策而间接实现的。对企业而言，税收是企业进行投资经营活动的重要成本，减税政策会降低企业的投资成本，提高企业投资的预期利润，刺激企业扩大生产规模，引导资源由非生产性投资转向生产性使用，增加投资需求。对个人而言，减税会增加居民的可支配收入，增强其投资能力和消费水平，刺激消费需求。

2008 年，为应对世界金融危机对中国内地的冲击，中央经济工作会议上提出的结构性减税有别于一般意义上的减税。目前内地学者对于结构性减税有不同的认识。安体富（2009）认为，结构性减税是指主要税种实行政策性减税，不排除个别税种、辅助性税种实行增税，但算总账是减轻企业和居民的税收负担，刺激投资和消费。高培勇（2009）认为，结构性减税既不是全面、大规模的减税，也有别于有增有减的结构性调整。结构性减税的出发点和归宿，是纳税人实质税负水平的下降和政府税收收入的减少。减税不是应对金融危机的权宜之计，要立足长远的战略考虑，不能脱离既有的税制改革方案轨道。李心源（2009）认为，结构性减税不仅是应对金融危机的短期政策，而且是长期税制优化过程的重要组成部分。

综上所述，学术界对结构性减税问题有两个基本共识：其一，在总体税负水平降低的前提下，各税种税负呈现“有减有增、以减为主”的结构性调整的税制优化安排。结构性减税的衡量指标有两个：一是税收收入占 GDP 比重的相对下降；二是税收收入的增速放缓，并相对低于名义 GDP 的增速。其二，结构性减税应与税制改革的长期目标相结合。

三、关于减税的必要性分析

（一）从宏观税负水平看减税的必要性

“减税”隐含着这样一个逻辑前提，即一国纳税人的过高负担是由税收本身所引起的；国家减少征税，就可以降低纳税人的负担水平。判断一国税负是否过高，有无减税的必要，关键要看该国宏观税负的轻重。学术界普遍认为，衡量中国内地宏观税负的指标有三个口径：一是小口径宏观税负，指税收收入占 GDP 的比重，通常也称名义宏观税负，表现了政府财政能力的强弱；二是中口径宏观税负，是指财政收入占 GDP 的比重，这里的“财政收入”包括税收收入和其他预算内收入，如国有资产收益和一小部分行政事业性收入等；三是大口径的宏观税负，是指全部政府收入占 GDP 的比重，通常称为实际宏观税负。大口径的宏观税负可以全面地反映政府从微观经济主体取得收入的状况。中国内地宏观税负的争论主要集中在大口径宏观税负的衡量上。由于内地正处于经济和社会转型期，政府收入除了财政收入外，还包括大量的行政事业性收费、政府性基金、社会保障基金收入、预算外收入、土地出让金收入及各地区、各部门“自立规章、自收自支”的各种收费、罚款、集资、摊派等制度外收入。综合考虑各种收入形式，我国大多数研究机构测算的宏观税负大都高于政府官方公布的数字，多的已经达到 38%，少的也高于 30%。高培勇（2009）、吕冰洋、禹奎（2009）测算，现阶段内地大口径宏观税负可能超过 30%。从 2001 年至 2012 年第二季度的统计数据看，大多数年份的大口径宏观税负高于 30%。2011 年小口径宏观税负是

19%，中口径达到22%，大口径达到35%。按国际货币基金组织的口径计算，中国宏观税负超过30%，参见表1。

表1　我国宏观税负表

年份＼项目	GDP（亿元）	税收（亿元）	财政收入（亿元）	政府收入（亿元）	宏观税负（小口径，%）	宏观税负（中口径，%）	宏观税负（大口径，%）
2012	353 480.0	77410.1	90 588.0	132 712.0	21.90	25.63	37.54
2011	471 564.0	89 738.4	103 874.4	166 463.7	19.03	22.03	35.30
2010	401 202.0	73 210.8	83 101.5	135 157.5	18.25	20.71	33.70
2009	340 902.8	59 522.0	68 518.3	100 638.0	17.46	20.10	35.00（安体富）
2008	314 045.4	54 224.0	61 330.4	87 564.0	17.27	19.53	30.60
2007	265 810.3	45 622.0	51 321.8	70 928.0	17.16	19.31	34.70
2006	216 314.4	37 636.0	38 760.2	68 884.7	17.40	17.92	31.84
2005	184 937.4	28 779.0	31 649.3	56 218.9	15.56	17.11	30.40
2004	159 887.3	24 166.0	26 396.5	44 880.7	15.11	16.51	28.07
2003	135 822.8	20 017.0	21 715.3	37 486.8	14.74	15.99	27.60
2002	120 332.7	17 636.0	18 903.6	35 492.0	14.66	15.71	29.49
2001	109 655.2	15 301.0	16 386.0	28 113.3	13.95	14.94	25.64
2000	99 214.6	12 582.0	13 395.2	24 762.4	12.68	13.50	24.96

注：①2012年只包含前三季度的数据。②2000—2006年和2012年税外收入重复计算部分未扣除，导致大口径宏观税负略微高估。③数据来源于历年《中国统计年鉴》和《中国财政年鉴》。

政府收入＝财政收入＋国有资本经营收入＋社会保险基金收入＋政府性基金收入－扣除重复计算部分

宏观税负（小口径）＝税收/GDP

宏观税负（中口径）＝财政收入/GDP

宏观税负（大口径）＝政府收入/GDP

目前，发达国家宏观税负的平均水平在30%以上。据专家研究发现，2007年，美、日、德、法和OECD（经济合作发展组织）平均宏观税负分别为27.9%、28.3%、36%、43.5%和30.5%。OECD中不仅仅是这4个国家，还有几十个发达国家，这其中所有国家的税负平均为30.5%。发展中国家宏观税负平均水平为16%～20%。内地学者对宏观税负的合理水平进行了广泛研究，尽管有不同的答案，但也有共同的认识，即宏观税负不宜超过25%。可见，内地纳税人的整体负担处于较高水平，表明确实应该减税了。

（二）从缴税企业的经营面临诸多困难看减税的必要性

由于世界经济持续低迷，国内经济增速放缓，许多中小企业融资和出口越来越艰难，原材料和劳动力价格上涨更让企业发展举步维艰，尤其是中小企业更是困难重重。中国内地差不多4个非农就业机会里就有3个是中小企业提供的，而这些中小企业主要是民营企业。如果让它们把更多的钱、更多的收入利润用于业务发展，不仅创造的就业机会更多，而且对于整个经济结构的改善都大有裨益。

我国的民营企业是未来经济增长的主力军、生力军，一方面它们对于经济增长、就业以及税收等方面的贡献有目共睹；另一方面，它们在融资、市场准入以及税收等方面享受不到和国有企业同样的待遇。因此，对中小企业即民营企业的减税就显得更具有实际意义。

（三）从居民消费能力不强看减税的必要性

国内有效消费需求不足从20世纪90年代以来一直影响着中国内地经济的发展，直接表现为消费对经济增长的贡献率不高，居民消费率呈现逐年下降的趋势，直接导致了最终消费率的下降，甚至有加速下滑的趋势。在SNA统计核算体系中，最终消费分为政府消费和私人消费（或居民消费），这里称政府消费和私人消费占GDP的比重分别为政府消费率和居民消费率。改革开放以来，中国内地在投资和净出口方面成效显著，这两者成为拉动经济增长的两大引擎，但居民消费需求的贡献一直相对较低。从世界范围来看，根据国际货币基金组织和世界银行的估计，最终消费率的国际平均水平在70%左右，其中居民消费率为60%左右。素以高储蓄率闻名的东亚国家的最终消费率也在65%以上，美、英等发达国家的消费率为80%左右，日本稍低，也在75%左右，印度、巴西等发展中国家在70%左右，就连非洲低收入国家都在65%以上。对比中国最终消费率与国际平均水平，资料表明，我国GDP中最终消费所占的比重2000年为61.1%，2009年下降到48%，同期居民消费占GDP的比重由46.4%下降到35.%。2010年最终消费率为47%，居民消费率为33%。此外，再加上连年的物价上涨，而且在短时间内这一趋势难以改变，居民则因通胀生活压力加大难以扩大消费。逐步提高消费率是世界经济发展的普遍趋势，消费率的增长速度略高于经济增长速度是各国的一般规律。

四、减税的可行性分析

判断当前的减税政策是否切实可行，关键要看财政是否具备减税空间。我国近年来经济保持了较快的增长速度，改革开放33年，我国经济年均增速为9.9%，2003—2011年，平均增速为10.7%。财政收入更是连年攀高，财政收入的增幅是GDP的2倍。1998年以来，中国内地税收收入保持快速增长，其中除2009年因遭遇国际金融危机税收收入增幅严重下滑外，其他年份均保持了较快的增长速度，税收增长的幅度是GDP的10%。2004—2011年，税收增幅分别超过GDP10.6、8.7、7、20.7、9.2、0.6、12.7和13.4个百分点。可见，多年积累的经济实力为积极的财政政策的实施提供了雄厚的基础。

据专家测算，从当前情况看，中国一年减税空间至少有5 000亿元。前些年，税收收入预算数的增幅与GDP增速一致，也就是说，只要税收收入完成预算，预算支出安排就没有任何问题，那么，税收超GDP增长部分就可大致视为减税空间。如果经济保持正常增速，减税空间的高限大约为税收收入的10%。2012年，预算安排的税收收入为98 289亿元，同比增长9%；2012年GDP计划增长7.5%，按此预算，减税空间的高限仍有8.5%。按此推算，2012年减税的高限大约为8 300亿元。如果考虑到2012年以来税收收入增幅下降的事实，保守估计，即按减税空间5%计算，2012年减税的低限仍可达5 000亿元左右。

五、如何推进结构性减税

（一）整体税负水平降低是结构性减税的直接目标

1. 增值税仍然可以“唱主角”

鉴于当前的经济形势，在财政所能承受的范围内，应该尽可能地放大结构性减税的效应，对此，增值税的确是理想选项。一方面，我国依然是流转税占有主体地位的税制结构，而增值税在所有流转税中的所占比重最大，而且，随着税制改革的深化，营业税改征增值税的改革试点方案已经公布，营业税终归要被增值税所取代也是大势所趋；另一方面，从流转税的另一个税种消费税来看，其具有特殊性质——主要是针对奢侈品等征收的附加税。对于它的增减方案历来争论很大，难以形成共识。因此，结构性减税的主要对象无疑应当锁定于增值税。以2011年为例，按照国家税务总局的口径（国家税务总局收入规划核算司，2011）统计，当年的税收构成有两个鲜明的特点：一是在当年全部税收收入中，来自流转税的收入占比为70%以上，其中增值税为38%，来自所得税等其他非流转税税种的收入合计占比不足30%；二是从纳税主体来看，来自各类企业缴纳的税收占比为92%多，来自居民缴纳的税收收入占比只有7.94%（参见图1、图2）。这两个特征意味着，一方面我国税收收入的70%以上都是间接税，而间接税作为价格的构成要素之一，通常可直接嵌入商品售价之中，属于可通过价格渠道而转嫁的税；另一方面我国税收收入的90%以上都是由企业缴纳的，而由企业缴纳的税，作为其生产或经营成本的构成要素之一，通常也要极力挤入商品售价之中，属于有可能通过价格渠道而转嫁的税。

以上描述的两个特征，一方面使得无论是直接税或是间接税都成为广大消费者负担的“大众税”，加剧了收入分配的不公平，对于商品价格的影响，显而易见对通货膨胀起着推波助澜的作用，另一方面也导致企业生产成本提高，加重了企业的负担，在经济不景气的环境中使企业的日子更加不好过。

增值税改革的具体措施主要有四项：其一，进一步扩大增值税的范围。要最大限度地把商品及劳务服务纳入增值税增税范围，如将采矿业、制造业、建筑业、房地产业、能源交通运输业、邮电通信业以及与工业生产联系紧密的服务行业纳入增值税范围，将现行的营业税、城市建设维护税及教育费附加改为统一的增值税。其二，降低增值税税率。有专家提出可以把目前 17% 的增值税税率下调至 15%、13% 降至 11%。其三，对所有的小规模纳税人征收率一律规定为 3%。其四，提高增值税的起征点，将目前增值税销售货物的月起征点 2 000 ~ 5 000元提高到 5 000 ~ 15 000 元可能是比较适当的（安体富，2009）。

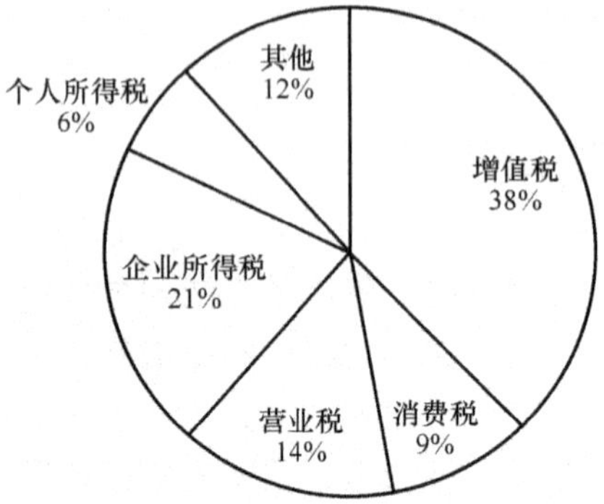

图 1　2011 年全国税收收入税种构成

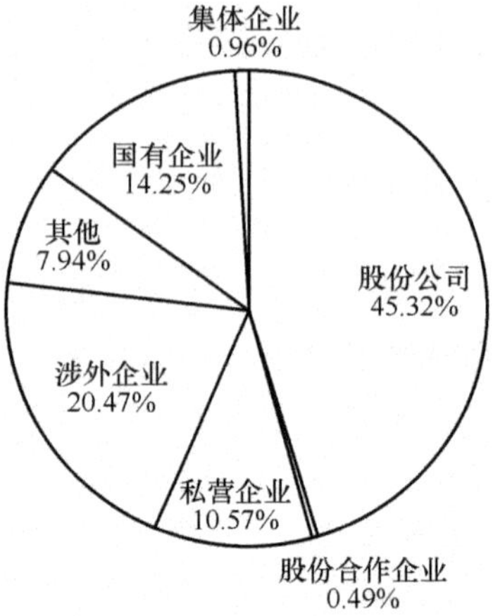

图 2　2011 年全国税收收入来源构成

2. 个人所得税仍有不小的操作空间

个税尽管在税收收入中所占比重不高，目前为止在税收总额中所占比例从没有超过 7%，但它是直接税，它的降低对居民可支配收入的提高和收入差别的缩小作用最直接也最明显；同时，中国未来税制结构优化改革方向是不断扩大直接税所占比例，个税所占比例会越来越大，通过减税完善个税税制具有前瞻性的意义。完善个人所得税包括五个方面内容：①进一步提高个税费用扣除标准；②目前生活资料扣除标准过于单一，很不合理，应将养老、抚养子女、住房利息、医疗费和教育费等纳入扣除项目；③应将费用扣除标准与居民消费价格指数（CPI）挂钩，进行定期调整；④目前工薪的税率级次过多，边际税率过高，可考虑将目前的 9 级税率减少至 3 级或 5 级，将 45% 的最高边际税率降低为 30% 或 35%；⑤将目前分项征收的个人所得税税制改为分类综合混合征收的税制模式。

（二）结构性增税

如前所述，结构性减税是“有减有增、以减为主”的结构性调整的税制优化安排，所以结构性增税也是其中一项内容，它一方面可以缓解政府收入降低的压力；另一方面可以优化税制结构。在税收总额一定的情况下，减税意味着增加居民、企业可支配收入，减少政府可支配收入。但目前对正处在转轨过程中的中国政府而言，宏观调控任务很重，结构性增税可以弥补和缓冲对政府收入的影响。结构性增税具体措施有如下四项：

1. 开征物业税

物业税的改革方案酝酿已久，并且在一些地区试点，但推进迟缓，成效不大。从目前贫富两极分化越来越显著、房地产价格一直高位运行的格局看，物业税的开征也是大势所趋。专家建议，将现行的房产税、城市房地产税、土地增值税等税费合并，转化为房产保有阶段统一收取的物业税。将房地产税收的重心从经营环节转到保有环节，使拥有多处住宅和高档住宅及炒房生财的高收入群体多纳税，适当增加富有阶层的税负，从而在税收上更能体现社会公平。

2. 开征遗产税和赠与税

遗产税和赠与税的开征，可以协助个人所得税和社会保障税对当期财富流量的调节，调节财富存量，防止财产过度集中，促进社会公平目标的实现。专家建议，应采取高起征点和高累进税率，在完善个人所得税的基础上适时开征遗产税和赠与税。

3. 完善资源税制度

现行资源税制存在征税范围窄、资源税制“绿化”程度低、税率设计不合理等问题，为此需要对资源税进行较大幅度的调整和改革，主要内容包括扩大征税范围、提高税率和优化税率结构、改定额税率为比例税率与定额税率相结合、细化税目设置和调整计税依据等。通过改革实现对资源的节约和可持续利用，对转变经济增长方式等有重要意义。

4. 尽快开征社会保障税

开征社会保障税对于提高纳税人对宏观税负的实际承受能力，推进社会保障制度改革具有现实意义。目前我国从税源方面、社会接受程度方面和税收征管方面都具备了开征社会保障税的条件。建议取消各种社保的统筹收费，设立养老、失业、医疗、工伤、生育等保障项目，以雇员的工资总额为计税依据，由单位和雇员按同一比例税率共同承担，个体经营者以其收入总额计税。基于我国目前生产力水平不高、地区间经济发展水平差距较大等实际情况，社会保障制度应有多种模式。

（三）加大政府体制改革，减少政府支出规模

由于减税的实施，政府可支配收入份额相应减少，政府支出规模势必缩减。从根本上看，中国内地政府减支完全具有可行性。从公共财政的要求看，政府支出的目的是弥补市场失效，为所有市场主体提供一视同仁的公共需要，因此，政府支出从范围到规模都可以降低。首先，划清政府和市场的界限，市场能够做的、企业能够做的、社会能够做的事，政府应该不参与或少参与，避免政府扰乱市场秩序，降低资源配置的效率。其次，减少政府机构和层次，推进目前正在进行的政府转变职能的改革。在这一过程中，无论是“大部制”改革，还是“省直管县”改革，都将减少政府机构和层次，由此将减少政府的行政支出。再次，增强社会公众对财政税收的决定权和监督权，财政的收支都要公开、透明。减少那些不应该存在的支出，如社会上诟病已久的“三公”开支。另外，各地的“面子工程”、大兴土木盖楼堂馆所，这些不必要的开支要果断地削减。应该建立严格的制度，建设这些场所的开支要纳入当地人大及上级政府的监督范围，同时将建办公楼的预算报告书向社会公布，严格履行公示程序。最后，削减各种名目的补贴，尤其是基于所有制歧视给予国有企业的优惠应该取消。最后，提高政府支出的效率，压缩一部分不必要的政府行政性开支。

参考文献：

[1] 安体富. 对税收若干重要问题的思考 [J]. 税务研究，2009 (1).
[2] 贾康，等. 深化我国税制改革应选择有增有减的结构性调整 [J]. 税务研究，2009 (9).
[3] 安体富. 结构性减税：非常时期的非常之策 [J]. 地方财政研究，2009 (3).
[4] 高培勇. 结构性减税：2009 年税收政策的主基调 [J]. 涉外税务，2009 (1).
[5] 贾康，程瑜. 论“十二五”时期的税制改革 [J]. 税务研究，2011 (1).
[6] 汪昊. 对我国结构性减税若干问题的辨析 [J]. 扬州大学税务学院学报，2009 (10).
[7] 倪红日，靳军. 加快经济发展方式转变的税收政策取向 [J]. 税务研究，2011 (1).
[8] 刘成龙. 多元目标约束下的结构性减税政策评析 [J]. 税务研究，2009 (12).
[9] 高培勇. 2010：结构性减税要与税制改革相对接 [J]. 税收征纳，2010 (2).
[10] 倪红日. 对当前经济形势下税收政策的冷思考 [J]. 税务研究，2009 (9).
[11] 闫坤，于树一. 论全球金融危机下的中国结构性减税 [J]. 税务研究，2011 (1).
[12] 岳树民，刘方. 新形势下的结构性减税与税制改革 [J]. 税务研究，2011 (1).
[13] 张馨. 预算增收约束下的“减税”问题 [J]. 税务研究，2009 (11).
[14] 李波. 宏观税负、产业税负与结构性减税政策 [J]. 税务研究，2010 (1).

互联网金融对商业银行的影响分析

马丽娜　解婷

摘要　随着现代信息科技的发展，互联网金融在金融体系中的地位逐渐凸显，也对传统银行业的运作模式产生了深远的影响。互联网金融由于其支付方式便捷，信息处理集中，资金配置高效，降低了市场信息的不对称性和交易成本，并对传统商业银行的作用提出了挑战，倒逼其发生变革。

本文在互联网金融特点的基础上，分析互联网金融对银行存贷业务、中介业务的冲击，阐述互联网金融带给银行业的“鲶鱼效应”，探索二者未来的发展方向。

关键词　互联网金融；商业银行；信息不对称；资金配置

一、引言

近年来，以互联网为代表的现代信息科技，特别是移动支付、社交网络、搜索引擎与云计算等，已经对传统银行业的运作模式产生了巨大的影响。一方面，互联网金融冲击了寡头银行业的存贷业务，利用市场竞争的方式缩小存贷差，压缩银行利润，迫使其面对竞争；另一方面，互联网金融供需双方在平台之上的信息互通对商业银行的地位提出了挑战，加快了传统银行业务与互联网金融的融合。

二、互联网金融概述

所谓金融，是指资金盈余单位和资金短缺单位之间的资金融通。这种融通可以通过两种方式进行：一种方式是直接金融，也就是短缺单位直接在证券市场上向盈余单位发行某种凭证，比如债券或股票；另一种方式是间接金融，即盈余单位把资金存放（或投资）到银行等金融机构中，再由这些机构以贷款或证券投资的形式转移到资金短缺单位①。不论直接还是间接金融，都会有金融中介的参与，而且在资金的流通过程中金融中介扮演着极其重要的角色，同时也造成巨大的交易成本，主要包括金融机构的利润、税收和员工薪酬。据估算，2011 年中国全部银行和证券公司的利润达到约 1.1 万亿元，税收约 5 000 亿元，员工薪酬

① 易纲，吴有昌．货币银行学［M］．上海：上海人民出版社，1999.

约 1 万亿元。本文主要研究互联网金融对间接金融中介的影响。

在一般均衡定理的经典表述中，金融中介是不存在的①。米什金（Mishkin，1995）指出，金融中介存在主要有两个原因：其一，金融中介有规模经济和专业技术，能够降低资金融通的交易成本；其二，金融中介有专业的信息处理能力，能够缓解储蓄者和融资者之间的信息不对称以及由此引发的逆向选择和道德风险问题。

本文认为，金融互联网不等于互联网金融：金融互联网与互联网金融是两种完全不同的业态，二者最基本的区别在于是否对传统金融消费模式造成颠覆性的影响。

金融互联网，即金融电子化，是指传统金融企业利用通信、计算机和网络等现代化技术手段，实现金融服务的自动化、信息化和科学化。因此，金融互联网化还是在原有的金融框架内对金融业务实施电子化，提高传统金融的运行效率。银行在 20 世纪 70 年代中后期就开始引入电子系统，进行银行电子化建设试点，提高了银行基础业务的运行效率及服务质量②。

互联网金融，即互联网金融化，是指互联网企业利用现代信息科技，特别是移动支付、社交网络、搜索引擎和云计算等手段，将互联网的一系列经济行为融入金融要素，产生金融服务。互联网金融并不是简单的技术和渠道的革新，而是以大数据为基础形成的信用体系，实现诸多零散信息的低成本对接，从根本上解决信息不对称的问题。

三、互联网金融的特点

基于上述分析，互联网金融有以下三个特点。

（一）通过移动支付完成资金清偿

互联网模式下，通过移动通信设备和无线通信技术转移货币价值以清偿债权债务关系。最基本的服务在于将多种银行卡支付方式整合在一个界面上，负责交易结算中与银行对接，使得网络交易更加方便快捷。截至 2013 年 3 月，已有 79 家企业取得互联网支付业务许可证。网络购物交易规模的快速增长助推了第三方支付市场交易规模的扩张。据艾瑞咨询估算，2012 年我国第三方互联网支付市场交易 3.66 万亿元，同比增长 66%，其中网络购物是最主要的第三方支付交易来源，预期第三方支付交易规模将持续增长（见图 1）。以余额宝为例，截至 2013 年 6 月 30 日，累计用户达 251.56 万，上线 18 天内累计转入资金 66.01 亿元，累计消费金额为 12.04 亿元③。

（二）高速、低成本的信息处理模式

信息处理是金融体系的核心。金融信息中最核心的是资金供需双方的信

---

① Mas - colell et al：Microeconomic Theory，Oxford University Press，1995.

② 张波．网上支付与电子银行［M］．上海：华东理工大学出版社，2009.

③ 宗河．余额宝改变中国［J］．时代金融，2013（8）．

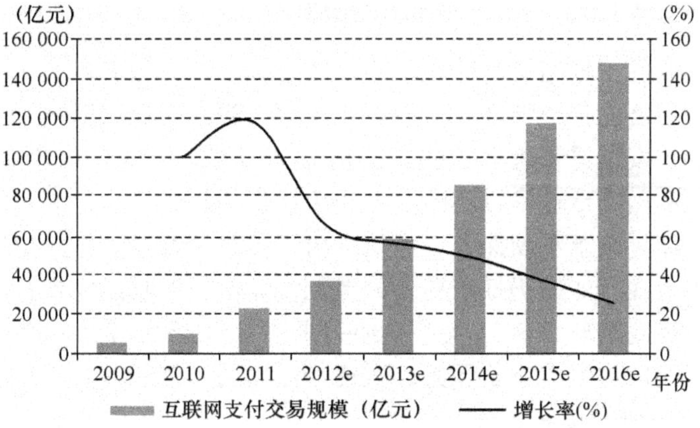

图 1　第三方互联网支付交易规模逐年上升

数据来源：iResearch，国泰君安证券研究。

息，特别是资金需求方的信息，是资金配置和风险管理的基础。互联网模式下，信息处理由三个部分组成：一是社交网络生成和传播信息，特别是没有义务对外披露的信息；二是搜索引擎对信息的组织、排序和检索，有针对性地满足信息需求；三是云计算，保障海量信息高速处理的能力。总的效果是，在云计算的保障下，资金供求双方的信息通过社交网络揭示和传播，被搜索引擎组织和标准化，最终形成时间联系、动态变化的信息序列。由此，可以给出任何资金需求者的风险定价或动态违约概率，而且成本极低。这种模式替代了现在商业银行的主要功能。

机构网贷平台中具有代表性的阿里金融，目前提供循环贷、固定贷两种信贷方式，个人信贷平台也发展迅速。据网贷之家统计，自 2007 年 8 月第一家个人网贷机构——拍拍贷成立以来，截至 2012 年年底，全国个人网贷平台总数超过 300 家，2012 年全年交易总量高达 200 多亿元。其中，排名前 15 位的个人网贷平台交易额接近 70 亿元，占比在 45% 左右。2013 年上半年，有数据统计的 66 家个人网贷平台交易总额已达 175 亿元，接近 2012 年全年的总量，个人网贷市场规模急剧扩张。

（三）高效的资金配置方式

互联网金融模式中资金配置的特点是，资金供需信息直接在网上发布并匹配，供需双方直接联系和交易。这样，在移动支付、社交网络、搜索引擎和云计算等现代信息科技的推动下，供需信息几乎完全对称，交易成本极低，由此互联网金融形成了“充分交易可能性集合”，使中小企业融资和民间借贷中信息不对称问题得到解决。在这种资源配置方式下，双方或多方交易可以同时进行，信息充分透明，定价完全竞争，因此效率最优，社会福利实现了最大化。

四、互联网金融对商业银行的影响

我国银行业的市场结构有着比较明显的寡头特征，国有产权占垄断地位。国有银行的垄断主要由传统惯性、行业进入管制与较高的退出壁垒所致。

从银行业的发展进程来看，随着计划经济向市场经济转轨的进程不断加快，我国商业银行从国家专业银行不断改革成为股份制银行，股份制及城市商业银行不断发展，市场化改革不断深入。但是，由于传统计划经济体制延续下来的垄断惯性，国有银行在行业中仍处于垄断的地位，其他股份制商业银行所占市场份额较小。另外，极高的政策性进入壁垒使行业发展缺乏强有力的潜在进入者的威胁，现有的行业成员没有竞争压力，致使行业发展及创新动力不足。

（一）冲击银行核心业务

1. 第三方支付平台分流商业银行储蓄存款

存款是商业银行的命脉，是其业务发展的前提和基础。从总量上来看，虽然第三方支付机构的部分存款最终会以各种形式回流到商业银行系统，但是漏出效应的存在以及回流的成本增加，使商业银行的存款来源已不可避免地受到削减。

一方面，由于第三方支付平台具有延迟支付的功能，从而对商业银行储蓄存款形成分流。以支付宝为例，目前支付宝日均沉淀资金已达约100亿元。随着第三方支付逐步向线下延伸和大额支付扩展，资金沉淀规模会显著扩大。另一方面，随着第三方支付功能的增加，其业务逐步向代理保险、代理基金等领域拓展，可以为客户提供预期收益超过银行的定期存款等的收益。例如，余额宝收益率最高达到年化收益率7%，尽管近期收益率跌破5%，但仍为银行活期存款的10倍。虽然余额宝大部分资金会以大额存款回流到商业银行，但银行存款成本大幅提高，减少了其利差收入。

2. 互联网金融抢占小微贷款业务，影响银行贷款业务发展

互联网金融利用其信息处理与资源配置的优势，根据小微企业融资需求“短、小、急”的特点，为其提供贷款并进行风险管理。以阿里金融为例，阿里金融通过旗下两家小额贷款公司，在阿里巴巴B2B业务、天猫、淘宝上提供订单贷款和信用贷款服务，贷款额度一般不超过100万元，日利率为万分之五到六之间，年利率可达18%，远远高于传统银行业的收益。阿里金融对其平台企业交易记录和信用状况有完全的掌握，通过云计算等信息处理，可以低成本对该企业进行风险评估，贷款风险较低。截至2013年5月20日，阿里金融累计为25万小微企业客户提供了金融服务，累计贷款金融超过260亿元，不良贷款率仅为0.72%。

小微企业贷款业务虽然是我国商业银行不支持的业务，但也是未来银行业必须发展的业务。随着利率市场化的进一步推进，大型企业存贷利差缩小，而小微企业信贷有收益高的特点，互联网科技企业凭借其强大的平台和技术优势，必将对商业银行进入小微企业信贷领域产生不利影响。

3. 互联网金融对商业银行中间业务形成直接挤压

商业银行的中间业务包括支付结算、担保、承诺、交易和咨询等。随着利率市场化改革和直接融资市场的完善，商业银行的利差收入不断缩小，中间业务在银行盈利来源中的地位越来越重要。但是，互联网金融对商业银行的中间业务提出了挑战，除了没有实体账户介质外，第三方支付平台自身已形成相对独立、与银行功能类似的跨行结算账户体系。一是第三方网上支付、线下二维码支付、代收付费系统等方式，与商业银行的网上支付相比价格更低（甚至免费）、操作简便快捷，直接挤压了商业银行的银行卡结算、代理收费等业务。二是逐步向代理基金、保险等金融领域渗透。目前，已有7家第三方支付平台公司取得了代理基金销售资格，以较低的价格与银行展开直接竞争。如第一批取得代理基金销售资格的汇付天下，基金申购手续费率仅为银行等传统渠道的40%，且客户还可以通过第三方支付平台调配其分散的资金购买货币基金，实现了事实上的资金跨行归集。三是改变了金融消费者的习惯。淘宝、京东、苏宁易购等网上商城的快速发展，使越来越多的消费者选择网上交易购买，逐步形成了网上购物、支付的习惯，减少了对现金、商业银行柜面服务等的依赖。

（二）互联网的“鲶鱼效应”：激发商业银行竞争意识

互联网金融尽管短期内在交易额、资产总量和市场地位等方面还无法撼动商业银行的垄断地位，但却为银行带来了长期的“鲶鱼效应”，激发银行的战略转型和业务结构调整，推进其提高服务水平和发展速度。

中国银行在应对互联网金融的冲击中走在了同业前面，其经验值得借鉴。中国银行从总行战略的层面提出建设“智慧银行”，打破传统金融服务的时间、地域和物理网点的限制，在实现客户服务从线下向线上迁移的同时，根据互联网的特点再造银行业务流程。同时，商业银行已开始探索传统业务与互联网金融的结合，加快推出移动支付电子商务的开发和产品推广，如交通银行的“三位一体”网络建设、建设银行“善融商务”平台的建设等。而股份制商业银行融合速度更快，程度更深：2014年5月28日，北京银行正式发布供应链在线产品“网速贷”，而中信银行、光大银行、华夏银行和民生银行等多家股份制银行已经率先探索线上贷款业务。

五、发展趋势：互联网金融与传统金融相互合作

商业银行的比较优势在于垄断性的线下能力、金融专业能力、强大的资本和雄厚的客户基础；互联网企业的优势在于创新，更符合互联网精神的企业文化、平台竞争方面的先发优势以及管理套利的机会。

互联网金融在一定程度上改变了传统商业银行的经营模式、盈利模式和服务模式，但其存在着一定的局限性。

首先，互联网金融的信息分析偏重于交易环节，额度偏重于微贷。通过交易信息判断贷款企业信用的方法具有一定的可靠性；实施监控和处理，可以避免更

大的贷款损失。但是，随着企业成长，资金需求量不断增加，单靠网络小贷则难以满足其需求；只靠积累的信用和交易记录分析，而忽略产品以及市场前景、行业风险的分析，容易造成风险估计不足，也不利于小微企业的长久发展。

其次，互联网金融并不是简单地摧毁和替代商业银行，而是弥补和延伸商业银行无法触及的盲区，与商业银行既竞争又互补、融合。从网贷平台来看，机构网贷平台与银行更多的是合作和互补的关系。机构网贷平台分为两类：一类是以阿里金融为代表的自有资金放贷模式，该模式贷款利率远高于银行，与银行面向的客户群体基本没有交集，属于互补关系；另一类是以生意宝为代表的银企撮合模式，该模式放贷资金来源于银行，贷款风险也一般由银行承担，网贷平台收取少量的贷前尽职调查、贷中审批及贷后管理费用，与银行是合作关系。

最后，互联网金融风险隐蔽，传染性和突发性有所增加。2014 年 6 月 11 日央行发布的《中国人民银行年报 2013》，以专题的形式对互联网金融风险做出警示，并表示将制定促进互联网金融行业健康发展的指导意见。互联网金融企业的业务活动经常突破现有的监管边界，进入法律上的灰色地带，甚至可能触及非法集资、非法经营等底线。

互联网金融与传统商业银行应该相互合作、创新，打造出一个全新的金融生态链。互联网金融的缺点之一就是不安全，而银行代表着成熟的运营模式和强大的信誉，许多客户正是鉴于银行的信誉，才青睐与其合作的互联网金融平台。

由此可见，互联网与金融只有有机融合，才能焕发出生命力。要实现互联网金融的有序发展，需要银行对传统业务进行改造和创新，银行应当利用既有的 IT 技术架构，契入互联网数据，创新征信手段，将小企业的交易信用数据纳入授信评级范围，探索基于互联网电商与银行优势相结合的新型金融模式。

参考文献：

[1] 高孝平. 网络经济与传统经济比较研究 [J]. 重庆邮电学院学报（社会科学版），2005 (1).

[2] 奥兹·谢伊. 网络产业经济学 [M]. 上海：上海财经大学出版社，2002.

[3] 韩国盛. 网络经济及其对传统经济理论的挑战 [D]. 武汉理工大学，2006.

[4] 谢平，邹传伟. 互联网金融模式研究 [J]. 金融研究，2012 (12).

[5] 谢平，尹龙. 网络经济下的金融理论与金融治理 [J]. 经济研究，2001 (4).

[6] 冯娟娟. 互联网金融背景下商业银行竞争策略研究 [J]. 现代金融，2013 (4).

[7] 王筠权，王国成，金强. 互联网金融对商业银行传统业务的影响研究 [J]. 西南金融，2013 (2).

[8] 涂晓兵. 金融脱媒下我国商业银行的现状分析与路径选择 [D]. 武汉大学，2012.

[9] GolamanSschs. MobileMonetization: Does the Shift in Traffic Pay [R]. 2012.

[10] 国泰君安证券. 互联网金融：颠覆不了传统银行 [R]. 2013.

全球化与中国对外经济

人民币不应自由兑换　但汇率应小幅升值

齐勇　李九阳

摘要　当前关于人民币汇率有升值论、贬值论及稳定不变论三种观点。其中，贬值论及稳定不变论都对人民币汇率升值持反对立场。本文认为，一味强调人民币汇率贬值，靠输出中国廉价的资源赚取微薄的外汇，这是出口至上的单纯的经济主义，代表了少数企业和集团的利益，与我国国家的长远利益并不一致。人民币不可宣布自由兑换，但是人民币汇率应该升值，使我国的经济发展逐步从外需导向型转向内需导向型。

关键词　人民币汇率；自由兑换；汇率升值

从1978年开始人民币就一直贬值，从1 ＄:1.7￥降到1 ＄:8.7￥；1994—1997年，人民币汇率一直稳定在1 ＄:8.7￥的水平，并且还有小幅回升；1998年亚洲金融危机期间人民币汇率一直保持不变，造成中国出口的暂时下降，但支持了周边国家，中国的国际地位提高了。现在人民币开始小幅升值，今后有可能进入到一个连续、小幅浮动升值的时期。

目前人民币汇率有升值的压力，这是因为：首先，汇率的长期走势由两国货币的国内购买力平价决定。按照购买力平价计算，人民币和美元的比价是1 ＄:5￥左右，而现在名义汇率是1 ＄:8.09￥，从长期看人民币对美元有升值趋势；其次，汇率的短期走势由外汇供求关系决定。从1992年以来，中国由于连年国际收支顺差，中国现在有近6 000亿美元的外汇储备，使外汇供大于求，人们对人民币汇率有升值的预期，人民币有升值的压力。

当前关于人民币汇率有升值论、贬值论及稳定不变论三种观点。其中，贬值论及稳定不变论都对人民币汇率升值持反对立场。

第一，贬值论及稳定不变论认为人民币升值会对中国出口数量有影响，但是从长期来看未必如此。一味避免人民币汇率升值，以廉价的劳动密集型产品出口是中国改革开放以来近30年的比较优势，但是永远坚持以劳动密集型产品出口创汇或扩大就业是没有出路的。首先，中国的出口产品多为劳动密集型的生活必需品，价格弹性低，通过人民币汇率升值提高这些产品的出口价格不会造成中国出口总额的降低。其次，生产和出口这些廉价的产品不仅会使中国企业形成对这些低档产品生产和出口的过度依赖，还难以促进中国出口产品的升级换代，难以提高中国企业的国际竞争力。再次，依靠低廉的劳动密集型产品出口的出口导向政策，是中国在改革开放之初缺乏外汇时为进口中国紧缺的高技术产品而执行的战略。长期以来，中国希求通过依靠廉价劳动力制造的廉价产品在国际市场上出售而换回外汇。这使内需难以启动，逼迫中国进一步依赖外需，进一步压低中国劳动力的工资，以利在国际市场上的竞争；这又导致中国进一步压抑内需，对安排国内劳动力就业不利。最后，多年来由于中国出口企业竞相压价，使得出口产品价格很低，这不仅牺牲了中国宝贵的资源、环境以及广大职工的福祉，致使中国的财富外流，而且还会因为这些低档产品的过度出口招致以后几年全世界对中国产品的反倾销报复。总之，依靠低廉的劳动密集型产品出口没有出路，现在可以利用人民币升值的压力，实现从出口导向向内需导向的转变。

第二，贬值论及稳定不变论认为人民币升值会使中国工资成本上升，造成外商投资利润率下降，影响外资进入中国的数量。这种观点有偏颇之处。据分析，决定外商投资中国有两个最大的因素：一是中国廉价的劳动力；二是中国巨大的潜在市场。而人民币汇率升值对这二者的影响都不会很大。根据美国《商务周刊》的调查，中国劳动力价值是美国的1/20。如果人民币汇率升值幅度不大，则中国劳动力的工资成本不会上升很多。并且，中国还有很多低廉的农村剩余劳动力，他们具有高度的流动性，他们的流动随时会将中国的劳动力成本降下来。此外，即使中国的工资成本上升，职工也会将增加的收入用于人力资本再投资，提高劳动生产力，对外资企业的竞争力不会产生负面的影响。至于第二个因素，外商投资中国更多的是注重中国稳定的投资环境以及潜在的中国大市场，这一点与人民币汇率升值没有关系。

现在的问题是：人民币汇率升值不仅不会造成外资进入中国数量的下降，相反，如果人民币升值幅度不够，则会产生长期的升值预期，造成国际炒家和外资进入，用它的外汇资产在银行抵押，把人民币贷出来，从而进入中国的股市或者房地产行业，期待人民币汇率升值后的获利。这时国家应当采取哪些有效的外汇政策加以控制呢？笔者认为只能在产业政策方面想办法，如注意防止股市和房地产的泡沫等。

第三，贬值论及稳定不变论认为人民币升值会使中国进口商品数量增加，导致产生中国国际收支逆差。这两种观点从出口导向的外向型战略出发，认为中国的国际收支顺差就是好的，逆差就是不好的。其实，人民币汇率升值未必是坏事。人民币汇率升值说明人民币的购买力提高了，无论是国家、居民还是企业的财富都有了显著的增长，中国企业和居民购买外国商品更多了，中国公民出国旅游更便宜了，这对中国广大的企业和公民是有好处的。

从国家长远利益出发，也应该承认人民币在一定幅度上升值的益处。现在中国生产大量产品源源不断地输往国外，换回大量的外币，大量外币又被国家通过购买美国等外国国债等方式流回美国等国家，而大量外汇存到国外是有金融风险的。中国可以利用人民币升值以及加入世界贸易组织后关税降低的机会，多进口一些外国商品。对于中国这样一个经济后发的大国，要想赶超欧美和日本等发达国家，应该进口一些关系中国综合国力提高以及国家安全的物资、设备和技术，而不能把宝贵的外汇资源用于购买外国奢侈品或者到海外进行乱投资，以防止当年因日元升值导致日本经济陷入泡沫经济的危机发生。

第四，一旦人民币扩大浮动幅度，小幅浮动升值，比如年浮动0.3%，则会使国内居民保留升值预期，外资预期人民币升值也会进来，这样对人民币就会造成新的升值压力，而一次性的超额升值会使人们产生贬值预期，这从理论上看是比较好的，但是这样做造成的振动太大。

当前，人民币汇率升值的进程已经开始。可以预见，随着中国国力的上升，人民币总的趋势是升值。但未来的时间里，出于政治方面的考虑，国家可以采取其他一些措施来消化人民币升值的压力。由于中国有外汇管制、银行呆账、出口退税以及对外资的优惠等措施，这些措施都造成了人民币升值的压力。所以，政府也可能在一年或者几年之内，首先在这些方面采取措施。比如，除投机资本以外，放开其他的外汇管制项目，可以通过减少出口退税、拉平内外资优惠、依法用工、提高中国职工工资和为职工提供社会保障等措施释放人民币升值的压力。

第五，有一种观点认为人民币完全可以自由兑换，笔者不赞成这种观点。人民币不能自由兑换就是不让外国的投机资本进来，因为它们数量太大，很容易形成垄断。如果国外金融大鳄连同地下人民币狙击中国，即便在人民币不升值的情况下，也可能耗去中国大量的外汇储备，使中国经济遭受重大损失。中国的改革和发展目前处在不稳定的时期，在法律上宣布人民币可以自由兑换，不利于控制外国投机资本，也不利于国内的宏观经济调控，更不利于维护中国的国际形象。明智的策略是，人民币汇率向上小幅浮动，同时不开放资本兑换。这样，中国至少可以通过行政手段加强对国际游资的管制，防止它们冲击人民币。有人担心人民币不自由兑换就意味着它不能出境，或不被世界所接受。事实不是这样。其实，在升值预期下人民币早已在港、澳和东南亚地区流通；当人民币疲软之时，港币和美元实际上也可以在广东省通用。

第六，一味强调贬值人民币汇率，靠输出中国廉价的资源赚取微薄的外汇，这是出口至上的单纯的经济主义，只代表了少数出口企业和集团的利益，与中国国家的长远利益并不一致。一国经济的良性增长和发展，需要考虑政治、经济、军事、文化和国家安全等多种因素，考虑国家发展的近期和长远发展战略。而目前中国一直处在动荡的、急剧变化的国际环境中，未来中国的发展充满着风险和不确定性，这就需要摒弃为了出口而出口、为了出口而使人民币汇率贬值的单纯经济主义的发展思路。人民币不可宣布自由兑换，但人民币汇率应该升值，将中国的经济发展逐步从外需导向型转向内需导向型，进口那些有助于中国长远发展和提高综合国力的技术产品和战略物资。目前人民币汇率开始小幅升值，如果从现在起每年升值3%，5年以后升值15%，不会在很大程度上影响出口。

新时期中国发展对外贸易与经济转型的途径*

——兼评上海自由贸易试验区的风险与挑战

张弛

摘要 中国的经济运行和发展存在着严重的结构性问题，目前正处在调整转型之中。进出口贸易的剧烈波动，服务贸易的大量逆差，更凸显了调整转型的紧迫。鼓励对外直接投资和增加设备出口贷款，就能扩大中国产品出口和促进服务贸易发展，这是促进经济转型的有效途径。中国（上海）自由贸易试验区的成立是扩大开放、倒逼改革的重大举措，其总体方案确有不少亮点，但也是机遇与风险并存。

关键词 经济转型；对外直接投资；上海自贸区

随着中国经济增长潜力的下降，低成本扩张的时代已经结束，中国的经济运行和发展出现了严重的结构性问题，目前正处在从高速增长向中低速增长转型的过程中。为了中国经济的长期持续发展，做好调整转型是全部经济工作的重心和关键，不仅要减少投资依赖，提升国内消费，而且要稳定对外经济贸易。为此，如何通过进一步扩大开放、倒逼改革、促进结构调整和经济转型就成为当前经济发展的重中之重。

一、以对外投资促进对外贸易与经济转型

（一）我国服务贸易发展严重滞后

根据海关统计，2013 年我国对外贸易增长 7.6%，全年进出口总额为 41 603 亿美元，超过美国，居世界第一。平均看来这似乎很不错，但其频繁的剧烈波动中暗藏隐患。一季度因虚假贸易增长 13.5%，二季度因打击套利贸易下降到 4.3%，6 月甚至出现负增长，7、8 月强劲反弹超过 7%，接近经贸委预期 8% 的目标，但 9 月又回落到 3.3%，而且出口还下降了 0.3%。鉴于 2013 年前期的高增长，2014 年的贸易进一步回落，出口下降了 3.4%。应当指出，对外贸易走低是必然的，也是经济调整所必要的，它表明中国经济对外需的依赖减弱，但也存在诸多值得关注的问题。

* 本文为中国政法大学商学院“经济体制改革与金融市场体系建设研究团队”阶段性研究成果。

在“中国制造”优势渐失、临危转型之际，货物贸易不可能再保持前些年高速增长的态势，而服务贸易更令人担忧。国家外汇管理局的数据显示，2013年上半年，中国的服务贸易逆差为551亿美元，相当于同期贸易顺差（1 079.5亿美元）的51%。虽然服务贸易的总量有所增长，但逆差扩大，不仅吞噬了商品贸易积累的顺差，而且使中国经济结构调整、发展现代服务业的战略转型受到威胁。

首先是传统服务业。中国是一个旅游大国，但在服务贸易中，中国的旅游服务贸易却是最大的赤字来源。2013年上半年，旅游服务逆差达357亿美元，同比增加64%；中国是货物贸易大国，20多年来一直保持高速增长，2012年的贸易量世界第一，带动了国际运输市场的扩大和运价的上升。但是，中国的物流企业国际化程度滞后，大量订单被外国物流企业抢占；中国也鲜有能力在国外建设港口、机场、仓储设施，只好把食品、鲜活商品和大宗商品的运输服务订单交给外国公司，“进口”运输服务，因而运输服务也有大量赤字，仅上半年就达263亿美元，仅次于旅游业。

传统服务业尚且如此，金融、保险、咨询等高端服务业的发展则更不如人意，不仅在服务贸易中所占比重很低，而且国际竞争力更差。2013年上半年，金融服务进出口总额只有28亿美元，而金融、保险、专有权使用费和特许费等的贸易逆差则超过170亿美元。况且，这方面的发展和提升绝非一日之功。

中国服务贸易的巨额逆差与中国服务业的整体发展落后有关。由于产能过剩，第二产业增长趋缓，第三产业增长加快，2014年第一季度，中国第三产业增加值占GDP的49%，不仅大大低于美国（80%）等发达国家，也明显低于同类发展中国家。由于制造业的市场化程度较高，而服务业的政府管制较多，高端服务业的垄断又比较严重，资源很难自由地流向服务部门，特别是高端服务业，其生产要素的参与率和生产率也明显低于制造业。因此，不打破垄断，放松管制，促进要素自由流动，服务业很难得到较快的发展。

不仅如此，更为严重的挑战在于，随着新技术的发展，在数字化交易和电子支付等新技术的推动下，世界服务贸易的结构正在发生巨大变化，传统服务业的比例逐渐下降，新兴服务业的比重迅速上升。美、欧、日等发达国家都借助于其在高端服务业中的优势展开全球竞争，希望打开包括中国在内的发展中国家的市场。中国日本商会、中国美国商会在其发布的相关报告中，都对中国开放金融、咨询、电信、快递、医疗等服务业提出了建议。在这种情况下，如果我们不能进一步推进市场化改革，打破对服务业特别是高端服务业不必要的管制和垄断，中国进行经济结构调整、发展现代服务业的战略转型将会落空。

（二）运用对外投资促进经济发展方式转变的条件日渐成熟

改革开放以来，中国实施了重商主义政策，重视引进外资，发展创汇产业，鼓励出口生产。应当说，在工业化的初期唯有如此，方能实现经济起飞。但是，在30年后的今天，国内产业已经发展壮大，甚至出现了产能过剩和出口增速下降，并积累了大量外汇储备的情况下，扩展中国经济发展空间，改善对外经济贸易，促进中国经济发展方式转变的重要一步，就是发展对外投资，促进本国产品的出口。2013年1—9月，我国利用外资下降了3.8%，而1—8月对外非金融类直接投资增长了18.5%，也预示了这方面的发展方向。经过30年的发展和积累，虽然还有不少困难和问题，但中国已经具备了这样做的条件，关键是我们要有明确的理念和有效的对策。

例如，由于重视技术创新、市场扩展和品牌建设，我国本土家电业的部分品牌已经实现了从“中国制造”到“中国创造”的跨越，海尔、美的等家电品牌不断走出国门，在全球范围内有了一定的知名度和影响力。本土家电品牌市场走强的条件之一，是金融市场的发展使一些具有潜力的企业能够通过资本市场获得大量资金的支持，可以到国外进行投资并购，从而提高了这些品牌在国际市场的竞争力。

再者，近几年，我国高铁行业得到快速发展。到2012年年底，我国高铁总里程达9 356公里。2013年以来，随着宁杭、杭甬、营盘高铁以及向浦铁路的相继运营，高铁运营里程已达10 463公里，跃居世界第一。与此同时，相关技术已经相对成熟，虽然与欧美发达国家还有一定差距，但高铁整车、核心组件和技术开始向新兴国家、甚至欧洲出口。中泰两国签署《关于深化铁路合作的谅解备忘录》，标志着我国高铁技术出口进入了一个新的阶段。高铁产业链主要包括三大部分：上游铁路基建；中游列车制造和相关设备；下游运营服务。我国经过引进吸收和自主再创新，在部分核心技术和组件方面已经有所突破，形成了较强的市场竞争优势，并在国内的建设和运营中得到了很好的实践应用，这就为高铁出口奠定了基础；再加上国内高铁已经基本饱和，更需要开拓国际市场。

又如，我国的工程机械行业虽然起步较晚，但近10年来，随着国内建设的发展，我国工程机械行业的技术创新能力、产品开发能力、设备制造能力、产业链掌控能力均实现了跨越式提升，其在全球产业中的地位迅速提高。在全球工程机械制造商50强中，中国有11家，其中3家已稳居前10强。一些重点骨干企业已经能够制造国际市场上常见的26种工程机械，其质量不输于外国产品，仅2013年上半年就出口72.89亿美元。值得一提的是，国内工程企业的全球化布局，打开了走向海外的快速通道。比如，三一重工27亿元并购德国普茨迈斯特，广西柳工斥资3.35亿元拿下波兰工程机械企业HSW的工程机械事业部，徐工机械也并购了混凝土机械巨头德国施维英。通过国际化的并购、重组、整合，中国企业在产品、研发、技术以及企业运营和市场开拓等方面实现了跨越式发展。

这些案例说明，走国际化的道路，发展国外投资，拓展对外贸易，既可以化解国内产能过剩，又可以促进结构调整和增长方式的转型，是进一步保证中国经济稳定、健康发展的正确选择。要做到这一点，就要进一步扩大开放，加快市场化改革，放松政府管制和打破行政垄断，提高办事效率和服务水平。比如，中国现有3.6万多亿美元的外汇储备，支持企业对外并购，提供设备出口贷款，支持购买中国设备，使中国企业真正变成国际化的企业，在国际市场上竞争，同时也就缓解了持有美国外汇资产的风险和压力。当然，投资的主要对象是发展中国家，同时也可以择机进入发达国家。其实，当年外国企业来中国投资，在国内建立了那么多"三来一补"企业与中外合资企业，今天我们可以如法炮制，中国企业也到国外去投资发展。鉴于国有企业遇到的政治障碍和本身的体制缺陷，海外投资失败较多，所以应更多地鼓励和支持民营企业走出去。

不仅如此，随着海外投资的发展和中国企业国际化的提升，相应的服务也需要紧跟。比如，提供出口设备贷款，就需要发展金融服务和保险服务，也需要发展运输服务，这样，服务贸易也会发展起来。这也是中国经济转型和提升的必由之路。

二、利用上海自由贸易试验区倒逼改革

（一）中国（上海）自由贸易试验区成立的背景

2013年9月29日，中国（上海）自由贸易试验区（简称自贸区）在上海浦东外高桥挂牌成立，自贸区各项事务正式启动运作。这是本届政府全面深化改革和扩大开放的一项重要举措。

自贸区以现在上海综合保税区为界，包括三港四区，即洋山港、外高桥港、浦东机场空港，以及洋山保税区、外高桥保税区、外高桥物流园区和浦东机场综合保税区，总面积为28.78平方公里，是中国深度开放的试验场。

30多年来，中国的对外开放已经迈了两大步：第一步是20世纪80年代初建立深圳等4个经济特区；第二步是2001年加入世界贸易组织。这两步在中国的改革和发展史上发挥了极其重要的作用，不仅把中国引上了市场经济的发展道路，而且带来了中国经济30年的超高速增长，极大地改变了中国的面貌。现在，上海自贸区的成立和运作是我国迈出的扩大开放的第三大步。

从国内来看，改革和发展已经处在紧急的转折关头。由于既得利益集团的做大和反对，国内社会矛盾非常尖锐，进一步的改革面临着巨大的阻力和压力，政治体制改革无法突破，经济改革存在着停滞和倒退的危险；30多年的高增长带来了严重的结构失衡、社会危机和生态灾难，原来的经济增长方式难以为继，而调整和转型面临重重障碍和困难，如果没有重大举措，很难打破现有的格局。

从国外来看，美国推动的《跨太平洋战略经济伙伴协定》（简称TPP）《跨大西洋贸易和投资伙伴关系协定》（简称TTIP）和《服务贸易协定》（简称TI－SA）谈判等，旨在回避和绕开WTO框架，为全球治理重新建章立制，引领和建立国际经济新秩序，并从传统的商品贸易转向服务贸易和跨境投资交易，而这些安排又不把中国包括在内。如果我们不能适应这种变化就会被边缘化，甚至面临

着"二次入世"的危险。中国要取得突破，就要参与新框架的建立和新规则的制定，而要加入谈判，又会遇到国内体制不适应的问题。

中国（上海）自由贸易区就是在这种形势下诞生的。

（二）自贸区总体方案的亮点与难点

2013年9月27日，国务院公布了中国（上海）自由贸易试验区（FTZ）总体方案。该方案确定了自贸区的总体目标，即通过2—3年的改革试验，积极推进服务业扩大开放和外商投资管理体制改革，大力发展总部经济和新型贸易业态，加快探索资本项目可兑换和金融服务业全面开放，探索建立货物状态分类监管模式，努力形成促进投资和创新的政策支持体系，着力培育国际化和法治化的营商环境，力争建设成为具有国际水准的投资贸易便利、货币兑换自由、监管高效便捷、法制环境规范的自由贸易试验区，为中国扩大开放和深化改革探索新思路和新途径。方案提出了五项任务，即加快政府职能转变，扩大投资领域开放，推进贸易发展方式转变，深化金融领域的开放创新，完善法制领域的制度保障。同时，选择金融、航运、商贸、专业服务、文化领域和社会服务六大领域扩大开放。

自贸区总体方案的主要亮点可归结为三点：一是决定暂停或取消投资者资质要求、股比限制、经营范围限制等限制措施，营造有利于各类投资者平等准入的市场环境；二是探索建立负面清单管理模式，借鉴国际通行规则，对外商投资试行准入前国民待遇，研究制定试验区外商投资与国民待遇不符的负面清单，改革外商投资管理模式，对负面清单之外的领域，按照内外资一致的原则，将外商投资项目由审批制改为备案制；三是自贸区只是"试验田"，要形成可复制、可推广的经验，发挥示范带动、服务全国的积极作用。自贸区方案中的这些亮点也是实施中的难点。

（三）自贸区面临的风险与挑战

前文指出，中国（上海）自由贸易试验区是在应对美国主导的泛太平洋合作伙伴以及大西洋贸易和投资伙伴谈判的情况下设立的，后者就成为一个必要的参照和瞄准的目标。这从自贸区接受和采纳准入前国民待遇和负面清单原则就可以得到证明。这样一来，自贸区也就面临着很大的挑战，这也是不少人都明确指出的。

首先，美国主导的自由贸易新规则是对WTO规则的超越和替代。WTO规则的关键是最惠国待遇原则和（准入后）国民待遇原则，旨在解决货物贸易自由化及与货物贸易有关的投资和服务贸易。而美国新规则的核心是准入前国民待遇原则和负面清单原则，旨在建立一个专司处置服务贸易自由化和投资自由化的一般性框架，是一个比WTO标准更高、范围更大、更为宽松的自由贸易规则。因为，准入前国民待遇是指外资在进入以前就享有与中国国民和企业一样的待遇，特别是在企业设立、取得、扩大阶段，其待遇不能低于本国投资者，而负面清单是指给不开放的行业和受限制的商业活动开列一个清单，凡未列入负面清单的就是“法无禁止皆可为”。然而，上海自贸区并非美国主导下的双边和多边自由贸易区，也不能与美国签订双边协定，但又要根据这两个原则制定政策框架和改革路径，这就要求从实践 WTO 规则向接受和适应美国新规则转变。

其次，服务贸易和金融交易与商品货物贸易有原则的不同。后者有实体性，可以限定在一定区域范围内进行，如保税区；前者是非实体性贸易，不可能用一道围墙限定在一定区域内。特别是金融市场，是一个建立在网络新技术基础之上的统一的全国性市场。自贸区推出的 9 项金融改革包括利率市场化、人民币国际化、资本项目自由化等，都是以交易（而非贸易）为主的概念，如果自贸区内资本项目自由化是完全意义上的自由化，那它就将成为国际资本流动的“自由港”和“集散地”。然而，上海自贸区又提出了 28 平方公里的区域概念，如果这个概念是真实的“围墙”性质，那就是一种“境内关外”模式，与一般保税区没有多大区别，更多的只是政策上的再优惠；如果在这个区域实现贸易和投资自由化，那么，这样的“围墙”就根本不存在，也不可能存在。所以，这样的开放就不是边境市场的局部开放，而是国内市场的全面开放。这是一种系统性的质变，其对经济和金融的影响将是全面和系统性的。

再次，上海自贸区如果全面实施负面清单原则，那么自贸区乃至整个中国经济金融监管当局就要从重审批转向重服务，从事前审批转向事后监管，从静态监管转向动态监管和及时监管。特别是自贸区不可能是一个区域概念，自贸区的风险在一定程度上就是中国经济金融体系的风险。这就对政府的监管能力提出了更高的要求。这种通过外部压力倒逼内部改革的方式虽然是我们曾经走过的道路，但却遇到了新的问题；在现行体制已经相当僵化和触动利益比触动灵魂更难的情况下，这样的改革能够推进到何种程度，关系到自贸区试验的成败。

有人认为，既然美国的新规则把中国排除在外，我们则可效法欧元区，成立“中元区”和“亚元区”，先把一国四地的货币统一起来，再进一步统一亚洲货币。这虽然是一个重要途径，但有点过于理想。政治上的不同体制和格局，经济上的巨大差异，导致了愿望虽然很好，但难以取得合作信任，实施起来相当不易。若借此来推进改革和转型，或许困难更大。比较现实的做法是，在办好上海自贸区的同时，深化中国与东盟的政治安全、经贸合作、互联互通，推动签署《中国—东盟国家睦邻友好合作条约》，提升中国—东盟自贸区合作的水平，逐步实现贸易自由化和投资便利化。

（四）自贸区条例草案的修改

2014 年 6 月 17 日，有“基本法”之称的《中国（上海）自由贸易试验区条例（草案）》（修改稿）提交上海市第十四届人大常委会第十三次会议二审，相对于 4 月的一审草案稿进行了 40 多处修改，其中最重要的是增加了不少指导性、引领性条款，更加注重为制度创新预留空间。修改的三项原则是：第一，预留制度创新空间，处理好改革的阶段性和法规的相对稳定性之间的关系；第二，科学厘定条款内容，把握好中央事权和地方事权内容修改的侧重点；第三，抓住简政放权这个关键，积极为培育国际化、市场化、法治化的营商环境提供保障。该条例将在下一次常委会上进行表决，一旦通过，将从 8 月 1 日起付诸实施。

参考文献：

[1] 夏善晨．中国（上海）自由贸易区：理念和功能定位［J］．国际经济与合作，2013（7）．

[2] 贺小勇．中国（上海）自由贸易区金融开放创新的法制保障［J］．法学，2013（12）．

[3] 张弛，张曙光．中国宏观经济分析报告（第七集）［M］．北京：中国政法大学出版社，2012.

FDI 溢出效应对北京市高新技术产业的影响研究

王一民　张雅慧

摘要　高新技术产业具有低风险、高收益的特点，资本价值周转时间较短，已经成为外商直接投资的主要产业之一。因此，外商直接投资对高新技术产业影响效果的研究具有较大的现实意义。本文以北京市的高新技术产业为研究对象，利用 2005—2011 年的面板数据，借鉴 Feder 模型，通过实证分析方法研究外商直接投资对北京市高新技术产业溢出效应的影响，尝试为北京市如何有效利用外资提供一些路径与线索。

关键词　外商直接投资；高新技术；FDI 溢出效应

一、引言

FDI，即对外直接投资（Foreign Direct Investment），也可称为外商直接投资。按照国际货币基金组织的定义，FDI 是指一国的投资者将资本用于他国的生产或经营，并掌握一定经营控制权的投资行为。自 20 世纪 70 年代起，FDI 就成为国际资本流动的主要形式并得到了长足发展，战后迅速发展起来的跨国公司则占据着 FDI 的主导地位。

研究区域性的经济增长，通常通过两种途径进行考察，即生产要素的投入量的增加和投入要素的产出效率的提高。由于同时存在生产要素边际报酬递减和资源稀缺性两个特点，则通过提高生产率保持经济可持续增长就成为唯一的方法。内生经济增长理论认为，内生技术进步、人力资本投资与知识的积累是一个长期经济增长的源泉，技术和知识在经济增长中的内化作用，使技术成为经济增长的发动机。罗默（Romer，1986，1990）认为，经济增长是由技术变迁驱动的，而技术变迁是追求利润最大化投资决策的结果。同时，由于人力资本的外在性和知识非竞争的特性，导致技术知识的外溢对技术本身的进步甚至一国经济的长期发展都具有显著影响。在开放经济的条件下，一国的技术进步是由两方面共同作用而产生的结果：一个是国内资本投资过程中内生的一种自主创新技术进步；另一个是与自主创新相对应的国际资本投资过程中内生的一种模仿的创新技术进步。自主创新技术进步无疑是国内长期的资本积累和深化的产物，而外商直接投资作为体现技术转移的主要形式，已经成为国际技术转让和技术扩散的主要途径。发展中国家认为，利用外商直接投资的技术溢出效应可以增强企业的技术能力，提高国际竞争能力。除此之外，在弥补发展中国家普遍存在的资金需求缺口问题、满足扩大就业需求以及达到促进贸易增长、产业结构升级等目标，甚至是在推动整个国民经济增长方面，FDI 都起到了重要的作用。

作为首都，北京是中国的政治、经济和文化中心，对国内外政治、经济的风云变化反应相当敏感。由于自 20 世纪末开始，国际投资形式发生了重要的变化——由传统的合资、合作、独资，向跨国收购与兼并转化；加之近年世界范围的金融危机导致了全球大范围的经济增速减缓等，北京的外商直接投资呈现出周期性的起伏发展态势。但应该看到，这期间北京的 FDI 出现了两个特点：其一，北京地区利用外资的年增长量仍然呈现整体上升趋势，应该说从 2005 年之后，北京 FDI 总量每年都会有所提高，如 2012 年仅前三季度，北京吸引外商直接投资金额就已达 68 亿美元①；其二，随着外商直接投资存量的不断提高，其投资趋势和方向都发生了新的变化，作为政府鼓励外商投资的高新技术行业，对外商投资而言有着巨大的吸引力，因此，高新技术产业的外商投资比重不断提高。

FDI 在自由市场的逐利过程中，本能地倾向于生产率较高和利润率较高的产业与行业②。高新技术产业是制造业中的新兴产业，也是我国各行业中生产率较高的产业，因此，该产业吸引的外资占外资总量的比重较高。FDI 的迅速增加不仅加快了北京市的资本积累存量，而且大量 FDI 的存在对北京市高新技术产业具有一定的溢出效应。高新技术产业本身作为北京市大力扶持的支柱型产业，在整个地区的经济发展中占据重要位置，所以，考察 FDI 对高新技术产业的技术外溢，有利于我们从这个角度掌握北京市经济运行的状况。从 FDI 的重要性来看，研究 FDI 溢出效应对高新技术产业的作用，特别是对该行业技术进步的影响，对我们科学地制定经济政策有非常重要的帮助。

本文收集北京高新技术产业 2005—2011 年行业数据作为样本数据，通过北京外商直接投资对高新技术产业外溢效应的实证分析，探究 FDI 与高新技术产业发展的统计关系，对北京高新技术产业有着重要的理论意义和现实意义。一方面，对于这一问题的解答有助于为政府制定合理准确的法律、法规提供坚实的理论基础；另一方面，有助于为那些面对投资方式选择的国家和地区提供合理的建议，即告知政府及管理者选择何种投资方式更为正确，从而为这一地区的产业政策提供实证依据。

本文主要运用实证研究的方法，以归纳演绎与模型推导为主要分析方法，通过定性与定量相结合的分析方式找出溢出效应的影响效果。同时，以计量经济研究的方式作为实证部分的主要分析方式，运用 Stata 统计软件得出分析数据。具

① 北京市统计局，国家统计局北京调查总队. 北京区域统计年鉴（2013）［M］. 北京：同心出版社，2013.

② 蒋殿春，张宇. 行业特征与外商投资的技术溢出效应［J］. 世界经济，2006（10）.

体思路是：以 FDI 溢出效应的作用机制和作用效果作为模型构建的理论基础，通过实证研究，揭示北京市 FDI 技术溢出效应对北京市高新技术产业的影响作用。

二、FDI 技术溢出理论与机制

经济学理论中的柯布－道格拉斯生产函数认为，经济增长来源于三个方面，即资本、劳动的增长和技术进步。其中，技术进步起着越来越重要的作用[①]。资本和劳动等实物因素由于受客观条件的限制，增长比较缓慢，技术则可以获得突发式的发展，从而促进生产率的大幅度提高。这种情况从过去的三次工业革命可以明显地看出来。如今，国民财富增长更依赖于技术进步，这一事实由现代经济增长的历史和经验可以得到证实。发达国家之所以发达是因为它是技术领域的领先者，发展中国家在很大程度上需要向发达国家学习以获得技术，从而促进经济增长。发展中国家获得技术的主要途径包括：①跨国公司直接投资能为发展中国家带来技术；②购买先进技术的设备能获得其嵌入式技术；③购买专利技术和技术许可能获得非嵌入型的技术；④企业通过与发达国家的技术合作获得新的技术；⑤通过自主开发技术获得发明和技术创新[②]。由此可以看出，发展中国家从外国获得的技术中，FDI 和技术许可占有重要地位。因为对广大发展中国家来说，由于受自身研发能力的限制，加上快速的赶超式发展的需要，试图通过技术转移的方式实现自身技术水平的提高往往是他们优先的选择。

技术传播是经济增长的一个主要来源，在技术传播过程中，存在技术外溢和技术许可两条渠道。其中就技术外溢来说，外商直接投资对东道国的技术溢出一般分为两类：一是非物化的技术溢出，即指技术外溢通过学术会议、期刊、学术交流和人员培训等形式产生；二是物化的技术溢出，即溢出的技术通过商品的流动而间接产生，具体体现在贸易品或投资品中。其中，物化技术溢出大多表现为跨国公司在东道国投资并运用高新技术进行生产活动时，东道国企业会通过某些渠道产生的技术溢出获得先进技术。FDI 的技术溢出效应通过不同形式和作用机制对东道国的经济增长提供了技术支持。

（一）FDI 技术溢出的内涵

溢出效应又称外溢效应（spillover effect），是指外商投资中除劳动力和资本之外的如产业结构、技术进步和制度等产生的效应。外资在东道国的经营活动，会使其内资企业观察到生产、经营和销售各环节上所运用的新技术和新手段，从而能对那些原本需要经过长期生产、经营逐渐积累而成的方法，近距离“免费”地直接进行学习和模仿，从而加速自己的进步过程。技术外溢（technology spillover）则通

① 李贻宾．外国直接投资的技术外溢效应研究［J］．世界经济，2005（5）．

② Blomstrom, M. and Persson H., Foreign Investment and SpilloverEfficiency in an Underdeveloped Economy: Evidence from the MexicanManufacturing Industry, World Development [J]. 1983 Vol. 11, 493－501.

常是指处于技术领先地位的企业对同行或其他企业在技术进步方面产生的影响。由于跨国公司是对外直接投资的主体，技术外溢效应也定义为跨国公司从外商投资企业内部被动地将其产品、技术和研发能力向东道国企业扩散的效应。这种被动性即表明技术溢出效应是技术的非自愿扩散，是一种经济外在性（economic externality）的表现。

（二）FDI 技术溢出的渠道

FDI 作为跨国公司经营资源的综合体，成为发达国家向发展中国家进行技术转移和扩散的重要载体。通过竞争效应、示范效应、培训效应与关联效应等方式，外商直接投资对东道国高技术企业进行技术溢出。在溢出过程中，使跨国公司先进的管理经验、技术市场开拓和销售技能等逐渐被东道国企业所熟悉和掌握。

（三）FDI 技术溢出的机制

垄断优势理论认为，跨国公司要想在与东道国企业的竞争中取胜，专有知识和技能的所有权优势是其必要条件。然而，跨国公司与东道国企业之间的频繁接触，使跨国公司的知识和技能可能不通过市场交易途径就转移到东道国企业而发生溢出。

外商直接投资的技术外溢效应分为水平联动效应和垂直联动效应，或称横向联动效应和纵向联动效应。

水平联动效应可以通过三个渠道发生，即竞争效应、示范模仿效应和人力资本效应。不同的渠道对外商直接投资所产生影响的侧重也有所不同。

竞争效应，即在跨国公司进入东道国市场时，公司的进入必将对该行业的东道国原有的企业带来竞争的压力，这将迫使东道国企业努力提升自身竞争力，包括采取更有效率的生产方式、改善管理手段和提高创新研发的速度等。与此同时，新进入的跨国公司，面临的是市场份额已被本土企业占有的情况。为了保持或获得更好的竞争优势，跨国公司会引进部分或全部母公司的先进技术，同时着力研发新技术。然而在这个过程中，因存在技术的溢出效应，部分技术将被本土企业获得与掌握。在跨国公司努力拉大与东道国企业竞争差距的同时，东道国企业也在运用通过技术外溢获得并掌握的国外先进技术努力缩小这一差距，这将促使跨国公司持续引进新技术，东道国企业便有更多机会通过溢出效应掌握更多的先进技术。可见，跨国公司与东道国企业之间的博弈竞争将持续发生。应该指出，即便跨国公司进入的是东道国缺乏竞争、技术相对落后的行业而不需要引进新技术，只面临单纯的竞争也会刺激原本缺乏动力的东道国企业主动提高效率。

示范模仿效应与竞争效应有着相似之处，不同点在于竞争效应侧重东道国企业把跨国公司作为竞争对手而努力提高自身生产力和综合竞争力，示范模仿效应则是指东道国企业更倾向于通过观察和研究跨国公司的管理能力和新技术在市场中的体现，效仿和学习其优势管理模式和创新技术。因而一般来说，这种示范模仿效应在东道国企业与跨国公司管理技术水平差异较大时更为明显。此外，由于跨国公司对新市场的率先试水，使得市场需求趋势和风险水平得到了基本披露，而掌握市场基本情况的东道国企业则可根据这些信息作出更有效的决策，使之进入新市场时能降低投资风险及成本。当然，这种示范模仿效应也有其不足之处，即这种单纯的模仿并不能使东道国企业获得跨国公司真正的核心创新技术，使东道国企业的竞争力难以得到质的提升。在这种情况下，示范模仿效应只能帮助本地企业应对短期竞争压力，在长期竞争中，东道国企业将一直处于不利地位。

人力资本效应总体来说可以分为两个方面：从人力资本的量上来说，当跨国公司进入东道国市场时，客观上会提高本地的就业率，东道国的人力资本数量将会得到一定的提高；从人力资本质的角度来说，为了保持其竞争优势，同时有效利用东道国的地域优势以降低成本，跨国公司按其本土化策略倾向于培训本地员工、本地管理人员和本地供应商（也属于关联效应），而这种培训往往是从简单的生产员工到高级管理、技术人员，涉及生产和管理诸多方面，这将从质的层面上改善东道国人力资本现状。

垂直联动效应是指跨国公司的直接投资行为给东道国相关行业的上下游企业所带来的联动效应，也称之为关联效应。关联效应与前述水平联动效应中的竞争效应和示范模仿效应存在着明显区别：竞争效应和示范模仿效应主要针对的是产业内的技术溢出，关联效应则更多地关注于产业间的技术溢出。关联效应的主要表现可以归纳为三个方面：其一，东道国生产中间产品的供应商或上游产业的供应商，为获得更多的商业机会，将努力提高其生产质量与生产效率，通过自我提升达到跨国公司对所需产品的标准；其二，跨国公司直接向东道国供应商提供生产和技术方面的培训，获得本地供应商生产效率和水平提高的效果，同时这也是前文描述的人力资本效应的内容；其三，除跨国公司积极地增强东道国上游产业的竞争力之外，东道国的下游产业也可以充分利用跨国企业生产的优质产品，进行质量更优、成本更低的进一步的加工制造，从而获得自身效率的提高。

三、FDI 技术溢出效应影响北京高技术产业的实证分析

（一）理论分析与研究假设

在经济学领域，衡量一个国家或者地区的技术进步，经济学家一般选择全要素生产率这一指标。所谓全要素生产率，即从总量的柯布—道格拉斯生产函数来研究除资本与劳动两因素以外的其他因素对经济增长的影响。

除资本与劳动因素以外影响北京经济增长的其他因素应该包括以下三项：

第一，制度变革的因素①。这里主要指的是北京市从 20 世纪 90 年代从以国有经济为主体的体制到之后非公有制经济蓬勃发展的市场化转变。自市场化的制度变革发生后，非公有制经济对中国经济的贡献呈上升趋势，非公有制经济逐渐

① 陈涛涛，宋爽．影响外商直接投资行业内溢出效应的政策要素研究［J］．金融研究，2005（6）．

成为中国经济中不可或缺的经济主体，起着增强经济活力、促进改善市场经济环境和扩大就业等作用。本文将使用非公有制经济占工业总产值比重（NShare）衡量制度变革因素的影响。

第二，工业化进程的因素①。需要明确的是，就北京市而言，其工业化进程从 20 世纪 90 年代开始快速发展，工业化发展的同时也伴随着城市化进程的加快。在城市化的过程中，大量农村劳动力离开农村进入城市，人口也从第一产业向第二、第三产业转移。这种大规模的劳动力产业间的转移在一定程度上推动了经济增长。在实证分析和定量分析时，本文以城市人口占总人口的比重（UShare）分析这一工业化进程对经济增长的影响。

第三，FDI 的技术溢出效应因素②。在改革开放过程中，大量外国资本通过在京办厂这种直接投资方式进入中国市场，外商的直接进入产生直接溢出效应，即这种进入使得北京市外资与合资企业的技术和经营管理都得到了提高。同时，因为这种企业竞争力的突然提高，刺激和促进了本地企业大力开展技术研发、改善经营管理状况，从而形成间接溢出效应。直接和间接的溢出效应对全要素生产率都产生了重要影响，本文以 FDI 占北京总投资的比重（FShare）表示溢出效应的影响。

正确认识外商直接投资与高技术产业的关系，将促进北京高新技术产业的优质发展。本文以 2005—2011 年作为样本空间③，通过实证分析，研究北京市外商直接投资和高新技术产业之间的因果关系、短期波动和长期均衡。

本文假设外商直接投资对北京市高新技术产业有正向推动作用。

（二）数据的选取与变量的设计

1. 数据的选取

本文主要采用 5 个指标。其中，数据包括的主要指标有高新技术行业内企业劳动生产率、企业人均资本、技术人员占全行业从业人员的比重。高新技术产业主要是指航空航天器制造业、医药制造业、电子及通信设备制造业、医疗设备及仪器仪表制造业、电子计算机及办公设备制造业 5 个行业。

2. 变量的设计

LPl（企业劳动生产率）=企业工业增加值/ 企业行业从业人员年平均人数

K/L（企业人均资本）=企业的固定资产净值/ 企业行业从业人员年平均人数

FDI（企业资产占全行业资产的比重）=企业总资产价值/ 全行业总资产价值

LQ（技术人员占行业从业人员的比重）=行业技术人员总数/行业从业人员数

---

① 宋京．FDI 对中国本地工业企业的溢出效应：分地区的实证研究［J］．生产力研究，2007（17）．

② 阳小晓，赖明勇．FDI 与技术外溢：基于金融发展的理论视角及实证研究［J］．数量经济技术经济研究，2006（6）．

③ 国家统计局，国家发展和改革委员会，科学技术部．中国高科技产业统计年鉴（2011）［M］．北京：中国统计出版社，2011．

（三）实证模型的建立及成果检验

建立对溢出效应的测试模型、模型的选择及模型变量的测度，将直接影响测试结果，但理论界对这一问题还没有形成共识。事实上，影响构建计量经济学检验模型的主要因素是正确地选择变量；对于如何正确地选择变量则主要依赖于对相关理论的整体把握，包括对对象的各种相关影响因素和相互关系的把握，以及对这种对象的溢出渠道的把握。因此，建立一个充分体现一个城市的技术溢出效应的模型，我们必须全面、充分地考虑技术溢出效应的各种影响因素，并在此之前考虑溢出效应发生的各种渠道。在构建模型时，与国内外已构建的模型一样，都存在一些因素因无法取得数据而无法纳入模型的情况，如企业人力资本因素与研发支出因素。对于这种情况，模型只能选择忽略这两种因素，但该模型的准确度和解释力度将受到影响。为了增强模型的解释能力，本文将人均资本与企业平均规模两个因素纳入模型中。本文认为，要合理、准确地反映外资企业与内资企业的互动关系，双方程联立模型能够很好地达到目的，且相比单一模型，双方程联立模型能够解决技术转移与溢出效应存在双方互动关系这一单一模型无法解决以至于只能选择忽视的事实。我们以卡维斯（Caves，1974）、格罗伯曼（Globerman，1979）、布劳斯卓姆（Blomstrom）与波松（Persson，1983）的建模方法为基础，构造研究 FDI 行业溢出效应的基础模型：

$$PL = \beta_0 + \beta_1 FDI + \beta_2 KL + \beta_3 Q + \varepsilon$$

模型中，行业中企业人均劳动生产率 PL 的平均值为被解释变量，外资企业总资产占该行业总资产的比率为反映 FDI 在行业中参与程度的主要解释变量。同时，在方程中加入解释变量："人均资本（KL）"反映行业中内资企业的资本密集程度；"从事技术性工作的职工占职工总数的比例（Q）"反映行业中内资企业劳动力平均质量。为使趋势线性化并消除时间序列中的异方差，对数据取自然对数处理后的序列变量分别记为 LPI、LFDI、LKL 和 LQ。为了保证随后的协整和因果关系检验的有效性，首先利用 STATA 软件分别对 LPI、LFDI、LKL 以及 LQ 时间序列的稳定性进行单位根检验（ADF），检验结果见表 1。

表 1　ADF 检验结果

变量	检验格式（C T L）	ADF 检验 - t 值	5% 显著性水平	检验结果
LPI	（C T 1）	-1.499 298	-3.562 882	不平稳
LFDI	（C 0 2）	-1.548 231	-2.963 972	不平稳
LKL	（C T 2）	-2.669 683	-3.568 379	不平稳
LQ	（C T 2）	-3.188 582	-3.568 379	不平稳
d LPI	（C 0 1）	-5.098 759	-2.963 972	平稳
dLFDI	（C 0 2）	-1.548 231	-2.963 972	平稳
dKL	（C 0 1）	-3.911 632	-2.963 972	平稳
dQ	（C 0 1）	-3.188 582	-3.568 379	平稳

通过以上检验结果可以得出所选取的各个变量都是一阶差分平稳序列，即一阶单整序列。为了检验这些变量之间是否具有长期的协整关系，本文采用詹森（Johansen）极大似然法对各变量进行协整检验，具体的检验结果见表2。

表2 协整检验结果

原假设	特征值	Trace 统计量	5%临界值	Max－eigen 统计量	5%临界值
Rk＝0	0.603	63.760	47.856	27.69	27.584
RK＝1	0.543	36.069	29.797	23.508	21.132
RK＝2	0.337	12.561	15.495	12.326	14.264
RK＝3	0.008	0.235 5	3.841	0.235 5	3.841 5

从上述检验结果可以看出，迹统计量和大特征根统计量都说明4个变量之间存在协整关系，表明非平稳的变量之间存在长期的均衡关系。根据上述数据，对模型进行普通最小二乘估计，结果如下：

$$PL = 0.55 + 4.8723FDI + 0.43KL + 2.14Q + \varepsilon$$

(4.4) (1.3) (3.3) (－0.13)

$R^2 = 0.94$　$R_a^{\ 2} = 0.93$　D. W = 1.89

从以上实证结果可知，方程的拟合效度比较高，D. W值也通过了检验，而企业人均劳动生产率与外商直接投资呈正相关关系，印证了上文关于两者关系的理论假设，其系数为4.872 3。这说明，外商直接投资对人均劳动生产率的影响比较大，企业内部资本密集程度与企业人均劳动生产率也呈正相关，但从事技术性工作职工占职工总数的比例（Q）未通过检验，这可能是因为在短期内职工总数的基数还比较大，从事技术性工作的职工所占比例很小造成的。通过实证论证，外商直接投资对北京市的高新技术产业有着正向的积极影响。

四、结论

通过理论和实证分析可知，外商直接投资的溢出效应对北京市高新技术产业有着正向影响，因此，在东道国企业的发展与竞争过程中，我们要有意识地吸收这种外商投资带来的溢出技术，同时对本土企业发展作出明确规划，避免过度效仿和盲目跟风，有效掌握和利用外商投资带来的技术优势，实现东道国企业与本地经济的发展。

参考文献：

[1] Kathuria, V., Foreign Firms, Technology Transfer and KnowledgeSpillovers to Indian Manufacturing Firms – A Stochastic Frontier Analysis, Applied Economics [J]. 2001 Vol. 33, 625－642.

[2] Kokko A, Technology, Market Characteristics and Spillovers, Journal ofDevelopment Economics

[J]. 1994 Vol. 43, 279 - 293.

[3] Kumar, N, Multinational Enterpriaes and Industrial Organization—TheCase of India [M]. 1994, New Delhi: Sage Publications India. : 65 - 76.

[4] Miguel D Ramirez. Foreign Direct Investment In Mexico During the1990s: An Empirical Assessment [J]. Eastern EconmicJournal, Summer, 2002, 409 - 423.

[5] Aitken B. and A. Harrison, Does Domestic Firms Benefit from ForeignInvestment? —Evidence from Venezuela [J]. American EconomicReview, 1999, Vol. 89, June: 153 - 167.

[6] Blomstrom, M. and Persson H., Foreign Investment and SpilloverEfficiency in an Underdeveloped Economy: Evidence from the MexicanManufacturing Industry [J]. World Development, 1983 Vol. 11, 493 - 501.

[7] MASOULAS, VASILIS. Organization requirements definition for intellectualcapital management [J]. International Journal of Technology Management , Vol. 16, Nos. 1/2/3, 1998, pp. 126 - 143.

[8] SULLIVAN, P. H.. Value - Driven Intellectual capital: How to convert intangiblecorporate assests into marketing value [M]. New York: Johnwiley&Sons, lnc, 2000.

[9] AGOR, W. H.. The measurement, use, and development of intellectual capital to increase public sector productivity [J]. Public Personnel Management, 1997, 27 (2): 175 - 186.

[10] MASOULAS, VASILIS. Organization requirements definition for intellectualcapital management [J]. International Journal of Technology Management , Vol. 16, Nos. 1/2/3, 1998, pp. 126 - 143.

[11] DJANKOV, SIMEON , BERNARD HOEKMAN. Foreign Investment andProductivity Growth in Czech Enterprises [J]. World Bank Economic Review, 2000, 14 (1): 49 - 64.

[12] LIU, ZHIQIANG. FDI and Technology Spillover: Evidence from China [J]. Journalof Comparative Economics, 2002 (30): 579 - 602..

[13] LICHTENBERG, FRANK , BRUNO VAN POTTELSBERGHE DE LAPOTTERIE. International R&D spillovers: a re - examination [C]. NBER Working Papers 5668, National Bureau of Economic Research, 1996.

[14] 阳小晓，赖明勇 . FDI 与技术外溢：基于金融发展的理论视角及实证研究 [J]. 数量经济技术经济研究，2006 (6).

[15] 赵奇伟，张诚 . FDI 溢出效应与区域经济增长：基于东道国要素市场发展的理论视角及中国经验 [J]. 世界经济研究，2007 (7).

[16] 潘文卿 . 地区间经济影响的反馈与溢出效应 [J]. 系统工程理论与实践，2006 (7).

[17] 蒋殿春，张宇 . 行业特征与外商投资的技术溢出效应 [J]. 世界经济，2006 (10).

[18] 李贻宾 . 外国直接投资的技术外溢效应研究 [J]. 世界经济，2005 (5).

[19] 陈涛涛，宋爽 . 影响外商直接投资行业内溢出效应的政策要素研究 [J]. 金融研究，2005 (6).

[20] 陈涛涛 . 我国 FDI 行业内溢出效应的内在机制研究 [J]. 世界经济，2003 (9).

[21] 王永齐 . FDI 溢出、金融市场与经济增长 [J]. 数量经济技术经济研究，2006 (9).

[22] 陈涛涛，陈娇 . 行业增长因素与我国 FDI 行业内溢出效应 [J]. 经济研究，2006 (6).

[23] 宋京 . FDI 对中国本地工业企业的溢出效应：分地区的实证研究 [J]. 生产力研究 ，

2007 (17).
[24] 刘舜佳. FDI 与经济增长：基于金融市场吸收能力的研究 [J]. 北京金融，2007 (5).
[25] 白露，王向阳. FDI 技术溢出机理及对策研究 [J]. 工业技术经济，2009 (5).
[26] 卢艳秋，王向阳. 基于知识的企业核心能力形成机理研究 [C]. 中国技术经济论坛，2006（重庆）大会论文集，2006 - 10.
[27] 巴曙松. “股改”令中国资本市场焕然一新 [J]. 中国证券报，2006 (10).
[28] 张炜，王重鸣. 高技术企业创业智力资本结构验证性因素分析 [J]. 科学学研究，2007 (12).
[29] 张克让. 甘肃工业企业技术创新能力的环境评价 [J]. 兰州铁道学院学报，2001 (10).
[30] 吴运建，王晓松. 企业技术能力与技术创新能力研究现状 [J]. 科学管理研究，1994 (4).
[31] 魏江，郭斌，许庆瑞. 企业技术能力与技术创新能力的评价指标体系 [J]. 中国高新技术企业，1995 (5).
[32] 肖作平：资本结构影响因素和双向效应动态模型 [J]. 会计研究，2004 (2).
[33] 陆菊春，韩国文. 企业技术创新能力评价的密切值法模型 [J]. 科研管理，2002 (1).
[34] 芮明杰，郭玉林. 智力资本激励的制度安排 [J]. 中国工业经济，2002 (9).
[35] 徐笑君. 基于学习的智力资本转换管理研究 [J]. 研究与发展管理，2001 (8).

企业主体创新与产业升级互动机制研究

马丽娜　郭少晨

摘要　党的十八届三中全会的召开为中国今后长远的发展指明了方向，明确提出市场的决定性作用与企业的创新主体地位。本文从企业创新与产业升级的外部条件入手进行分析，进而研究企业创新与产业升级的互动机制与现状，进一步强调国家产业政策对企业创新乃至产业升级的影响。

关键词　企业创新；市场化；全球化；产业升级；产业政策

一、引言

一国创新的进步和发展与产业升级关系密切。纵观国家发展史，一个国家的产业升级离不开创新的影响，创新对产业的进步与升级所发挥的核心促进作用是无法替代的。

一个国家的产业升级历程，无不是科技创新与技术扩散的结果。熊彼特（Schumpeter）在1912年出版的著作《经济发展理论》中，首次提出了创新这一概念。英国经济学家弗里曼（Freeman，1987）在《技术和经济运行：来自日本的经验》中提出，在促进产业升级的过程中，日本产业政策对推动技术创新具有重要作用。

在不断总结国外经验的基础上，国内学者也提出了独特见解。林毅夫、蔡昉和李周等（1999）指出，日本和亚洲“四小龙”较早地放弃了赶超战略，企业从利用其劳动力丰富的优势出发，发展劳动密集型产业，产业结构和技术结构得以更快地升级，最终进入了较发达经济的行列。盛朝迅（2014）认为，产业升级的过程实质上是产业创新与产业进行替代的过程，也是新技术不断突破，新产业不断涌现、发展和形成竞争力并对传统产业进行替代的过程。这些文献研究均提出了创新对产业升级的作用，但未突出企业在创新过程中的地位，以及产业升级对企业创新的影响能力。

经济发展进入新的历史时期后，党的十八届三中全会作出的《中共中央关于全面深化改革若干重大问题的决定》（以下简称《决定》）指出：“建立健全鼓励原始创新、集成创新、引进消化吸收再创新的体制机制，健全技术创新市场导向机制，发挥市场对技术研发方向、路线选择、要素价格、各类创新要素配置的导向作用。建立产学研协同创新机制，强化企业在技术创新中的主体地位，发挥大型企业创新的骨干作用，激发中小企业的创新活力，推进应用型技术研发机构市场化、企业化改革，建设国家创新体系”。这一提纲挈领的表述，明确指出了创新的市场导向机制，强调了企业在技术创新中的主体地位，也即指出在推动产业升级的过程中企业创新的地位。

纵观世界产业发展史，新产业的兴起、新兴国家的崛起，都依赖于大量企业在技术创新上的突破及商业化的运用。高效率的技术创新企业群体对于提高整个国家的创新活力、转变一个国家的经济增长方式和国家产业升级起到了至关重要的作用。我们认为，企业自主创新对产业结构变革和产业技术水平的提升起到了关键作用，并体现了国家自主创新水平；国家自主创新战略和产业发展规划的执行，最终要落实到企业自主创新的行动上。因此，研究二者的互动机制很有必要。

二、企业技术创新与产业升级互动的外部条件

（一）全球化竞争加剧

在激烈的全球化竞争中，如果一个国家的产业大部分处于高附加值的环节，那么这个国家的竞争力就强；反之，如果一个国家的产业主要集中于低附加值的环节，长期停滞在全球产业分工体系的底层，那么这个国家的竞争力也就相对较弱，而且不容易实现新的跨越发展。因此，在全球化进程不断加快的时代背景下，对于任何国家而言，要实现国家竞争优势，都必须从全球价值链的角度审视当今以及未来相当长一段时期的国际分工，积极参与国际竞争与合作，抢占全球价值链中的优势地位。

改革开放以来，中国在FDI的带动下一度实现了产业的快速升级。从目前来看，中国吸引外资依靠的主要是劳动力成本低廉的比较优势，然而，这一低层级的后发优势，正在由于工人工资待遇的逐渐提高，以及东南亚的越南、印尼、印度等国的低成本优势的有力竞争而日渐丧失。这表明，中国要实现持续性增长的根本途径是进一步拓展后发优势，从依赖劳动力成本低廉的后发优势和技术模仿后发优势转变为依靠人力资本投资后发优势和技术创新后发优势。尽管后进国家要实现经济赶超必须有效利用后发优势，但先进国家也一定会利用其先发优势进行经济的“反赶超”。如果后进国家不能有效利用后发优势，还可能陷入“后发优势陷阱”，甚至陷入“赶超灾难”，以致与先进国家的差距进一步拉大。这种现象又被称为“后发优势悖论”。后发优势悖论表明，在利用后发优势进行经济追赶的过程中，既要根据经济发展所处阶段，充分利用“后发优势系统”中能够被特定社会能力的经济体所利用的后发优势类型，又要注重超前进行人力资本和社会资本投资，并不断发掘和构建不易被认识和实现的高层次后发优势，如创新型后发优势。

从工业化进程中的拉美模式和日韩模式中可以看到两种不同的利用后发优势的发展战略，前者仅仅停留于利用外生性后发优势，而不注重其内生化；后者则充分地将外生性后发优势转化为自身竞争力，结果出现了世界上工业化的两种截然不同的结局。以汽车产业的后发赶超为例，拉美模式的特点是全面开放，鼓励各跨国公司合资合作，没有打造"民族汽车品牌"；日韩则强调国家发展具有自主知识产权的汽车工业，不鼓励合资，高度重视引进消化，重视自有品牌，为保护本国的汽车工业不惜设置市场壁垒，并通过与跨国公司合作打入国际市场。

（二）市场化程度加深

《决定》中明确指出，紧紧围绕市场在资源配置中的决定性作用是深化经济体制改革，建设统一开放、竞争有序的市场体系，使市场在资源配置中起决定性作用的基础。随着改革的深化，市场化程度不断提高，企业之间的竞争日益激烈，于是，提高核心竞争力，突破传统发展模式成为摆在大多数企业面前亟须解决的问题。

核心竞争力的强弱决定着企业的生存与发展，那么如何最终判断以及由谁判断企业的竞争力与核心竞争力优势的强弱？不是由企业家，也不是由经济学家，而是由消费者执行最终裁决权。因为对于绝大多数现代企业来说，决定企业生存和发展最关键的因素是消费者的选择，而现在消费者的这种选择已是一种精明的多样性选择。在产品同质化的今天，企业核心竞争力的优势不可能维持长久及被独占，只有不断地革新技术，维持企业核心竞争力在市场上的地位，才能够保证企业的长远发展，这是形成并实现企业可持续增长的动力源泉，是企业核心竞争力的内在表现。

市场通过价格、竞争等机制对市场主体的创新行为进行调节，通过价格竞争和质量竞争迫使企业进行技术创新，通过企业对创新超额利润的追求引导企业进行创新，则市场形成了企业技术创新的自组织过程。因此，在市场化程度不断加深的背景之下，企业只有以创新为动力，不断革新，争取领先地位，才能立于不败之地，由此形成对产业升级的促进作用。市场竞争加剧，企业为谋求长远发展，必然考虑产品的更新换代。正如马太效应，多数企业在竞争中被淘汰，强势企业引领产业升级，产业升级的步伐由于市场化竞争的加剧而加快。

三、企业创新与产业升级互动的内在客观必然性

（一）企业技术创新为产业持续升级提供源源不断的动力

技术创新能力是一个企业的核心竞争力。产业内部微观主体创新能力增强，必然带动整体产业更新换代的速度，产业持续升级的步伐将不会停止。

市场中任何一个企业在面对激烈的竞争时都会首先想到降低产品成本，获取超额利润并采取积极有效的措施。第一，通过节能环保或者具备多种功能的原材料使得原料的总体投入减少；第二，技术创新使劳动生产率提高，企业不仅可以

通过更少的劳动力投入获得更多的产出，而且可以通过机械替代简单重复的劳动，获得更高的生产效率。在采取这些措施的过程中，由于企业使用更加节能、更加清洁、更加高效的手段，在追逐利润最大化的同时，促进了整体产业的升级换代。

在市场经济条件下，资本的逐利性特征会主导资金由收益率低的行业向收益率高的行业转移，在转移的过程中会带动大量资金投入新兴行业或利润率高的行业，其结果必然使得落后或产能效率低的产业被淘汰，使得价值高的产业获得大量资金投入研发，企业技术创新能力必然得到增强，产业升级由此获得了源源不断的动力。

（二）产业升级对企业创新提出新的要求

在全球化竞争加剧、原材料价格上涨，尤其是大宗商品价格上涨、资源消耗和环境污染问题日益严重等客观因素的条件下，我国的产业升级形成了外部压力的倒逼机制。

产业的不断升级使得企业对专业性人才的需求不断扩大。为了吸引人才，企业不得不提高劳动报酬，这势必造成企业成本的上升。为了消除这种不利影响，企业必然要通过先进的技术和现代化的管理获得更好的效益，于是，整个行业被逼上了依靠技术创新实现持续发展的集约型道路。

产业的升级使得资本从低收益率的部门流向了高收益率的部门。对于低收益率部门来说，为了自身的存活，它必须依靠手中有限的资源逼迫自己进行技术创新；对于高收益率部门来说，资本的流入使得它自身的资金实力增强，使企业有更高的积极性和更强的实力开发新技术。

市场需求的多元化使行业的发展必须迎合需求的变动趋势，因此，企业必然要在现有的产业结构基础上不断进行拓展，不断进行专业化和细分化的生产经营。在这种产业升级的过程中，需要不断地进行技术创新才能保证产业升级的顺利实现。

（三）企业创新与产业升级的互动是推动经济增长方式转变的必经之路

在“十一五”规划期间，党中央提出了转变经济增长方式这一重要原则。转变经济增长方式的重要性不言而喻，它既是抵御金融危机、增强国家整体竞争力的综合手段，也是推动产业升级、获得经济持续发展的重要举措。

当前，我国的经济发展已经进入一个由数量扩张、粗放增长转向高素质、高效益和结构优化的经济成长阶段。经济发展面临的主要问题是低水平的重复建设、经济整体素质偏低，这已成为影响企业竞争力和经济效益提高的一个重要因素，成为我国产业结构调整和产业升级的严重制约。据统计，我国一般加工企业中约有一半企业的生产能力开工仅为60%，产品普遍积压，而许多技术含量高、附加值高的产品和设备却仍然依赖进口。因此，产业结构的优化和升级，要坚持技术创新与结构调整相结合，紧紧围绕结构调整，组织实施技术创新工程，真正把技术创新作为我国结构调整和产业升级的制高点。

加快经济发展方式转变，涉及诸多领域和环节，是一项极其复杂的系统工程。

如今，中国处于转型期，迫切需要转变经济发展方式，这就要通过自主创新提升产业结构，顺势转变追求速度和数量的经济发展模式，以达到经济可持续发展的长期目标。因此，在追求经济发展方式转变的道路上，必然要经历企业创新与产业升级的过程。

综上所述，企业创新和产业升级的互动作用是错综复杂、相互影响的。它们并不是两个孤立的概念，而是有着千丝万缕的联系。

四、中国企业创新与产业升级的现状

近些年，国家虽然加大了对企业创新资金的投入力度，企业研发经费规模在世界上逐渐处于领先地位，但是研发投入强度仍落后于发达国家且差距较大，导致时至今日我国的大多数企业还没有完全走上依靠技术创新在竞争中领先对手的快车道。

有数据表明，2012 年我国企业 R&D 总支出为 10 298 亿元；在投入强度（企业研发经费与主营业务收入之比）上，2012 年 R&D 经费投入强度达到 1.98%，比 2005 年的 1.32% 提高了 0.66 个百分点，是 2000 年以来上升幅度最大的时期①。但是我国与日本（3.39%）、美国（2.77%）、德国（2.88%）的投入强度相比仍有较大的差距。我国相当一部分企业在大量引进国外技术的同时，并没有像韩国和日本那样消化、吸收、再创新，而是陷入了落后→引进→淘汰→再引进的恶性循环。

近年来，我国企业研发经费投入大幅提高，“十一五”期间以年均 25.4% 的速度增长，2011 年达到了 6 579 亿元。目前，我国企业研发经费总额在世界上仅次于美国、日本，居世界第三位（见图 1）。

虽然我国企业的研发经费规模已居世界前列，但我国企业研发投入强度与发达国家仍有很大差距。国内外一般研究表明，企业研发经费投入强度是被广泛采用的评价企业创新能力的核心指标，同时也是反映企业创新能力的重要指标。数据显示，当前我国大中型工业企业研发经费的投入强度仅为 0.93%，而美国、日本、德国等发达国家则普遍在 2% 以上，其中日本达到了 3.57%（见图 2）。

加快建设创新型国家，推动产业结构优化升级，就要拥有大量具有较强自主创新能力的企业。由于我国企业创新过程中所呈现的种种问题，创新型企业发展滞后，表现最为明显的是以华为、中兴集团等为代表的一批在我国知识产权战略的国际推进中扮演了关键角色、并在这一过程中成长为国际领先的企业数量太

---

① 数据引自中国科技统计网。

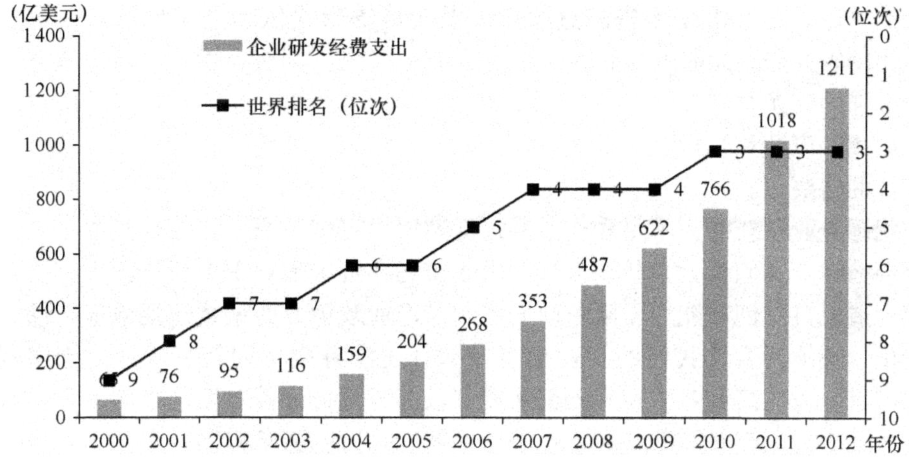

图 1　我国企业研发经费支出总额及世界排名（2000—2012）

数据来源：中国科技统计网。

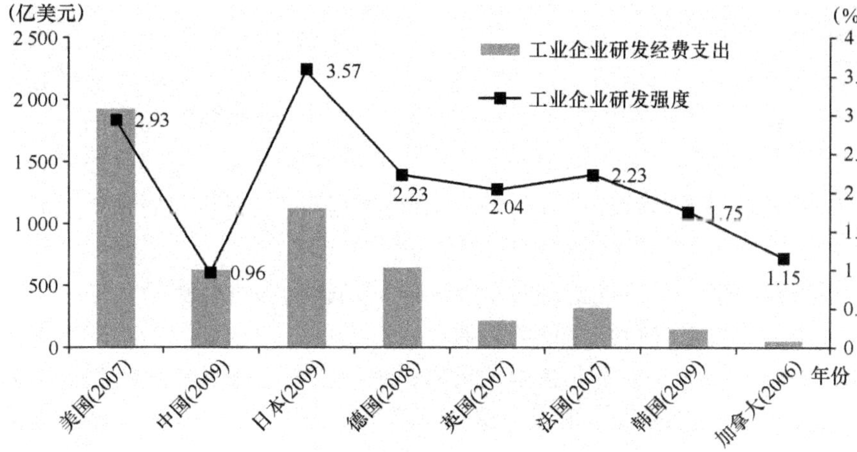

图 2　主要国家工业企业研发经费及投入强度

数据来源：中国科技统计网，OECD 数据库。

少，而且发展不均衡。

在后危机时代，中国产业结构的转型升级仍未取得实质性进展。第 ，虽然 2013 年第三产业占比第一次超过第二产业，但第三产业占比与美国等发达国家的差距仍然较大，美国第三产业对经济的贡献率高达 70%。第二，产业成长方式未变，仍然以粗放型为主。我国目前产业成长方式依然是依靠廉价劳动力优势，通过吸引外资、引进技术等方式，承接发达国家或地区的产业转移，仍然在走高消耗、低价格的粗放型增长道路。第三，未形成现代产业体系，表现在两方面：首先，农业生产率低 ，还未走上现代化、科技化之路，农户仍是农业生产经营的主体。在城市化推进的过程中，农业传统形式依然是主导形式，景观农业、休闲农业等与旅游和文化结合的方面有待发展。其次，近年来我国服务业发展势头强劲，尤其是生产性服务业；但是我国金融和专业服务业包括银行、保险、法律、审计和管理咨询等还有很大的发展空间。因此，我国产业升级转型仍有很长的路要走。

我国企业创新能力不足和产业升级提速缓慢有多种原因。结合党的十八届三中全会精神，我们认为，长期以来，由于市场在资源配置中未能全面发挥决定性作用，造成自主创新能力受限；政府在制定产业政策方面偏重短期效应，缺乏长期考量；整体而言，我国的企业相当一部分还没有成为创新主体，由于体制原因，国有企业的高管对于技术创新需要冒较高风险持谨慎态度。当然，大多数国有企业处于行业相对垄断地位，也缺乏创新的动力和激励机制。党的十八届三中全会提出建立健全创新的体制机制，可谓极具针对性。

五、增强企业创新与产业升级互动能力的对策探讨

首先是市场层面。党的十八届三中全会在《决定》中明确指出了强化市场在资源配置中的决定性作用。基础性作用向决定性作用的转变，既是改革开放35周年对市场作用认识的深化，也是在面对产业转型升级等经济发展瓶颈时的长远谋划。要想使企业创新与产业升级共同发展，必须深耕市场化的沃土，这是西方发达国家在处理这一系列问题时所运用的措施。公开、透明的技术和产权市场、完善的创新服务体系和良好的创业环境是世界各国创新发展和产业升级的必备条件。

市场通过价格、竞争等机制对市场主体的创新行为进行调节，通过价格竞争和质量竞争迫使企业进行技术创新，通过企业对创新超额利润的追求引导企业进行创新，由此市场形成了企业技术创新的自组织过程。市场因素不仅是创新资源和信息流动与共享的基础，更是创新成果产业化的依托。因此，要建立健全统一、开放、竞争、平等交换的市场，必须紧紧围绕发挥市场在资源配置中的决定性作用来深化改革，核心是要厘清政府与市场的关系，重点在于进一步夯实市场基础，注重运用市场经济的普遍规律，强化社会主义市场经济的一般特征。

其次是政府层面。一个国家经济的可持续发展，重要的引擎是适应全球化竞争新格局中的产业结构优化升级。企业核心竞争力的增强，最终要靠持续创新来获得。越是核心技术，越是需要企业持之以恒的投入，越是需要政府始终不渝的政策扶持。惟其如此，我国企业才能嵌入全球产业升级序列之中，才能缩短与发达国家技术进步的差距。

抢占全球价值链中的优势地位是一个长期积累的过程。在经济全球化背景下，国内外竞争条件已发生巨大变化，这就需要政府运用产业政策对企业的各种创新行为进行保护或提供扶持。在这一过程中，政府的作用主要体现在两个方

面：一是建立激励企业创新发展的制度，为整个产业的创新营造良好的市场环境；二是通过加大教育、培训等公共投入的力度，扶持和保护一些正外部性较高的创新部门的发展，以此营造整个社会的创新氛围，进而保证本国产业国际竞争力的提高和国家经济的稳定增长。

作为国家经济发展过程中一支重要的调节力量，政府可以通过财政、行政、信息等各种手段对产业结构调整进行适当干预。由于市场经济条件下产业技术发展迅速，必须建立一套完整的产业政策跟踪体系，只有这样，才能切实实现政策的可操作性。

值得注意的是，产业政策的制定和调整必须考虑国际经济环境和其他国家产业政策的状况和变化趋势，以及本国社会经济条件的新变化，同时还必须考虑与国内其他政策的协调和配合。产业政策的目标应是维护市场竞争秩序、促进技术创新、维护消费者利益和促进国民利益的最大化。产业政策应以激励创新为核心，通过产业政策的实施促进企业创新能力的提高，进而提高效率和规模，促进产业国际竞争力不断提高。需要强调的是，消除垄断、维护公平竞争秩序始终是产业政策的目标之一。作为市场制度尚不完善的转型国家，我国政府应努力消除和避免强势利益集团对产业政策的制定和实施的不良影响，维护公平竞争的市场秩序。

最后是企业层面。企业创新能力的增强是一个长期而渐进的过程，一旦突破核心技术难关，又要面对技术持续更新、关键人才的培养以及后续发展等一系列问题。我国企业在处理这些问题时要借鉴西方发达国家已有的成熟经验，逐步摸索出具有中国本土特色的创新型企业管理模式。

综上所述，只有依靠政府与企业的共同努力，打通企业创新与产业升级受阻的环节，构建两者有效互动的平台，去除政府在资源配置过程中的过度干预，相信市场的力量，相信企业自身对创新的需求，才能逐步推进我国转变经济增长方式，加快产业结构优化升级的步伐。

参考文献：

[1] 熊彼特 . 2008：经济发展理论 [M]. 北京：北京出版社，2008.

[2] C. Freeman，1987，Technology and Economic Performance：Lessons from Japan，London [M]. Printer Publishers.

[3] 林毅夫，蔡昉，李周 . 比较优势与发展战略 [J]. 中国社会科学，1999 (5).

[4] 盛朝迅 . 发达国家创新驱动产业升级的经验与启示 [J]. 中国经贸导刊，2014 (6).

[5] 高岚侯 . 比较优势、后发优势与后进国家产业升级 [J]. 开发研究，2006 (2).

[6] 马云泽，崔丽丽 . 后危机时期我国产业转型升级现状、问题及对策 [J]. 环渤海经济瞭望，2012 (7).

[7] 高尚全 . 使市场在资源配置中起决定性作用 [J]. 前线，2013 (12).

他山之石　可以攻玉

假如德鲁克遇见荣德生

李晓

摘要 在西方管理学的历史上，美国管理学家彼得·德鲁克出版于1946年的《公司的概念》首次提出了培养“有管理能力”的、有“责任感”的工人，建立“自我管理的工厂社区”的理念，这些理念也构成了德鲁克所有管理学著作的基调。然而，我国的民族实业家荣德生却早在1926—1937年就在申新纺织三厂等企业中创造性地设立了“劳工自治区”，实行工人的自我管理，并获得了良好的实效。这个事实告诉人们：在中国企业管理现代化、企业经营国际化的进程中，我们是要向西方学习，但也不能对我们固有的本土经验妄自菲薄。

关键词 德鲁克；荣德生；工人自治区；劳工自治区

一、德鲁克的“工人自治区”理念

1943年，欧亚战事方酣，法西斯的败局已经在弥漫的硝烟背后日趋明朗，此前被纳入军备生产的企业也着手为战后转型做准备。

深秋的一天，彼得·德鲁克突然接到了通用汽车公司公关部主任保罗·加勒特的电话，邀请他从一个外部顾问的角度对通用汽车公司（GM）的管理政策和组织方式进行研究，提供给将于战后上任的公司领导层参考。

两年前，德鲁克出版了《工业人的未来》一书，书中最后的结论是：企业终将成为工业社会的主体。在这种体制之中，不但要实现管理的原则，也要兼顾个人的地位和功用。通用汽车公司的高管们阅读了这部书，认为德鲁克是研究他们的企业并能够提出针对性意见的合适人选。

接到加勒特的电话，德鲁克欣喜若狂。一直以来，德鲁克就想找机会深入企业内部开展研究，却总是四处碰壁。不少企业的主管拒绝与他合作，西屋电器的总裁甚至把他视为危险的、喜欢作乱的极端分子。而如今能得到大名鼎鼎的通用汽车公司的邀请，简直不啻天上掉馅饼！

然而，为时18个月的调研结束之后，德鲁克接二连三遇到的事情却比接到加勒特的邀请电话还要让他感到意外。

1946年1月，德鲁克的研究报告以《公司的概念》为名出版。开始，他曾经怀疑这本书能否卖得出去，出版社也有同样的顾虑。因为当时管理方面的著作凤毛麟角，即使印出来也只是分享给少得可怜的几个好友而已，大多数经理人压根儿就不晓得自己从事的工作就是“管理”，而一般公众虽然对富豪的钱财满怀艳羡，却从没有听说过“管理”这个词。

令德鲁克喜出望外的是，《公司的概念》一出版就成了畅销书，甚至获得了不少人的热捧——濒临破产的福特汽车公司把它当成拯救和重建公司的蓝本；通用电气公司（GE）则以这本书作为大规模机构重组的指南；一些州立大学拿它作为组织结构调整的教科书；《公司的概念》一书还很快被译成了日文，丰田汽车公司甚至设法搞到了德鲁克未曾出版的研究报告的副本，将其作为改造企业内部关系的模板。

同样令德鲁克始料未及的是，《公司的概念》反而在通用汽车公司遭到了极端冷遇，被斥为“一次对通用汽车公司的攻击，其敌意不下于任何一位左派人士”。通用汽车公司的一把手斯隆更是大为光火，为了批驳德鲁克，斯隆甚至亲自捉刀上阵，写出了《我在通用汽车的岁月》。

结果，《公司的概念》誉满全球之际，却在通用汽车公司毫无踪迹可寻，经理们的书架上根本不会有它，就连通用学院开设管理学的课程之后，这部现代管理学的奠基之作也没有被列入推荐书目，甚至在学院图书馆的索引里都找不到它的影子。

是什么原因让这部书在通用汽车公司如此不受待见呢？德鲁克自己反思说，这主要基于三个原因：一是本书对通用汽车公司政策的态度；二是本书关于雇员关系的建议；三是要求大型公司“服从公众利益”。

在《公司的概念》里，德鲁克极力主张通用汽车公司应该将它战后的雇员关系建立在工人对工作和产品有自豪感的基础上，主张通用汽车公司和整个企业界将工人看作是一种资源而不是成本。具体而言，书中建议通用汽车公司在结束战争订货、恢复和平生产之后，致力于培养“有管理能力”的、有“责任感”的工人和一个“自我管理的工厂社区”。德鲁克自我评价说，在管理学发展史上，《公司的概念》首次指出雇主应该怎样为雇员提供“工作安全感”，并建议认真研究收入保障和退休计划等政策。这些理念从此构成了他所有管理学著作的基调。

“在我所有关于管理和‘工业秩序的解剖’方面的研究中，我认为最重要，而且最有创意的，即是工厂社区自治和授权给员工”。

所以，当时“我满怀天真地期望这个‘工厂社区自治’的建议能成为我的通用研究计划结论中最令人信服的一点”。德鲁克后来在回忆录《旁观者》中如是说。

但是，德鲁克的这些理念，却与通用汽车公司管理者们的观念格格不入，甚至被视为异端邪说。他们困惑不解：工人们怎么会有管理的能力呢？如果工人能自我管理，那还要管理者干什么？他们高喊：“让经理来管理，让工人去干活！”“让工人承担本该由管理层负责的工作，就好比给他加上了一副无法承受的重担!”

直到20世纪60年代中期，通用汽车公司的管理者们依然坚持认为：“工人们要的仅仅是钱”。公司里常说的一句口号是：“金钱+纪律=生产率”。

其实，在当时的美国，何止通用汽车公司，即使那些对《公司的概念》趋之若鹜的管理者，真正感兴趣的也只是书中关于组织结构和分权思想而已，对于德鲁克最引以为豪的“工厂社区自治”根本就不当回事；并且直到今天，管理学界还认为《公司的概念》的最大贡献是首次提出了“组织”的概念，奠定了组织学的基础。

这一切让德鲁克很受伤：“我一直认为，有管理观念的、负责任的员工和自行管理的工厂社区，是我最重要和最有创意的思想，也是我所做出的最大贡献。不管这些概念在日本有多大的影响，由于通用汽车公司及其经理人员拒绝采纳它们，结果使得这些概念对我所在的国家毫无影响，这是我遇到的最大和最让我感到恼怒的失败!”《公司的概念》出版37年后的1983年，德鲁克在再版跋中的这段话，让我们窥见了他那耿耿于怀的铭心刻骨之痛。

那是先觉者曲高和寡、顾影自怜的寂寥孤独之痛!

实际上，虽然德鲁克对于自己的创意终生引以为豪，但就实质而言，它终究只是一种理念而已。至于“如何规划和创造负责任的员工以及自行管理的工厂，当时还没有一点头绪。威尔逊（通用汽车公司唯一认同德鲁克此种理念的高管，曾经在通用汽车公司按照德鲁克的设想搞过一点尝试，但很快失败了）和我都清楚地看到，解决这个问题需要十年的实验。”

德鲁克根本想不到、也丝毫不了解，就在他提出“工人自治社区”理念的20年之前，中国近代实业家荣德生就已经在位于太湖之滨无锡的申新三厂等企业创办了“劳工自治区”，并在实践中探索出了一整套颇为成熟的管理模式。

假如做一次时空穿越，让德鲁克在写作《公司的概念》之前的20世纪二三十年代来到中国，遇上荣德生，参观一下荣家办的“劳工自治区”，其心境将会如何呢?

二、荣德生的“劳工自治区”实践

荣德生（1875—1952），名宗铨，号乐农，江苏无锡人，是已故国家前副主席荣毅仁的父亲。荣德生和胞兄荣宗敬（名宗锦）都只上过五六年私塾，从学徒起步。20世纪初开始，荣氏兄弟陆续创办面粉厂、纺织厂、机器厂等工业企业，先后建立了茂新面粉公司、福新面粉公司和申新纺织公司，成为蜚声中外的“面粉大王”和“棉纱大王”。毛泽东曾经说过：“荣家是中国民族资本家的首户。在国外能够称得上财团的，我国没有几家，荣家是其中之一。”邓小平也评价：“荣家在发展我国民族工业上是有功的，对中华民族做出了贡献。”

申新纺织公司是民国时代中国最大的民营纺织企业，共有9家工厂，其中，位于无锡的申新第三纺织厂（通常简称申新三厂或申三）是荣宗敬、荣德生兄弟于1919年集股筹建、1922年正式建成投产的。荣德生一直担任该厂经理，在他的悉心管理下，申新三厂成为当时江苏省规模最大、设备最新的棉纺织厂。1936年，全厂职工4 142人，纱锭67 920枚，织布机1 478台。在申新系统内部，其纱锭数量仅次于1931年创办的申新九厂，而织布机规模和生产效益则居各厂之冠。

申新三厂的“劳工自治区”经历了一个发展和完善的过程。根据该厂总管理处处长薛明剑的记录，“劳工自治区”创办、扩充和完善的经历大体如下：

1924年起，申新三厂决定着手兴办劳工福利事业，聘任了郑翔德、谈家枨等专家。

1926年8月，厂方举行职员谈话会，决定改革工人管理、劳工福利，把一部分工人宿舍划为“劳工自治区”，办理培训事宜。

1929年，鉴于劳工福利事业已经收到较为显著的效果，厂方决定自本年起进一步加大培训员工的力度，遂于3月成立申新职员养成所，聘任沈泮元为所长，薛明剑兼任教师，讲授《纺织工场设计及管理》。

1932年，创办劳工自治区职工医院，聘请夏子和、盛振杰夫妇主持西医事务，郑际青主持中医事务。员工培训方面增设机工、女工等养成所。

1933年，劳工自治区更加扩充完善，并与中华职业教育社联办，以利实施各项劳工教育及福利事业。申新三厂该项事业的成功，引起了广泛的社会重视，荣氏各厂亦纷纷仿办。

1936年，劳工自治区经十余年建设，各项设施大致宣告完成。国际劳工总局特派员伊士曼参观劳工自治区，称之为“工业界先觉”。

1937年，劳工自治区因抗战全面爆发、无锡沦陷而停办。

1946年，劳工自治区复办。

综观申新三厂“劳工自治区”，其特点概有四个方面。

（一）设施上，齐全先进

劳工自治区内的设施项目完备齐全，几乎涵盖了员工生活、学习、医疗、购物和娱乐等方方面面。按照薛明剑的说法：“凡工人自出生至老死，均已顾及”。

以1936年劳工自治区建设大致告成时的设施为例，主要有以下几项：

1. 区内组织

劳工自治区下设4个分区，每分区又分别下设村、组、室等。

（1）单身女工区。内分8个村，每村14～26室，每室住8～12人，共住1 628人。

（2）单身男工区。内有1个村，住240人。

单身男女工区都设有寝室、膳室、教室、娱乐室、浴室、花园、运动场、书报室和洗面室等。寝室配备的被褥、铁床、席枕和衣箱等，均由厂方供应。

（3）工人家属区。内分4个村，以每三幢为一组，每组住10户，每户住4人为标准。户内厨房、客厅、凉台、公共储藏室等一应俱全。共住1 100人。

（4）职员家属区。内分3个村，每幢2户，住84人。

以上4区，合计16个村，现住3 052人。以1936年全厂职工4 142人计，约有73%的职工归于劳工自治区。

1935年7月，上海《新闻报》记者陆诒专程参观考察了申新三厂的劳工自治区。他说："离开隆隆机声的所在，踏进环境新鲜的自治区，触入眼帘的，是整齐的树木，清洁的道路，娇丽的花草。我们置身其间，好像在达官巨商的园庭中，决不会想象到这原来是工人的住居区域"。单身男女工宿舍区，"每室中放着双层的小铁床，铺着洁白的被褥，布置得井井有条。有几间模范室，那里面的整洁程度，恐怕叫一班少爷小姐见之也会脸红的"。工人家属区，"里面整洁的程度，虽不如单身男女宿舍，可是比较普通平民住户，那已经胜过好几倍了"。

2. 劳工教育

劳工子弟教育方面有托儿所，分二级，凡是6岁以下的工友子弟，在工友工作期间无人看管时均可以入托，以便父母安心工作。在校男女生48人；6岁至10岁的孩子，入初级小学，分4个年级，在校男女生182人，学习初级知识和公民训练；10岁至12岁，入高级小学，有2个年级，在校男女生52人。以上各类学生，凡是本人之祖父母或父母、兄弟、姐妹在申新三厂工作者，所有学费、杂费均得免缴。非本厂职工子弟一律收学费，一、二年级一元，三、四年级一元五角，五、六年级三元五角。

劳工补习教育方面，设立"申新晨夜校"，以普及教育、增加知识、提高道德为宗旨。教学的时间，是利用劳工每天工作的余暇（每日授课1～2小时）或星期日，所以名称叫晨校、夜校、星期学校或者传习科等。学习期限，短则数周，长则一年。各类班级合计1 052人。此项教育纯属义务性质，凡系本厂工人，均得入学，不收学费，并供给书籍。

劳工技能教育方面，主要培训员工的纺织专业技术。有女工养成所、机工养成所、职员养成所三类。入学须经考试。凡属本厂工人子弟及愿意投身产业界的青年，具有小学毕业程度者，均可报名应考。考试科目为国语、算术。在学期间，学费、膳食费全免，还每月发给零用钱大洋1元。1935年，三类养成所在校生176人。

另外，还有帮助工人识字的"小导师"、帮助工人代写家信的代笔处、图书馆、阅报室等。

3. 医疗卫生

申新三厂的职工医院创办于1932年，翌年扩建。内设男病室、女病室、传染病室、普通病室和外症室等，诊断、治疗、化验及手术等，莫不悉备。后来还添置了当时罕见的X光机、解剖台等设备，有住院床位百余张。该医院被誉为

“不特为各工厂之冠，抑且为无锡最完备医院之一！”凡本厂职工就医，只收3个铜钱的挂号费，药费全免。若系职工家属，药费减半。非本厂职工，挂号费大洋2角，药费实收。

职工浴室共有5处，分盆汤、池浴两种，可供80余人同时洗浴，概不收费。

4. 合作事业与副业生产

劳工自治区内与职工衣、食、住、行等生活消费相关的商业服务业等设施，基本上都采取职工合作社的方式，由厂方和职工集资入股举办。有日用杂货、饮食点心、制衣、洗衣和理发合作社等。所售商品和服务都比厂外便宜，目的在于便利职工生活，减少生活开支。

劳工自治区还举办了一些职工业余副业生产项目，如养鸡、养兔、种菜等，是职工和劳工自治区一项不小的收入来源。

5. 公益事业

劳工裁判所，是工人纠纷的调解裁判机构。

劳工自治法庭，是工人不服裁判所裁决时的上诉机构。

法律顾问，特聘金婉范女大律师，担任为女工维权的法律顾问。

功德祠，是纪念企业有功之臣的祭祀场所。凡是因公殉职，或在本厂工作十年以上且有功绩者，皆可入祠奉祀。

尊贤堂，供奉岳飞、关羽、戚继光等遗像。

（二）内容上，注重文教

从上述设施可以看出，就申新三厂劳工自治区的主要职能而言，与其说它是一个组织管理系统，不如说它是一个培养综合素质的学校、造就现代公民的课堂。这一特征，在劳工自治区“实施方针”和“实施纲要”中都有明确体现。

实施方针规定：“注重文化教育，使区民人人有读书之机会，并得正当之娱乐。”

实施纲要规定：“宗旨：改善区民生活，培养良好之工友”；总的训练目标是：“做新生活”；普通训练目标是：“A. 应知之事项：做事勤劳，工作努力，B. 应具之性质：浓厚的兴趣，快乐的态度，合作的精神，健全的身心”；特殊训练的目标是：“A. 健康生活，B. 工业生活”。

这些目标又通过一系列实施细则加以落实。例如，各区都聘任指导员，指导区民进行日常良好生活。区民的日常作息有时间表，膳室、寝室都有行为公约。执行公约的情况有奖惩办法。奖励的事项为：“操行优良，工作努力，遵守公约，热心运动，勤苦读书，衣被清洁”；惩戒的事项为：“不服训导，懒于洗涤，侮谩师长，无故停工，不肯上课”。这些奖惩制度，强调的重点不是工作状况，更多的是生活态度、学习态度。

针对几乎所有普通工人设立的“申新晨夜校”的教学内容，更是注重综合素质教育，而不仅仅是职业技能培训。该校根据工人的文化程度，分成识字训练班、公民训练班、技能训练班三级。其中，识字训练班有 6 门课程：国语、算术、体育、音乐、公民、艺术；公民训练班有 7 门课程：国语、珠算、尺牍、体育、音乐、公民、艺术。

特别值得注意的是，技能训练班的课程有缝纫、刺绣、园艺、养鸡、养兔和养鱼等。这些培训与纺织厂的职业技能似乎没有太多关系，为什么要开设呢？为的是“培养区民退职后之生活技能”，也就是如果工人们年老退职，不再务工了，回到乡下后还可以懂得一门手艺，搞一些农村副业，继续养家糊口。

劳工自治区的这些做法，完全是站在工人的长远利益上考虑的，功利色彩十分淡薄，真可谓用心良苦、格调高远！

（三）管理上，工人自治

申新三厂劳工自治区的内部管理体系，无论是负责人的产生、机构的设立，还是规章制度的制定等，都充分体现和贯彻了职工民主自治的原则。劳工自治区的组织系统如图 1 所示。

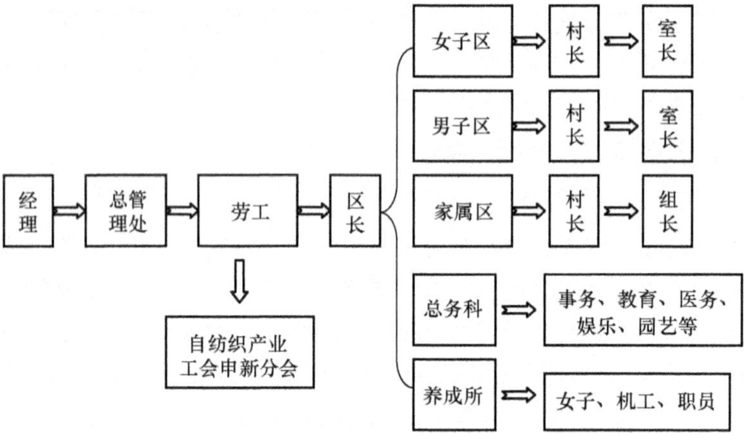

图 1　劳工自治区的组织系统

劳工自治区的最高领导是申新三厂的经理荣德生，直接领导是厂总管理处处长薛明剑。区长是荣德生委任的老工人胡鸣虎，属于专职负责人。其余的各个层次的负责人，除了学校的专任教师、医院的医生由厂方聘任外，各分区长、村长、室长、组长、裁判长、裁判员等，都是由职工经过民主程序自由推举的。

职工宿舍区的每个室（组），除了民主推举室长、组长外，还要公举一位文化程度较高的人做“小导师”。所谓“小导师”，就是著名教育家陶行知先生提倡的“小先生”。只是因为“小先生”这个名称不太适合纺织厂中的女工，所以改称“小导师”。1936 年时，全区共有“小导师”157 人。她们的任务就是在教师授课之余教工友识字。室与室之间，每月还要举行比赛或测验。

劳工自治区内的日常重大事务，由各类委员会会议协商决定。常规的会议有事业会议、区务会议、村长会议、室长会议、教育会议、小导师会议、裁判委员会议、卫生会议和园艺委员会会议等。1936年度共计开会62次，平均每个委员会开会7次左右。

劳工自治区的许多规章制度都采取公约的形式，有“寝室公约”“膳室公约”等。经过比较充分的民主协商而达成一致的规则，体现了主办方“多用积极的劝导，少用消极的抑止；多用间接的方法，少用直接的方法”的实施原则。

在有关机构中，最能体现民主自治精神的，大概就是劳工裁判所和劳工自治法庭了。

劳工裁判所由7人构成，经职工民主选举产生，都是办事公道、群众威信高的职工，负责处理劳工纠纷、调解、裁判、惩罚等事宜。

劳工自治法庭由5人构成，产生途径与劳工裁判所相同，属于职工不服裁判所判决时的申诉机构。如果依然不服劳工自治法庭裁决的，才最终上诉到厂总管理处。

1936年，劳工裁判所受理的案件共计91件，上诉到劳工自治法庭的只有3件。这表明劳工裁判所和劳工自治法庭的处理结果是非常得人心的。

劳工自治法庭的隔壁就是供奉关羽、岳飞、戚继光等民族英雄塑像的尊贤堂。凡是遇到蛮横不讲理的，劳工裁判所经常采取的办法就是罚他们到尊贤堂去宣誓。据说这种办法对于改造思想、平息纠纷颇有效果。

（四）运营上，劳资合作

申新三厂劳工自治区的基础设施建设，如职工宿舍、医院、校舍、礼堂、道路和园圃等，都需要相当大的投入。其中的很多项目，如职工的学费、书本费、医药费和洗浴费等都是免费的，日积月累，这也是一项不菲的开支。如果纯粹属于只投入不产出的福利，企业效益好的时候或许还能负担，而一旦企业效益滑坡，成为企业沉重的包袱，再好的事情恐怕也难以持久。

那么，申新三厂的劳工自治区究竟是如何运营、如何维持的呢？

答案是，包括某些基础设施建设在内，很多项目都采取了劳资双方合作共营的方式。具体做法有如下各项：

（1）厂方举债，用于启动资金。“借到了钱，再来着手做增加收入的工作，以便分年月来偿还借款”。

（2）房租收入。当时上海、无锡地区工人宿舍的租金，每幢1~2元/月，一般是亲属混居。申新三厂的宿舍大都是设施先进的新房，宿舍内的床铺、被褥、衣箱等也都一应俱全，采取了单身男女工分住的办法，每幢可住24人左右。每人房租0.4元/月，则每幢收入9.6元。工人开支减少，但厂方收入增加，可用于自治区经费。

（3）职工工作失误的罚款、违约违规的充公资金等通常是归企业所有，现用于办理劳工事业。

（4）副业生产收入。培训职工养鸡、养兔和从事园艺等，本意是让员工有一技之长，但教学实践的过程中就形成了规模不小的副业生产。薛明剑算了一笔账：假如 1 000 名工人每人养 10 只兔，除去饲养成本，1 万只兔就可以赚 8 万元。

（5）工会会费补助。当时的工会会费是从工人的收入中每月每元扣一分。申新三厂工人平均月收入 15 元，全厂三四千人，每月就有七八百元的会费收入。以往是工会负责人用光分光，设立劳工自治区之后，除了工会组织的必要开支外，其余部分全部拨作劳工自治区经费。

（6）职工捐款。薛明剑说，如果一项事业确实有益，就一定能够得到获益者的支持。申三的劳工图书馆、劳工医院和尊贤堂、养兔场等，都是由这样的捐款来完成的。

由于广开财源，尤其是劳资合作调动了广大职工的积极性，申新三厂劳工自治区很快走上了自主运营、良性循环的轨道。1935 年，上海《新闻报》报道：“在劳工自治区最初创办的时候，厂方固然也曾费了不少的金钱和力量，但到现在，厂方对自治区方面，除每月供给事业费一百元外，其余的经费，都是由工会和自治区内工人膳宿费及其他生产收入项下拨付”。

申新三厂的劳工自治区，如果从 1926 年正式开办算起，到 1937 年抗日战争全面爆发为止，历经十余载，实行效果究竟怎样呢?

首先是减少了劳资纠纷，促进了劳资合作。申新三厂的历史上也曾经在 1925 年发生过影响较大的工潮，起因是 1922 年该厂建成投产后，一方面依然沿用传统的工头制管理方式，由各级工头把持生产、技术等重要环节；另一方面又陆续引进了一些具有科学管理头脑的新式经营人才。经过比较，荣德生认识到了新式科学管理的先进作用，以及旧式工头欺压工人、效率低下等弊端，于是废除工头制，改用由工程师、技术人员构成的新职员实行科学管理。工头不甘心丧失既得利益，四处煽风点火，一部分工人也因为管理强度加大和劳动定额增加而不满，结果发生了工人闹事、殴打新职员的事件，工厂被迫停工数日。

但是，随着劳工自治区的建立和完善，此类劳资冲突再也没有发生过，企业主与职工之间、职员与劳工之间的和谐关系得以初步建立。最有说服力的，还是企业的经营绩效（见表 1）。

表 1　1922—1936 年申三历年生产情况一览表

年份	职工人数	纱锭（枚）	布机（台）	锭日产（磅）	每件纱成本（元）	每批布成本（元）	盈利（万元）	利润率（%）	申一、八利润率（%）
1922	4 700	50 400	504	0. 798			50. 07	23. 48	16. 46
1923	4 700	51 008	504	0. 752			−5. 9	12. 35	7. 56

续表

年份	职工人数	纱锭（枚）	布机（台）	锭日产（磅）	每件纱成本（元）	每批布成本（元）	盈利（万元）	利润率（%）	申一、八利润率（%）
1924	4 000	51 008	504	0.688			-23.40	11.51	
1925	4 000	51 008	504	0.861			11.23	13.54	9.95
1926	4 000	51 008	504	0.86					11.89
1927	3 863	51 008	504	0.726			14.20	16.40	11.65
1928	5 500	54 008	878	0.925			78.41	17.67	13.54
1929	4 000	57 008	878	0.853			90.12	23.59	18.58
1930	3 800	57 008	878	0.807					7.46
1931	4 118	65 808	1 478	0.93					18.52
1932	4 118	65 808	1 478	1.032			69.90	22.18	16.56
1933	3 126	65 808	1478	0.999	21.185 1	1.010 56	71.98		12.08
1934	2 996	65 808	1 478	1.057	17.836 1	0.882 22			14.10
1935	3 774	65 808	1 478	1.103	15.891 5	0.757 93	72.47		14.42
1936	4 142	67 920	1 478	1.164	13.833 4	0.739 03	100.38	20.56	11.87

薛明剑还曾就1933—1936年的情况做过比较：

一是每一纱锭的产量逐年增加，从0.821磅增至1.1磅；开支却逐年减少，节约资金从19万元扩大到30万元有余。

二是工人的技术水平显著提高。1933年前，每万纱锭雇用工人450余人，1934年减为297人，继而又减为270人。织布方面，从前每人管理2台织机，后来管理4台（1937年增至6—8台）。

三是工人收入大幅度提高。平均日工资从3角7分增加到5角5分9厘，而且还有继续增加的可能。

需要特别指出的是，申新三厂的经营业绩，不仅没有得力于外在的宏观经济环境，反而是在愈益不利的情况下取得的。

第一次世界大战期间，由于主要帝国主义国家忙于战争，外国棉纺织品的输入大大减少，华资纺织厂普遍盈利，国内掀起了一个大建棉纺织厂的热潮。荣氏兄弟涉足棉纺行业创建申新系统就是这股热潮推动的结果。然而，第一次世界大战结束后，帝国主义势力卷土重来，1922年起的数年间，许多华资企业陷入困境，申新三厂可谓生不逢时。

1925年的“五卅惨案”，引起全国性的抵制英货、日货运动，华资棉纺织业获得了难得的喘息之机，从萧条中有所恢复。但好景不长，1929年爆发了席卷全球的世界经济大危机，帝国主义国家纷纷向中国倾销剩余产品。特别是1931年日本侵占东北，东北市场丧失，日货蜂拥而至，许多华资棉纺企业产量锐减、利润骤降。与此同时，南京国民政府加重了对国产纱、布、面粉的税收，工人、农民也迫于水深火热，掀起了一浪高过一浪的斗争风潮，生产成本显著提升。

面临如此之多的不利因素，很多华资企业或破产倒闭，或关门歇业，申新三厂却不退反进，这愈发显得不同凡响！薛明剑分析："这种成绩，虽不能说是完全归功于办理劳工事业的结果，但是因了厂方注意劳工事业，劳工们的生活和环境得到大大的改善，工作都能安心，生产效率因以提高。"

人们不禁要问，劳工自治区的作用如此之大，那么，荣德生当初究竟是在什么动机驱使下致力于此项事业的呢？

一是儒家思想的深远影响。荣德生虽然上学不多，但是嗜学终生，具有深厚的传统文化功底，深受儒家思想的影响。他最推崇"仁"，把"仁"当作自己的立身之本。他的7个儿子、2个女儿，名字中都带一个"仁"字。

荣德生经营企业也强调"以德服人"。有一次，申新三厂失火，附近的职工都纷纷赶来灭火，他交代门房把这些人的名字都记录下来，却不让他们进厂灭火。他说："这些人都是厂里的忠臣，厂烧了，保险公司会赔偿，可以再造。忠臣烧死了，就不好找了。"这些人后来都受到提拔、重用。

1934年，以申三总管理处的名义发表的《申新第三纺织公司劳工自治区概况》一文，就比较集中地反映了荣德生对于劳工自治区与企业经营之关系的认识："夫欲劳其形者，必安其心；欲乐其业者，必一其志；欲用其力者，必健其身；欲改其恶者，必修其德。故实业家欲直接谋技术之精良，工作之改造，则间接必先筹劳工之福利，注意于其身心之安康，庶几工作之时无内顾之忧，业余之暇得精神之慰，安居乐业，专心一志，自无因循畏难之思，见异思迁之想……我国工人之生活状态及知识程度，不及他国，苟厂方再无相当之设施，驱乌合之众，以事生产，欲其出数增加，成本减低，将安可得？"

荣德生的主要助手薛明剑也举例说："劳资间如有龃龉，无论耳目如何周到，管理如何严格，但是工人人数众多，终可于暗中损坏你的物料和机件，或者有意增加你的消耗，减低出品的成色，所谓'以力服人者非心服也'。如能互相了解，互相爱护，此类事件就不至于发生。"

显而易见，这些说法都深深地打上了"仁者爱人""己所不欲、勿施于人""己欲立而立人，己欲达而达人"，利己先利人等儒家思想的文化烙印。

二是竞争激烈、生存环境恶劣的现实压力。我国近代的民族资产阶级是在上有帝国主义、官僚垄断压迫，下有劳工斗争的夹缝中艰难生存的。帝国主义、官僚垄断资本主义无疑是其主要威胁，这就迫切需要劳资双方团结起来共御外敌。荣德生和申新三厂的管理者在接受上海《新闻报》记者采访时就表示了这种想法："希望国内实业家在这民族工业濒于危亡境地的今日，对于劳工生活多想点改善办法，这样才可以在劳资双方团结下，冲破最重的难关。”

三、荣德生经验的启示

申新三厂劳工自治区，可以说是荣德生把中国传统的“仁德”思想与资本主义的管理制度相结合的产物。它关心职工生活和教育培训，协调劳资关系，让工人自我管理，堪称具有中国民族特色的企业管理模式。他的做法，即使在当时世界范围内来看也是非常先进的伟大创举，所以被国际劳工总局特派员伊士曼誉为“工业界先觉”。

荣德生的做法可以给予我们三方面的启示。

第一，人的需要虽然具有多样性，但未必像马斯洛所主张的按等级系列的形态垂直排列，很多时候应是多种需求叠加并行的。例如，申新三厂的工人，既有衣食住行、就医、洗浴等生理性需要，也有受教育、被尊重、通过自我管理而获得自我实现的需要。而且，越是出身卑微、地位低下的人，对于尊重和平等的渴望就越是强烈，越期冀人格有尊严，权利得保障，地位被认可，能力获肯定。

如果说，针对衣食住行医等生理性需要而进行的激励属于物质激励，那么，针对求知、尊重、自我实现等需求的激励就属于精神激励。荣德生是多管齐下，实行了综合激励，且尤其强调精神激励。

荣德生的经验证明，即使对于最底层的普通工人，教育、尊重、互爱、民主、自治、自我实现等精神激励也是必不可少的。

第二，精神激励成本低、威力大。正因为越是出身卑微、地位低下的人，越渴望尊严和平等，因而针对这种需求的激励，其效果也就越是显著。

旧中国劳工的悲惨境遇，从夏衍写于1935年的《包身工》等作品中即可略见一斑。申新三厂劳工自治区的免费教育、免费医疗、民主自治等，看上去是很简单的事情，却产生了令人震撼的巨大威力，激发了工人们的自尊、自爱、自觉和自信，产生了强烈的自豪感、归属感和凝聚力，提高了工人对企业的忠诚度，唤起了他们的积极性和创造力，同时大大降低了员工的管理协调成本。

虽然厂方对于劳工自治区有一定的投入，但与企业获得的综合收益相比却是微不足道的，甚至远远可以被综合收益所抵消。

第三，荣德生的经验既有普遍价值，也有现实意义。30年代初，河北的实业家苏秉璋参观了申新三厂的劳工自治区，他感慨道：“无论哪一种企业的成功，都必须先从加惠工人着手。因为工人是工厂的基本势力，也就是工厂的生命线，要使他们的精神有寄托，能安居乐业，事业方面自然随之改进。反之，未有不失败者！”

虽然德鲁克关于“工厂社区自治”的理念与荣德生的“劳工自治区”的实践有某些细微差别，例如，前者的“自治”集中在生产过程之中，后者的“自治”主要体现在生产过程之外，但是，两者都强调员工的主体地位却是高度一致的。近些年盛行的“以员工为本”的经营哲学，其实都属于荣德生实践和德鲁克理念的流脉余绪。

时下，受国内外经济形势的影响，我国的许多企业面临重重困难：国际市场萎缩，原材料价格上涨，劳动力成本提升，利润空间缩小……要摆脱困境，员工的因素恐怕应该是首先必须考虑的。但不少企业恰恰存在员工关系不和谐的问题，痛感得其人难以得其力、得其力难以得其心。究竟怎样让广大员工尽心尽力呢？荣德生的实践和德鲁克的理念都是值得借鉴的经营之道。

假如德鲁克遇见荣德生，考察了申新三厂的劳工自治区，他还会因为自己的理念在美国无人赏识而有曲高和寡之痛、顾影自怜之叹吗？他还会坚持以为工人自治区是自己的首创而有自鸣得意之情吗？他也许不会的。

在中国企业管理现代化、企业经营国际化的进程中，我们是要向西方学习，但也不能对我们固有的本土经验妄自菲薄。

参考文献：

[1] 彼得·德鲁克．公司的概念［M］．北京：机械工业出版社，2006.

[2] 彼得·德鲁克．旁观者：管理大师德鲁克回忆录［M］．北京：机械工业出版社，2009.

[3] 荣德生．乐农自订行年纪事［M］．上海：上海古籍出版社，2001.

[4] 上海大学，江南大学《乐农史料》整理研究小组．荣德生与企业经营管理（上、下册）［M］．上海：上海古籍出版社，2004.

[5] 上海大学，江南大学《乐农史料》整理研究小组．荣德生与社会公益事业［M］．上海：上海古籍出版社，2004.

[6] 上海大学，江南大学《乐农史料》整理研究小组．上海：纪念荣德生诞辰一百三十周年国际学术研讨会论文集［M］．上海：上海古籍出版社，2005.

（此文发表于《清华管理评论》2014 年第 6 期）

美国联邦政府债务经济发展模式的历史演进①

巫云仙　王鹏

摘要　本文主要从长时段的视角，对独立战争以来200多年间美国政府债务的历史发展模式进行归纳和梳理。美国债务经济发展模式开启于1776—1860年，成长于1860—1930年，全面推行于“大萧条”和法西斯战争期间，20世纪50年代之后，成为美国经济发展的常态。债务经济发展模式是美国历史发展的必然产物，具有很强的美国特色；同时具有内生性，与美国联邦政府的发展演进亦步亦趋。其之所以获得成功，主要得益于美国发达的金融制度和国力状况。债务经济的发展模式是建立在全球经济分工基础之上的，具有不可复制性；债务效应有其内在的传导机制，同时也有其他非经济的传导渠道。

关键词　美国联邦政府；债务经济发展模式；历史演进

一、引言

2008年全球金融危机爆发后，为了早日走出经济萧条、挽救濒临破产的金融机构和主导产业，美国政府发行了巨额国债，国债余额从2008年的10万亿美元，飙升到2013年的17.2万亿美元，而2013年美国的GDP仅为16.8万亿美元，国债负担率达到102.4%，远超国际警戒线60%。正如美联储前主席格林斯潘（Alan Greenspan）在2004年指出的那样，美国联邦政府一直用债务融资来支撑美国的“负债消费”，一方面通过大量进口国外资源及商品，形成贸易赤字而输出美元；另一方面依靠发行金融产品而输出金融资产使美元回流。但是，随着美国债务雪球般的不断累积和美国经济增长的乏力，这一经济增长模式的弊端也越来越明显地凸现出来。

2011年8月，美国长期主权信用评级被首次下调。2013年10月，美国联邦政府的财政危机，引发了世界经济与金融领域的巨大波动。2014年3月16日，美国联邦政府再次把美国债务上限的时间延长至2015年3月，虽然暂时摆脱了国债违约的风险，但国债规模的扩大也进一步增加了未来的不确定性。实际上，美国的债务问题不仅仅是经济萧条时政府进行宏观调控的“救命稻草”，而且也是美国经济发展的一种必然选择，是具有美国特色的经济发展之路。

---

①　本文为教育部2012年课题“体制和规制约束条件下美国金融制度变迁研究”（12YJA790143）的阶段性研究成果。

国债是财政政策和金融政策的主要结合部，具有联合财政与金融对社会总供给与总需求进行调节的功能，必然成为整个宏观经济调控的中心。由于美国是开放的大国经济，其依赖债务融资的经济增长模式，不仅仅是美国国内的事情，而且还影响到世界其他相关国家的经济发展，美国国债的问题越来越多地引起世界各国的关注。

本文通过对独立战争以来200多年间美国政府债务的历史发展进行归纳和梳理，厘清美国联邦政府依赖发行国债来恢复和发展社会经济的演进过程，探究其中的规律、特点、影响以及存在的问题，以便更好地了解美国作为“债务帝国”的国内外效应。这不仅可以对“后危机时代”发达国家的宏观调控和财政政策的实施有较为详细的了解，还可以为我国政府的国债管理和经济的良性发展提供研究基础和借鉴。

二、文献回顾和问题的提出

对美国国债问题比较重视且研究成果比较突出的要属美国的相关政府机构，以及有关的学者。

首先是美国政府机构的研究及其成果。美国历届政府机构都非常重视美国的国债问题，如财政部、美联储、审计总署、国会预算办公室和公债局等，会定期对美国国债进行数量统计，并写出相关报告。其中，财政部的统计数据和报告相对齐全，包括了1790年以来的非常详细和全面的数据，以及财政年度报告，这些原始文献数据为研究者提供了宝贵的研究资源。提供给国会的报告也是比较客观的，如布莱恩（Brian W. Cashell）关于美国国债规模和影响的报告就客观地梳理了1940年以来美国国债的规模、美国国债的持有者、国债占GDP的比重、国债的短期和长期影响，以及美国国债的风险问题等①。

其次是美国学者的研究及其成果。早在20世纪40年代，哈佛大学教授阿尔文·汉森（Alvin Hansen）和“功能财政”的创始人勒纳（Lerner）就开始研究美国国债问题。他们认为，短期内发行国债的经济效应等于财政赤字，在经济处于非充分就业时可以通过乘数效应刺激国内总需求，避免长时间的经济萧条；从长期分析来看，国债的发行会增加政府的投资，导致利率上升，从而对私人投资产生“挤出效应”，最终会减少一国的总收入②。20世纪70年代美国经济“滞胀”时期，罗伯特·巴罗（Robert Barro）在其发表的《政府债券是净财富吗?》一文中，提出了李嘉图等价定理的观点，认为国债和税收的经济效应是等价的，国债等同于未来的税收③。后来他又在1979年发表的《对公共债务的测定》一文中，研究了美国近100年来的国债规模，认为应该重新考虑某些附加因素对国

① Brian W. Cashell. The Federal Government Debt: Its Size and Economic Significance, Congressional Research Serve [DB/OL]. Feb. 3, 2010, pp. 3 – 7.

② Alvin H. Hansen. Fiscal Policy and Business Cycles [M]. New York: w. w. Norton, 1941, pp. 56.

③ Barro, Robert J. Are Government Bonds Net Wealth?, Journal of Political Economy [J]. Vol. 82, No. 6 (Nov. – Dec., 1974), pp. 1095 – 1117.

债的影响，以保证政府政策的稳定①。一些学者则研究和分析了美国国债的经济效应，如保罗·克鲁格曼（Krugman）探讨了财政赤字对各经济变量的传导机制，分析了在均衡条件下增发货币和发行国债两种政府融资手段的优劣，认为发行国债的效果要更好②。又如美国经济学家罗伯特·海尔布朗纳和皮特·伯恩斯坦（Robert Heilbroner and Peter Bernstein）在其所著的《国债和赤字》一书中，把财政赤字不断增加的原因归结为：不断兴起的福利事业增加了政府的财政支出；长期的减税政策减少了政府的财政收入；不断增长的国债利息加重了政府的财政负担③。再如美国学者威廉·波纳和安迪森·维金（Wliliam Bonner and Addison Wiggin）在其所著的《债务帝国》（2009）一书中指出，美国正在变成一个庞大的债务帝国，美元的世界地位和经济全球化的浪潮加速了这一进程，美国现在背负着过大的债务负担，长此以往会导致未来人们的生活水平下降，美元购买力下降，甚至是美元作为国际货币的时代即将终结④。

一些美国学者非常关注美国国债的风险问题，如克雷格·哈其欧和马克·拉什（Hakkio and Rush）研究了美国联邦政府收入和支出的长期均衡关系，采用季度和月度数据进行协整检验，其结论是长期的国债融资是不可持续的⑤。塔科尔（Thakor）通过对美国财政赤字状况的分析，认为美国的财政状况已经不容乐观，需要引起相关部门足够的重视⑥。不少学者都认为，美国的国债并不是完全无风险的，短期国债的违约风险是存在的，美国政府不能滥用发行新债偿还旧债的方式维持财政的运转，国债规模不能一味扩大，债务的增长速度过快，就会增加美国债务违约的可能性。

第三是除中国之外的其他国外学者的研究及其成果。如意大利著名经济学家阿尔贝托·阿莱西纳（Alberto Alesina）认为，美国不断增加的债务负担会增加未来税收负担的预期，挫伤私人部门投资的积极性，抑制社会生产率的提高，进而阻碍经济的增长。相比之下，减少政府的转移支付比直接增加税收更有助于降低长期债务，促进经济的增长⑦。又如英国剑桥大学教授吉安卡洛·科塞蒂（Gi-

---

① Barro, Robert J. On the Determination of the Public Debt, Journal of Political Economy [J]. Vol. 87, No. 5. Oct. 1979, 940 - 971.

② Krugman P.. A Model of Balance of Payment Crises, Journal of Money, Credit and Banking [J]. 1979, 11 (3): 311 - 325.

③ Robert L. Heilbroner, Peter L. Bernstein. The debt and the deficit. False Alarms Real Possibilities [M] (w. w. Norton & Co 1993, pp. 34.

④ 威廉·波纳，安迪森·维金. 债务帝国 [M]. 北京：中信出版社，2009，79.

⑤ Craig S. Hakkio, Mark Rush. Cointegration: how short is the long run?, Journal of International Money and Finance [J]. Volume 10, Issue 4, 12/1991, pp. 571 - 581.

⑥ Thakor, A, Is the United States bankrupt, Commentary Review, Federal Reserve Bank of St. Louis [DB/OL]. Jan 2006 (4), pp. 251 - 257.

⑦ Alberto Alesina, Guido Tabellini, A Positive Theory of Fiscal Deficits and Government Debt, The Review of Economic Studies [J]. Volume 57, Issue 3, July, 1990, pp. 403 - 414.

ancarlo Corsetti）对发行国债在经济危机中的作用进行了深入的分析，他认为，在国债规模足够大的情况下，其价格下降会导致财富从私人向公共部门转移。再如日本学者福田俊基在其所著的《国债的历史：凝结在利率中的过去与未来》一书中，通过对历史上欧美及日本等主要国家的国债利息差的比较分析，就国债的本质、国债利率的确定、国债的实际价值、各国国债的信用风险等问题进行了广泛的探讨。他认为："国债市场典型地反映了该国的历史。国债价格不仅反映过去，而且还能展望不确定的未来，预测到该国未来的走向。这是因为国债市场对于状态的变化反应敏感，一方面依存于过去的惯性，另一方面又反映了期待未来的这种人的本性。因此，说国债凝结了该国的过去和未来也不为过。"①

第四是中国学者的研究及其成果。高培勇（1985）认为，美国巨额国债来自于战争期间对于军费的需要②。张伟（1999）则将美国国债的发展分为六个阶段，认为真正的美国国债市场始于南北战争时期，在每一个阶段，美国政府对待财政赤字的态度也直接影响了其国债余额的变动情况③。杨东亮（2011）把国债效应分为绝对效应和相对效应两类，正常的财政赤字融资会产生绝对效应，而产生的税收替代效应则属于相对效应。他认为，随着中国居民对减税预期的不断降低，国债的相对经济效应也逐渐减弱，但在总体上国债的经济效应仍为正向④。吴秀波（2011）认为，政党政治是美国债务危机产生的根本原因⑤。赵春明等（2012）认为，布雷顿森林体系内在的"特里芬难题"是难以解决的，美元的强势地位加固了美国债务经济的发展模式，最终使美国从世界最大的债权国变为债务国⑥。丁振辉和陈苗（2013）认为，美国的经济地位、当前的国际分工和华尔街的资本运作能力，形成了美国债务经济的国际循环⑦。

也有不少国内学者关注中国持有美国国债问题，如宋国友（2008）通过实证研究，认为中国贸易顺差所积累的巨额外汇储备，投资美国国债虽然可以获得较好的流动性和安全性，但收益率并不高⑧。又如安敬明（2009）通过分析美国国债增量和GDP之间的差额、美国金融危机的进程、市场选择、结构和资产配置的弱点，指出中国所持有的美元资产并不安全⑨。

综上所述，国内外学者对美国联邦政府的债务问题进行了长期的研究和观

① 富田俊基．国债的历史：凝结在利率中的过去与未来［M］．南京：南京大学出版社，2011.

② 高培勇．美国巨额国债的原因及前景分析［J］．天津财经学院学报，1985（3）.

③ 张伟．美国国债史的启迪［J］．现代商业银行，1999（1）.

④ 杨东亮．国债理论研究与中国实证检验［M］．长春：长春出版社，2011.

⑤ 吴秀波．美国债务危机的形成与影响分析——兼析中国应对策略［J］．价格理论与实践，2011（7）.

⑥ 赵春明，李宏兵．美国债务问题：演化路径、经济影响与我国对策［J］．北京师范大学学报（社会科学版），2012（3）.

⑦ 丁振辉，陈苗．美国债务经济与国际货币体系［J］．当代经济研究，2013（9）.

⑧ 宋国友．中国购买美国国债：来源、收益与影响［J］．复旦大学学报，2008（4）.

⑨ 安敬明．美元资产的中长期风险分析［J］．企业技术进步，2009（9）.

察，在理论建构和实证分析的层面都取得了一定的成果，形成了有关美国国债问题的理论体系。但是，对于美国联邦政府的债务发展模式的历史分析还有待加强和深入，特别是对200多年历史跨度的演进路径的分析还相对较少。本文重点对美国国债问题的历史演进进行定性研究，有关国债与美国经济发展影响的定量研究，将在另一篇文章进行全面论证。

三、美国债务经济发展模式的开启

从1776年独立战争开始，美国政府发行国债的历史已经超过了200多年。在不同的历史阶段，美国政府发行国债的数量，以及需要解决的首要问题也不尽相同。美国在建国初期发行国债主要用来为战争筹款；在第二次工业革命来临之际，国债主要为工业化提供资金支持；在经济衰退的“大萧条”时期，主要为政府推行积极的财政政策服务；在第二次世界大战后期以及战后时期，国债又成为美国称霸全球的重要支撑力量。进入21世纪后，美国债务经济的发展模式已经成型，这股巨大的惯性推动其国债余额继续走高，并对世界各国的经济发展产生了深刻的影响。

200多年来，美国国债的发行及其在国内生产总值中的比例具有一定的阶段性，其发展趋势如图1所示。

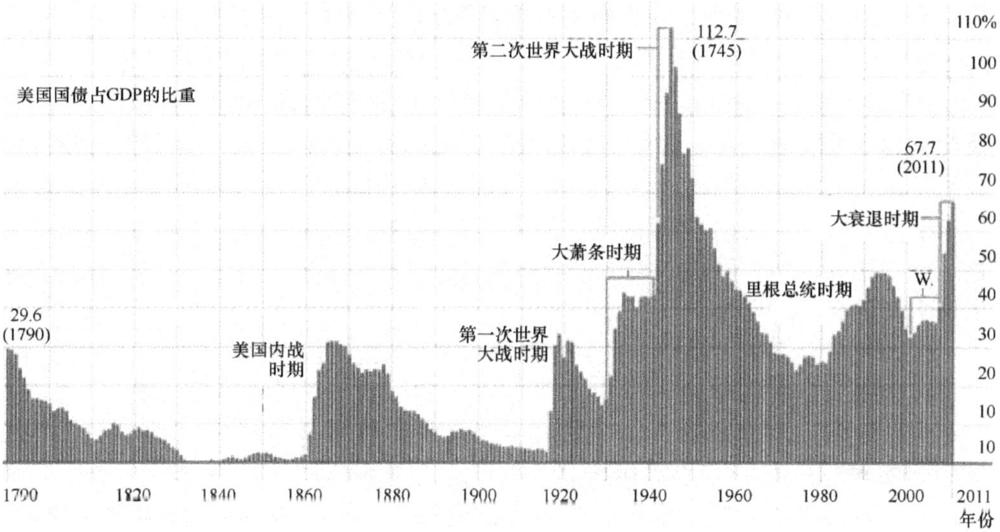

图1　美国1790—2011年国债占GDP的比重

数据来源：根据美国国会预算办公室以及美联储官网所公布的相关年份的数据绘制此图，http：//research. stlouisfed. org/fred2/series/GFDEGDQ188S.

从图1可以清晰地看出，1790—2011年，美国国债在国民生产总值中的比例呈现出几个不同的上升或下降的走势。依照图1美国国债走势的不同表现，美国联邦政府的债务经济开启于1790—1860年。

在美国建国之初，欧洲主流经济学家并不看好发行国债这种方式。亚当·斯密认为，发行国债会给一国居民带来沉重的债务负担，“各大国国民，都受此（巨额债务）压迫，久而久之，说不定要因此破产。”他还认为，国债会减少国民财富，“当国家费用由举债开支时，该国既有资本的一部分，必逐年受到破坏；从来用以维持生产性劳动的若干部分年生产物，必会被转用来维持非生成性劳动”①。

但是美国的特殊国情决定了其一开始就具备了发行国债的条件和内在动因。美国是典型的殖民地国家，先有州政府，后才有联邦政府。联邦政府一经成立，就背负着独立战争时期由大陆会议发行的巨额债务，由此开启了美国债务经济的发展之路。此后，美国政府就与债务结下了不解之缘。

首先是“旋转门计划”的推出与债务的发行。美国债务的产生源于独立战争。1776年，为了筹集独立战争的资金，大陆会议决定发行债券。1783年9月3日，英美两国签订了《巴黎条约》，美国的独立地位得到了确认，美国的开国元勋、联邦党创始人汉密尔顿认识到英国之所以能够战胜法国，国债起了很大的作用。为了让美国借力国债快速发展，汉密尔顿向包括托马斯·杰斐逊在内的民主党人提出“旋转门计划”——用新的联邦货币替代严重贬值的大陆币，用新的、期限较长的统一国债，替代原来各州、县的各项债务。这样一来，就不仅建立了即将成立的联邦政府的信用，也彻底解决了各州债台高筑的问题。

“旋转门计划”的推出，还得益于汉密尔顿对国债的充分认识。他发现，只要能够稳定地发放利息，并且能够在投资者之间互相转让，很多国债持有者其实并不是很在乎国债期限的。这样一来，当短期国债即将到期时，可以发行长期国债来偿债。由此，国债“旋转门计划”不仅解决了债务发行的可行性及可持续性，而且还可以维护国债在美国民众和国外投资者中的信誉度，同时给华尔街提供了大量可交易的证券。

美国在建国伊始，其债务余额相对来说是比较小的，美国的历任财政部长都对美国国债的良好信誉做出过很多努力②。1791年，美国的国债余额仅为7 546万美元。此后，在杰弗逊总统（1801—1809）和麦迪逊总统（1809—1817）倡导的“明智和节俭”的政府理念下，联邦政府债务不仅没有出现过大增长，反而在一些年份有所下降。到1806年，美国国债余额还维持在8 000万美元左右，1811年就下降到4 500万美元。在1812—1814年的英美战争中，国防开支巨大，同时为了应付经济恐慌和修建运河的需要，美国政府决定重新发行新的国债，国

① 亚当·斯密．国民财富的性质和原因的研究（下卷）[M]．北京：商务印书馆，2004，474，490.

② 比如美国第4任财政部长加勒廷任职期内，当国债在市场上的价格低于或者等于面值的时候，政府就将其回购。这样做维护了投资者的权益，同时也维护了国债的信誉。

债数量才开始翻升，到1815年达到1.27亿美元，这是美国政府发行国债以来第一次超过1亿美元。不过，这些债务到1835年时已经基本上被全部还清，仅剩下3.37万美元，政府预算基本上达到平衡。相对于国民经济的不断发展和壮大，债务在GDP中的比重很小。

其次是债务成为弥补政府开支缺口的重要渠道。1837年以后，美国经济进入了初步工业化时期，联邦政府需要参与各项经济和建设活动：一是要开展交通运输业的建设，特别是开凿运河、修建铁路和公路建设；二是要向西部拓展美国的边疆，以战争或购买的方式获得大量领土资源；三是要安置大量西部移民；四是要应对短期的经济波动。所有这些大的政府行为都需要大量资金。但是，当时联邦政府的税收比较有限，而私人资本和投资明显不足，联邦政府不得不再次发行国债。此后，国债余额基本呈上升趋势，到1858年，国债余额已达4 491万美元。

在这一时期，美国政府发行的联邦政府债券并不完全是出于临时的战争军费需要，而是把它作为弥补政府开支缺口的重要渠道。因为当时美国联邦政府比较稳定，国债信誉也比较好，国债的购买者除了国内投资者之外，还有不少欧洲投资者购进美国联邦政府债券。通过国债的发行，美国渐渐地将外国资金与国内社会经济的发展紧密地连接起来，债务经济的发展模式也渐成雏形。

四、债务经济的成长与国债二级市场的形成

1860—1930年，美国联邦政府的债务出现了又一次大规模增长的趋势，美国经济的发展和工业化建设已经离不开国债的支持。

一是基于债务的各项政府支出、投资和公共工程建设的经济发展模式逐步形成，由此发展起国债的二级交易市场。

1861—1865年的南北战争是美国历史的重要分水岭。为了打赢这场战争，美国联邦政府动用了所有的资源，而国债成为其中最为重要的部分，这在美国国债发展史上即可一目了然。1860年，美国国债余额仅为6 500万美元，到1865年战争结束时则增加到27.56亿美元，增长了40多倍，成为国债第一次急剧增长时期。这也反映了美国南北两个政府的不同治国理念，北方的林肯政府放弃发行绿钞，改为大规模发行国债来支撑战争。与此同时，南方政府还在继续印刷总价值达17亿美元的没有任何贵金属支撑的美元钞票。北方联邦政府之所以能够战胜南方联邦政府，从某种程度上来说，也意味着国债发行的北方战胜了滥发信用纸币的南方。

同时，当时的财政部长蔡斯（S. P. Chase）委任杰伊·库克作为总代表成立了一家专门的机构经销美国国债，在国债滞销、价格较低时购进国债，在需求旺盛、价格高涨时抛出国债，由此促进了国债二级市场的出现。

二是南北战争结束后，债务经济的需求来源于工业化和第一次世界大战。

1866—1930 年，美国国家统一任务基本完成，工业化建设步伐加快。特别是 19 世纪末期，美国开始了从自由竞争的资本主义向国家垄断的资本主义的过渡，美国经济获得了高速增长，进入了“镀金”和进步时代。垄断型的大型企业迅速崛起，财富分配开始集中化，社会矛盾不断涌现，市场失灵的事情时有发生。在这样的背景下，一些成本高、收益小、时效长的公共产品领域，很多私人部门并不愿意进入，只能依靠政府的力量来完成。美国联邦政府加强了国家干预的力量，增加了基础设施、科研、教育和农业等相关领域的投入，比如修建水利灌溉工程，以及对开垦荒地给予一定的补贴和优惠贷款等。这些领域的财政支出是非常巨大的，仅仅依靠正常的税收根本无法满足需要，因此，美国联邦政府只能通过继续发行大量国债筹集资金。到 1893 年，美国的国债余额已经达到 15.46 亿美元。

在 1914—1917 年的第一次世界大战期间，为了军工产业的发展和满足战争的需要，美国政府还通过国债进行融资，国债发行量从 1914 年的 12 亿美元增长到 1917 年的 250 亿美元，到 1919 年则达到 273.9 亿美元。1920—1930 年，美国联邦的财政盈余偿还了一部分债务，但债务余额下降幅度仍然有限，到 1930 年，美国国债仍然高达 162 亿美元。

三是联邦储备体系的建立与国债二级市场的不断完善。1913 年是美国金融发展史上的一个重要年份，这一年美国国会通过了《联邦储备法》（Federal Reserve Act）；1914 年，美国联邦储备银行体系正式建立和运行。美国联邦储备体系主要是为了制约和平衡地区之间、私人部门和政府部门之间，以及银行家、工商业者和公众之间的利益，其主要职责包括处理一系列的金融恐慌事件，执行美国政府的“最后贷款人”职能，监督和规范银行机构的经营管理，维护金融体系的稳定等。

在联邦储备体系的各项职能中，与国债联系最紧密的是 20 世纪 20 年代偶然发现的公开市场操作业务。美联储通过公开买入或者卖出证券，即可以释放或者收回商业银行的基础货币，通过货币乘数效应调节市场的流动性。由于美联储的公开市场操作中大部分是联邦政府的债券，联邦储备体系的建立也为联邦政府债券形成有序、富有流动性的二级市场奠定了基础，国债与经济发展、货币供给，以及政府的货币政策建立起有机的内在联系。

五、“大萧条”和反法西斯战争与美国债务经济的全面推行

1930—1950 年是美国经济发展的一个重要阶段，同时也是美国债务经济发展的特殊时期。在这一期间，美国经历了有史以来的经济“大萧条”，随即又卷入了世界反法西斯战争。这一经济和政治的大事件，把美国的债务经济紧密地联系起来。

一是通过罗斯福的“新政”，将债务扩张与财政赤字政策的推行一体化。

1929—1933 年美国经济“大萧条”的原因是多方面的。有人认为，美国当时国内的总需求严重不足，导致产品滞销，经济停滞；有人认为，美国联邦储备体系缺乏对金融业和证券市场的有效管理，从而导致了股市暴跌，大批银行倒闭，企业关门，失业率猛升。如米尔顿·弗里德曼（Milton Friedman，1912－2006）等在其所著的《美国货币史（1867—1960）》中，曾指责美联储在危机中没有承担起责任，认为“一个独立的中央银行体系所应有的市场领导力、承受政治压力和盈利压力的能力，以及按照与整个市场相反的方向行动的能力，这些能力原本是建立这种具有广泛权力的准政府机构的理由，但是却明显地缺失”①。还有其他各种观点，在此不一一赘述。但有一点是非常明确的，那就是为了应对这次经济大危机，美国联邦政府开始实行积极的财政政策，即赤字财政，从而在理论和实践层面将债务经济推而广之。政府官员不再关注财政平衡问题，发行国债成为解决当时经济萧条唯一可行的办法。

1933 年，罗斯福总统签署了《联邦紧急救济法》，1935 年又签署了《社会保障法》，这是罗斯福“新政”中的重要内容，即由联邦政府为失业者提供直接救济或工作救济，举债进行公共工程建设，建立社会保障体系，并开始补贴农业。而这些政府的公共开支，都需要联邦政府发行债券作为主要资金来源。

1930 年时，美国联邦政府还有 7.38 亿美元的财政盈余，但是到 1931 年时却出现了 4.62 亿美元的财政赤字。1935 年，美国联邦债务的上限为 450 亿美元，1940 年，财政赤字接近 40 亿美元，1945 年，联邦政府债务上限为 3 000 亿美元，1946 年，美国国债占 GDP 的比重已经高达 122%。1940—1946 年，美国联邦政府的支出情况如图 2 所示。

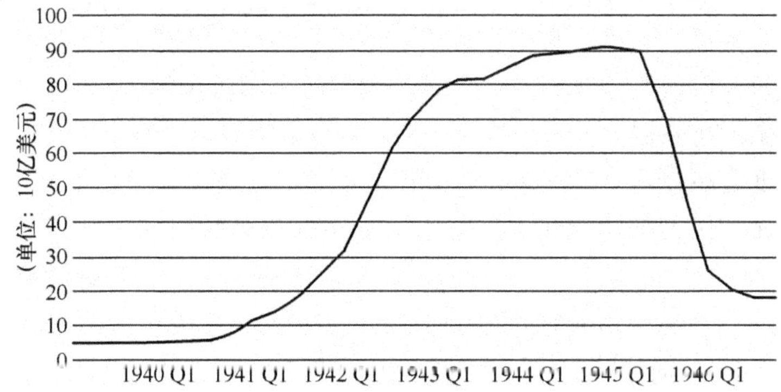

图 2　美国联邦政府对商品和劳务的购买（1940—1946）

数据来源：根据美联储官网所公布的相关年份的数据绘制此表，http：//research. stlouisfed. org/fred2/series/Q1527AUSQ027NNBR.

① 弗里德曼，施瓦茨. 美国货币史（1867—1960）[M]. 北京：北京大学出版社，2009，277.

从图2可以看出，从1940年开始，随着美国联邦政府债券发行规模的剧增，美国联邦政府对于商品和劳务的购买也一路飙升，从1940年的不足100亿美元，增长到1945年的900亿美元。美国联邦政府通过积极的财政政策，加大了政府购买，从而增加总需求，促进了经济的复苏和增长，使美国经济逐步从“大萧条”的阴影中走了出来。

二是发行战争公债，把债务经济与支援反法西斯战争联系起来。第二次世界大战期间，为了支援战争的需要，美国政府曾多次发行大规模的战争公债，并动员民众踊跃购买，把政府财政纳入战时财政的轨道。1941年，美国政府开始发行“E系列”40年期限的战争债券，一直持续到1980年。

在“大萧条”和反法西斯战争期间，人们不仅对美国政府干预经济的行为有了新的认识，而且也对国债的作用和债务经济的发展持肯定的态度。在凯恩斯宏观经济理论的倡导下，债务经济的发展模式得到全面推广和实施。同时，因为美国由此走出了经济“大萧条”并战胜了法西斯势力，成为世界经济强国，主导了战后世界经济秩序的安排，美国发行的大量联邦政府债券也获得了全球性的高信誉度。

六、债务经济成为美国经济发展的常态

1951—1999年是美国经济发展的复杂变化时期，在此期间，既有高速增长和黄金发展的50和60年代、经济滞胀的70和80年代，也有90年代由高科技推动的新经济时代。不过，无论哪一个时代，都离不开美国国债的推动作用。债务经济已逐渐成为美国经济稳步发展的常态。

首先，财政赤字是美国财政状况的常态。20世纪50年代和60年代，美国迎来了战后经济发展的黄金时期。但在此期间，由于美国发动了朝鲜战争、越南战争、海湾战争，以及与前苏联进行的军备竞赛，美国的国债发行量一直处于上升态势，国债余额也一路飙升。1950—1960年，美国有一半年份的财政是盈余的，债务增长速度也控制在一定范围内。但是在1961—1975年，美国国债以每年平均170亿美元的速度加快增长，这其中，越南战争是最主要的因素，为此美国国防支出占GDP的比重高达9%，美国财政赤字大幅增加，世界各国对美国产生了信用危机，最后导致布雷顿森林体系崩溃①。1977年，美国财政赤字为537亿美元，之后一路飙升至1980年的738亿美元，增长了37.4%。不过，由于这一时期的GDP处于高位，赤字占GDP的比重并不高。

从1981年开始，里根总统致力于削减赤字，减少国债，但从结果上看是不成功的。1981年美国的财政赤字为790亿美元，到1988年上升到1 152亿美元，国债余额则从1.03万亿美元上升到2万亿美元，增长了将近2倍。

---

① 戴维来. 追溯美国国债之谜［J］. 国际融资，2011（10）.

1989—1992 年，美国联邦政府的财政赤字和国债都处于空前的高位。1989 年的财政赤字为 1 525 亿美元，国债余额为 2. 19 万亿美元；到 1992 年，财政赤字为 2 904 亿美元，国债余额上升到 3. 3 万亿美元，分别上升了 90% 和 51%，布什政府控制财政赤字的努力没有达到预期的政策效果。

克林顿上台以后采取了一系列有力措施控制联邦政府的财政赤字。1993 年，财政赤字下降到 2 547 亿美元，国债余额也减少了 38. 1%。到 1996 年，美国发行在外的国债为 5. 22 亿美元。1998 年美国财政预算基本达到平衡，公债增长速度有所减缓。美国 1950—2010 年财政赤字的情况如图 3 所示。

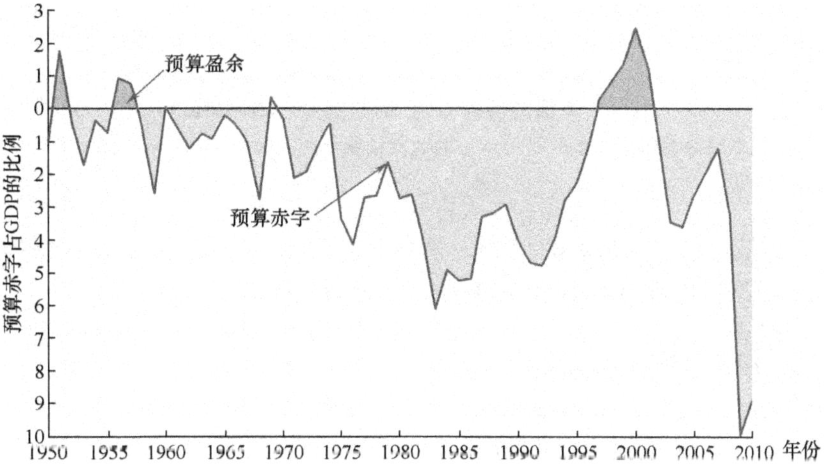

图 3　美国财政预算赤字占 GDP 的比例（1950—2010）

资料来源：Frederic S. Mishkin. Government Budget Surplus or Deficit as a Percentage of Gross Domestic Product，1950—2010，Economics of Money，Banking and Financial Markets，Pearson，10th edition，pp. 54.

从图 3 可以看出，除了在 20 世纪 50 年代，美国政府有少量的财政盈余之外，其余年份都是处于财政预算赤字状态。在 60 年代，美国的财政赤字开始攀升，但幅度不是很大；70 年代中后期，财政赤字大幅度扩大，一直持续到了 90 年代后期。1993—2001 年，美国联邦政府债务占 GDP 的比重也从 49% 下降到 33%①。1999 年，美国联邦政府最终实现了财政盈余 1 230 亿美元。

其次，债务占美国 GDP 的比重处于高比例状态。在 20 世纪 50 和 60 年代，债务与 GDP 的比例一般都会超过 60%；70 年代，国债余额更是大幅度攀升；1980 年以后，美国国债占 GDP 的比率一直呈迅速增长的态势，如图 4 所示。

图 4 表明，1965—2013 年，美国的国债负担率一直呈大幅度增长态势，2008

① 托马斯·弗里德曼，迈克尔·曼德鲍姆. 曾经的辉煌［M］. 长沙：湖南科学技术出版社，2012，35.

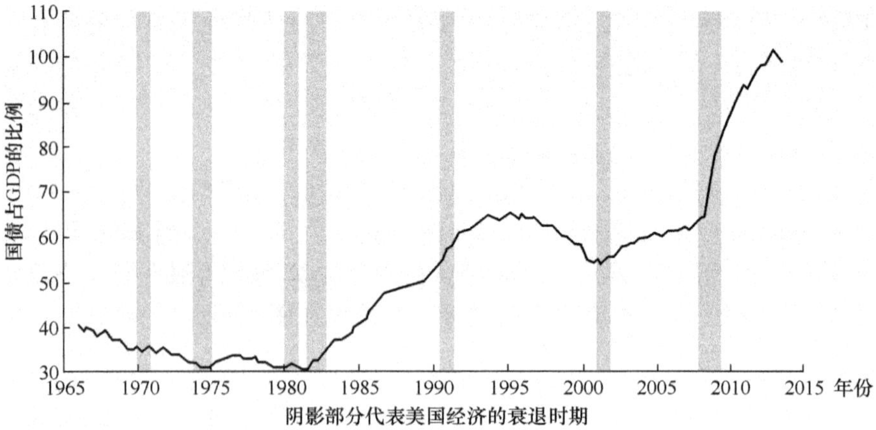

图 4　美国国债占 GDP 的比例（1965—2015）

数据来源：根据美联储官网所公布的相关年份的数据绘制此图，http：//research. stlouisfed. org/fred2/series/GFDEGDQ188S.

年以后，更是达到了 100% 的比例，债务经济已经成为美国经济发展的一种常态。美国 1973—1999 年国债余额变动情况如图 5 所示。

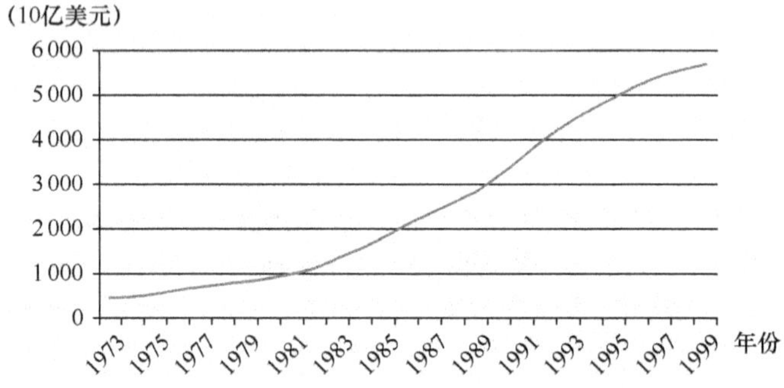

图 5　1973—1999 年美国国债余额变动情况

数据来源：根据美联储官网所公布的相关年份的数据绘制此图，http：//research. stlouisfed. org/fred2/series/GFDEBTN.

从图 5 可以看出，在此期间，美国的国债余额变动情况一路飙升，美国国债的负担也越来越重。

这一时期，造成美国国债发行量快速增长的原因，除了以上提到的凯恩斯主义的赤字财政思想影响之外，还包括布雷顿森林体系成立后美元国际地位的变化。

布雷顿森林体系是第二次世界大战以后以美元和黄金为基础的金汇兑本位制，实行美元与黄金挂钩、其他国家的货币与美元挂钩，并实行固定汇率制度。

布雷顿森林体系实际上建立了以美元为中心的国际货币体系，但这一体系有着天然的无法克服的缺陷。该体系的主要储备资产是美元，决定了其内在的不稳定性，这在一定意义上要求美国必须保持长期的贸易逆差，只有这样才能将美元输出到世界各国，而一旦美国的贸易逆差问题得到改变，不再需要依靠输出美元保持国际收支平衡，就会断绝美元这一国际储备资产的供应，引起世界各国清偿能力的不足。

从1971年开始，经过连年的战争，美国的经济实力开始下降，国际竞争力也开始逐渐削弱，美国本国的黄金储备量开始无法支撑日益泛滥的美元。美国政府被迫放弃了按照35美元兑换一盎司黄金的“美元本位制”，开始实行黄金与美元比价的自由浮动。同时，欧洲、日本和加拿大等国也陆续宣布不再实行与美元挂钩的固定汇率制，改而实行浮动汇率制，标志着布雷顿森林体系的完全崩溃。

布雷顿森林体系的瓦解使得美国在世界经济中的主导作用开始下降，其在国际金融领域的支配地位逐步丧失，美国对外贸易保护和关税问题也开始出现，这些都严重阻碍了美国的经济增长，美国的债务经济发展模式遇到了前所未有的挑战。

七、债务经济发展模式的路径依赖

2000年以后，美国经济出现了短暂的财政盈余时期，而其他时期都是由财政预算赤字所支撑的。特别是2008年金融危机之后，美国政府通过量化宽松的货币政策向经济主体注入了大量的流动性，同时发行国债为此举融资，国债余额上限一次又一次地被突破。2000年以来，美国国债余额变动情况和美国国债余额占GDP份额的变动情况如图6和图7所示。

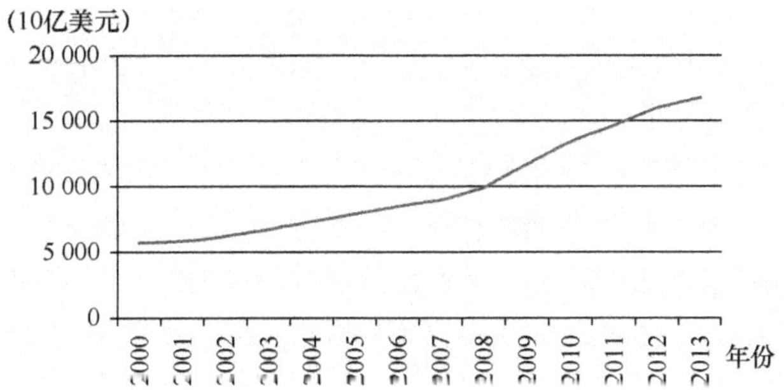

图6　2000—2013年美国国债余额变动情况

数据来源：根据美联储官网所公布的相关年份的数据绘制此图，http：//research. stlouisfed. org/fred2/series/GFDEBTN.

从图6和图7可以看出，2000年以来，美国国债余额及其占GDP的比例都在上升，美国的债务经济发展模式已经形成了路径依赖，即不得不继续借新债偿

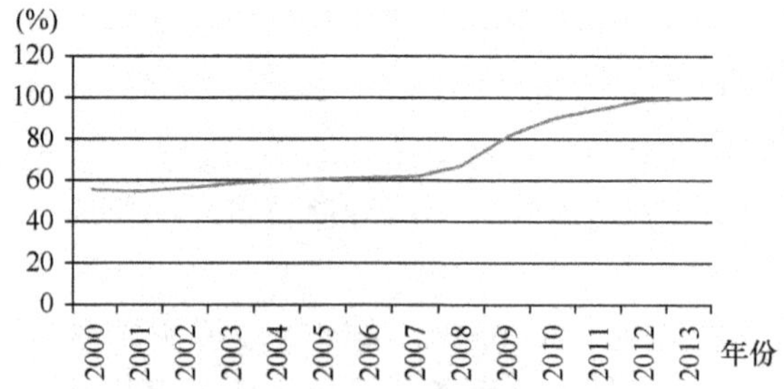

图 7　2000—2013 年美国国债余额占 GDP 份额的变动情况

数据来源：根据美联储官网所公布的相关年份的数据绘制此图，http：//research. stlouisfed. org/fred2/series/GFDEBTN.

还旧债，以保持经济的平稳增长。

由此引发了关于美国国债及其债务经济发展模式的全球范围的讨论。这一发展模式是否可持续？其路径依赖表现在哪些方面呢？

一是财政赤字规模不断扩大，使债务经济的发展模式不可逆转。在近 10 多年来，美国政府每年的借款，包括债务再融资规模，平均超过 4 万亿美元，美国债务总规模由 1999 年的 5. 68 万亿美元增长到 2013 的 17. 22 万亿美元，增长了 3 倍多，已经与全年国内生产总值规模相当。2000 年，美国联邦政府的债务余额为 5. 6 亿元，比 1999 年仅仅高出了 0. 32 个百分点，是肯尼迪总统以来美国国债涨幅最低的一年。2001 年年底，美国财政状况由盈余变为赤字，美国联邦政府债务余额也一路飙升。从 2001 年小布什上台之后，美国接连发动了阿富汗战争和伊拉克战争，高昂的战争费用、互联网泡沫破裂、安然事件、“9 · 11” 事件的影响、针对超级富豪的减税以及经济衰退，都让美国的债务负担越来越沉重。

2008 年，金融危机的爆发更是加速了美国联邦政府债务的增长。当年，美国联邦政府债务总额为 10. 61 万亿美元，占 GDP 的比重达 70%；到 2009 年，美国联邦政府债务总额已经上升到 12. 10 万亿美元，占 GDP 的比重也上升为 84. 1%；2010 年，美国 GDP 总额为 14. 62 万亿美元，而债务总额达 14. 29 万亿美元，相当于 GDP 总额的 98%，相对于当年 2. 16 万亿美元的财政收入、3. 56 万亿美元的财政支出，当年的财政赤字占 GDP 的比重已接近 10%①。

2011 年 8 月，奥巴马政府通过了全国性的医疗改革法案，该法案明文规定：几乎所有美国人都应在 2014 年前拥有医疗保险，这一法案的出台意味着需要发行更多的政府债务来承担。2011 年美国联邦政府债务占 GDP 的比重超过了 90%，接近 100%。考虑到美国可能发生的违约问题，标准普尔评级公司近百年

① Federal Reserve Bank of St. Louis, Economic Research, Federal Debt: Total Public Debt [DB/OL]. http: //research. stlouisfed. org/fred2/series/GFDEBTN.

来首次下调了美国国债的信用评级。

最新的数据显示，2013 年 11 月 30 日美国联邦政府国债余额为 17.22 万亿美元，占 GDP 的 101.95%，其中公众持有 12.28 万亿美元，官方持有 4.94 万亿美元，可流动债券合计为 11.79 万亿美元，非流动债券合计为 5.43 万亿美元。

二是美国联邦政府的债务上限不断被突破。1917 年之前，美国政府财政的主导思想是预算平衡。为了防止美国政府过度透支，为后届政府和子孙后代带来沉重的负担，美国国会要求政府在实施筹融资计划时需要获得国会的批准和授权。1917 年，美国国会通过了《第二次自由债券法案》，正式标志着美国对于联邦政府上限的法律约束和规定，此法案以立法形式确立了国债的最高发行额度为 3 000 亿美元。

第二次世界大战期间，为了筹措军费的需要，美国政府债务发行的上限有所上调，但限制在3 000 亿美元以内。从第二次世界大战结束到1962 年，美国债务上限一度有所下降，但仍然限制在3 000 亿美元左右。1962 年以后，由于连年战争和军费开支的需要，联邦政府债务上限又开始不断提高，债务负担率（即债务余额占当年国内生产总值的比例）也开始不断上升。20 世纪 80 年代之后，里根政府和布什政府为削减财政赤字的失败，再一次拉高了国债余额，同时美国的财政预算赤字开始远远超过了债务的利息支付。

20 世纪 90 年代，克林顿政府时期，美国的社会经济环境相对稳定，经济得到迅猛发展，财政赤字有明显的下降，并开始出现财政盈余。2000 年以后，由于互联网泡沫和伊拉克战争，美国的债务再一次增加，且增加的幅度远远大于之前的阶段。

总体来看，自 1960 年开始，美国联邦政府债务上限已经累积上调了 80 多次，平均每 8 个月就要进行一次。21 世纪以来，这一频率变得更快，联邦政府债务上限已经上调了 10 多次，仅在 2009 年奥巴马总统上台以来就上调了 3 次，数额大约为 3 万亿美元。

2011 年 5 月，美国财政部为了缓解美国联邦政府债务上限问题，采取了四项临时措施，其中包括终止州债券和地方政府债券的发行，终止行政人员退休债券和残疾基金的发行，终止政府债券投资基金和外汇平准基金的再投资事项。

2013 年 10 月，美国联邦政府达到举债上限，国会两党当时达成短期方案，同意提高国债上限，将财政部发行国债的期限延长到 2014 年 2 月 7 日。

2014 年 3 月 16 日，联邦政府通过法案授权美国财政部在目前约 17.2 万亿美元债务规模的基础上继续发债，直到 2015 年 3 月 15 日，美国政府的违约警报得以阶段性解除。虽然暂时摆脱了国债违约的风险，却进一步加大了国债的规模和持有人的风险。

三是对金融市场和虚拟经济的过分依赖。从建国伊始，美国人就因为货币和资金短缺的困境而进行了很多金融方面的创新尝试，当他们找到国债这一发展国民经济的工具以后，越发觉得这是一个非常好用的金融工具，实践也的确证明了这一点。美国人利用国债完成了工业化，打赢了不少战争，战胜了经济的萧条和衰退，改善了国民的生活状况，成为世界经济的强国……所有这一切都得益于国债，以及由国债而衍生的金融制度和国际资本流动的机制。美国人和美国对于金融市场及虚拟经济的依赖，就好像一个人依赖于某一种药物一样是不可能自拔的，因此，美国的债务经济发展模式、美国金融资本主义的本色在短期内是没有办法改变的。

美国联邦政府债务问题似乎已经形成了某种惯性，而且已经产生了“滚雪球”效应。每当政府财政出现问题时总会对国会施压，并通过提高债务上限来解决眼前的问题，但这种方式毕竟是不能长久的，债务增长的背后是不断累积的风险。

四是中国、日本以及其他国家大量持有美国国债的状况也不可能在短期内消失。2009 年时，大约 30% 的美国国债是由外国投资者持有的，而在这 30% 的比例中，中国政府持有 21.9%，日本政府持有 21.1%①。2013 年 6 月底，中国政府持有美国国债余额为 1.275 8 万亿元，比例为 22.8%；日本是 1.083 4 万亿元，比例为 19.3%②。中日成为目前持有大量美国国债的国家，是美国最大的两个债权国，而中日两国的经济发展模式在近年内很难有较大的突破，因此，这样的发展路径还将会持续一段时期。

八、结论

通过对美国联邦政府债务经济发展模式的历史演进的审视，可以得出五个结论：债务经济的发展模式是美国历史发展的必然产物，具有很强的美国特色；这种经济发展模式是内生的，与美国联邦政府的发展演进是亦步亦趋的；债务经济发展模式在美国是成功的，主要得益于美国发达的金融制度和国力状况；债务经济的发展模式是建立在全球经济分工基础之上的，具有不可复制性；债务效应有其内在的传导机制，即国债的发行大多是通过利率，进而通过股市、大宗商品以及其他资产价格的变化，最终影响到整体经济的运行，同时也有其他非经济的传导渠道。

---

① Brian W. Cashell. The Federal Government Debt: Its Size and Economic Significance, Congressional Research Serve [DB/OL]. Feb. 3, 2010, 5.

② Marc Labonte, Wayne M. Morrison. China ' s Holdings of U. S. Securities: Implications for the U. S. Economy, Congressional Research Serve [DB/OL]. August 19, 2013, pp. 9 – 10.

利率市场化及其对美国金融结构变革的影响①

巫云仙　顾霞

摘要　美国的利率市场化进程开始于20世纪70年代，最终完成于2011年。纵观美国40多年的利率市场化改革，美国政府起着主导作用，采取了从易到难的渐进式改革方式；其与美国金融结构的变革、金融创新，以及管理模式的改变有着互为影响的关系。美国的金融创新与制度变迁，大多是围绕取消利率管制而展开的；利率市场化调整了金融产业的结构特征，催生了市场主导型金融市场和混业经营模式，增加了金融机构的脆弱性和违约风险，打破了保险业稳定发展的态势。利率市场化是美国金融自由化的重要组成部分，对美国金融业的发展产生了深远的影响。我国与美国利率市场化改革的背景和目标都有所区别，对其经验和教训要有所扬弃。

关键词　利率市场化；利率管制；美国金融结构变革；创新性金融工具

一、引言

利率市场化是相对于利率管制而言的理论概念和各国金融改革的实践。无论是西方发达国家，还是新兴市场经济国家都无法绕开这一重大的历史和现实问题。在西方发达国家中，美国的利率市场化改革具有一定的代表性，这一进程始于20世纪70年代，一直到2011年才最终完成，持续了40多年的时间。这一改革对美国的金融自由化、金融制度和金融结构的变革，以及经济的运行和发展具有深远的影响。本文主要探讨和剖析美国利率市场化改革的历史进程、特点，及其对美国金融结构变革的影响，总结其改革的主要经验和启示，旨在为我国目前正在进行的利率市场化改革提供研究借鉴。

二、国内外研究文献综述

20世纪60年代以来，美国的利率管制和市场化改革问题受到国内外学界、理论界以及各国政府部门的关注。

在现有研究成果中，国外学者习惯上将利率市场化作为金融自由化的一部分加以研究，如耶鲁大学的雷蒙德·戈德史密斯（Raymond W. Goldsmith）教授所

①　本文为教育部2012年课题“体制和规制约束条件下美国金融制度变迁研究”（12YJA790143）的阶段性研究成果。

著的《金融结构与发展》（1969）一书即是关于这一问题的经典之作。他认为，金融的发展实际上就是金融结构的变化，并提出了金融相关比率的理论。罗纳德·麦金农（Ronald Mckinnon）和爱德华·肖（Edward S. Shaw）在其所著的《经济发展中的货币与资本》（1973）和《经济发展中的金融深化》（1973）两本著作中首次提出了"金融抑制"的观点，并形成了金融自由化理论的框架。麦金农认为，利率管制是金融抑制的重要手段之一。发展中国家往往对利率采取严苛的直接管制，将利率限定在市场均衡水平之下，甚至出现实际利率为负值的现象。但这一举措并没有真正促进该国经济的发展。

不少学者对美国利率市场化改革的进程，以及放松利率管制的影响等方面进行了研究和考察。如美国学者斯科特·威明汉（Scott Winningham）对"Q 条例"的废除及其对联邦储备金市场的供求状况、货币资产的需求，以及商品和劳务的总供求等方面的影响进行了实证研究，他认为，无论是从短期还是从长期效应来说，"Q 条例"的废除对市场利率、货币总量，以及国民产出都有直接或间接的影响，只不过会有一个滞后的效应①；阿尔顿·吉尔伯特（Alton Gilbert）研究了"Q 条例"的发展和变革历程，分析了国会对存款利率上限设置的原因及其对金融体系和经济活动的影响，同时也评估了废除"Q 条例"对银行存款负债组成的影响②。威廉·奇顿（William Keeton）和霍华德·L. 罗斯（Howard L. Roth）研究了美国存款利率放松管制的改革及其信贷效应，认为存款利率上限的取消，对美国的货币政策以及银行的信贷都有着实际的影响③，放松利率管制会改变短期的货币供给和市场利率④。日本学者山内十一（Ju – ichi Yamanaka）研究了美国1970—1983 年存款利率改革对商业银行经营行为的影响，他认为，存款利率管制的放松，极大地改变了美国商业银行的经营管理环境，促使了其组织行为的改变⑤。

美国学者文森特·D. 罗杰尔（Vincent D. Rougeau）对美国信用卡信贷的利率问题进行了深入研究，他认为，放松信用卡利率上限对美国消费者的商品购买和信用卡贷款都产生了财富和信贷效应⑥。马修·谢尔曼（Matthew Sherman）对

---

① Scott Winningham, The effects of removing regulation Q – A theoretical analysis [DB/OL]. Economic Review, May, 1980, Federal Reserve Bank of Kansas City.

② Alton Gilbert, Requiem for Regulation Q: What It Did and Why It Passed Away [DB/OL]. Federal Reserve, Bank of St. Louis, Feb., 1986.

③ William Keeton, Deposit regulation, credit availability and monetary policy [DB/OL]. Economic Review, June, 1986, Federal Reserve Bank of Kansas City.

④ Howard Roth, Effects of financial deregulation on monetary policy [DB/OL]. Economic Review, March, 1985, Federal Reserve Bank of Kansas City.

⑤ Ju – ichi Yamanaka, Transition in the institutional behavior of US commercial banks: A comparative perspective [DB/OL]. Hoover Institution Working Paper No. E – 93 – 5, March, 1993.

⑥ Vincent D. Rougeau, Rediscovering usury: an argument for legal controls on credit card interest rates [J]. University of Colorado Law Review, Volume 67, Number 1, 1996.

美国最近50年在金融领域放松管制的历史进行了梳理和概括，特别是对一些突出的改革事件进行了分析，以便找出今后美国金融发展的方向①。

有人认为，利率市场化与金融监管有着密切的关系，如格雷斯拉·劳拉·卡明斯基（Graciela Laura Kaminsky，2002）指出，随着金融自由化的推进，利率市场化在许多国家得以实践。尽管发展模式各不相同，但是大多国家选择了一致的路径：发达国家选择从股票市场入手，发展中国家则选择从开放国内金融行业入手。作者特别论证了金融自由化与金融机构改革的问题，他认为，由于缺乏有效的激励，在开展金融自由化改革之前，国家并不会对本国的金融机构进行改革。因此，机构改革并不在金融自由化之前，相反，大多数时候机构改革都在金融改革之后②。卞志村（2002）指出，金融自由化与金融监管是矛盾统一的：一方面，金融自由化加剧经济波动，激发金融工具，更加需要金融监管；另一方面，金融创新却使得传统金融监管境地尴尬③。李光红（2007）认为，金融自由化带来的金融创新的迅猛发展，以及金融机构混业经营的客观现实，最终迫使美国改变了分业监管模式，走向了混业经营④。

2010年以后，不少业界人士和学者对《多德·弗兰克法案》中对“Q条例”的最后废除问题给予关注，认为该法案中对利率管制废除的规定，对于金融市场、机构投资策略，以及风险管理问题都会产生重要的影响。

国内学者对于西方国家利率市场化问题的研究是比较重视的，早在20世纪90年代末期和21世纪初，就有学者研究中国的利率市场化问题⑤。张健华等著的《利率市场化的全球经验》中，有专门的篇章对美国的利率市场化问题进行分析和研究。不同年代有关美国利率市场化问题的文献也有不少，从不同角度研究利率市场化及其对银行业和金融发展的影响⑥。如丁波、巴曙松（2013）指出，利率市场化之后，美国等国家普遍重构了商业银行资产负债表，体现在资产结构变化、主动负债和表外资产的增加三个方面。其中，衍生对冲工具成为应对

① Matthew Sherman，A Short History of Financial Deregulation in the United States [DB/OL]. CEPR，July 2009.

② Graciela Laura Kaminsky：Short – Run Pain，Long – Run Gain：The Effects of Financial Liberalization [DB/OL]. the World Bank Working Paper，June 2002.

③ 卞志村．金融自由化条件下的金融监管［J］．南京师大学报（社会科学版），2002（9）.

④ 李光红．金融自由化趋势下的金融监管　经验评析与应用创新［J］．山东社会科学，2007（2）

⑤ 彭小泉．中国利率市场化［M］．北京：中国审计出版社，1999；刘利．利率市场化问题研究［M］．北京：经济科学出版社，2001；李社环．利率自由化——理论、实践与绩效［M］．上海：上海财经大学出版社，2000；刘义圣．中国利率市场化改革论纲［M］．北京：北京大学出版社，2002.

⑥ 如萨奇．利率市场化与利率关系的国际经验［J］．国际金融研究，1996（1）；黄金老．利率市场化与商业银行风险管理［J］．经济研究，2001（1）；肖欣荣，伍永刚．美国利率市场化改革对银行业的影响［J］．国际金融，2011（1）；陆晓明，边卫红．美国利率市场化对银行业的影响［J］．中国金融，2012（15）；巴曙松，华中炜，朱元倩．利率市场化的国际比较：路径、绩效与市场结构［J］．华中师范大学学报，2012（9）；徐景．金融自由化与金融脆弱性——基于美国经验的分析［J］．经济论坛，2013（2）等.

利率风险的主要方式①。

关于美国利率市场化改革问题，在不同的历史时期都有不少国内外的研究成果，但是大多数的研究成果都侧重于论证一个方面的问题，将利率市场化与金融结构的变革直接结合起来进行研究的文献还不是很多。国内学者对利率市场化问题虽然也比较重视，但大多也只是将其对金融结构的某个方面的影响进行阐述，且大多集中于银行业务结构、组织形式以及风险管理三个方面。

本文试图将利率市场化与美国的金融结构变迁结合起来进行论述，对老问题进行新的解读。纵观世界金融数百年的发展历史，尽管没有一个适用于所有国家通用的金融发展模式与金融结构范式，但是各国金融结构的变迁却呈现出一些共性的特点与规律。利率市场化与金融结构变革的互动关系，可以从理论上找出放松利率管制与金融市场和金融制度变迁的内在联系，从而为研究金融制度变迁问题提供一个独特的研究视角。

三、美国利率市场化改革的历史进程

美国的利率市场化改革主要是针对利率管制而言的，而严格的利率管制是20世纪30年代为应对经济“大萧条”对经济进行调整干预的结果。

为了应对银行危机对整个金融体系的冲击，美国政府颁布了一系列金融法令，包括《格拉斯—斯蒂格尔法》(1933)、《证券法案》(1933) 和《证券交易法案》(1934) 等。其中，《格拉斯—斯蒂格尔法》中的第Q项条款就是针对商业银行存贷款利率进行严格限制的条款，即禁止商业银行对活期存款支付利息，授予美联储有权对定期存款和储蓄存款设定最高利率的限制（2.5% ~5%），部分州政府还规定了贷款利率上限，这就是美国金融发展史上著名的关于利率管制的“Q条例”。

1935—1980年，美国金融业严格实施了以“Q条例”为核心的利率管制，其目的在于通过限制商业银行的存款利率上限来控制银行的经营成本，以保障银行的利润，把银行的安全性放在了首位；同时，对商业银行的经营范围也做了严格的限制，即只能做传统的存贷款业务，不能涉及投资银行业务，并鼓励银行服务于当地经济的发展。

“Q条例”的实施对美国金融业的发展产生了深远的影响，使商业银行低成本的资金来源得到法律保证，其资金来源的60%以上都是不用支付利息的活期存款，因此，商业银行可以在经营过程中保持成本优势。但是20世纪50年代以来，“Q条例”对美国商业银行的经营优势不断受到来自于非银行机构业务的侵蚀，在资金来源和使用方面都面临竞争者的挑战。

① 丁波，巴曙松，等．渐进式利率市场化进程中的中国商业银行利率风险管理［J］．农村金融研究，2013（9）．

20 世纪 60 年代以后情况发生了较大的变化。当时，美国通货膨胀率不断攀升，使得市场利率不断提高，投资者对利率的敏感度增强，纷纷从商业银行转移大量存款（即“脱媒”现象）购买各种高收益的创新性金融产品，如为了逃避监管和利率管制的货币市场共同基金就是如此。这种产品既可以使活期存款顾客使用支票，还可以获得利息收入。在这种情况下，商业银行的低成本资金来源受到了极大的冲击，“Q 条例”对商业银行的保护不仅大打折扣，而且还成为束缚商业银行发展的限制性条款。

70 年代以后，由于两次石油危机导致美国经济增速放缓，进一步加剧了通货膨胀，通货膨胀率继续不断走高。1974 年美国的通胀率为 12. 3%，1980 年飙至 14. 8%；市场利率也快速上升，同期 3 个月期国库券利率最高达 15%，出现了史无前例的短期与长期利率同时趋高的现象。虽然银行管理当局将存款利率的最高限从 1973 年的 5% 提高到 1979 年的 5. 25%，但与市场利率的差距仍不断增大。大量资金从银行流向货币市场，银行盈利状况持续恶化，不少商业银行特别是中小银行陷入了经营危机和困境，它们要同时面对成本优势和利润优势消失的局面。

作为一种回应，商业银行一方面支持国会关于废除“Q 条例”的改革立法，另一方面是发放更具风险的贷款以获得利润，同时开发更多的表外业务，寻求新的利润空间。

在这一背景下，美国金融市场开始了围绕“Q 条例”进行的放松管制的利率政策调整，利率市场化改革由此提上了日程。

首先是放松对存款利率上限的管制。为了引导信贷资金的走向，美国政府考虑到对利率上限问题要有所区别。从 1966 年年底开始，先是暂时调高了储蓄银行的存款利率上限，作为限制大型商业银行在存款方面与储蓄银行进行竞争的措施，使资金流向房地产按揭市场[①]。但改革的结果却事与愿违，不过，放松利率管制的改革步伐加快了。

1970 年 6 月，美国政府取消了对 10 万美元以下、90 天以内大额存单的利率管制。1971 年，由尼克松总统成立的“金融结构与管制委员会”提出了著名的“亨利报告”（又称总统委员会关于金融结构和管制报告），该报告提出废止对 10 万美元以上的定期存款、大额可转让存单等的利率上限，对于未满 10 万美元的存款利率可由美联储酌情考虑，可在 10 年后废止。

1973 年，尼克松总统草拟了“美国金融制度改革建议”，并送交国会讨论，主张在 5 年内，分阶段废除“Q 条例”；同年 11 月，美国国会取消了 1 000 万美元以上、期限在 5 年以上的定期存款利率上限；1978 年 6 月，又允许存款机构引入货币市场存款账户（期限是 26 周、1 万美元以上），且不受支票存款不许支付利息的限

---

① Alton Gilbert. Requiem for Regulation Q: What It Did and Why It Passed Away [DB/OL]. Federal Reserve. Bank of St. Louis, Feb., 1986.

制。1979年5月，美国国会通过了旨在改善金融市场效率的《金融改革法案》。

从20世纪70年代开始，美国对大额存款账户逐步放松了利率管制，同时也建立了货币市场基金，但还没有从根本上改善美国的“金融脱媒”现象，反而形成了对小额储户的“价格歧视”。

其次是逐步废除“Q条例”关于利率的管制。1980年3月，美国国会通过了《废止对存款机构管制及货币控制法》（简称《1980年银行法》）。该法案主要有两个方面的内容：一是货币控制法案，要求美国所有银行都必须建立存款保险金，并服从于美联储的监管；二是存款机构放松管制法案，以立法形式规定逐步废除“Q条例”。几个重要举措包括：强制实行存款保险金制度（1988年完成）；成立存款机构放松管制委员会，并在未来6年内逐步放松联邦存款利率上限；允许NOW账户在全国范围流通；联邦存款保险金从40 000美元账户提高到100 000美元账户；允许储蓄和贷款机构开设信托账户，可在总资产的20%以内提供消费贷款服务，包括汽车贷款和信用贷款；在州政府或联邦政府注册的银行可以享受与国家银行同等的银行贷款利率①。

《1980年银行法》被视为美国政府开始利率市场化的标志性立法。至此，美国利率市场化的立法问题得以彻底解决，为美国利率市场化改革营造了良好的法律环境，美国的利率市场化改革进程自此驶入快车道。随后，美国国会又通过了《高恩—圣杰曼存款机构法案》（又称《1982年存款机构法》）。1982年之后，利率改革的重点是取消定期和储蓄存款的利率限制。1983年，允许存款机构引入超级可转让提款单账户；取消除存折储蓄账户和定期NOW账户以外的所有定期存款利率的上限。1986年取消了NOW账户的利率上限以及除活期存款储蓄以外的利率上限。至此，美国基本上完成了利率的市场化改革。

最后是取消对活期存款利率的限制。20世纪80年代美国虽然基本上完成了利率管制的改革，但是活期存款利率的限制一直没有取消，直到2010年7月21日才经由《多德·弗兰克法案》的签署而废止（但执行时间是在2011年7月21日），美国金融机构才允许对活期存款支付利息，美国的利率市场化改革才最终完成。

为什么在废止“Q条例”后，美国对活期储蓄存款的限制会长期存在?

从宏观监管层面来说，美国实行活期存款利率的管制，主要是出于引导资金流向、稳定银行流动性，以及降低经营风险等方面的考虑。美国国会一直都坚持认为，如果允许商业银行向活期储蓄存款支付利息，一方面会导致小型银行不会将资金投向小型企业或用于个人放贷，而是直接通过协议存款等方式将资金直接存入大型商业银行获取利润；另一方面也会导致商业银行的投机行为和季节性的流动性短缺。

---

① American Congress. Depository Institutions Deregulation And Monetary Control Act of 1980 [EB/OL]. https://www.bostonfed.org/about/pubs/deposito.pdf.

从银行经营层面来看，通过金融产品的创新，实现了对活期储蓄的“差别定价”，即对于有利息要求的储户，通过设置最低面额、限制交易类型等方式，储户可在支付一定“成本”的前提下获得利息；对于没有利息要求的储户则不支付利息，从而降低了银行的经营成本。

2008年美国次贷危机的爆发是放开美国存款利率管制最直接的原因。次贷危机增加了美国金融市场对于流动性的需求，各银行对活期存款的竞争也日趋白热化；再加上从1980年以来美联储职能的完善，以及关于保护纳税人和消费者利益的各种立法，促使美国国会最终取消了对活期存款利率的限制，由此实现了利率的完全市场化。

四、美国利率市场化改革的主要特点

首先是美国政府在利率市场化改革中起主导作用。纵观美国40多年的利率市场化改革，美国政府能够成立或组织专门的机构对利率管制问题进行详细研究，分清主次和厘清改革顺序；能够在诸多反对意见和阻力中坚持不懈地推行改革。20世纪70年代初期，美国国会、美联储、州政府，甚至于存款者个人出于对金融秩序、部门或个人利益的考虑，均反对利率市场化，但美国政府能顶住压力，迎难而上，最终启动和完成了改革的任务；美国政府在利率市场化改革方面，坚持多次提出改革方案，一直在寻求立法支持，这使得美国的利率市场化改革全部都是在法律框架内进行的，为美国利率市场化改革创造了良好的宏观环境。

其次是采取从易到难的渐进式改革方式。利率市场化改革是一个长期的发展过程，前后持续了40多年。在改革过程中，美国政府的改革路径是从易到难，并采取渐进式的改革方式。从取消大额存款和5年期以上大额存款利率上限的限制开始，发展到货币市场和信贷市场的利率市场化；通过丰富金融工具、增加金融资产品种和扩大规模，增量式改革实现了非贷款类短期金融资产的利率市场化；依托于良好的货币利率信号，形成对银行存贷款利率的互动效应，逐步扩大利率的浮动范围，以实现利率的市场化改革。

最后是利率市场化改革与金融创新过程形成了相互促进的局面。在美国利率市场化改革中，金融创新发挥了非常重要的作用，大额可转让存单等金融创新产品的发行与交易，在实践上打开了利率市场化的阀门；之后又不断推出与利率挂钩的金融衍生产品，促进了市场利率在银行业务中的影响，为利率市场化做了相应的市场准备，实现了利率的增量式改革。利率管制的放松，产生了规避利率风险的必要，为利率衍生品的产生提供了土壤，利率市场化的进程与金融创新的过程正好形成了互动式的发展态势。

五、利率市场化对美国金融产业结构发展的影响

利率是金融市场的核心要素，放松利率管制对于一国金融制度的发展和变革起到了牵一发而动全身的作用。开始于20世纪六七十年代的利率市场化改革对

美国金融结构的变革产生了深远的影响。

一是调整了金融产业的结构特征。根据米什金（Frederic S. Mishkin）的观点，美国的金融机构一般分为存款类机构、合约类金融机构和投资类金融机构三大类①。在利率管制时期，美国商业银行占据了几乎零成本的存款资金来源，以及其他金融机构无法进入的工商企业和个人信贷的"领地"，具有制度、成本和利润优势。

在利率市场化过程中，商业银行所具有的优势逐步消失殆尽，合约类和投资类金融机构运用金融创新手段蚕食了商业银行的传统存贷业务，使三类金融机构组织的异质化特点逐步消失，出现了均衡发展的态势，其资产总额的增速在利率市场化的不同阶段却有着明显的不同，其变化情况如图 1 所示。

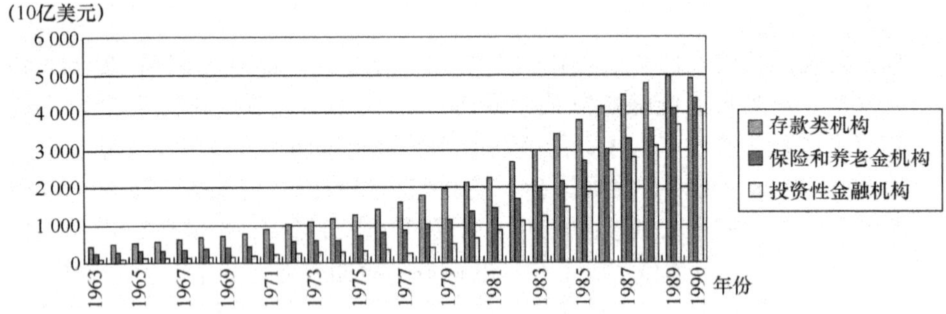

图 1　1963—1990 年美国金融机构资产总额变化

数据来源：Federal Reserve System. Flow of Funds Accounts of the United States 1963—1990，1973—1981，1982—1990，http：//www.federalreserve.gov/releases/z1/19990915/annuals/a1963 - 1972.pdf.

图 1 显示，1963—1970 年，三类金融机构的资产增速相对较慢；1970—1980 年的利率市场化的准备阶段是稳中有增；而 1980 年之后，其增速则明显加快。对于存款类金融机构而言，1963—1970 年，利率管制抑制了其资金来源，存款类金融机构的资产增速相对缓慢；从 1970 年开始，美国商业银行开始大规模地进行金融创新，规避管制，拓宽了资金渠道，资产增速明显提高；到 1980 年，美国政府开始逐步放开利率管制，资产总额激增。

虽然三类金融机构的资产总额都在逐年上升，但各个部分的市场份额却发生了巨大的变化——具有传统优势的存款类金融机构的比例不断下降；保险类、投资性金融机构则借助于业务多和收益高的优势，越来越被市场所认可，市场份额不断提高，三大类金融机构资产总额的差距逐年缩小。1970 年以来，美国商业银行、存款储蓄机构以及人寿保险公司在融资渠道中的重要性相对降低。商业银行在主要融资渠道中的占比从 46% 降低至 37%，人寿保险公司的占比从 18% 降

① Frederic S. Mishkin. The economics of money，banking and financial markets [M]. 10th edition，Pearson，2013，pp. 83 - 85.

至 15%，存款储蓄机构变化最为明显，从 22% 降至 15%。同时，投资性金融机构获得大量资金流入、增长明显，财产保险也获得了一定的资金流入。

二是催生了市场主导型金融市场和混业经营模式。利率市场化后，美国的金融市场由银行主导型逐渐过渡成为市场主导型，金融深化程度不断提高，投资类金融机构的资产份额由 1973 年的 13.9% 上升至 1999 年的 43.3%；相反，存款类机构从 1973 年的 56.3% 下降至 1999 年的 22.3%，与保险行业基本持平。

20 世纪 70 年代，与利率市场化伴生的是银行持股公司的迅速发展。到 1985 年前后，500 多家银行持股公司控制了美国 3 000 多家银行，存款占比达 45%，美国商业银行不断走向集中和垄断。据美国联邦存款保险公司 2000 年公布的数据显示，1970 年，美国银行业的 CR10 为 21%①，1990 年上升为 25.6%，1999 年则为 44.8%。美国出现了以花旗银行、摩根大通和美国银行为代表的综合性银行集团。在银行持股公司的基础上，美国金融市场衍生出金融控股公司。金融控股公司在分业监管的体制下，以金融子公司的形式获得各类业务牌照，独立经营，不仅扩大了业务范围，也减轻了监管压力，变相实现了金融的“混业经营”。这一模式在一开始并没有获得美联储的认可，直到 20 世纪 80 年代末，美联储才逐步放松对其公司业务的限制。1999 年《金融服务现代化法案》的出台，彻底打破了金融行业的经营界限，集银行、保险、证券于一体的金融控股公司正式取得合法地位，成为美国金融混业经营模式的创新性形式，对美国乃至全球金融的发展都产生了重要影响。

三是增加了金融机构的脆弱性和违约风险。由于放松了利率管制，存贷利差在利率市场化前后发生了较大的变化。1970 年，美国存款保险银行存贷利差为 6.46%，1980 年降为 6.20%，1986 年降为 5.04%。金融产业的调整，使得利率对于商业银行而言产生了“棘轮效应”。从供给来说，金融市场上其他金融机构的发展导致了资金分流，存款利率难以下调；从需求来说，资金的需求者可以通过多种渠道进行融资，银行议价能力削弱，贷款利率水平上升有限，存贷款利差收窄。

存贷利差的收紧，以及放松管制所带来的市场竞争的白热化，使得商业银行传统业务的盈利持续下滑，商业银行被迫追求更多的新业务以增加利润。这时期，不动产抵押、帮助企业接管和杠杆收购的贷款在银行贷款总额中占有很高的比例，银行业务整体存在相当高的债务违约风险。1981—1982 年，储蓄和贷款协会因债务违约的损失高达 100 亿美元，有一半以上的储蓄和贷款协会净值为负，陷入资不抵债的困境。1981—1994 年出现了储蓄和贷款协会因资不抵债造成的破产倒闭风潮，参加存款保险的银行破产数量为 2 350 家，平均每年有 167 家银行破产。特别是 1985—1992 年，破产银行总数为 2 109 家，平均每年有 260 多家银行破产。这次银行破产风潮是继“大萧条”之后最大规模的一次，持续

① CRn，即集中度比率，代表在某一行业中 n 家最大企业的市场份额占总市场份额的比重。

了近 15 年。1981—1994 年，每年破产倒闭的银行数量如表 1 所示。

表 1　1981—1994 年美国破产倒闭的银行数量

年份	破产银行数量	年份	破产银行数量
1981	9	1988	232
1982	34	1989	531
1983	50	1990	381
1984	83	1991	268
1985	139	1992	179
1986	162	1993	50
1987	217	1994	15

数据来源：作者根据美国联邦保险公司《破产银行统计数据》编制此表，http：//www2. fdic. gov/hsob/HSOBSummaryRpt. asp？BegYear = 1980&EndYear = 2000&State = 1.

从表 1 可以看出，1989 年是银行破产倒闭的高峰年，当年倒闭的银行为 531 家，以后则呈逐年下降趋势，至 1994 年趋于正常发展状态。

四是打破了保险业稳定发展的态势。保险业是一个负债经营的行业，其资产和负债受利率波动的影响十分明显。利率市场化影响了保险公司的资产负债、投资收益、保险费率和保险需求，这些受利率变动影响的因素都决定着保险公司的盈利能力。在利率市场化阶段，美国保险公司的破产率不断提高，最高值出现在利率市场化基本完成之后的 1991 年，全年有 53 家保险公司破产。利率市场化过程中，利率先大幅上升，然后急转直下，大幅下降，对美国当时的保险业特别是寿险行业带来了巨大的冲击，1971—1991 年，美国共有 279 家寿险公司破产①。

相较于利率市场化与商业银行破产的同步性，利率市场化对保险公司的影响有着明显的滞后性，在行业中具有举足轻重地位的保险公司破产屡见不鲜。利率市场化初期的高利率导致美国的保险公司，特别是寿险公司初期对费率设置偏低。寿险产品往往周期比较长，利率陡然下降之后，产品无法调整；再加上利率波动对保险公司的投资也造成了较大冲击，利率市场化完成后，美国保险公司特别是寿险公司大量倒闭。

五是带来投资银行的全盛发展。20 世纪 20 年代美国就产生了投资银行，但一直发展缓慢。一方面，美国的金融监管一直奉行对银行的“严监管”策略，《格拉斯——斯蒂格尔法》明令禁止商业银行进行证券投资，却对投资银行格外“宽容”。在利率市场化阶段，美国股票和债券市场的发展以及银行大额存单收益率的下降，使得在大萧条中存活下来的大型投资银行的发展速度远远超过商业银行。另一方面，利率市场化带来的金融市场环境和市场结构的变化，特别是金融衍生产品的开发，使得投资银行的业务范围越来越宽。1977 年，美林公司与

① 贝氏评级公司 . Best’s Impairment Rate and Rating Transition Study – 1977 to 2012 [DB/OL]. http：//www. ambest. com/directories/bestconnect/SpecRptMar28—2013. pdf.

一家美国地方银行合作开发出现金管理账户（CMA），将多种金融服务融为一体，实现了分业经营的银行客户资源优势与券商集合理财优势的融合，投资银行也开始具有货币创造的功能①。投资银行不仅是资本市场的核心，也逐渐成为货币市场的重要参与者，与商业银行的业务界限日趋模糊。

六、利率市场化引发了金融创新和管理方式的变革

在利率市场化改革的过程中，由于金融全球化的浪潮方兴未艾，金融创新活动大多是围绕逃避各种监管和规制展开的，出现了基于放松利率管制的各种金融创新活动，放松利率管制和利率市场化之间在时间上相互交叉，行动上互为影响，由此拉开了美国金融创新的大幕。

一是出现了与利率相关的创新性金融工具。在利率市场化开始前后，美国金融市场上有大量为突破管制而设计的金融创新产品，如 1972 年的可转让支付账户命令（NOW）、货币市场互助基金（MMF），1978 年的货币市场存款账户（MMDA）、自动转账业务（ATS）等，这其中，可转让账户（NOW）可用于对第三者支付，同时又作为互助储蓄银行的储蓄账户支付利息；自动转账储蓄（ATS）同时开设储蓄账户和零金额支票账户，使得资金在储蓄账户中获得利息，又可以转到支票账户中进行支付。所有这些产品可以说变相实现了利率管制在资产管理和存款方面的突破，也在一定程度上丰富了金融交易工具，大大提高了金融市场的活力，为之后美国金融的深度发展奠定了良好的基础。

同时，放松利率管制带来的利率风险也为利率衍生品的发展提供了土壤，如浮动利率债券、利率期货、零息债券、利率互换、远期利率协议、欧洲美元期货和期权等。1975—1990 年美国主要的金融工具的规模变化如表 2 所示。

表 2　1975—1990 年美国主要金融工具规模变化　单位：10 亿美元

金融工具＼年份	1975	1980	1985	1990	1975—1990 年增长倍数
货币市场共同基金	3.7	76.4	242.4	493.3	132.3
共同基金	43.0	61.8	245.9	608.4	13.1
封闭基金	9.0	7.9	8.3	52.9	4.9
GSE	93.4	195.1	324.0	477.6	4.1
机构或 GSE 支持的抵押资产池	21.5	45.4	368.9	1 019.9	46.4
资产支持证券发行者	0	0	37.2	269.9	-

数据来源：Federal Reserve System. Flow of Funds Accounts of the United States 1963—1990，1973—1981，1982—1990，http：//www. federalreserve. gov/releases/z1/19990915/annuals/a1963—1972. pdf.

① 现金管理账户通过将银行活期存款、证券投资、清算以及余额通知等融为一体，在分业经营的前提下，结合银行的客户资源优势和券商理财优势，使各类金融机构实现融合、共享利益。

表2说明，在利率市场化阶段，美国创新型金融工具的市场规模不断提高，其中，货币市场共同基金、机构或GSE支持的抵押资产池增幅最快，分别为132.3、46.4倍；共同基金、封闭基金、GSE等金融工具也都有一定的增长。货币市场共同基金不仅可随时支取，还可以按照市场利率支付利息，货币市场共同基金的迅速成长大大削弱了美国存款机构的吸储能力。

二是银行表外业务的兴起。20世纪80年代中期，不动产抵押贷款成为银行业资产业务占比最多的信贷业务，工商贷款、消费信贷和证券交易居其后。90年代初，商业银行开始积极开展表外业务，1985年前，商业银行的表外业务中非利息收入中的净利息收入还不足1/4，到1995年已达到1/2。与此同时，证券交易业务也不断拓展，商业银行证券投资业务在总资产中的比例达1/4左右。商业银行或通过共同基金的合作，或通过设立分支机构不断渗透到共同基金市场。

大规模的金融工具创新，特别是货币市场共同基金的发展，可以说是压倒美国利率管制的“最后一根稻草”。金融工具创新引发的大量资金从银行中的“抽离”，使美国商业银行靠着传统的利差收入维持垄断利润的“好日子”一去不返，商业银行这个原来在利率管制下最大的获益者也开始积极呼吁并推行利率市场化改革。

三是开启了美国银行业的国际化进程。与利率市场化同行的是放松汇率管制，实行浮动汇率，这使得大量资金流向收益较高的国家和地区，国际资本流动的不平衡在一定程度上冲击着美国的金融体制。

一方面，美国政府开始逐步放松对国外资金流入的限制。如1973年，美国首先取消资本流入限制，1981年12月3日，正式准许欧洲货币在美国境内交易。由于《1980年银行法》只针对国内存款机构进行利率管制，境外货币业务可以不受“Q条例”的限制，因此，欧洲货币都可以通过美国银行业设立的国际机构进行交易，这大大促进了外资银行和外国资本进入美国市场的积极性，使美国外国银行从1977年的122家增至1980年的344家。

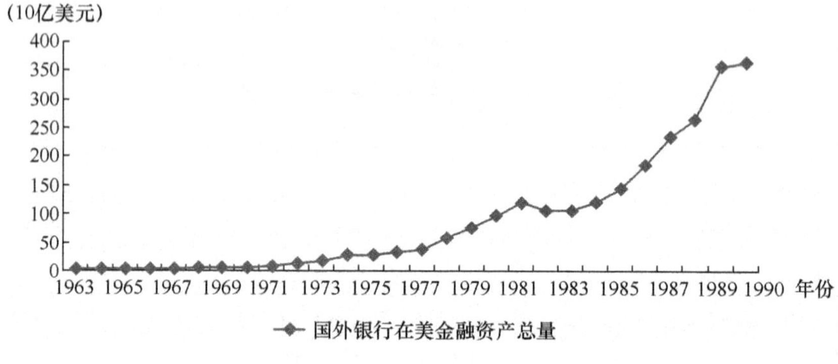

图2　1963—1990年国外银行在美金融资产总量

数据来源：Federal Reserve System. Flow of Funds Accounts of the United States 1963—1990，1973—1981，1982—1990，http：//www.federalreserve.gov/releases/z1/19990915/annuals/a1963—1972.pdf.

从图 2 可知，国外银行在美国的金融资产总量显示出上升趋势。有数据显示，从 1963 年的 38 亿美元上升到 1972 年的 144 亿美元，1990 年达到 3 665 亿美元。

另一方面，美国的本土银行也积极寻求向国外发展，纷纷在国外设立分支机构，成为国际金融市场有力的竞争者。资料显示，放松利率管制初期的 1979 年，美国商业银行在国外共设有 139 家分行、779 个分行网点，总资产达 36 422 亿美元。

四是改变了金融机构的经营管理方式。存贷差的收窄与大规模的金融创新降低了商业银行传统业务的盈利水平。商业银行主动进行资产负债管理，提高了贷款在总资产中的比重。随着美国利率市场化的基本完成，利率波动越来越大，利率风险成为主要的金融风险之一。银行和其他金融机构越来越重视风险管理问题。其中，资产负债管理（ALM）凭借可以同时管理多种风险的优势（如流动性、通胀和利率风险）得到越来越多金融机构的认可。利率风险管理主要通过匹配资产和债务的久期来实现。如果一家公司可以将资产和负债现金流在时间上进行完全匹配，利率波动就不会带来经济风险。就保险公司而言，主要通过投资债券或金融衍生品、产品设计等进行资产与负债的久期配置，但受诸多因素影响，一般都不能实现完全匹配。

五是调整金融市场的监管模式。美国利率市场化的路径是从放松管制逐步到完全市场化，与此相伴而行的是美国金融市场监管的变化。利率市场化过程中金融业的危机和动荡，使美国监管当局开始反思其金融监管的模式与理念。传统的做法是侧重于对金融机构体系的直接管制，过分关注单个金融机构的安全，从而忽视了保障整个金融系统的稳定这一更为重要的目标。在利率市场化和金融自由化的发展过程中，要逐步走向以市场为基础的间接管制，即宏观审慎监管，关注防范系统性金融风险。

在此背景下，美国逐步完善了多重金融监管体系，即证券交易委员会、商品期货交易委员会、货币监管总署、联邦存款保险公司、联邦储备体系、储蓄机构监管局、全国信用社管理局以及州银行和保险管理委员会。这些机构各司其职，分工合作，形成分层和多级的监管体系。2008 年以后，美国政府更加关注金融稳定问题，建立了一个跨机构的特别团队——金融稳定监督委员会，由美联储主席、美国财长、货币监管总署的监理官以及其他 5 个联邦机构的领导人组成，希望建立一个系统级监管的机制。

七、美国利率市场化改革的经验和启示

无论是在理论还是实践层面，利率市场化改革都是 20 世纪 60 年代以来世界金融市场和各国金融发展与变革的共同话题。美国的利率市场化进程是其金融自由化和放松管制的重要方面，具有明显的美国特色。其改革路径是以取消“Q 条

例”为主，逐步走上完全市场化的发展方向，呈现出渐进式和长时段的改革模式。

对于我国金融市场的发展来说，随着经济体制改革的不断深入，利率市场化也是一个绕不开的理论和现实问题。从20世纪90年代中后期开始，我国也在不断推进利率的市场化改革，但到目前为止，这一改革的目标和任务还尚未完成。2013年7月20日，中国人民银行宣布全面放开金融机构贷款利率管制，利率市场化改革迈出了实质性的重要一步。2014年“两会”期间，利率市场化和金融改革成为重要议题，成为我国目前新一轮金融改革的关键环节。

从美国长期的利率市场化改革中，我们可以总结出一些可以借鉴的经验和启示。

一是利率市场化改革需要顶层设计。从美国利率市场化改革的进程来看，我们不难看出，利率市场化的真正实现需要政府的引导和市场规则的支撑，实际上是顶层设计的问题。美国政府在利率市场化改革中始终发挥着重要的作用，每一项改革的举动、改革的立法以及改革的实施都是由联邦政府推动的，改革过程中出现的问题也是由联邦政府的有关机构根据法律规则解决的，如20世纪80年代银行业的破产危机，基本上是由联邦存款保险公司处理的。

二是要处理好利率市场化与金融适度化发展的关系。随着利率市场化的推进，金融的虚拟化程度也会越来越高，金融将成为经济部门资源配置的重要手段。理论上，金融的本质还是服务业，应该以实体经济的发展为基础。纵观世界经济发展的历史我们不难看出，就长期而言，一个国家或地区的金融业应该与经济发展保持一定的比例，过度超前或滞后，都会使虚拟经济与实体经济脱节，造成经济波动，甚至引发经济危机。在利率市场化和放松管制的过程中，美国的金融业获得了超常发展，甚至是过度化的发展，最终引发了金融泡沫和经济危机。

三是要善于运用利率市场化与金融创新的互动性。就美国的利率市场化而言，放松利率管制与金融创新可以说是一对“孪生兄弟”，金融创新与利率市场化改革如影相随，如大额可转让定期存单等金融工具的创新，从实践上打开了利率市场化的阀门。在利率市场化过程中，监管放松导致利率变动频繁，市场波动增加，也需要通过金融创新进行风险管理。如果处于利率管制状态，就不会有利率衍生品等创新型金融工具的出现，利率市场化反而为金融创新提供了土壤。因此，在利率市场化改革中，要逐步引入创新型金融工具，鼓励金融创新。

四是利率市场化是一个长期的改革和发展过程。美国的利率市场化并不是与其自由市场经济的发展并生的，而是经历了自由—管制—市场化的复杂而漫长的过程。自1970年以来，美国政府逐步放开利率管制，遵循“从大额到小额、从长期到短期”的原则。1986年，美国正式取消了储蓄存款账户的利率上限，从而基本上完成了利率市场化的进程。但是，关于活期存款支付利息的限制却一直没有取消，直到2010年《多德·弗兰克法案》的通过，才最终在立法上完全取消了利率管制，从而全面完成了利率市场化的改革，这项改革前后持续了40多年的时间。因此，渐进式的利率市场化改革是一个长期的过程，不可能一蹴而就，在改革过程中也可能会遇到各种困难和挫折，会产生许多不确定性因素。

八、结论

美国的利率市场化是其金融自由化的重要组成部分，采取了从易到难的渐进式改革路径。伴随着利率市场化的进程，美国引领了全球金融创新的浪潮，其金融业获得了超乎寻常的发展，同时也改变了金融业的生态和结构以及金融机构的经营管理方式，对美国金融业的发展产生了深远的影响。美国的金融创新和制度变迁，大多是围绕取消利率管制而展开的。在利率市场化的过程中，美国联邦政府和国会始终发挥着重要的作用。美国虽然是一个发达的市场经济国家，但长期以来却对利率进行严格的管制，且在西方发达国家中也并不是最先完成利率市场化的国家。利率市场化在实现美国金融深度发展的同时，也为其金融机构和金融市场带来重大挑战；利率市场化在提升金融市场竞争力的同时，也为美国埋下了经济泡沫的隐患。所以，发展适度金融是实现利率市场化长远目标的关键。我国与美国利率市场化改革的背景和目标都有所区别，对其经验和教训要有所扬弃。

德国企业治理结构的历史和实践：利益相关者的视角

巫云仙

摘要 本文从利益相关者的视角，梳理德国企业治理结构的历史发展和演进。德国企业根据企业自身以及国家经济和社会发展的实际，形成了独具特色的“共同治理”模式，较好地处理了企业所有者、管理者以及利益相关者（如员工、客户、供应商、债权人、政府和社会公众等）之间的关系问题。这种独特的公司治理模式并不是事先经过制度设计的，而是在德国历史和文化以及社会经济发展过程中逐步形成的，是一个自然演进的结果；在制度的形成过程中也没有太多的理论加以指导，却表现出良好的制度效应。从企业治理结构模式多样化来看，每一个国家都有一套适合自己国家特殊性的制度，不能盲目地复制他国的模式，也不必急于趋同化，应该保持自己的特色。

关键词 德国企业；治理结构；历史和实践；利益相关者视角

正如德国企业的发展历程及其经营模式的独特性一样，德国企业的治理模式也与世界各国有很大的差异。关于德国企业的治理结构，学术界普遍认为它实行了一种以重要利益相关者为基础的“银行导向型”治理结构。在这种模式下，不仅要重视股东的利益，而且还要考虑到更多利益相关者的利益。本文主要从定性分析的角度，结合德国企业和经济发展的实践，阐述这一模式的历史性和实践意义。

一、文献综述和问题的提出

利益相关者理论正式形成于 20 世纪 80 年代，以弗里曼（Freeman, R. Edward, 1984）所著的《战略管理：利益相关者理论》为代表对这一理论进行了系统的分析和论证。之后，利益相关者理论逐渐成为分析企业治理模式的又一重要理论工具，对股东价值最大化理论形成了挑战，越来越多的学者开始运用这一理论来阐释当今企业的治理实践。

近年来，由于“德国制造”和德国企业的良好表现引起了理论界的关注，在有关德国企业发展和治理模式的问题上已经积累了一些相关的研究成果。如关于德国“共决权”的研究，认为德国的职工“共决”制度以其完善和稳固的体系，在世界上堪称独一无二。然而，正是这种独一无二的制度，在近年来德国经济不景气的大环境中饱受质疑，使德国企业界和学术界纷纷对此展开了讨论①。日本学者佐藤孝弘从社会责任对德国公司治理的影响的角度进行了研究，他认为，美国公司社会责任的概念拥有浓厚的个人主义或自由主义色彩，而它们社会责任的承担方式与股东权益的概念紧密相连。德国公司社会责任的一大特点是在追求公司自身利益的同时保护利益相关者的利益并调整其利益关系，而公司的社会责任也根据社会期待而形成，并进一步形成了德国独特的公司治理模式②。德国学者安雅·塔斯克（Anja Tuschke）则从全新的角度审视了德国公司的治理体系，她认为，不同于美国以股东为主的“市场导向型”治理模式，德国目前普遍采用的是以重要利益相关者理论为基础的“银行导向型”公司治理模式。这种模式不是忽视股东，而是纳入更多的利益相关者。在20世纪90年代中期，德国曾进行过股东导向的实践，后来逐渐转向利益相关者导向的治理模式，因为后者能够吸引更优秀的雇员、刺激创新，在战略决策中员工的参与可以减少实施过程中的阻力。但这种模式需要通过企业文化和规范来制衡③。结合企业和经济的发展进程，可以对德国独特的企业治理模式进行解剖和阐释。

二、德国企业治理的历史演进

由于特殊的历史发展背景，德国企业除了单纯的私人制企业之外，主要包括有限责任公司和合伙制企业两类，其中大多是家族式中小企业。有限责任公司包括有限公司（GmbH）和股份公司（AG）④。当然也有大型、甚至超大型的如康采恩集团，但它们在数量上并不占优势。

大致在19世纪90年代之前，在德国的家族或合伙企业内部就已经开始实行优胜劣汰的分级管理。虽然以家族为单位的资产所有者仍把持着战略性的决策权力，但担任高层领导的常常是那些技术能力强的人。企业也需要企业职工的支持和参与，其主要形式是工人委员会⑤，这是后来德国颇具特色的企业职工“共决”制度的雏形。与此同时，企业也以各种方式协调各个利益相关者的关系，而不仅仅是股东利益最大化。

第一，劳资关系和雇员的福利。如西门子公司，创业早期为了留住合格和有

① 庞文薇．德国职工“共决权”何去何从？——对目前德国职工“共决权”讨论的一些思考［J］．德国研究，2006（3）．

② 佐藤孝弘．社会责任对德国公司治理的影响［J］．德国研究，2008（4）．

③ 慕尼黑大学安雅·塔斯克（Anja Tuschke）教授于2014年6月20日在中国人民大学“全球化时代公司治理向何处去”的主题研讨会上，作了题为“利益相关者的利益取向能否导致竞争优势？”的演说中提出的观点。

④ 1892年，德国颁布了世界上第一个《有限责任公司法》，正式从法律上把股份有限公司（AG）和有限责任公司（Gmb）区分开来。

⑤ 1890年，在德国企业中已建立了40个工人委员会。1891年，在德国政府通过的《工商业管理条例》的附文中第一次以法律形式承认了工人委员会。

经验的员工，1872 年设立了养老基金，1893 年开展了工人在岗培训计划，在 20 世纪 50 年代开始建立学徒车间和职业培训学校①；另外还有所谓的“股票持有红利制度”，让有能力的员工分享到公司的利润。又如克虏伯公司 1906 年就为公司的 6 000 名职工提供了住房。德国大公司在所有产业部门为白领工人提供疾病、事故和伤残保险以及退休福利，且时间比美国要早很多。有些政策是政府制定的，而大部分是各公司自行制定的。

第二，与特殊银行的关系。由于 19 世纪中后期德国资本市场的发育先天不足，企业融资除了依靠内部资源外，主要是间接融资——全能的商业银行发挥了主渠道的作用。德意志银行、德累斯顿银行和德国商业银行与一些特定行业的企业就建立起非常紧密的联系，如德意志银行同时是西门子公司和戴姆勒·奔驰公司等企业的关系银行。银行不仅可以为企业提供贷款，还可以持有企业的股票，同时还为企业提供证券发行以及相关业务，甚至还可以代理企业行使投票表决权。因此，银行在德国企业的治理结构中发挥着重要作用，银行不仅成为债权人、股东及企业陷入危机时的最后救助人，而且还具有代理控制权、对监事会席位的控制权以及可以解决银行与企业间信息不对称问题②。

第三，利益相关者的治理结构逐步制度化。两次世界大战把德国资本主义改变得面目全非，战争使工业、劳工以及政府之间产生了新的关系，最终使劳工的势力大大增强，劳工组织在微观经济和政府决策方面寻求到了更多的权力；同时，战争又进一步加强了政府的经济实力。在 1914 年之后的 45 年中，德国企业中的大部分严重问题都与劳工或政府有关，其中既有政治方面的原因，也有经济方面的原因。

第二次世界大战后，随着公司制的普遍实行，德国企业逐步确立了独立的法人地位。企业对利益相关者的关注并没有因为时间的流逝，以及战争对德国历史发展所造成的断层而有所改变，反而是越来越制度化了。企业的治理结构由三部分组成，即股东大会、监事会和董事会，逐步建立起以利益相关者为基础的共同治理结构和管理模式。

第四，利益相关者的范围扩大到更大的社会层面，即德国企业和公司必须承担一定的社会责任，把环境保护作为关注的重点。在非政府组织的影响下，德国有关环境方面的立法在世界上占有领先地位。如为了构建循环性的社会体系，1991 年实行的《包装废弃物规制令》规定，公司必须减少包装材料的生产和使用，增加资源的再利用；1994 年公布的《循环经济废弃物法》规定了生产、流通以及消费阶段产生的废弃物的再利用；2002 年 5 月制定了《汽车再利用法》③；

---

① 这一制度一直延续下来，成为西门子公司的重要制度。2011 年，西门子公司为员工培训和继续教育的投资约 2.21 亿欧元。

② 金晓武．主持银行：德国商业银行与企业关系的模式［J］．德国研究，1997（3）；王学新．公司治理的德国模式［J］．德国研究，2005（3）．

③ 佐藤孝弘．社会责任对德国公司治理的影响［J］．德国研究，2008（4）．

2010年，德国联邦政府劳动与社会事务部制定了企业社会责任（CSR）计划，要求企业在公布其财务报表资料的同时，定期公布其CSR报告①。事实上，对于环保问题的关注，德国企业还是走在了德国政府的前面，如化学制造企业巴斯夫集团，早在20世纪60年代就开始致力于环境保护，逐步对化学生产过程中产生的废物、污水和废气等持续投入大量资金进行处理，并倡导用绿色和清洁的理念将化学品创造进行到底。

三、基于利益相关者的公司治理的实践和法律法规

第二次世界大战以后，由于联邦德国政府的市场经济模式，基于利益相关者的公司治理实践越来越流行，其表现形式与战前也不尽相同。

第一，德国企业的股权出现了进一步分散化的趋势。如政府积极倡导国有企业发行“人民股票”，鼓励职工优先购买企业的股票；以税收的优惠条件引导私人公司的雇员发售股票。在这种政策下，股份公司的股东暴增。大的股份公司无不拥有几万、几十万、上百万的股东，比如“费巴”公司有75万名股东，大众汽车公司拥有59万名股东。随着股份的分散化，个人和家族资本的约束力也在进一步淡化②。除此之外，由于绝大多数德国公司的股份都是以不记名的方式持有的，因此难以弄清楚德国企业的股权结构。但是有证据显示，德国大企业相互交叉、直接持股的现象相当普遍，金融机构和商业公司都可以持有德国企业相当多的股份。更有甚者，德国的银行机构还是其他类型股东所持股份的存储处，而且还具有在所存储的股份范围内代表存储人投票的“全权投票权”③。这说明，德国的持股银行是大型公司的主银行（类似日本的主银行制度），银企双方有着长期和稳定的业务往来，银行机构可以向企业派出监管董事会成员。

第二，董事会的专家化和混合化。根据德国的法律规定，德国股份制企业有两层董事会，即管理董事会和监管董事会。前者是在企业具有较高专业技能的管理者和经营者，拥有公司的日常营运管理权力，是绝大多数事务的真正决策机构，一般由5~15名成员组成，由监管董事会任命，任期一般为3~5年。被选中进入董事会的人，并不是因为他们是公司的大股东，而是由于具有经营管理的经验和能力才被聘用。随着经营管理的科学化，管理董事会成员的受教育程度也在提高。在德国企业，管理董事会成员有1/3拥有博士学位。监管董事会是一个真正的监管机构，通常由9~22名成员组成。作为1976年《共同决策法案》（Codetermination Act）的产物，这些成员的一半必须是选举产生的工人代表（其中至少一人必须是公司的管理层人员），另一半则由股东选举产生，一般都不是

① Federal Minister of Labor and Social Affairs [DB/OL]. CSR Made in Germany, 2010.

② 景体华．德国企业制度及企业行为［J］．德国研究，1994（4）．

③ 唐纳德·H. 邱．公司财务和治理结构：美国、日本和欧洲的比较［M］．杨其静等译．北京：中国人民大学出版社，2005，428－429.

公司的全日制雇员，而是来自于其他大公司的执行官阶层，或者来自于那些拥有本公司某种重要利益的金融机构的执行官阶层。这种混合化的制度安排，使这一部分监管董事会成员扮演着其他利益相关者权益的实际代表和监督者的角色。

第三，形成制度化的体现利益相关者的“共决”模式。在这一制度中，职工可以参与企业的决策过程，即体现经济领域中的“共决权”；同时，职工也可以参与公司管理，享有对自身利益的维护。企业职工的共决权分为两种形式：一是在工厂或基层企业层面，主要是通过企业委员会实现“共决”，包括“共同决定”（Mitbestimmung）和“参与协作”（Mitwirkung）两种权利；二是在总公司或母公司级企业层面，即企业管理层面，主要通过监事会来实现，这种职工代表进入公司组织机构的形式也被称为“共同决定”。企业职工的这两种权利统称为“共决权”（Mitbestimmungsrecht）。

职工参与企业和公司管理的“共决权”制度分为两个层次：一是对有关职工的切身利益问题，通过协商参与决策；二是工人代表进入管理董事会和监管董事会参与公司的重大决策。职工参与决策的最基本组织是“企业职工委员会”。联邦德国《企业法》规定：企业除了建立管理董事会和监管董事会外，还要建立企业职工委员会。企业职工主要在社会福利、人事和经济问题方面享有“共决权”。德国企业职工的“共决制度”，在全世界来说都是独一无二的，没有哪一个国家有如德国这样完善和稳固的职工“共决体系”。

第四，德国企业的“共决制度”具有法律效力。“共决制度”主要由多部法律构成：一是1920年的《工厂委员会法》，使工厂委员会合法化；二是1951年1月工会通过使用准备罢工的手段同当时的阿登纳政府达成协议，确定了煤钢工业参与制定方针，作为政府法律草案的基础。《煤钢共决权法》把钢铁工业大企业中的对等参与决定制模式固定下来，并扩大到矿山工业企业。1951年4月1日，《煤钢共决权法》在联邦议院中通过；三是1952年制定实施的《工厂组织法》扩大了工厂委员会的人事权和社会问题决策权，规定工厂委员会的代表们必须与雇主、雇主协会及工会配合；四是1972年颁布的《企业委员会法》规定，雇用5名以上具有长期选举权的职工的企业，必须设立职工委员会，再次强调了工厂委员会的人事决策权；五是1976年实行的《共同决策法案》，将劳工的权利进一步扩大，规定在煤炭和钢铁公司以外的企业，雇用工人超过2 000名的，其监管董事会中应有半数劳工代表。但是《共同决策法案》并没有在广大中小企业内实施，因此，大约80%以上的德国中小企业（人数在5人以上）都没有这样的劳工代表，但劳工还可以通过工厂委员会影响公司的管理。

四、结论

从利益相关者的视角来看，20世纪50年代之前，德国企业的股东只有在协调好各方利益关系的基础上，才有可能实现自己的利益最大化。企业的有关生产部门被委以重任的总是那些才识出众的技术人员，而非美国式的部门经理或总经理。企业内部的劳工关系是一种自上而下的、军事化的、一切服从命令的模式，但这一模式又因牢固的福利政策，以及对企业员工的关注而使人感到它不是那么令人生畏。20 世纪 50 年代后，随着德国社会市场经济模式的形成和完善，利益相关者的治理模式逐渐成为德国企业的主流管理模式，在企业内部制度的规范化以及外部活动范围和企业行为的规范上，形成了与之相适应的制度形式。

战后，联邦德国逐步建立和完善的企业职工“共决制度”，体现了社会市场经济模式保障社会公正的目标原则，不仅在一定程度上改变着企业的权力结构，同时也作为一种政治和文化模式，镶嵌于社会市场经济的总模式之中，决定着社会市场经济的整体效应。

不过，近年来受到经济全球化的影响，德国企业界对从保护职工利益角度出发的职工“共决权”纷纷提出了质疑，有人提议取消企业层面的职工“共决权”。质疑者认为，这种“共决”制度固然保护了职工利益，但企业成本却随之增加，企业效率也在一定程度上降低了①；也有人呼吁应该回到以股东利益最大化的治理模式中。

从企业治理结构模式的多样化来看，每一个国家都有一套适合自己国家特殊性的制度，不能盲目地复制他国的模式，也不必急于趋同化，而应该保持自己的特色。

① 庞文薇．德国职工“共决权”何去何从？——对目前德国职工“共决权”讨论的一些思考［J］．德国研究，2006（3）．

关于当前国际货币体系

——对“美元本位制”内在缺陷的思考

张毅来

摘要 在“美元本位制”下，美国可以通过国际基轴货币国所特有的“负债结算”霸权抹平自身长期的巨额经常收支赤字，但由此引发了美元过剩，全球范围的货币资本过剩和大规模货币金融投机的问题。“美元本位制”有力地保证了美国长期经济繁荣局面，但增大了全球经济整体风险，1997年的东亚货币金融危机和近年发生的次贷危机只不过是这种整体风险中一个表象而已。在这样的大背景下，各国都不可能独善其身，因此都有必要认真考虑如何改革当前的国际货币体系。作为已经深受“美元本位制”缺陷其害的东亚各国，更应有动力认真思考如何改革“美元本位制”的问题。

关键词 美元本位制；美元过剩；美元霸权；东亚货币金融合作

自20世纪90年代以来，世界各地货币金融危机频繁发生，其中就包括席卷东亚的1997年货币金融危机和近年波及全球的美国次贷金融危机①。这些危机动辄就扩散和危及周边国家，形成地区性乃至国际性的危机。尽管各个危机都有其发生的独特原因，各种研究也更多地将注意力集中到对这些问题的关注上，但不可忽视的是，这些危机也存在着共通的发生原因，这就是当前国际货币体系——“美元本位制”的内在缺陷。

众所周知，在国际经贸活动日益频繁的大背景下，较稳定的国际货币价值秩序是必不可少的。可以说，这种稳定的秩序理应是支撑经济全球化的重要的国际公共产品。但实际上自布雷顿森林体系崩溃以后，浮动汇率制成为主流，世界上就不再存在真正能够提供这种重要国际公共产品的国际体系了。而作为这种体系的替代，“美元本位制”得以确立，成为今日的主要国际货币体系。但在“美元本位制”下，美国凭借美元的国际基轴货币地位，获得了能以极低代价获取极大收益的所谓“货币霸权”，奠定了美国持续至今的经济繁荣的基础。但必须明确的是，如果从国际角度审视“美元本位制”，其非但不能为世界提供一个稳定的国际货币价值秩序，相反，其过剩的货币资本和过剩的国际移动愈发加大了各国

① 其他还有英镑危机（1992年）、欧洲货币金融危机（1992—1993年）、墨西哥货币危机（1994—1995年）、俄罗斯货币危机（1998年）、巴西货币危机（1998年）和阿根廷货币危机（2001年）等。

货币和金融体系的不安定性，这种不安定性是近来频繁发生的国际货币金融危机的重要的共通原因。

本文将结合一些重要数据，明确“美元本位制”存在的缺陷以及它与国际货币金融危机之间的联系，强调改革当前国际货币体系的必要性，以期为人民币国际化和亚洲货币金融合作的合理性与必要性提供一些理论支持。

一、关于“美元本位制”

国际货币体系的变迁可根据不同时期的主要特征将其分成三个不同阶段：“金本位制”（1944 年）；“金・美元本位制”（1944—1971 年）；“美元本位制”（1971 年至今）。“美元本位制”又可细分为两个历史时期：1971—1973 年的所谓“史密森协议”框架下固定汇率制的“美元本位制”，但这一体系很快瓦解；其后，从 1973 年 2 月起，各主要西方先进国家相继采用浮动汇率制，国际货币体系也就正式进入了当前的浮动汇率制下的“美元本位制”。需要明确的是，尽管布雷顿森林体系框架下的“金・美元本位制”和“史密森协议”框架下的固定汇率制已然崩溃，但自布雷顿森林体系开始确立的以美元作为国际基轴货币的基本架构非但没有崩溃，反而得到了进一步强化，美元作为国际基轴货币的地位得到进一步强化，以致最终形成了当前美国所独享的“货币霸权”。

美元之所以被称为国际基轴货币，原因在于各国货币兑换价格几乎都以对美元价格为标准加以互相换算和标示，并在此基础上以美元为兑换的中介货币，实现各国货币的兑换和价值转换。具体来说，美元作为当今世界各国货币兑换的中介货币，能够在民间层面发挥“合同・结算货币”① 和“标示・投资货币”② 的功能，并在国家层面发挥外汇市场的“基准・介入・储备货币”的功能，而这些功能正是国际货币所具有的重要特征。具备上述特征的最强国际货币就是所谓国际基轴货币。众所周知，当前在以浮动汇率制为主的情况下，美元是最强国际货币，在国际银行间的外汇市场上，美元占有着压倒性的份额，通过银行的各种国际交易都必须依赖美元方能实现，说明美元牢牢占据着国际基轴货币的地位。这样的“美元本位制”存在着一系列的严重缺陷，这些缺陷成为近年来频繁发生的国际货币金融危机的共通原因。下面结合一些重要数据具体解析这些缺陷。

二、过剩美元

“美元本位制”下的各国货币关系中，必然产生货币间的所谓“非对称”问

---

① 即在国际贸易合同拟定过程中的价值标示货币、国际贸易过程中的结算货币。这两种功能相辅相成，是国际货币的重要功能之一，也是衡量一国货币是否是国际货币的重要标准之一。

② 即在国际金融交易过程中的价值标示货币和投融资货币。这两种功能也是相辅相成的，也是国际货币的重要功能之一，同样是衡量一国货币是否是国际货币的重要标准之一。

题，而“非对称”问题产生的一个严重后果就是当前的过剩美元问题。具体来说，由于各国国际交易都离不开美元作为中介，因此美元的国际需求是巨大的。随着全球化的不断推进，国际交易总额越大，美元的国际需求也就越大。需要明确的是，除美国外的所有国家如果需要美元，都只能主要依靠本国的对外贸易和服务的顺差获得①，都是辛勤劳作方能换得的“血汗钱”，而作为美元供给方的美国，则仅仅只需要开动印刷机就可以获得世界各国提供的“免费午餐”。所以说，美国凭借着美元的国际基轴货币的地位，获得了可以无视本国长期的对外赤字（主要指经常性收支赤字）、自由实行金融政策的特殊能力。这种能力是除美国以外的任何国家所不具备的，因此被称为“货币霸权”。这样的货币金融的能力差别，也就被称为各国货币与美元之间的“非对称”问题。虽说“非对称”问题是自布雷顿森林体系的确立就开始产生的问题，但当时为了缓和这个问题，对依靠本国货币就能进行国际结算的美国设置了一定的限制，也就是美国有义务为各国提供最终的黄金结算，而美元结算仅作为美国的临时结算手段。所以，美国的结算能力在当时仍然在理论上受到美国黄金储备的制约。但由于布雷顿森林体系的崩溃，对美国的这种最终结算制约也就烟消云散了。因此，凭借着美元的国际基轴货币地位，美国的国际结算能力得到了空前的扩张和强化，只要世界各国对美元的需求不断扩大，美国就可以近乎肆无忌惮地印刷美元，通过美国长年不断膨胀的经常性收支赤字向世界供给美元，这种行为也被称为国际基轴货币国的“负债结算”②。因此，可以说“非对称”问题在当前的国际货币体系下更加恶化了。随着美国多年来肆无忌惮地运用这种“负债结算”特权，远超世界实体经济所需的美元货币量的过剩问题就必然产生了③。只要美元的国际基轴货币地位不动摇，世界各国继续存在对美元的巨大需求，美国继续滥用“负债结算”的情况就不会得到有效制约，美元过剩问题必将继续恶化下去。

通过上述分析，我们基本可以理解过剩美元问题的客观存在了，但有关美元过剩现状的较为直接的国际统计数据是极其匮乏的。尽管如此，我们仍然可以通过急速膨胀的美元离岸市场——欧洲美元市场的规模对此加以揣摩和验证。在布雷顿森林体系刚刚崩溃后不久的1972年，欧洲美元市场的规模为0.09兆美元（奥田宏司，1999），而至2010年时，这个规模就已经急速膨胀到号称5兆美元

① 相对而言，通过资本账户交易获得的外来美元，账面上的美元获取国其实是负债国，账面上虽然也能获取美元，但实际并不真正拥有这些美元的所有权。

② 美国通过经常性收支赤字向世界的黑字国供给美元，而这些经常性收支的黑字国又往往因为有对所获美元进行保值甚至套利的需求，将相当部分美元投资美国，形成了美国的资本收支黑字。从国际收支表上看，美国国际收支基本平衡，但美国的资本收支黑字其实意味着美国的负债，因此这种情况也就被称之为“负债结算”。

③ 由于美国可以通过印刷美元对本国对外经常性赤字进行结算，而这部分美国的对外结算能力并非通过美国创造财富的行为（主要是实体经济生产的物品或服务等）获得，因此这种结算能力必然产生超过世界总的实体经济所需的货币量。

的规模。也就是说，不在美国国内流动的美元量，在不到40年间膨胀了56倍左右。而同时期美国的GDP，从1972年的1.2兆美元（名义），扩张到2010年的14.6兆美元（名义），仅扩大了12倍左右。非常明显，自布雷顿森林体系崩溃以来，美元的发行速度远远超过了美国实体经济的发展。此外，1972年欧洲美元市场规模是同年美国GDP规模的8%，但到了2010年，这一比例已经超过了34%。很明显，过剩美元的确存在。

三、世界各国普遍的信用膨胀和货币资本的过剩化

过剩美元进而造成和加速了世界各国的信用膨胀和货币资本的过剩化。如前所述，“金·美元本位制”的崩溃强化了美国的“负债结算”能力，使其获得了“货币霸权”。同时，从美国以外的国家来看，其中央银行的信用也随着金·美元储备限制[①]的消失，获得了更大的扩张能力，其结果造成了今天世界范围内普遍的货币资本的过剩化。当然，由于各国发展阶段和所采取的汇率制度等经济条件不尽相同，其货币资本的膨胀原因也有一定区别，具体来说可以分为三种。

首先，在浮动汇率制下“美元本位制”中，由于金融自由化，过剩美元能够自由出入实现金融自由化的国家。加之通过美国和各国货币的自由兑换，过剩美元将能够推动各国货币资本的膨胀。

其次，即便在尚未实行金融自由化的发展中国家，由于对中央银行的金·美元储备限制的解除，加之由于各种政治经济原因造成中央银行缺乏货币发行量的自我管束能力（货币发行纪律），将很有可能导致该国乱发货币，造成高通货膨胀问题。这样的事情，在南美和非洲国家中至今也并不鲜见。

最后，类似中国这样拥有巨额国际收支黑字的国家，由于巨额的美元储备的不断累积，进而在事实上的盯住美元汇率制[②]下，极有可能波及国内货币供给，造成由过大外汇占款引发的国内过剩流动性。尽管中央银行可以通过冲销等手段加以干预，但由于美元储备的不断累积，冲销成本剧增，必将进一步推高未来的通货膨胀率[③]，造成干预作用大打折扣。

当然，以上三种原因全部或两种同时在一个国家发生作用的可能也是存在的。过剩美元正是通过这样几种主要途径造成了世界各国的信用膨胀和货币资本的过剩化。这样的状况我们可以通过图1和图2加以确认。

---

① “金·美元本位制”下，因美国的对外信用受到其黄金储备量的限制，而美国以外的各国对外信用则受到本国美元储备量的限制，因此可以说各国央行的信用受到的是所谓“金·美元储备”量的限制。表面上看是美元储备量的限制，其实归根结底还是黄金储备量的限制。

② 尽管公开宣布的是“参考一揽子货币的管理浮动汇率制”，但学界仍然普遍较倾向于盯住美元汇率制的认识。

③ 事实上，即便仅使社会产生未来的通货膨胀上升预期，也容易造成现实的通货膨胀率上升。

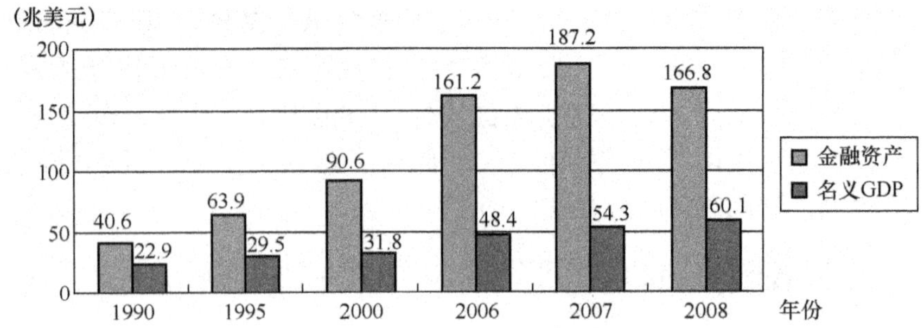

图1　世界金融经济与实体经济规模的比较（1990—2008）

数据来源：World Federation of Exchange，IFS，OECD，ADB，日銀，FRB，ECB.（三菱 UFJ 证券）

注：世界的金融资产 = 世界的股市时价总额 + 世界的债券余额 + 世界的存款；此处的“世界”是指中国、美国、EU、英国、加拿大、ANIEs、ASEAN、日本和印度。

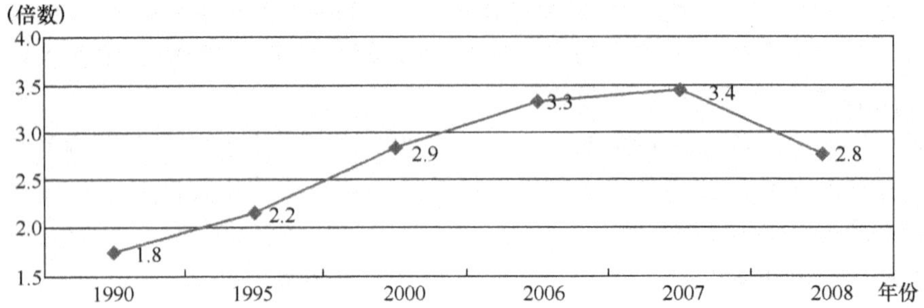

图2　金融经济对实体经济规模的倍率推移（金融资产/名义 GDP）（1990—2008）

注：笔者根据图1的数据绘制成图。

从图1和图2我们可以很容易地发现世界的金融资产额远远高于世界的名义 GDP①。根据图1可知，世界的金融资产额在1990年还是40.6兆美元，到2007年就一跃达到187.2兆美元。形成鲜明对照的是实体经济的规模，由1990年时的22.9兆美元，到2008年仅扩大为60.1兆美元。从图2可知，金融经济规模对实体经济规模的比率，在1990年还是1.8倍，到2008年就扩大到2.8倍。这样的数据清楚地表明了当今世界存在着过剩货币资本的现实。在这样的条件下，产生的不仅是过剩的国际流动性问题，还产生了过剩的国际资本移动的问题。

① 上述金融资产额的数据是存量数据，而名义 GDP 数据则是流量数据。原则上存量数据不能与流量数据进行比较，但因为流量的金融资产额远远高于存量的金融资产额，因此，如果连存量的金融资产额都远高于名义 GDP 的话，就很容易推测出流量的金融资产额就更加远远高于名义 GDP 了。由于流量的金融资产统计数据极度匮乏，这里权且利用存量数据。

四、过剩的国际资本移动

过剩美元和世界的过剩货币资本造成了欧洲货币市场的急速扩大。而在逐利的资本原始性格驱动下，伴随着各国金融自由化的进展，以美元为首的世界过剩货币资本，在欧洲货币市场大量累积，被大量应用在各国金融市场间的套利和投机交易等金融交易中，造成了过剩的国际资本移动。对于这个问题的客观存在，我们可以通过图 3 和图 4 加以确认。

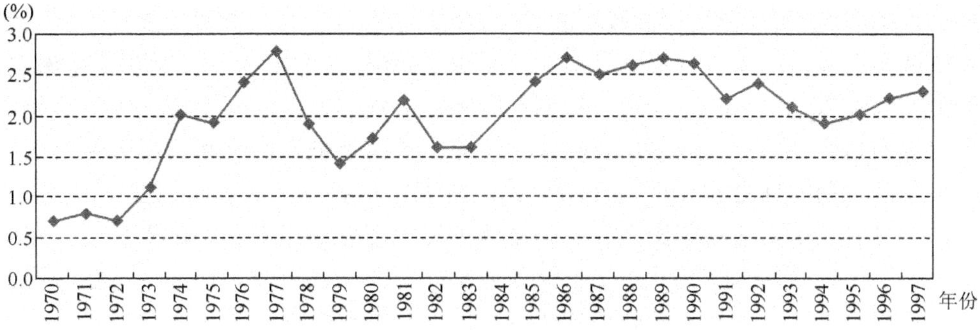

图 3　先进十国的存量资本移动额（1970—1997）

资料来源：IMF，Balance of Payment Statistics.（翁・白川・白塚，1999）。注：所谓“先进十国”为澳大利亚、加拿大、法国、德国、意大利、日本、挪威、瑞典、英国和美国。

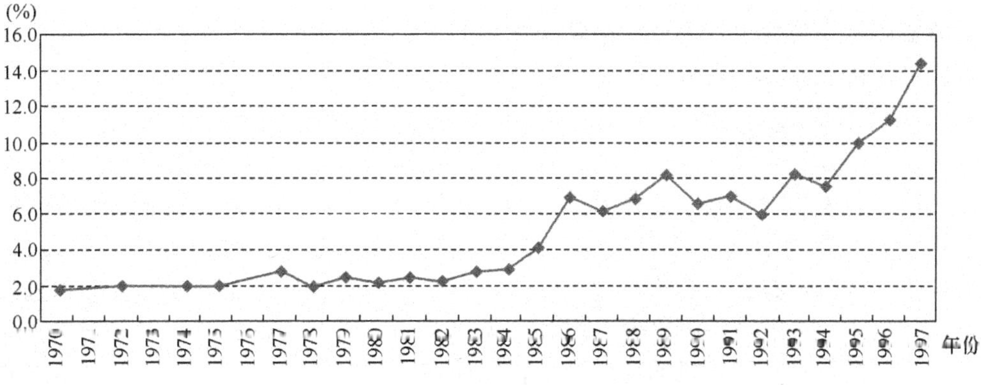

图 4　先进十国流量资本移动额（1970—1997）

资料来源：同图 3。

图 3 表示的是所谓“先进十国”的存量资本移动额对名义 GDP 比率的推移数据。从中我们可以了解到，从 1970—1974 年，这一比率从 1% 以下的水平上升

至2.5%左右，之后直至1997年，基本维持这一比率。而这一数据特征反映了这些国家在这一时期的经常收支不均衡的情况。图4表示的则是十国的流量资本移动额对名义GDP比率的推移。从图3和图4我们可以很容易看出，在20世纪70~80年代中期，存量和流量的国际资本移动额基本在同一水平上（2%~2.5%左右）。这说明，这一时期的国际资本移动（流量）尚与实体经济的需求相差不远，但是从1985年后，流量的资本移动额开始急速扩张，大幅超越存量额；到1997年，流量比存量额已高出6倍左右。这说明，远超世界实体经济需求的过剩货币资本移动急速增加了。

这里需要注意的是，如前所述，以过剩美元为中心的过剩货币资本起始于第二次世界大战后的布雷顿森林体系，而到布雷顿森林体系崩溃后得以急速膨胀；但为何直到20世纪80年代后，过剩的国际货币资本移动才开始显现呢？这是因为，进入80年代后，伴随着IT技术的进步，各国金融自由化和离岸金融市场的成熟等新时期的社会和经济条件的变化，使资本在各国的移动更加方便与迅速，往往只需要在电脑终端前操作几个按钮即可完成巨额的资本移动，于是原先非常复杂的工作，自这一时期开始变得极为简单和高效。也正因为如此，从此时期开始，过剩货币资本开始能够利用利率差和汇率变动等因素，及时而迅速地完成高收益的金融套利和投机活动，其规模随着世界过剩货币资本的扩张而急速扩大。而正是由于这样的金融交易额的日益膨胀，严重扰乱了实体经济所需要的稳定的经济环境，特别是激化了各国货币间汇率的波动起伏，扩大了汇率风险，而汇率风险的扩大又进一步催生了各种金融交易技术的发展和交易额的扩大，其结果又进一步增加了金融市场的整体风险和汇率的进一步波动起伏，形成了恶性循环。

在这样的背景下，国际“金钱游戏”的土壤已经形成，赌场资本主义登上了历史舞台，其结果就为近年来频繁发生的货币金融危机乃至波及全球的美国次贷危机创造了基本的条件。

五、赌场资本主义、金融衍生商品和高杠杆交易机构的发展

以过剩美元为中心的过剩货币资本，在世界范围内的自由移动促进了各国通货膨胀的上升和泡沫经济的发生，这些因素促成了国际“金钱游戏”的发展。从多年的情况来看，过剩货币资本的国际自由移动固然具有促进国际贸易和直接投资等实体经济发展的积极面，但其更为热衷的是通过利用各国利率和汇率变动的差距，进行套利和投机的金融交易，以期在短期内就获得高收益。需要指出的是，这种金融短期交易并不能通过促进实体经济的生产能力的发展而创造出更多的社会财富，其获取的收益往往是他人的损失，与赌场零和的金钱游戏并无太大差别。正因为这种金钱游戏的大行其道，“赌场资本主义”形成了。

80年代后，这种金钱游戏随着过剩货币资本的极度膨胀和其自由移动能力的飞跃式提升，加之各种金融衍生商品和高杠杆交易机构等“游戏倍增器”的

大量涌现，对实体经济的扰乱作用越来越强，以致从这一时期开始，各国货币汇率过度地波动起伏，乃至货币金融危机开始频繁发生，国际货币体系变得极为脆弱。

这里之所以称各种金融衍生商品是“游戏倍增器”，是因为它们是这种游戏的核心交易技法，极大地提高了游戏效率。它们的基本类型可分为期货交易、期权交易和掉期交易。这些商品本来是为了让购买者规避日益严重的汇率和利率风险而开发的，但在实践中，除了这类以风险规避为主要目的的交易之外，这些商品也被大量应用于套利和投机交易中。事实上，金融衍生商品并不可能使汇率和利率风险消失，其规避风险的作用仅仅是由于转嫁了个体风险而已。但正因为如此，我转嫁给你，你转嫁给我，其结果必然导致风险连锁扩大。对于规避局部风险，转嫁尚且有效，但由于局部风险的连锁扩大，导致了整体风险的增加，由局部风险引发整体风险的可能性大增。也正因为如此，局部发生的货币金融危机更加容易扩散到周围，造成国际上的货币金融危机。而这正是当前频繁发生的货币金融危机的主要特点。

高杠杆交易机构是“游戏倍增器”的原因在于它们是参与游戏的主体，具备充分利用各种金融衍生商品、利用小额资金进行巨额交易获取利益的能力，是专业的国际投机机构。而风险基金和一部分投机性质的投资信托基金是其主要代表者。除此之外，一些大型商业银行、投资银行、证券公司、部分贸易公司甚至个人投机家都在充当这种角色。据统计，1997 年世界的这类投机机构所能运用的资金已高达 57.1 兆美元。按这类机构的国籍来看，前三位是美国（占 51%）、日本（占 18%）、英国（占 8%）（Walter，1999）。其中，美国占据着压倒性的优势。如果考虑到这些资金可通过高杠杆进行交易的话，其交易规模可扩大数倍、数十倍甚至上百倍，其左右市场的能力是极其巨大的。而且，因为国际投机活动以高杠杆交易机构为主体，市场更容易发生单向的群体投机行动。这是因为这类大部分机构所拥有的技术能力、信息获取能力都较为相似（甚至不排除某些机构合谋的可能性），因此较容易做出类似的投机决策。一旦因为某种原因发生这种单向投机行动的时候，以一国之力，甚至合多国之力都可能无法应对。比如，20 世纪 90 年代后，频繁发生的国际投机资本对某一个国家的货币投机活动（东亚货币金融危机最为典型）的规模之巨大，已经远远超过了一国所拥有的外汇储备量，以至于被投机国家政府在面对汹涌而来的国际货币投机时根本无力维持本国货币的汇率稳定，从而严重扰乱了这些国家乃至国际的实体经济环境，造成了巨大的经济损失。正是在这样的背景下，由于各种货币金融投机而造成的危机频繁发生已成为常态。

六、结论

通过上述分析，我们可以明确看清当前变动汇率制下“美元本位制”的缺陷。在当前的国际货币体系下，以过剩美元为中心的过剩货币资本不断快速膨胀，在IT技术和各国金融自由化的发展下，掌握巨额货币资本的高杠杆投机机构利用各种衍生金融商品，在世界范围内进行逐利的短期投机活动，造成了过剩的国际资本移动，其结果使国际金融市场变成了赌场。在这种环境中，世界各地因过度投机而诱发的货币金融危机频繁发生，而且局部的危机很容易波及周边国家，形成地区乃至国际性的危机，严重扰乱了实体经济的发展。即便是这一体系的最大受益者美国也存在着潜在的承受巨大损失的风险。比如，这次发生在美国并波及全球的次贷危机就是一种表现。由于美国享有“负债结算”的“货币霸权”，得以相当程度忽略本国的对外收支状况，美国仅仅通过发行美元就能享有其他国家辛勤创造的真实财富，而且可将金融政策的制定依据集中到关注国内经济问题上。这些结果都极大地促进了美国长期的经济繁荣局面，但同时也助长了泡沫经济的发生。这次由于房地产泡沫崩溃诱发的次贷危机就是“泰极否来”的一种表现。当然，还需要注意的是，尽管这次危机波及的范围之广的原因多种多样，但爆发在国际基轴货币的发行国——美国，与其通过金融衍生商品的风险连锁的推波助澜是其中重要的原因之一。其结果就是由美国的局部房地产市场风险迅速发展成为波及全球的金融危机。尽管这次危机的影响至今还未完全消除，但这远非最危险的危机。当前的国际货币体系下美国享受的巨大福利有可能转换为美国乃至世界的一场巨大噩梦。这是因为，长期在这种经济繁荣局面的麻痹下，美国的双赤字经济结构得以不断扩大，在此背景下，对美元价值的怀疑长期存在；在一定条件下，倘若发生美元暴跌的事件，其影响的范围将绝不仅限于美国。由于美元的国际基轴货币的地位，届时整个世界的货币体系都有可能崩溃，其造成的危害之大将是空前的，而这也同样是当前的国际货币体系缺陷的重要表现之一。

综上所述，包括近年美国的次贷危机和对我国影响较大的1997年的东亚货币金融危机等近年来频繁发生的危机，都与当前国际货币体系的缺陷息息相关，说正是由于这些缺陷引发了这些危机也并不为过①。本文最后需要指出的是，正是由于上述缺陷，中国乃至世界各国都有必要认真思索改革对策，如何将人民币国际化和亚洲货币金融合作与改革当前国际货币体系结合起来考虑是一个极为重要的问题。对这一问题笔者将撰文予以探讨。

参考文献：

［1］翁邦雄，白川方明，白塚重典．金融市场のグローバル化：现状と将来展望［J］．金融研究，日本银行金融研究所，1999（8）．

① 当然，这些危机的发生除了这些共同诱因外，还有很多各自独特的原因。由于本文篇幅所限，对这些原因，本文暂不予探讨。

[2] 奥田宏司．ドル体制の変遷と現局面 [J]．经济学研究，九州大学经济学会，1999 (66－4).
[3] 小西一雄．現代における通貨と信用の諸問題 [C]．资本论体系第 10 卷－现代资本主义．有斐閣，1983.
[4] 徳永潤二．アメリカ国際通貨国特権の研究 [M]．学文社，2008.
[5] 德永正二郎．国際通貨・ドル本位制・変動相場制 [J]．经济学研究，九州大学经济学会，1989 (54－6).
[6] 山本荣治．"美元本位制"和国际资金循环的不安定性 [J]．经济学研究，九州大学经济学会，1999 (66－4).
[7] Walter, Ingo. The Global Asset Management Industry: Competitive Structure and Performance [J]. Instituions & Instruments, 1999, Vol. 8 No. 1.
[8] 张毅来．国际金融体系的构造缺陷与亚洲金融危机的内在联系 [J]．经济经纬，2007 (4).